陈独秀与共产国际

李颖 著

上海人民出版社

图书在版编目(CIP)数据

陈独秀与共产国际/李颖著.—上海:上海人民出版社,2019
ISBN 978-7-208-16103-0

Ⅰ.①陈… Ⅱ.①李… Ⅲ.①陈独秀(1880-1942)-人物研究 Ⅳ.①K827=6

中国版本图书馆 CIP 数据核字(2019)第 203879 号

责任编辑 鲍 静
封面设计 汪 昊

陈独秀与共产国际
李 颖 著

出　　版 上海人民出版社
(200001 上海福建中路 193 号)
发　　行 上海人民出版社发行中心
印　　刷 常熟市新骅印刷有限公司
开　　本 720×1000 1/16
印　　张 23
插　　页 20
字　　数 336,000
版　　次 2019 年 9 月第 1 版
印　　次 2019 年 9 月第 1 次印刷
ISBN 978-7-208-16103-0/D·3494
定　　价 78.00 元

陈独秀

（1879—1942）

1919 年出版的《新青年》第六卷第五号

《青年杂志》创刊号

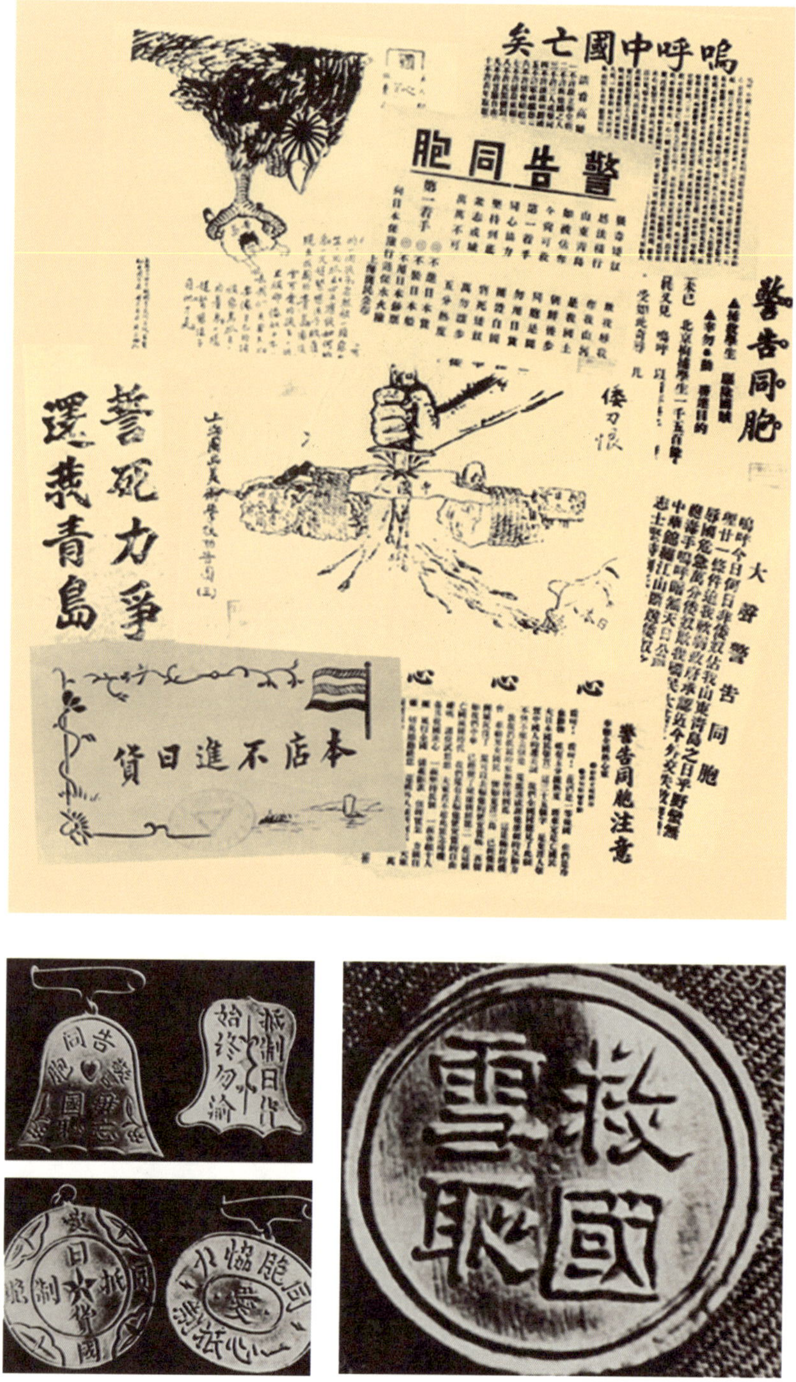
嗚呼中國亡矣
警告同胞
警告同胞
誓死力爭
還我青島
本店不進日貨
心心心
警告同胞注意
大警告同胞
抵制日貨
始終勿渝
救國雪恥

五四运动时的证章、传单

李大钊

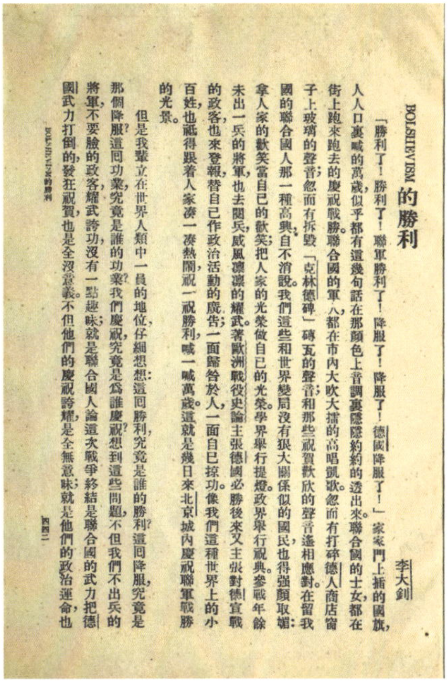

BOLSHEVISM 的勝利

李大釗

「勝利了！勝利了！聯軍勝利了！降服了！降服了！德國降服了！」家家門上插的國旗，人人口裏喊的萬歲，似乎都有這幾句話在那顏色上音調裏隱隱約約的透出來。聯合國的士女，都在街上跑來跑去的慶祝戰勝。聯合國的軍人，都在市內大吹大擂的高唱凱歌。忽而有打碎德人商店窗子上玻璃的聲音；忽而有拆毀「克林德碑」磚瓦的聲音；和那些祝賀歡欣的聲音遙相應對。在留我國的聯合國人那一種高興，自不消說。我們這些和世界變局沒有狠大關係似的國民，也得强顏取媚；拿人家的歡笑當自己的歡笑；把人家的光榮做自己的光榮。學界舉行提燈。政界舉行祝典。參戰年餘未出一兵的將軍，也去閱兵，威風凜凜的耀武。著歐洲戰役史論主張德國必勝後來又主張對德宣戰的政客，也來登報，替自己作政治活動的廣告；一面歸咎於人，一面自己掠功。像我們這種世界上的小百姓，也祗得跟着人家湊一湊熱鬧，祝一祝勝利，喊一喊萬歲。這就是幾日來北京城內慶祝聯軍戰勝的光景。

但是我輩立在世界人類中一員的地位，仔細想想：這回勝利，究竟是誰的勝利？這回降服，究竟是那個降服？這回功業，究竟是誰的功業？我們慶祝，究竟是爲誰慶祝？想到這些問題，不但我們不出兵的將軍，不要臉的政客，耀武誇功，沒有一點趣味；就是聯合國人論這次戰爭終結是聯合國的武力把德國武力打倒的，發狂祝賀，也是全沒意義。不但他們的慶祝誇耀，是全無意味；就是他們的政治運命也

BOLSHEVISM的勝利 四四二

李大钊撰写的《布尔什维主义的胜利》

中国社会主义青年团中央机关旧址（现今上海新渔阳里6号）

中共一大会址外景（上海）

中共一大会议室（上海）

南湖红船（浙江嘉兴）

南湖红船内景（浙江嘉兴）

毛泽东

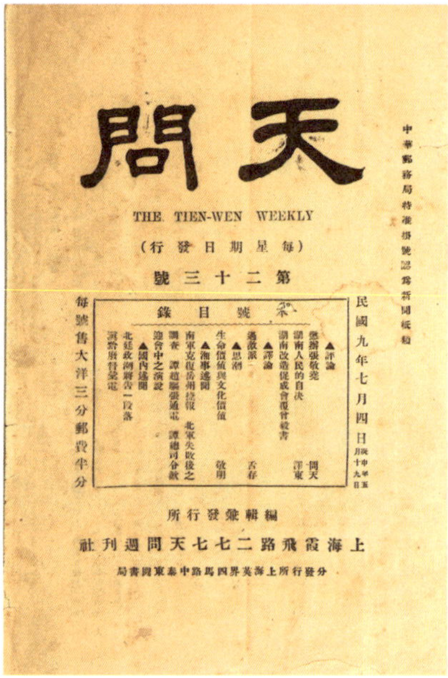

发表毛泽东文章的《天问》第 23 号

李达

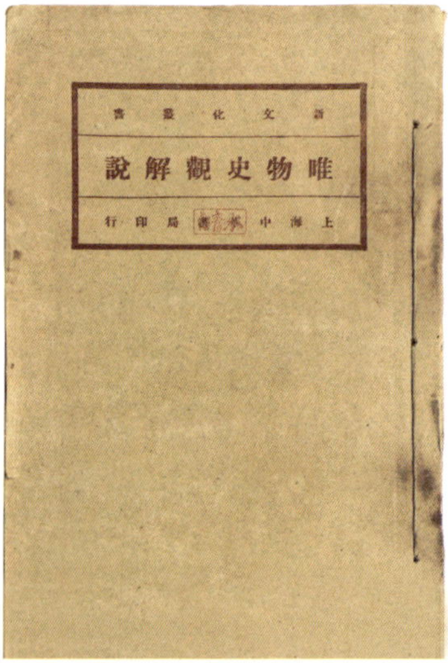

李达翻译的《唯物史观解说》

马林

维经斯基

尼克尔斯基

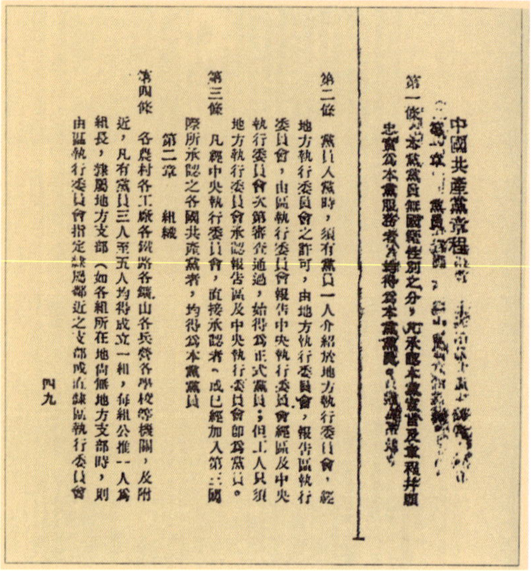
中國共產黨章程

第一章 黨員

第一條 本黨黨員無國籍性別之分，凡承認本黨宣言及章程并願忠實為本黨服務者，均得為本黨黨員。

第二條 黨員入黨時，須有黨員一人介紹於地方執行委員會，經地方執行委員會之許可，由地方執行委員會報告區執行委員會，由區執行委員會報告中央執行委員會；經區及中央執行委員會次第審查通過，始得為正式黨員；但工人只須地方執行委員會承認報告區及中央執行委員會即為黨員。

第三條 凡經中央執行委員會，直接承認者，或已經加入第三國際所承認之各國共產黨者，均得為本黨黨員。

第二章 組織

第四條 各農村各工廠各鐵路各礦山各兵營各學校等機關，及附近，凡有黨員三人至五人均得成立一組，每組公推一人為組長，隸屬地方支部（如各組所在地尚無地方支部時，則由區執行委員會指定隸屬鄰近之支部或直隸區執行委員會

四九

张人亚秘藏的中共二大文件《中国共产党章程》

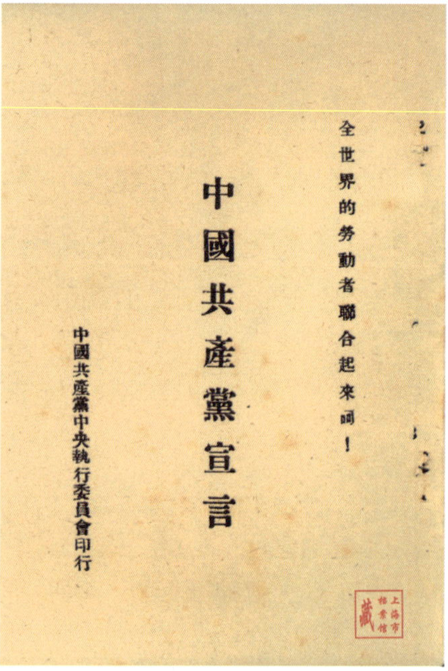
全世界的勞動者聯合起來呵！

中國共產黨宣言

中國共產黨中央執行委員會印行

中共二大发表的《中国共产党宣言》

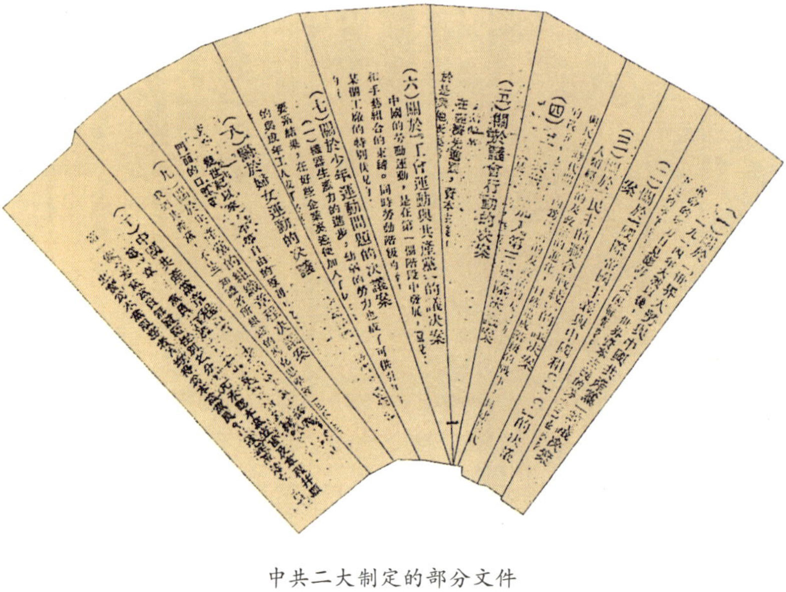

中共二大制定的部分文件

出席共产国际四大的部分代表

西湖会议（油画）

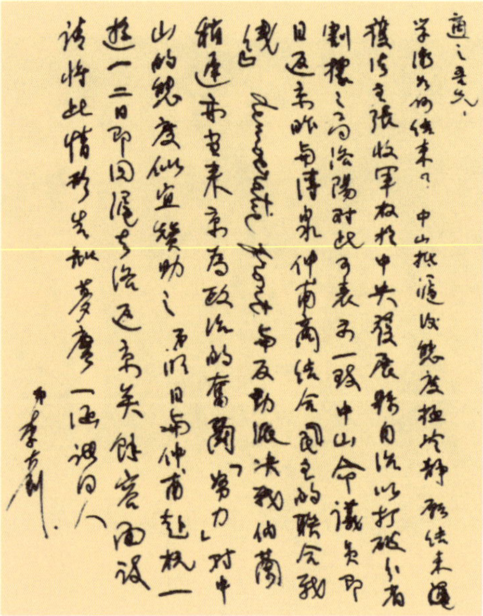

李大钊在西湖会议前写给胡适的信，谈到不久将去杭州参加会议，商谈“结合‘民主的联合战线’以与反动派决战”的问题

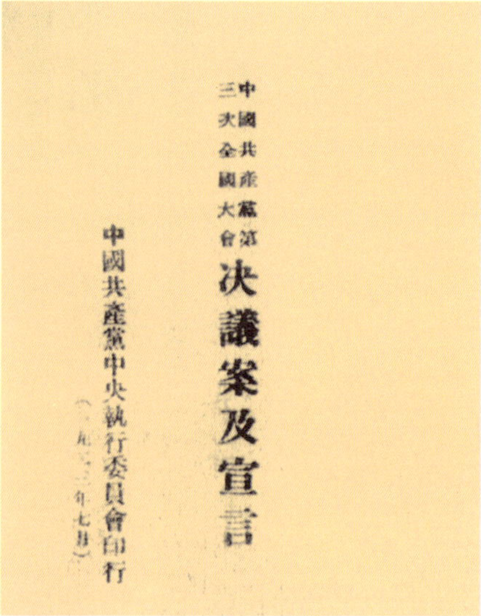

中國共產黨第三次全國大會
決議案及宣言
中國共產黨中央執行委員會印行
（一九二三年七月）

中共三大通过的决议案及宣言

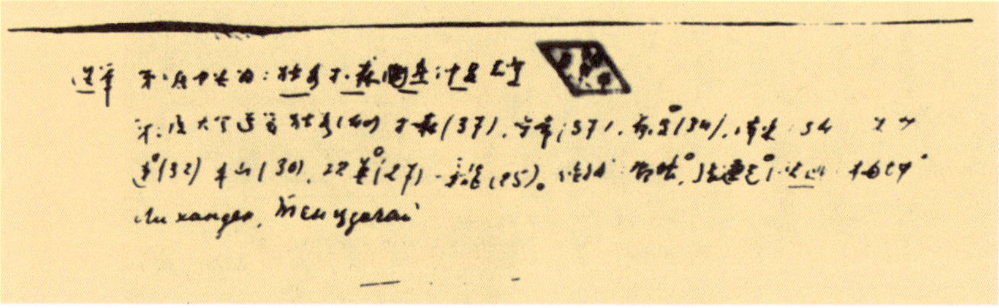

瞿秋白记录的中共三大选举结果

李大钊在莫斯科召开的共产国际五大上发表演讲

孙中山等步出国民党一大会场

1984 年 5 月 7 日郑超麟实地考证中共四大旧址

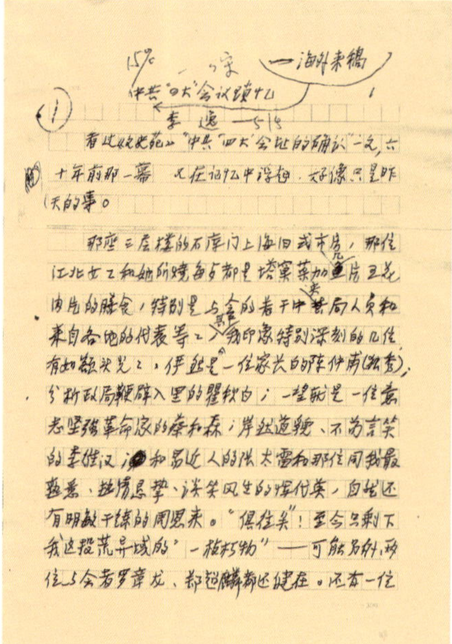

中共"四大"会议琐忆

李逸

看此好友范正"中共'四大'会址的确认"一文，六十年前那一幕又在记忆中浮起，好像只是昨天的事。

那座三层楼的石库门上海旧式市房，那位江北女工和她所烧每天都是塔菜菜加一片豆花肉片的膳食，特别是与会的若干中共局人员和来自各地的代表等等，我印象特别深刻的几位有如数次见之，伊然是一位家长的陈仲甫（独秀），分析政局鞭辟入里的瞿秋白；一望就是一位意志坚强革命家的蔡和森；岸然道貌、不苟言笑的李维汉；和蔼近人的张太雷和那位同我最熟悉、热情恳挚、谈笑风生的恽代英，自然还有明敏干练的周恩来。"俱往矣"！至今只剩下我这拾荒异域的"一粒籽物"——可能另外两位与会者罗章龙、郑超麟都还健在。还有一位

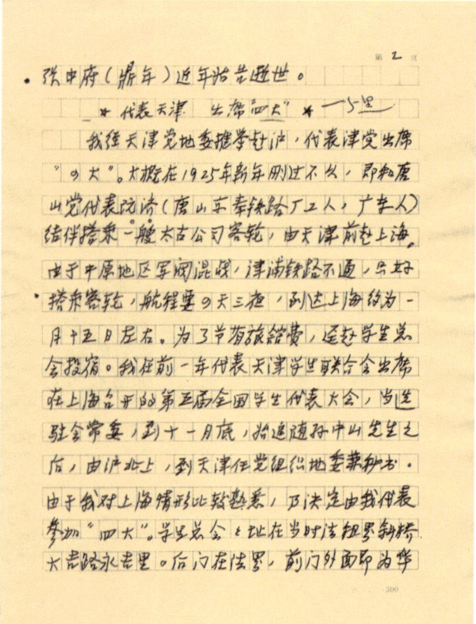

张申府（崧年）近年始告逝世。

代表天津 出席"四大"

我经天津党地委推举赴沪，代表津党出席"四大"。大概在1925年新年刚过不久，即和唐山党代表阮济（唐山京奉铁路厂工人，广东人）结伴搭乘一艘太古公司客轮，由天津前赴上海。由于中原地区军阀混战，津浦铁路不通，只好搭乘客轮，航程要四天三夜，到达上海约为一月十五日左右。为了节省旅馆费，迳赴学生总会投宿。我在前一年代表天津学生联合会出席在上海召开的第五届全国学生代表大会，当选驻会常委，到十一月底，始追随孙中山先生之后，由沪北上，到天津任党组织地委兼秘书。由于我对上海情形比较熟悉，乃决定由我代表参加"四大"。学生总会会址在当时法租界大世路永吉里。后门在法界，前门外面即为华

李逸《中共"四大"会议琐忆》手稿

北京群众声援五卅运动

苏联工人举着“不许干涉中国”的横幅隆重集会声援中国五卅运动

香港海员和市民欢庆罢工胜利

共产国际远东书记处工作人员合影，右起：一为库兹涅佐娃，二为维经斯基，三为舒米亚茨基，七为达林

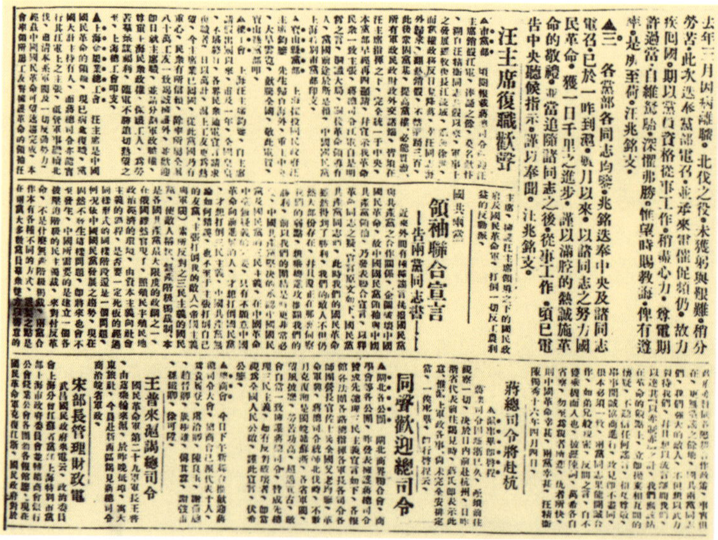

去年三月因病請假•北伐之役•未獲躬與艱難•稍分勞苦•此次迭奉黨部電召•並承來電催促仍•故力疾回國•期以黨員資格從事工作•稍盡心力•發電期許過當•自維駑駘•深懼弗勝•惟望時賜教誨•俾有遵率•是所至禱•汪兆銘支•

▲三 各黨部各同志均鑒•兆銘迭奉中央及諸同志電召•已於一昨到滬•數月以來•以諸同志之努力國民革命•獲一日千里之進步•謹以滿腔的熱誠施革命的敬禮•並當追隨諸同志之後•從事工作•頃已電告中央聽候指示•謹此奉聞•汪兆銘支•

汪主席復職歡聲

領袖聯合宣言

——告兩黨同志書——

同聲歡迎總司令

蔣總司令將赴杭

王普來滬謁總司令

宋部長管理財政電

汪陈宣言

鲍罗廷

鲍罗廷在武汉群众大会上演说

“四一二”反革命政变后蒋介石下令查封各种革命团体，大肆捕杀共产党人和革命人士

在俄罗斯档案馆新发现的中共五大现场图

中共五大会址武昌第一小学

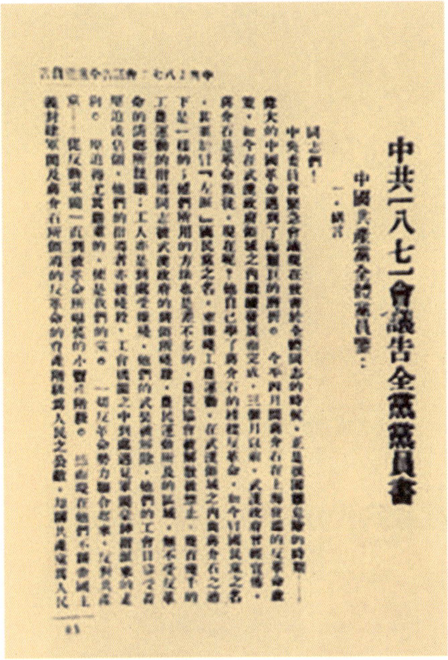

中共“八七”会议告全党党员书

中国共产党全体党员鉴：

一、绪言

八七会议告全党党员书

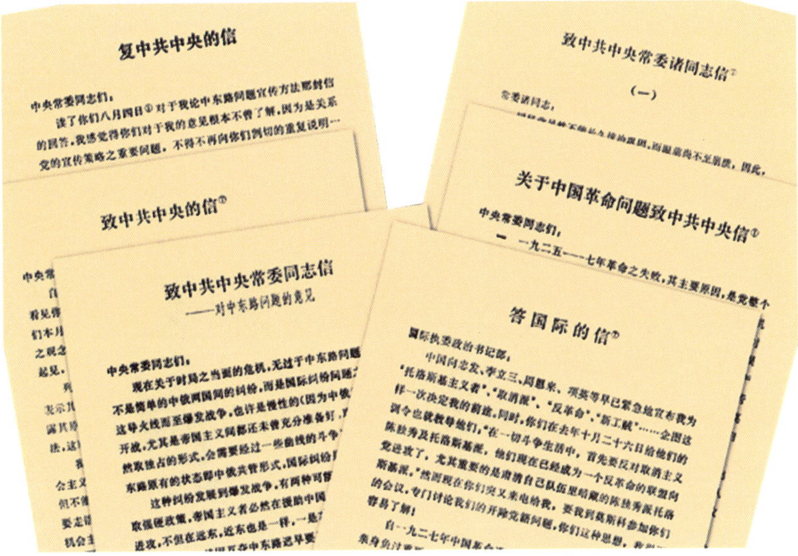

复中共中央的信

致中共中央常委诸同志信

（一）

关于中国革命问题致中共中央信

致中共中央的信

致中共中央常委同志信

——对中东路问题的意见

答国际的信

八七会议以后陈独秀关于中国革命问题多次给中共中央致信

中共六大会址旧景（莫斯科）

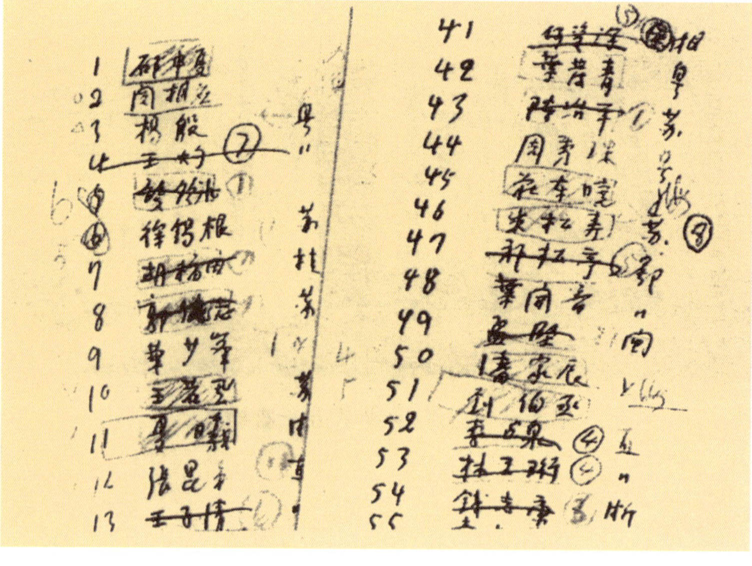

中共六大代表名单

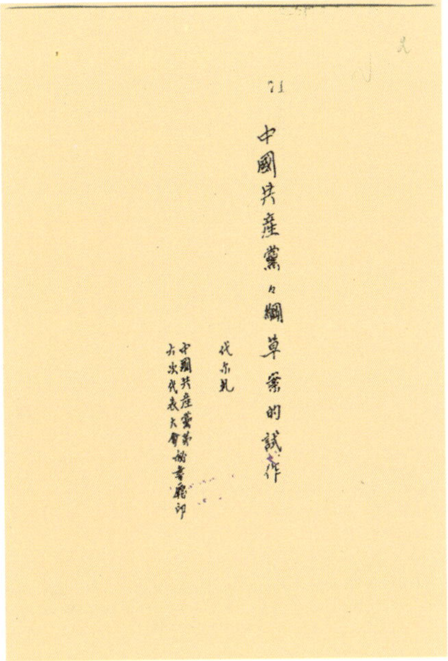

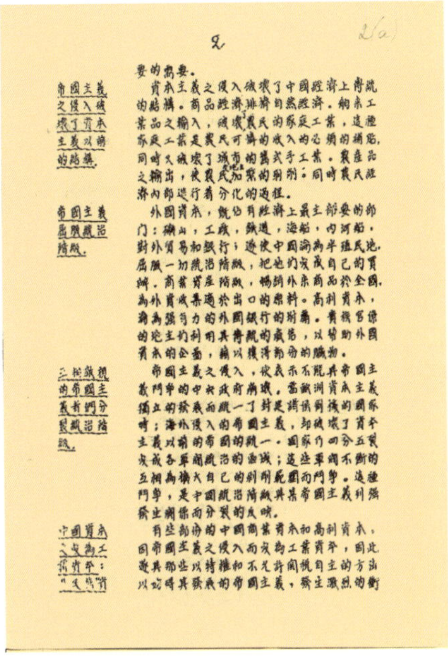

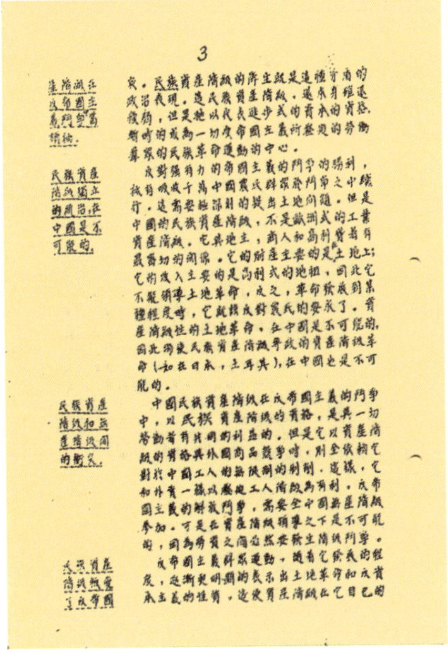

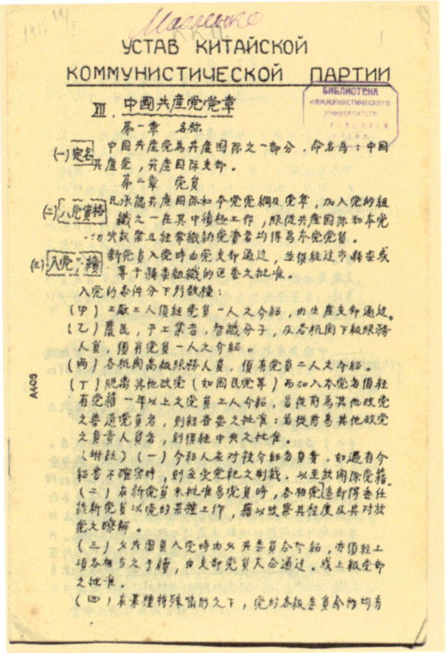

俄罗斯档案馆馆藏有关中共六大的档案

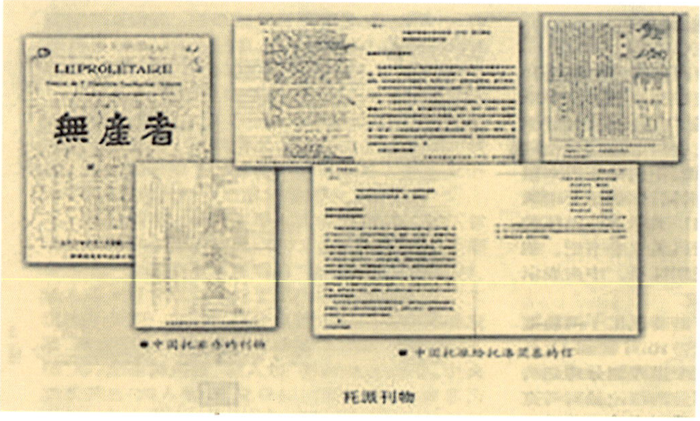

托派刊物

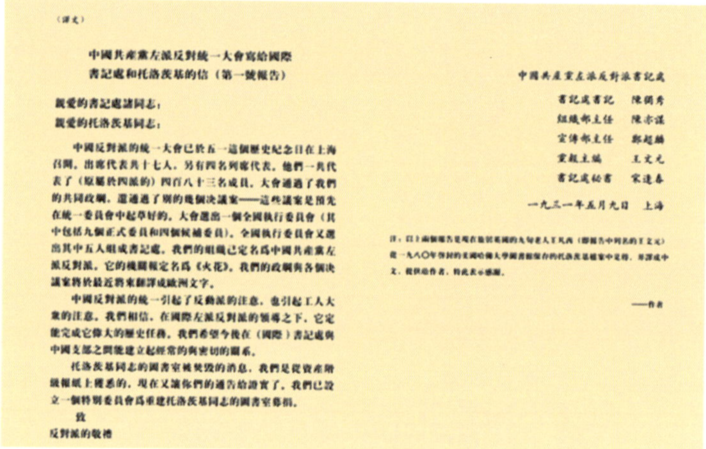

（譯文）

中國共產黨左派反對統一大會寫給國際書記處和托洛茨基的信（第一號報告）

親愛的書記處諸同志：

親愛的托洛茨基同志：

中國反對派的統一大會已於五一這個歷史紀念日在上海召開，出席代表共十七人，另有四名列席代表。他們一共代表了（原屬於四派的）四百八十三名成員。大會通過了我們的共同政綱，還通過了別的幾個決議案——這些議案是預先在統一委員會中起草好的。大會選出一個全國執行委員會（其中包括九個正式委員和四個候補委員）。全國執行委員會又選出其中五人組成書記處。我們的組織已定名爲中國共產黨左派反對派，它的機關報定名爲《火花》。我們的政綱與各個決議案將於最近將來翻譯成歐洲文字。

中國反對派的統一引起了反動派的注意，也引起工人大衆的注意。我們相信，在國際左派反對派的領導之下，它定能完成它偉大的歷史任務。我們希望今後在（國際）書記處與中國支部之間能建立起經常的與密切的關系。

托洛茨基同志的圖書室被焚毀的消息，我們是從資產階級報紙上獲悉的，現在又讓你們的通告給證實了。我們已設立一個特別委員會爲重建托洛茨基同志的圖書室募捐。

致

反對派的敬禮

中國共產黨左派反對派書記處

書記處書記　陳獨秀

組織部主任　陳亦謀

宣傳部主任　鄭超麟

黨報主編　王文元

書記處秘書　宋逢春

一九三一年五月九日　上海

注：以上兩個報告是現在旅居英國的九旬老人王凡西（即報告中列名的王文元）從一九八〇年啓封的美國哈佛大學圖書館保存的托洛茨基檔案中覓得，并譯成中文，提供給作者，特此表示感謝。

——作者

1931 年 5 月 9 日托派致托洛茨基的信

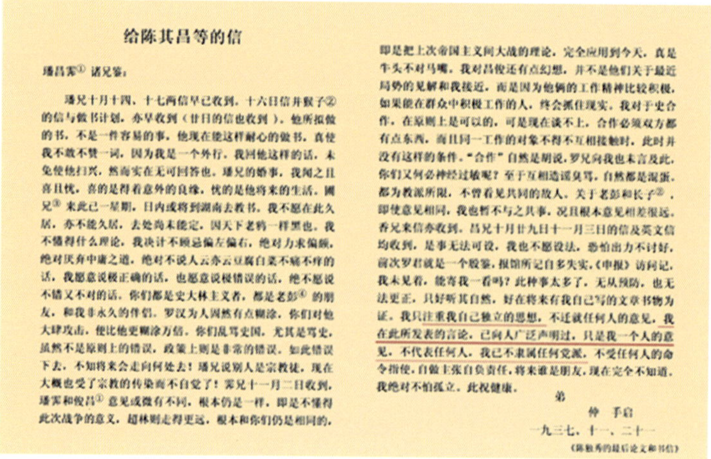

给陈其昌等的信

播昌雾[①]诸兄鉴：

播兄十月十四、十七两信早已收到，十六日信并猴子[②]的信与做书计划，亦早收到（廿日的信也收到）。他所拟做的书，不是一件容易的事，他现在能这样耐心的做书，真使我不敢不赞一词，因为我是一个外行，我回他这样的话，未免使他扫兴，然而实在无可回答也。播兄的婚事，我闻之且喜且忧，喜的是得着意外的良缘，忧的是他将来的生活。圃兄[③]来此已一星期，日内或将到湖南去教书，我不愿在此久居，亦不能久居，去处尚未能定，因天下老鸦一样黑也。我不懂得什么理论，我决计不顾忌偏左偏右，绝对力求偏颇，绝对厌弃中庸之道，绝对不说人云亦云豆腐白菜不痛不痒的话，我愿意说极正确的话，也愿意说极错误的话，绝不愿说不错又不对的话。你们都是史大林主义者，都是老彭[④]的朋友，和我非永久的伴侣。罗汉为人固然有点糊涂，你们对他大肆攻击，使比他更糊涂万倍，你们乱骂史国，尤其是骂史，虽然不是原则上的错误，政策上则是非常的错误，如此错误下去，不知将来会走向何处去！播兄说别人是宗教徒，现在大概也受了宗教的传染而不自觉了！雾兄十一月二日收到，播雾和俊昌[①]意见或微有不同，根本仍是一样，即是不懂得此次战争的意义，超林则走得更远，根本和你们仍是相同的，即是把上次帝国主义间大战的理论，完全应用到今天，真是牛头不对马嘴，我对昌俊还有点幻想，并不是他们关于最近局势的见解和我接近，而是因为他俩的工作精神比较积极，如果能在群众中积极工作的人，终会抓住现实。我对于史合作，在原则上是可以的，可是现在谈不上，合作必须双方都有点东西，而且同一工作的对象不得不互相接触时，此时并没有这样的条件。“合作”自然是胡说，罗兄向我也未言及此，你们又何必神经过敏呢？至于互相造谣臭骂，自然都是混蛋，都为教派所限，不曾看见共同的敌人。关于老彭和长子[②]，即使意见相同，我也暂不与之共事，况且根本意见相差很远。香兄来信亦收到，昌兄十月廿九日十一月三日的信及英文信均收到，是事无法可设，我也不愿设法，恐怕出力不讨好，前次罗君就是一个殷鉴，报馆所记自多失实，《申报》访问记，我未见着，能寄我一看吗？此种事太多了，无从预防，也无法更正，只好听其自然，好在将来有我自己写的文章书物为证。我只注重我自己独立的思想，不迁就任何人的意见，我在此所发表的言论，已向人广泛声明过，只是我一个人的意见，不代表任何人，我已不隶属任何党派，不受任何人的命令指使，自做主张自负责任，将来谁是朋友，现在完全不知道，我绝对不怕孤立。此祝健康。

弟

仲　手启

一九三七、十一、二十一

《陈独秀的最后论文和书信》

1937 年陈独秀与托派决裂的声明

陈独秀和彭述之

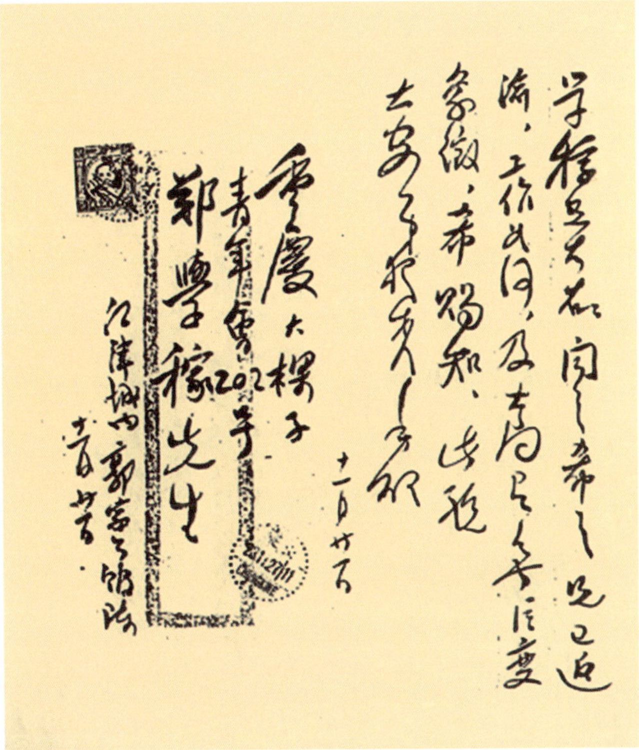

陈独秀给复旦大学郑学稼的信

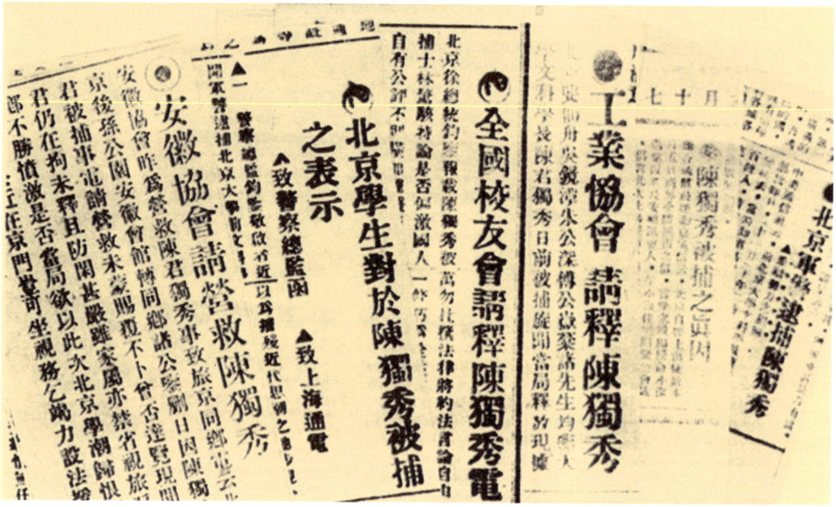
全國校友會請釋陳獨秀電

北京學生對於陳獨秀被捕之表示

▲致警察總監函

▲致上海通電

安徽協會請營救陳獨秀

工業協會請釋陳獨秀

陳獨秀被捕之眞因

北京軍警逮捕陳獨秀

陈独秀因散发传单被捕。各地营救的函电

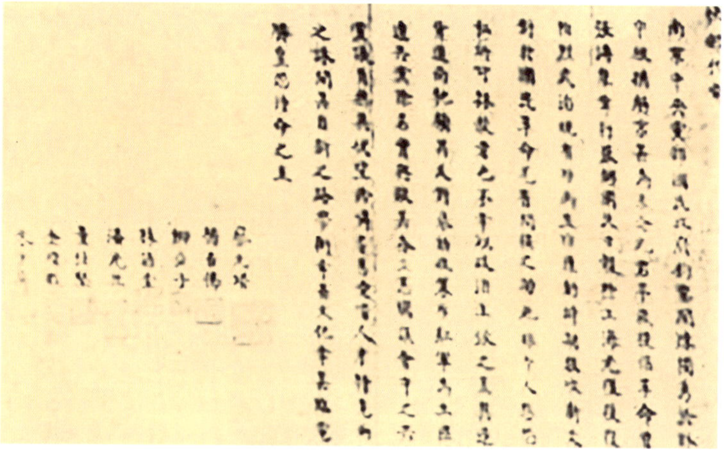

1932 年 10 月 23 日蔡元培等营救陈独秀的电文

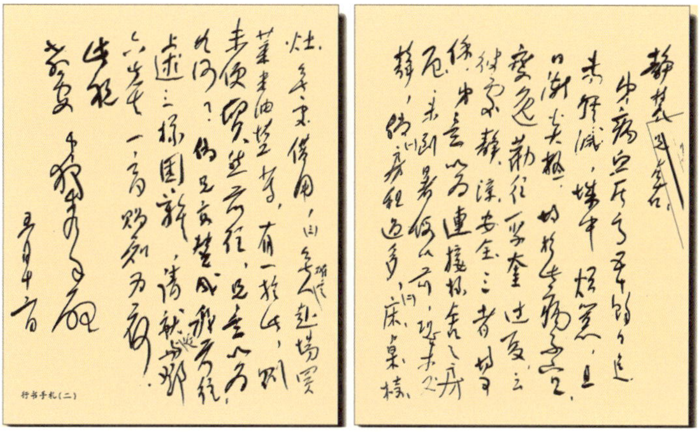

陈独秀给邰静农的信

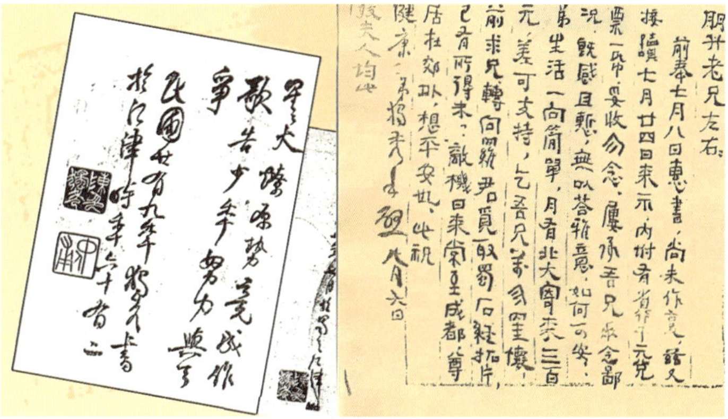

陈独秀给杨朋升的信

陈独秀在莫斯科住过的柳克斯宾馆

陈独秀在南京监狱中照片

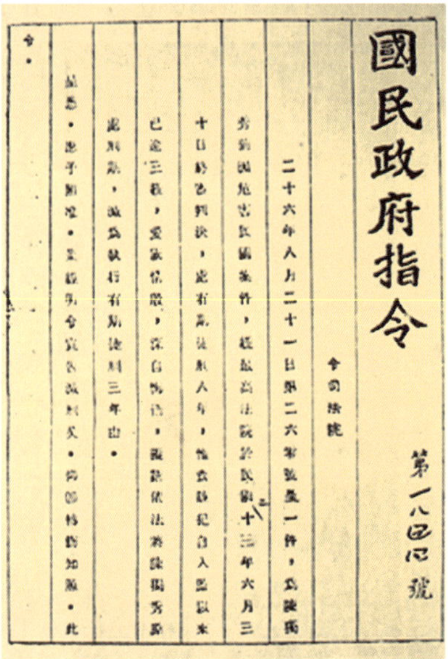

國民政府指令

第一八四〇號

1937 年 8 月抗战爆发后南京国民政府被迫提前释放陈独秀的指令

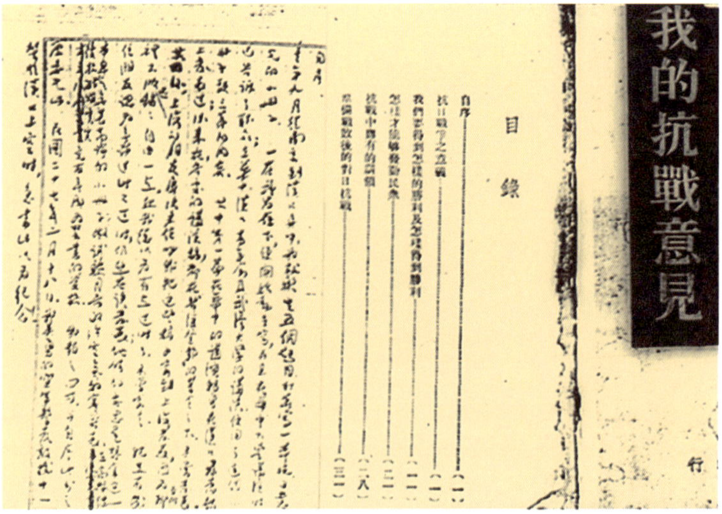

我的抗戰意見

目錄

自序 ……（一）
抗日戰爭之意義 ……（一）
我們要得到怎樣的勝利及怎樣得到勝利 ……（一一）
怎樣才能夠發動民衆 ……（二一）
抗戰中應有的認識 ……（二八）

1938 年 8 月上海亚东书局出版的陈独秀著作——《我的抗战意见》

序

小徒李颖，效力于中共中央党史研究室第一研究部，专攻大革命时期历史，成果甚多。2000年考入北师大，攻读博士学位。期间，勤奋好学，刻苦钻研。经商讨，研究范围确定为陈独秀。之后，李颖阅读大量史料，深入思考，写出《陈独秀与共产国际》博士论文，得到答辩委员石仲泉、郭德宏、吴家林、肖甡、张树军的赞扬，被评为优秀论文。这篇论文不仅使用了以往未被发掘的史料，而且在许多关键问题上提出自己的见解，诸如“二次革命论”、陈独秀错误性质等。答辩后，李颖根据专家意见，几经修改，遂成此书。

陈独秀是中国共产党历史上的重要人物。研究他，对深化中国共产党历史研究有着重要意义。以往的研究，有不少成绩，但由于这个人物在研究中基本上被置于反面的地位，由于对这个人物的研究有许多历史的和现实的障碍，致使对他的研究较对别的人物的研究不那么顺利。因此，对陈独秀的研究应该加强。这方面工作，需要做的有如下几点：

第一，收集资料。一方面是陈独秀本人的著述，包括信件、电报，等等。应该说，陈独秀本人的文字，研究者已掌握不少，但并不等于已经穷尽。前一段时间发现的陈独秀给加拉罕的信，就说明这一点。所以，研究者还应该下功夫挖掘。另一方面是有关陈独秀实际活动的材料，也还会有未被发现的，或已发现而未被用上的，都有待研究者进一步努力。总之，摸清陈独秀，是研究者在以往研究的基础上继续前进的目标。

第二，加强分析。一方面对陈独秀的著述，以往的解释是否都那么准确，有没有读错的地方，都需要重新审视。另一方面，陈独秀的思想、观点，还有许多分析没有到位。其中，好的有价值的没有得到应有的发扬、传播，差的不对的没有得到应有的纠正。另外，陈独秀在各个历史阶段的地位和作用，也还有分析的余地。总之，读懂陈独秀，是研究者在以往研究的基础上继续前进的目标。

第三，扩展领域。陈独秀既是政治人物，是中国共产党的创始人之一，是中共中央第一届至第五届的领导者，又是知识渊博、学贯中西的学者。他的一生，在哲学、政治、经济、文化、历史、教育、伦理、法律、社会生活、文字学等众多学术领域都有所建树，提出不少新的见解，为学术的发展做出了贡献。以往的研究者已涉猎这方面的研究，但还很不够。这种研究，既要有深度，又要有广度。比如，研究陈独秀在教育方面的思想、观点，就要弄清楚20世纪20到40年代国内外教育领域的发展达到什么程度，存在什么问题，其发展趋向是什么。只有弄清楚这些情况，才能够分析出陈独秀的思想、观点有什么意义和作用，有什么不足。在陈独秀的生平活动方面，应该研究其与某些人物的关系，如孙中山、李大钊、张国焘、蔡和森、瞿秋白、周恩来、胡适、蔡元培、高一涵、钱玄同、马林、鲍罗廷、托洛茨基、汪精卫、蒋介石等；也可以研究其与某些事件的关系，如五四运动、五卅运动、国共合作、四一二反革命政变、抗日救亡运动等；还可以研究其与某些团体组织的关系，如中国国民党、新青年社、中国托派、共产国际等；又可以研究其与各种思潮、各种刊物的关系，如《新青年》、《向导》、《布尔塞维克》、三民主义、无政府主义、工读互助主义等。在以往的研究中，已经涉及一些方面，但还不宽，也不够深入，仍需进一步努力。总之，深入陈独秀，是研究者在以往研究的基础上继续前进的目标。

本书的出版，对于深化陈独秀研究工作，应该是很有帮助的，值得研究者关注。

张静如

2005年6月

目录

导论

不解之缘

中国革命与苏俄、共产国际有着不解之缘。这一历史特征在陈独秀身上表现得格外突出。陈独秀全部的思想和活动，从始至终几乎都与共产国际的影响有着千丝万缕的联系，解析二者之间的关系是陈独秀研究取得突破的一把钥匙。

一、共产国际与中国革命关系研究的历史和现状

共产国际从 1919 年 3 月成立到 1943 年 6 月正式解散，历时近四分之一个世纪。作为世界共产党的联合组织，它领导了这一风云变幻时期的国际共产主义运动。它的理论思想、方针策略、革命模式对世界各国共产党和被压迫民族的解放运动，都产生过极其重大的影响。

中国共产党领导的中国革命是国际共产主义运动的一个重要组成部分。早在 1920 年 4 月，俄共（布）远东局就派俄共（布）党员维经斯基来华，开启了俄共（布）、共产国际与中国革命直接交往的大门。1922 年 7 月，中国共产党第二次全国代表大会通过《中国共产党加入第三国际决议案》，公开宣布中国共产党是共产国际的一个支部，标志着共产国际与中国共产党领导与被领导关系的正式确立，这使中国共产党领导中国新民主主义革命的历史，刻上了深深的共产国际的烙印。

共产国际与中共领导的中国革命的关系问题，是国际共运史和中共党史研究中的一个重要课题。建国以后，这样一个重要课题在我国学术界讳莫如深，国外种种不符合事实的所谓“学术和政治论点”却传播甚广，其主要表现有以下三个方面：一是苏联学术界全盘肯定共产国际对中国革命的积极作用，标榜共产国际对中国革命的指导一贯正确，声称中国革命的胜利主要是苏联和共产国际支持的结果，却避而不谈共产国际的失误，偶尔

谈及也归咎于共产国际的个别领导人。二是西方学术界的某些别有用心的人，宣称共产国际“制造世界革命”，污蔑中国共产党是共产主义“强制移植”的产物，是个“早产儿”。三是托洛茨基分子自吹自擂自己对于中国革命方针政策的一贯正确，鼓吹自己在中国革命问题上如何坚持“不断革命论”，而斯大林和中共某些领导人却犯了重大错误。与国外吵吵嚷嚷的状况形成鲜明对照的是，中国学术界在这一问题上，由于档案材料的缺乏和禁区重重，曾长期缺少全面的研究，更缺少实事求是的分析判断和独立见解。这种状况一直持续到 20 世纪 70 年代末。

中共十一届三中全会以后，共产国际与中国革命关系问题的研究出现了前所未有的大好局面。到 20 世纪 80 年代末 90 年代初，除大量研究论文的发表外，向青、杨云若和杨奎松、黄修荣、孙武霞等专家分别撰写了各具特色的共产国际与中国革命关系历史的专著，从整体上梳理了共产国际与中国革命关系的发展进程，触及了多方面的问题，诸如共产国际对中国革命的影响和作用，共产国际与中国革命关系的经验教训，共产国际与中国共产党党内倾向斗争的关系，共产国际与毛泽东及毛泽东思想的关系，等等。总之，这一时期，研究领域不断拓展，著述成果非常丰硕，为建国以来所少有。

但是，由于缺少相关的第一手档案资料，某些难点和疑点问题的研究仍旧很难深入和取得更大的突破，共产国际与中国革命关系问题的研究遇到了瓶颈。转折发生在苏联解体后的 20 世纪 90 年代中期，共产国际与中国革命关系问题的研究又掀起了一个新的高潮。

1991 年苏联解体后，俄罗斯国家档案管理机构和管理办法随之发生巨大变化，标志性的事件是 1993 年《关于俄罗斯联邦档案馆馆藏及档案馆管理的基本法》的颁布和实施。根据这一法规，俄罗斯档案馆收藏几十年的大量罕见档案资料首次开放并陆续出版。其中最使中国党史界感兴趣的是俄罗斯国家社会政治历史档案馆（其前身是共产国际档案馆、苏共中央社会主义理论与历史研究院中央党务档案馆、俄罗斯现代历史文献保管与研究中心）的开放。该馆藏有 1760—1993 年政治和思想史方面的档案 551 个全宗，共约 165 万个卷宗。此外还有 26100 个卷宗的照片文献，57 个卷宗的电影文献，15 个卷宗的录音文献。该中心保存的文件按主题可分为三个基本部分：17—20 世纪西欧的社会和政治历史文献；19 世纪以来的俄罗斯政治历史文献；1860—1950 年的国际工人运动、政治运动和共产主义运动历史文献。尽管该馆的绝大部分档案都已经对研究人员开放，但仍然有一系列档案没有解密，主要是关于共产国际和苏共中央国际部的文件全宗，党的干部和个人案宗，以及从总统档案馆转来的苏共中央政治局的文件和二战期间苏联国防委员会的部分文件。

联共（布）、共产国际与中国革命关系的大量档案即存于俄罗斯国家社会政治历史档案馆，这些文献资料对科研工作者已经关闭了几十年，开放后，为全世界的汉学家使用新的第一手资料研究联共（布）和共产国际的对华政策提供了可能性。我是俄文专业本科毕业，曾二度赴俄，其中 2003 年底专门到此档案馆工作了三周，查阅专题为“共产国际与中国革命关系”。此行使我更加深深地感到，对中国党史研究者来说，俄罗斯国家社会政治历史档案馆是一个十分丰富的宝库，其中珍藏的大量珍贵档案资料，还有待我们长期、扎实地去挖掘和研究。

关于共产国际的档案文献以及苏联顾问们的回忆在研究中共早期历史中的作用，俄国驻华军事顾问切列潘诺夫曾说过这样一段话：“不能不注意到中国共产党当时还是一个非常年轻的党，它在复杂的条件下进行斗争。很多资料对客观地叙述党的发展的历史无疑是有意义的，但它们可能已经散失，或者完全没有为中国同志所注意。有些则仅仅保存在我们顾问们的笔记中，或者只保留在事件的直接参与者的记忆中。因此，即使是片断的少量的资料也是有价值的。”①

值得庆幸的是，从 1994 年起，俄罗斯科学院远东研究所、俄罗斯国家社会政治历史档案馆与德国柏林自由大学东亚研究会及洪堡大学，利用俄罗斯国家社会政治历史档案馆的馆藏文献，联合编辑有关联共（布）、共产国际对华政策的大型档案文件集《联共（布）、共产国际与中国》。中共中央党史研究室与俄方签订协议，被授权在中国内地独家翻译出版这套档

① ［苏］亚·伊·切列潘诺夫：《中国国民革命军的北伐——一个驻华军事顾问的札记》，中国社会科学出版社 1981 年版，第 376 页。

案文件集，我有幸参加了翻译工作。从1997年至2012年，这套档案文件集相继翻译完成，与历年来在我国各种报刊、杂志、图书上发表的其他重要中文文献资料共同编成《共产国际、联共（布）与中国革命档案资料丛书（1920—1943）》。正如该文件集俄文版编者前言所说：这套具有很高价值的“真实历史的文献资料”，“揭示了内部的‘工作’关系，揭示了联共（布）和共产国际驻华代表的立场和行为，向读者介绍了莫斯科同中国共产党和国民党的相互关系，以及莫斯科对中国两党内部发展进程的影响”①。该套档案文献资料收录了大量从未公布过的文件，其中包括联共（布）中央政治局和共产国际执行委员会会议记录及发往中国的指示，共产国际代表发自中国的报告，关于中国政治经济形势的报告，联共（布）中央及共产国际领导人同国民党和中国共产党领导人的往来书信，以及共产国际执行委员会代表、外交官、政治军事顾问和苏联驻华机关工作人员的文件，等等。这些材料，既反映了联共（布）、共产国际的对华政策及其演变、实施情况，又体现了中共方面对它们政策的接受情况以及在中国取得的实际效果。所有这些，为共产国际与中国革命关系这一课题的研究奠定了良好的史料基础，为在一些传统难点问题的研究上取得突破性进展创造了条件。可以说，这套档案文献的出版是我们党史界的一大幸事，尤其对我们这些长期跟踪研究共产国际与中国革命关系的人员来说更是如此。

二、陈独秀研究的历史和现状

在中国近现代史上，陈独秀是一位极其复杂的人物。他曾是真正高举民主与科学旗帜的第一人；他曾是黑暗时代热血青年的崇拜偶像和精神领袖；他曾被社会各界颂为“思想界的明星”②、“学界巨子”、“社会精英”③。同时，他又是中国共产党的主要创建者，是中共一大到五大的最高领导人。应该说，他有过辉煌的革命生涯。但是，他的晚年又遭遇了政治上的跌宕

① 中共中央党史研究室第一研究部译：《共产国际、联共（布）与中国革命档案资料丛书》第1卷，北京图书馆出版社1997年版，第2页。

② 毛泽东：《陈独秀之被捕及营救》，《陈独秀评论选编》上册，河南人民出版社1982年版，第106页。

③《陈独秀案之大疑团》，《民国日报》（上海版）1919年6月23日。

起伏和生活上的贫病交加，生前和身后长期受到种种谩骂和非议。长久以来，在他的名字前面，总是加着长长的一串儿限定词，诸如右倾投降主义、右倾机会主义、“二次革命论”、托陈取消派、叛徒汉奸，等等。在“文化大革命”那样的特殊年代，他成了革命的罪人，他的名字也成了恶人、坏人的代名词。对这样一位复杂的人物，人们长期怀着复杂的情感。

总之，陈独秀是一个在生前和身后都有着种种是非的十分复杂的历史人物。对陈独秀的研究与评价，是一个既重要又困难的课题。说它重要，是因为陈独秀的一生具有极高的历史价值，它涉及如何看待中国近现代史，如何看待幼年时期的中国共产党，怎样评价党在大革命时期的是非功过等诸多问题。不仅如此，陈独秀还是20世纪国际共产主义运动中的一个重要代表人物。说它困难，是因为陈独秀的一生具有复杂多变的经历，牵扯诸多党派关系和重大历史事件，他的思想演化也在深刻的变动之中出现了前后交织、相互渗透的纷乱状况，而且触及诸多重大而敏感的政治问题和理论问题。因而，对他的评价便不能不更多地受到政治立场和政治气候的左右。

20世纪80年代以前，人们对陈独秀的研究基本上沿袭共产国际对他的批判，一直没能有所突破；进入80年代，特别是90年代以后，由于坚持了解放思想、实事求是，对陈独秀的研究呈现出空前未有的繁荣，涌现了一大批研究成果。其中有唐宝林和林茂生编辑的《陈独秀年谱》，有任建树的《陈独秀大传》、朱洪的《陈独秀传》等一批传记作品，还有王学勤的《陈独秀与中国共产党》、朱洪的《陈独秀哲学思想研究》、阿明布和的《晚年陈独秀与苏联经验》等少量有关陈独秀研究的专题著作。以上这些研究成果各具特色，有较高的学术水平，开创了陈独秀研究的新局面。与此同时，还有一大批研究论文问世，但其中大部分仍是局限于生平介绍、放弃无产阶级领导权、右倾机会主义路线、对大革命失败应负责任、托派问题等几个方面。由于种种原因，研究文章或层次较浅，或材料、观点大量重复，或一味“翻案”的个人情绪重于追求历史原貌的学术研究，这就导致陈独秀研究一直不能够做到逐步的深入细致和真正的客观公允。近几年来，国内研究氛围进一步宽松，大批共产国际秘密档案陆续公布，新史料不断得以发掘，这些都为陈独秀的全面研究和客观评价提供了有利的条件。

三、确定“陈独秀与共产国际”这一课题的过程及意义

通过对《联共（布）、共产国际与中国》这套档案文献多次的反复研读，以及在俄罗斯国家社会政治历史档案馆的查档经历，我深深地体会到，陈独秀与共产国际的关系是决定其政治思想发展的重要因素。

历史往往有某种不可思议的巧合。1879 年出生的陈独秀，真正成为政治历史舞台上的弄潮儿，应该始于 1919 年五四运动前后。巧的是，此年恰逢第三国际即共产国际成立。1942 年陈独秀凄凉地客死他乡，一年后，共产国际黯然解散。共产国际存在的 24 年间，也是正当壮年的陈独秀在中国政治舞台上，从叱咤风云的主角、名流一步步走向“政治边缘人”的过程。以上两个过程仅相差一年，几近重合。并且，可以说，二者的密切关系，也几乎主导和左右了陈独秀的一生。

该套档案文献尤其反映了陈独秀与共产国际的这种极其密切的关系。对此，我有如下的统计数字：1920 年至 1931 年的 7 卷本译自俄文的档案集中（它们分别是《联共（布）、共产国际与中国国民革命运动（1920—1925）》1 卷本，《联共（布）、共产国际与中国国民革命运动（1926—1927）》上、下 2 卷本，《联共（布）、共产国际与中国苏维埃运动（1927—1931）》4 卷本），“陈独秀”这个名字共出现了 382 次（同一页中的正文注释与正文合计一次），其中包括陈独秀写的信 6 封，收到的信 6 封和电报 6 封，参加会议 9 次，每封信、电报和参加的每次会议各计“陈独秀”出现 1 次。在陈独秀筹建中国共产党以及处于党的最高决策层的 1920 年至 1927 年间，“陈独秀”共出现 178 次，其中包括陈独秀写给共产国际东方部、共产国际代表等人的信 6 封，收到信 1 封和电报 5 封，参加会议 9 次，每封信、电报和每次会议各计“陈独秀”出现 1 次。而在 1920 年至 1927 年间，李大钊出现 14 次，毛泽东出现 9 次。由以上几组简单的数字，我们对于陈独秀与共产国际的关系可以窥豹一斑。与此相应，在陈独秀的著述中，也大量地谈到了苏联革命和共产国际（苏联）经验。

这些大部分为首次公布的苏联档案资料，揭示了许多鲜为人知的事实，

或证实或推翻了以前对陈独秀与共产国际关系的一些说法，为我们更加清晰地梳理出陈独秀与共产国际关系发展的历史脉络，提供了坚实的史料基础。

由此，我进一步缩小课题范围，最终锁定为陈独秀与共产国际。我主要利用陈独秀生前文章、俄罗斯国家社会政治历史档案馆的文献，以及国内相关的档案、当事人回忆材料，研究这一专题。

总之，对“陈独秀与共产国际”这一课题的研究，一方面，充实和扩展了共产国际与中国革命关系研究的内容。另一方面，开启了陈独秀研究的新角度，同样充实了陈独秀的研究，即用陈独秀与共产国际关系这样一条贯穿陈独秀一生的主线，重新解析陈独秀政治思想的历史发展脉络。

四、联共（布）、苏联政府和共产国际三者在指导中国革命过程中的相互关系

关于本书的题目，我还想稍作解释的是，本来，确切的题目应当是“陈独秀与联共（布）、苏联政府和共产国际”。之所以用共产国际替代，是因为考虑以下几个原因：（1）苏联是一个大的概念，完全可以特指苏联政府。（2）联共（布）是苏联的执政党，所以很多情况下，行文中的“苏联”可特指“联共（布）”。（3）共产国际是苏俄共产党倡议成立，联共（布）在其中起了主导和领导作用，国际总部又设在莫斯科，从这个意义上讲，实质上共产国际又完全受命于联共（布）、苏联政府，也就是受命于苏联，可以用共产国际指代联共（布）、苏联政府和苏联。（4）文章标题以顿号相隔，略显繁琐。

讲到苏联、联共（布），这里还需对与此相关的“变化无穷”的称谓稍加回顾。第一，关于苏联名称的由来。其前身是俄罗斯，指十月革命前的俄国，在1721年至1917年称“俄罗斯帝国”，通称“沙俄”或“帝俄”。1917年11月7日（俄历10月25日）取得十月革命胜利，建立世界上第一个社会主义国家，称“俄罗斯苏维埃联邦社会主义共和国”。1922年12月30日，俄罗斯、乌克兰、白俄罗斯和外高加索联邦四个苏维埃社会主义共和国组成“苏维埃社会主义共和国联盟”，简称“苏联”。1991年

12 月，苏联解体。第二，苏联共产党的名称也有一个变化的过程。其前身是 1898 年成立的俄国社会民主工党。1903 年第二次党代表大会通过党纲和党章，选出党的领导机构，会上发生分裂，以列宁为首的多数派称布尔什维克（“布尔什维克”是俄文 большевик 的中文音译，俄文原意为“多数”，“布”是其俄文第一个字母的中文音译），以马尔托夫为首的少数派称孟什维克（“孟什维克”是俄文 менъшевик 的中文音译，俄文原意为“少数”）。1912 年第六次代表大会将孟什维克派清除出党。1918 年第七次代表大会根据列宁提议，将党的名称改为“俄国共产党（布尔什维克）”，简称“俄共（布）”。1925 年 12 月，俄国共产党第十四次代表大会召开，因此时国名已改为苏联，所以决定将俄共（布）改称为“全联盟共产党（布尔什维克）”，简称“联共（布）”。1952 年 10 月，联共（布）十九大又决定将联共（布）改为“苏联共产党”，简称“苏共”。苏共于 1991 年苏联“八一九”事件后解散。

众所周知，苏联对外政策的各个方面，都是由党的最高领导决定的。苏联外交机制的运行特点是，总的外交战略和策略是按着两个不同职能的渠道实施的：一个是通过对于所有国家来说通常都设立的外交部门，即外交人民委员部，一个是通过共产国际。表面上，共产国际是独立的、集体的、国际共产党人的组织，而实际上，它在思想上、政治上、组织上和财政上都处在联共（布）中央政治局的严密控制之下。共产国际的所有重大政治举措和干部任命，事先都得经联共（布）政治局讨论批准。政治局还负责协调共产国际和外交人民委员部的工作。《联共（布）、共产国际与中国》档案文献集中的大量材料可以证实上述情况。另外，共产国际驻华代表同苏联驻北京外交机构官员在工作中保持着密切的联系，“兼顾”地完成他们的任务，而外交官员为共产国际代表在中国的工作提供一切可能的帮助。

有许多材料可以说明联（俄）共（布）、外交人民委员部、共产国际三者在指导中国革命过程中的相互交织关系。

1923 年 1 月 4 日，俄共（布）中央政治局召开会议，参加者有政治局委员布哈林、斯大林、加里宁等 7 人，还有人民委员会议副主席瞿鲁巴及两名中央委员和一名中央监察委员会委员。会议第二项议程是“外交人民委员部的问题”，其中第三项是“马林的问题”，确定“采纳外交人民委员部关于赞同越飞同志的政策的建议，该政策旨在全力支持国民党，并建议外交人民委员部和我们共产国际的代表加强这方面的工作”，同时指出，资助国民党的费用从共产国际的后备基金中支付，但“因为工作是按共产国际的渠道进行的”，所以，俄共（布）中央政治局会议建议，外交人民委员部同越飞协调后向政治局提出关于追加拨给必要经费的建议。①

两周以后，托洛茨基在写给越飞的信中再次强调了俄共（布）中央在对外关系中协调外交策略的作用：“外交具有很大灵活性，在伦敦采取一种手腕，在北京或东京则采取另一种手腕。正因为这样，现在比任何时候都更重要的是，要有在世界决策的最重要方面具有广阔视野的有洞察力的政治家，同时要有协调外交战线各据点的策略的坚定的中央。”②

1924 年 9 月 11 日，俄共（布）中央政治局会议决定（中央委员会书记莫洛托夫签字）：“采纳外交人民委员部的建议，援助中国 2.5 万卢布，其中苏联中央执行委员会提供 1 万卢布，其余的 1.5 万卢布由外交人民委员部按预算提供，全部援助以苏联中央执行委员会的名义提供。”③

1925 年 6 月 11 日，俄共（布）中央政治局会议接受俄共（布）中央政治局中国委员会的建议，决定向中国拨款拨物，“到 1925 年 10 月 1 日止总的开支额确定为 4610134 卢布 74 戈比”。④

越飞于 1923 年 1 月 26 日从上海发回莫斯科一封信，是共同写给“俄共（布）、苏联政府和共产国际领导人”⑤的，他在这封信中汇报了有关中国的情况。

关于孙逸仙逝世的问题，1925 年 3 月 13 日，俄共（布）中央政治局举行会议，决定：“（1）责成外交人民委员部致电北京政府，吊唁孙逸仙逝世。（2）以俄共中央委员会、苏联中央执行委员会和共产国际的名义向孙逸仙灵柩献花圈。（3）以俄共中央委员会、苏联中央执行委员会的名义致函国民党，以

① 《共产国际、联共（布）与中国革命档案资料丛书》第 1 卷，第 186—187 页。
② 《共产国际、联共（布）与中国革命档案资料丛书》第 1 卷，第 202 页。
③ 《共产国际、联共（布）与中国革命档案资料丛书》第 1 卷，第 531 页。
④ 《共产国际、联共（布）与中国革命档案资料丛书》第 1 卷，第 632—633 页。
⑤ 《共产国际、联共（布）与中国革命档案资料丛书》第 1 卷，第 206 页。

共产国际的名义致全中国人民书。”①

联共（布）中央政治局在发往驻中国代表的指示中，落款常常是：“人民共和国最高领导机构”②。共产国际执委会东方部部长拉斯科尔尼科夫以及共产国际驻中国代表，也时常称联共（布）中央政治局为“最高领导机关”。③

从以上例子中，我们可以看出，关于中国问题的决策程序往往是：由外交人民委员部或联（俄）共（布）中央政治局中国委员会提交给联（俄）共（布）中央政治局会议讨论，由政治局批准后，大部分指示或决定直接发给苏联派驻中国的各机构和各代表，还有一部分再提请共产国际执委会通过或批准。例如：（1）著名的共产国际五月紧急指示就是 1927 年 5 月 30 日由联共（布）中央政治局通过并直接发给汉口的鲍罗廷、罗易和柳克斯的。（2）1925 年 10 月 29 日，俄共（布）中央政治局会议听取外交人民委员部提交的问题，决定“基本上采纳伏龙芝同志的建议，作为政治指示下达给加拉罕同志”④。（3）1926 年 12 月 30 日，联共（布）中央政治局会议听取中国委员会提交的问题，决定责成彼得罗夫将就中国共产党召开第五次代表大会给维经斯基的指示稿，“先提交政治局批准，然后提请共产国际执委会通过”⑤。（4）大革命失败前夜的 1927 年 7 月 8 日，联共（布）中央政治局紧急会议听取了“关于中国问题”的报告，决定“通过给中国共产党的以下指示，并送共产国际批准”。⑥

也就是说，形式上共产国际是联共（布）的“上级机构”，但实质上，联共（布）才是“最高领导机构”和具体指示的最终制定者。即使有一部分指示联共（布）通过后，同时送共产国际批准，也只是走走形式而已。另外，本来隶属于苏联政府的外交人民委员部，也直接向联（俄）共（布）提交和请示问题，许多关于中国的问题是由外交人民委员部提请联（俄）

---

① 《共产国际、联共（布）与中国革命档案资料丛书》第 1 卷，第 581—582 页。

② 《共产国际、联共（布）与中国革命档案资料丛书》第 4 卷，北京图书馆出版社 1998 年版，第 365 页。

③ 《共产国际、联共（布）与中国革命档案资料丛书》第 1 卷，第 743 页。

④ 《共产国际、联共（布）与中国革命档案资料丛书》第 1 卷，第 729 页。

⑤ 《共产国际、联共（布）与中国革命档案资料丛书》第 4 卷，第 57 页。

⑥ 《共产国际、联共（布）与中国革命档案资料丛书》第 4 卷，第 397 页。

共（布）中央政治局讨论决定的，这种情况在中国共产党的创立和大革命初期出现次数更多。

关于联（俄）共（布）、苏联政府和共产国际三者的关系，鲍罗廷讲过这样一句精辟的话：中国人“有时讲苏联，有时讲俄共，有时讲共产国际，但通常都是一回事”①。实质上，三者确实“是一回事”，我们也无必要过于费心地详细研究和论证其中的应该存在，而事实上往往不存在的差别。

---

①《共产国际、联共（布）与中国革命档案资料丛书》第3卷，北京图书馆出版社1998年版，第131页。

第一章

陈独秀、共产国际与中国共产党的创建

始于19世纪中叶的近代中国，在外国资本帝国主义和本国封建势力的压迫下，陷入苦难深重和极度屈辱的深渊中。从三元里人民誓死“杀绝英夷”，太平天国立志斩除人间“妖魔”，到戊戌爱国志士满腔热血“有心杀贼”，从辛亥狂飙“驱除鞑虏，恢复中华，建立民国，平均地权”，到新文化运动高扬“民主”和“科学”大旗，无不显示出中国人民不屈的铮铮铁骨，并成为中华民族历经劫难而未被灭亡的巨大精神支柱。1917年列宁领导的俄国十月革命开辟了人类历史的新纪元。十月革命第一次把社会主义从书本上的学说变成活生生的现实，它所取得的历史性胜利不仅唤醒西方的无产阶级，而且也唤醒了东方的被压迫民族。这场在社会主义旗帜下进行的革命，对中国革命产生了划时代的影响。陈独秀等一批具有初步共产主义思想的知识分子，逐步接受马克思主义学说，走上了向俄国学习的道路。在共产国际的帮助下，陈独秀等先进分子发起创建了中国共产党，这是近代中国社会及人民革命斗争发展的必然结果。

一、苏俄十月革命的影响和陈独秀马克思主义观的确立新文化运动初期的激进民主主义者

众所周知，陈独秀在五四新文化运动中是高举“民主”与“科学”两面旗帜的。从1915年《青年》杂志创刊起，陈独秀对民主和科学的态度是十分明朗的，那就是从不设防、乐观拥抱、永不放弃。他尤其对西方民主制度来者不拒，甚至是顶礼膜拜。他说：“西洋人因为拥护德、赛两先生，闹了多少事，流了多少血，德、赛两先生才渐渐从黑暗中把他们救出，引到光明世界。我们现在认定只有这两位先生，可以救治中国政治上道德上学术上思想上一切的黑暗。若因为拥护这两位先生，一切政府的压迫，社会

的攻击笑骂，就是断头流血，都不推辞。”①

提倡民主、科学，必然首先要反对封建专制和迷信。陈独秀1916年2月发表《吾人最后之觉悟》一文，透析了中国封建专制的种种弊端，指出：“吾国专制日久，惟官令是从。人民除纳税诉讼外，与政府无交涉。国家何物，政治何事，所不知也。积成今日国家危殆之势，而一般商民，犹以为干预政治，非分内之事；国事变迁，悉委诸政府及党人之手；自身取中立态度，若观对岸之火，不知国家为人民公产，人类为政治动物。”陈独秀还说：“吾国欲图世界的生存，必弃数千年相传之官僚的专制的个人政治，而易以自由的自治的国民政治也。”②

由于提倡科学、反对迷信，陈独秀排斥一切宗教。他在1915年《敬告青年》一文中指出：“科学者何？吾人对于事物之概念，综合客观之现象，诉之主观之理性而不矛盾之谓也。想象者何？既超脱客观之现象，复抛弃主观之理性，凭空构造，有假定而无实证，不可以人间已有之智灵，明其理由，道其法则者也。”宗教是非科学的，因为“宗教美文，皆想象时代之产物”③。陈独秀在随后的《偶像破坏论》和《再论孔教问题》等文中进一步阐明了自己对宗教的理解，号召以科学代替宗教。他说：“一切宗教，都是一种骗人的偶像：阿弥陀佛是骗人的；耶和华上帝也是骗人的；玉皇大帝也是骗人的；一切宗教家所尊重的崇拜的神佛仙鬼，都是无用的骗人的偶像，都应该破坏！”“宗教之能使人解脱者，余则以为必先自欺，始克自解，非真解也。真能决疑，厥惟科学。故余主张以科学代宗教，开拓吾人真实之信仰，虽缓终达。若迷信宗教以求解脱，直‘欲速不达而已！’”④

新文化运动初期的陈独秀反对一切因循守旧的东西，但此时他对社会主义还抱有排斥的态度。他在1917年1月《新青年》第2卷第5号上回答褚葆衡提问时，谈到了对社会主义的看法。他说：“社会主义，理想甚高，学派亦甚复杂。惟是说之兴，中国似可缓于欧洲。因产业未兴，兼并未盛行

① 《〈新青年〉罪案之答辩书》，《陈独秀著作选》第1卷，上海人民出版社1993年版，第443页。

② 《陈独秀著作选》第1卷，第177—178页。

③ 《陈独秀著作选》第1卷，第134—135页。

④ 《陈独秀著作选》第1卷，第391、253页。

也。”[①]3 月 17 日，他在北京高等师范学校演讲时说：欧洲文明有两个源泉，一个是“欧洲古代遗传之文明，即希腊罗马之文明”，另一个是“中世纪吸收外来之文明，即耶稣教之文明”。他甚至称：“社会主义，乃耶稣教文明，输入之思想。”[②] 陈独秀对社会主义的理解由此可见一斑。

从以上简单的论述中可以看出，新文化运动初期的陈独秀并不是马克思主义者，而是一位激进民主主义者。

从尊崇法国文明到走俄国人的路

在新文化运动初期，陈独秀是崇尚欧洲文明的。1916 年 9 月 1 日，他在《答程师葛》一文中表示：“窃以代表近世文明者，推英、德、法三国。”[③] 其中，陈独秀又对法国文明情有独钟。

法兰西民族和中华民族都是历史文化悠久的伟大民族，虽然分处欧亚大陆两端，相距万里之遥，但两国人民的交往源远流长。500 年前，法国文学巨匠拉伯雷在其传世之作《巨人传》中就曾喻示“智慧的神瓶”在中国。18 世纪，法国启蒙运动思想家伏尔泰、孟德斯鸠等人在其划时代的著述中，从伦理道德、科学技术和民风民俗等方面，对中国进行了引人入胜的描述。在法国启蒙先哲的推动下，欧洲曾出现过长达半个世纪的“中国热”。19 世纪以来，西学东渐，法兰西文明被大量介绍到中国。伏尔泰、孟德斯鸠、卢梭、笛卡儿、雨果、巴尔扎克、大仲马等大师的作品多次被翻译成中文，为中国人了解西方打开重要窗口。法国大革命为近代中国人民推翻封建专制统治的斗争带来重要启迪。20 世纪初，许多满怀救国救亡之志的中国学子负笈赴法求学，寻求改造中国的道路和现代思想艺术的灵感。在这些人中，既出现了周恩来、邓小平、陈毅等中国革命的杰出领袖，也出现了巴金、钱锺书、徐悲鸿、冼星海等中国文学艺术的著名大师。陈独秀虽然不在上述人员之列，但他在新文化运动初期对法兰西文明的提倡和效仿，却不在他人之下。

陈独秀在《法兰西人与近世文明》一文中，把人权说、生物进化论和社

---

① 《陈独秀文章选编》上册，生活·读书·新知三联书店 1984 年版，第 170 页。
② 《陈独秀著作选》第 1 卷，第 300 页。
③ 《陈独秀文章选编》上册，第 129 页。

会主义称为“近世三大文明”，而这三大文明“皆法兰西人之赐”。他甚至说：“世界而无法兰西，今日之黑暗不识仍居何等。”①在当时陈独秀的眼中，法国不仅是文明成就的最高体现者，而且是平等博爱自由以及正义和真理的化身。

在第一次世界大战结束之际，陈独秀真诚地欢迎协约国的胜利，因为在他看来，协约国的胜利意味着“公理战胜强权”。可是，在战后巴黎和会上，中国的主权和利益被包括他一向推崇至上的法国在内的列强所出卖，这深深地刺痛了他，严重地破坏了他心目中完美的法兰西形象。由此，陈独秀逐渐地开始由推崇法兰西文明转向了俄罗斯模式。

1917 年 2 月 18 日，彼得格勒 3 万多名工人大罢工，揭开了俄国二月革命的序幕。2 月 27 日晚，彼得格勒工兵代表苏维埃宣告成立，各地工人和士兵纷纷响应，建立了地方苏维埃。统治俄国人民长达 304 年的罗曼诺夫王朝终于被推翻，俄国的资产阶级民主革命取得了胜利。此后，出现了历史上罕见的两个政权并存的局面：一个是工农民主性质的工兵代表苏维埃；另一个是资产阶级专政性质的临时政府。

针对二月革命胜利后的俄国形势，4 月 1 日，陈独秀发表《俄罗斯革命与我国民之觉悟》一文，指出：“俄罗斯之革命，非徒革俄国皇族之命，乃以革世界君主主义侵略主义之命也。吾祝其成功。”对于“吾国短视之人，误料俄罗斯革命，无论旧政府存续与否，必陷于与德国单独议和之地位”的说法，陈独秀坚决予以反驳：俄罗斯新政府“未必与代表君主主义侵略主义之德意志单独言和”，因为俄罗斯革命政府是亲德派旧政府的反对者，并且“为民主主义人道主义之空气所充满也”。陈独秀表示相信：“新俄罗斯非君主非侵略之精神，将蔓延于德、奥及一切师事德意志之无道国家，宇内情势，因以大变。”②虽然此时陈独秀对俄罗斯革命的理解局限于所谓的“民主主义人道主义”，但他对俄罗斯革命的向往之情溢于言表，而且对俄罗斯革命的前途充满了必胜的信心。

1917 年 11 月 7 日，俄国取得了十月革命的伟大胜利，推翻了资产阶级临时政府，建立了人类历史上第一个以公有制为基础的无产阶级专政的

---

① 《陈独秀著作选》第 1 卷，第 138 页。
② 《陈独秀著作选》第 1 卷，第 286—288 页。

社会主义国家，开创了人类历史的新纪元，为世界被奴役民族树立了榜样，指明了斗争方向。1918 年 3 月，陈独秀更加确信："二十世纪俄罗斯之共和，前途远大，其影响于人类之幸福与文明，将在十八世纪法兰西革命之上，未可以目前政象薄之。"①1919 年 4 月，他发表《二十世纪俄罗斯的革命》一文，进一步指出："英、美两国有承认俄罗斯布尔札维克政府的消息、(此处标点似有误，应为逗号——引者注) 这事如果实行，世界大势必有大大的变动。十八世纪法兰西的政治革命，二十世纪俄罗斯的社会革命，当时的人都对着他们极口痛骂；但是后来的历史家，都要把他们当做人类社会变动和进化的大关键。"② 陈独秀的预计没有错，世界大势确实由于俄罗斯革命而发生了翻天覆地的变化，其中也包括中国。

1919 年 12 月，陈独秀在《过激派与世界和平》一文中，对帝国主义国家污蔑布尔什维克为过激派进行反驳。他说："扰乱世界和平，自然是极大的罪恶，Bolsheviki 是不是扰乱世界和平，全靠事实证明，用不着我们辩护或攻击；我们冷眼旁观的，恐怕正是反对 Bolsheviki 的先生们出来扰乱世界和平！"③

毛泽东曾说："中国人找到马克思主义，是经过俄国人介绍的。在十月革命以前，中国人不但不知道列宁、斯大林，也不知道马克思、恩格斯。十月革命一声炮响，给我们送来了马克思列宁主义。十月革命帮助了全世界的也帮助了中国的先进分子，用无产阶级的宇宙观作为观察国家命运的工具，重新考虑自己的问题。走俄国人的路——这就是结论。"④ 毛泽东的话形象地描绘出了陈独秀等先进分子在俄国十月革命后的思想发展脉络。

总之，十月革命以后，陈独秀由早期的崇尚法国等欧洲文明转向俄罗斯革命，虽然此时他对俄罗斯革命只是泛泛而论，对社会主义内涵和意义的理解还有失偏颇，也还未确立马克思主义的世界观和人生观，但是他对俄罗斯模式交口称赞，相信世界大势必会由于俄罗斯革命而发生变动，中国

---

① 《驳康有为〈共和平议〉》,《陈独秀著作选》第 1 卷，第 364 页。
② 《陈独秀著作选》第 1 卷，第 525 页。其中的"布尔札维克"即为"布尔什维克"。
③ 《陈独秀著作选》第 2 卷，上海人民出版社 1993 年版，第 44—45 页。
④ 《论人民民主专政》,《毛泽东选集》第 4 卷，人民出版社 1991 年版，第 1470—1471 页。

自然也不例外。

完成向马克思主义者的转变

十月革命一声炮响，马克思列宁主义传到中国。当时中国社会正处于新旧交替的历史转折关头，新潮刊物不断涌现，社会主义学说得以广泛宣传。陈独秀在社会主义思潮的影响下，到 1920 年，逐渐接受并运用马克思主义的基本观点来分析和研究问题，逐步完成了由激进民主主义者向马克思主义者的转变。

马克思主义是工人解放运动的学说。在新文化运动初期，陈独秀创办《新青年》，把主要的视角投向青年一代，把宣传的重点集中在民主主义。而十月革命后，他渐渐地把教育对象扩大到工人群众中。这一教育对象主体的转变，同样发生在 1920 年。

1920 年 3 月，陈独秀决定将 5 月 1 日出版的《新青年》第 7 卷第 6 号编辑成《劳动节纪念号》。《劳动节纪念号》全文刊载了《俄罗斯苏维埃联邦社会主义共和国对中国人民和中国南北政府的宣言》，即苏俄副外交人民委员加拉罕的第一次对华宣言。该宣言声明：取消前俄罗斯帝国时代与中国、日本及协约国所订的一切密约；放弃在中国满洲等地用侵略手段取得的一切土地；取消在中国的领事裁判权等一切特权。同时，《劳动节纪念号》还刊登全国各界 15 个团体和 8 家报刊热烈欢呼苏俄对华宣言的评论，全文刊载了《俄罗斯苏维埃联邦共和国劳动法典》。

《劳动节纪念号》中有陈独秀的两篇文章：《劳动者底觉悟》和《上海厚生纱厂湖南女工问题》。与那些腐朽堕落的官僚和自命清高的知识分子不同，陈独秀在《劳动者底觉悟》一文中开篇指明："世界上是些什么人最有用最贵重呢？必有一班糊涂人说皇帝最有用最贵重，或是说做官的读书的最有用最贵重。我以为他们说错了，我以为只有做工的人最有用最贵重。"陈独秀进一步指出：中国古人说，"劳心者治人，劳力者治于人"。"现在我们要将这句话倒转过来说：'劳力者治人，劳心者治于人'"。世界劳动者的觉悟分为两步："第一步觉悟后所要求的，是劳动者对于国家资本家，要求待遇改良（像减少时间，增加工价，改良卫生，保险教育等事）"；"第二步要求，并没有别的奢望，不过是要求做工的劳力者管理政治、军事、产业，居于治人的地位；要求那不做工的劳心者居于治于人的地位”①。在这里，陈独秀已经运用马克思主义关于劳动创造世界的观点，分析工人的状况和地位，并向他们指明“觉悟”的步骤和工人阶级的历史使命。这反映了此时的陈独秀，已经能够用历史唯物主义的方法分析和研究问题了。

在《上海厚生纱厂湖南女工问题》一文中，陈独秀分析资本家对工人创造的剩余价值的掠夺，指出：“像现在个人的工业，牺牲了无数的穷苦工人，利益都集中到少数的资本家个人手里；若用这样厚利去引诱资本家，免得多所顾虑，那么，工业或者可以振兴；若说有利益于社会国家，除非是少数资本家独有的社会国家，除非是多数工人除外的社会国家。欧、美、日本底社会危机，就是这个人的工业主义造出来的。”陈独秀气愤地宣称：“这实在是清平世界里不可赦的罪恶！”②

8 月，陈独秀在《劳动界》上发表《真的工人团体》一文，号召工人“自己联合起来，组织真的工人团体”，以求“改进自己的境遇”。③

陈独秀于 1920 年在各种报纸杂志上发表了多篇关于工人运动的文章，宣传工人的重要社会价值、工人阶级肩负的历史使命及其剩余价值学说，号召工人组织自己的工会。

9 月 1 日，陈独秀在《新青年》上发表《谈政治》一文，表明自己拥护马克思主义的态度和立场。针对无政府主义者不问青红皂白反对一切国家、政治和法律，陈独秀用阶级分析的方法批驳说：“无政府党所诅咒的资产阶级据以造作罪恶的国家、政治、法律，我们也应该诅咒的；但是劳动阶级据以铲除罪恶的国家、政治、法律，我们是不应该诅咒的；若是诅咒他，到算是资产阶级底朋友了。换句话说，就是我们把国家、政治、法律看做一种改良社会的工具，工具不好，只可改造他，不必将他抛弃不用。”陈独秀还对修正主义进行了批判。他说：“想利用资产阶级据以作恶的政治、法律，来施行社会主义的政策；结果不但主义不能施行，而且和资产阶级同化了，还要施行压迫劳动阶级反对社会主义的政策”，这是“与虎谋皮为虎

① 《陈独秀著作选》第 2 卷，第 135—136 页。
② 《陈独秀著作选》第 2 卷，第 142—143 页。
③ 《陈独秀著作选》第 2 卷，第 152 页。

所噬还要来替虎噬人的方法”。在此文的结尾，陈独秀郑重宣称：“我承认用革命的手段建设劳动阶级（即生产阶级）的国家，创造那禁止对内对外一切掠夺的政治法律，为现代社会第一需要。”① 陈独秀在《谈政治》一文中，以鲜明的马克思主义立场方法，批判张东荪、胡适等人以及无政府主义者的反马克思主义观点，深刻阐明了唯物史观关于阶级和阶级斗争的学说，以及无产阶级革命和无产阶级专政的基本思想。

10 月 10 日，陈独秀发表《国庆纪念底价值》，指出：“主张实际的多数幸福，只有社会主义的政治。”他号召人们学习“俄国精神”，实行社会主义的政治②。11 月 7 日，陈独秀在《共产党》月刊第 1 号发表短言，旗帜鲜明地表示跟着俄国共产党走。他说：资本主义在欧美已经由发达而倾于崩坏了，在中国才开始发达，而资本主义性质上必然的罪恶照例“扮演”出来了。代之而起的自然是社会主义的生产方法，“俄罗斯正是这种方法最大的最新的试验场”，“要想把我们的同胞从奴隶境遇中完全救出，非由生产劳动者全体结合起来，用革命的手段打倒本国外国一切资本阶级，跟着俄国的共产党一同试验新的生产方法不可”。③

此间，陈独秀在大量文章中多次谈及俄国、俄罗斯革命问题。到 1920 年下半年，在十月革命的影响下，在时代浪潮的感召下，陈独秀完成了马克思主义观的确立过程，以俄罗斯革命为典范考虑中国的实际问题，初步接受并传播马克思主义理论，实现了由激进民主主义者向马克思主义者的转变。

二、共产国际的成立及“东方路线”的制定

共产国际的成立

十月革命的胜利使俄国人民迅速摆脱苦难的生活，拥有了自己的政权，开始建设新社会。这一事实极大地吸引了全世界无产者和劳动群众，他们纷纷拿起武器，开展革命斗争。民族解放运动蓬勃发展，各国共产党和共产主义组织相继成立。

---

① 《陈独秀著作选》第 2 卷，第 161—164 页。
② 《陈独秀著作选》第 2 卷，第 179 页。
③ 《陈独秀著作选》第 2 卷，第 200 页。

同一时期，帝国主义在第一次世界大战后瓜分战败国的基础上，重新勾结起来，建立了国际联盟。右派社会民主党也重新结集，于1912年在瑞士伯尔尼建立社会主义工人国际，即伯尔尼国际。伯尔尼国际继续了第二国际后期的右倾路线，企图将工人运动重新纳入改良主义轨道。刚刚成立的许多共产主义组织还十分弱小，思想上、组织上也不成熟，如果不加紧联合，很可能被同化。客观形势要求已经具备一定基础的各国共产党和左派组织必须抓紧时间建立自己的新的国际组织。

1919年3月2日至6日，在战后欧洲革命高涨过程中，在俄共（布）的积极筹划下，共产国际第一次代表大会在莫斯科克里姆林宫召开，宣布了共产国际的成立。第三国际的正式名称是共产国际，由于与第一国际、第二国际的事业相蝉联，又称为第三国际。在共产国际的正式文献——1919年3月5日通过的《共产国际宣言》中，第一次自称为"第三国际"。出席这次大会的有来自欧洲、美洲和亚洲21个国家的35个政党和组织的52名代表。中国旅俄华工联合会的两位负责人刘绍周和张永奎，以"中国社会主义工人党"代表的名义，应邀出席了共产国际成立大会。俄国共产党主要领导人列宁、斯大林、托洛茨基、季诺维也夫、布哈林等出席大会。列宁宣布大会开幕，向大会提出《关于资产阶级民主和无产阶级专政》的提纲，并就此问题向大会作了报告。报告指出，大会的中心任务就是要消除对资产阶级民主的幻想，为建立无产阶级专政而斗争。这一思想实际上成为以后共产国际活动的理论基础。大会根据列宁的报告通过了一系列决议，制定了通过暴力革命建立无产阶级专政的战略方针。

大会通过的《共产国际宣言》庄严宣告："如果说第一国际预见到了未来的发展，并指出了发展的道路，如果说第二国际聚集了并组织了千百万无产者，那末第三国际就是一个公开的群众性行动的国际，是一个实现革命的国际，是一个创建事业的国际。"宣言最后号召全世界无产者："在工人苏维埃的旗帜下、在夺取政权和实行无产阶级专政的革命斗争的旗帜下、在第三国际的旗帜下联合起来！"①

① 《共产国际与中国革命资料选辑（1919—1924）》，人民出版社1985年版，第23页。

大会通过了《共产国际纲领》。纲领从“夺取政权”、“民主与专政”、“剥夺资产阶级与生产社会化”、“走向胜利的道路”四个方面阐述无产阶级的奋斗目标以及实现这一目标的途径和方法。纲领要求各国无产阶级坚持国际主义原则，在斗争中协调一致，同时积极支持殖民地人民的反帝斗争，以促使世界帝国主义体系的崩溃。①

列宁初创共产国际的时候，一方面，鉴于第二国际不是一个真正集中统一的国际指导中心的历史教训，强调第三国际应当比第二国际的组织更加集中，强调了集中制原则。另一方面，列宁也承认各国党的独立性和必要的自主权，认为必须考虑到各国党斗争和活动的种种条件，不要轻易作出全体成员必须执行的决议。但是，在实践中，共产国际却愈来愈忽视民主，代之以愈来愈强的纪律和集中，相应地照顾各国的特点和实际情况不够。

共产国际作为统一的世界政党的形成

共产国际成立后，世界无产阶级革命运动迅速发展，促使许多国家的社会党内部进一步发生分化，不少国家相继建立共产党。到 1922 年，一共有 40 多个国家建立了共产党，使得共产主义运动真正成为遍及全世界五大洲的革命运动。同时，在国际无产阶级的支援下，苏维埃政权粉碎了帝国主义的两次武装干涉，在军事上取得决定性的胜利。

在国际共产主义运动取得重大胜利的同时，运动的内部潜伏着“左”和右的两种危险倾向。在这种情况下，为了制定适应新形势的国际共产主义运动的战略和策略原则，为了进一步从组织上巩固共产国际，1920 年 7 月 19 日至 8 月 7 日，共产国际召开第二次代表大会。会前，列宁发表《共产主义运动中的“左派”幼稚病》一文，为大会作了思想和理论准备。会上，列宁作《关于国际形势和共产国际基本任务》的报告。

列宁在为共产国际第二次代表大会草拟的《民族和殖民地问题提纲初稿》中，系统地阐述了关于民族和殖民地问题的理论。他指出：在第一次世界大战和俄国十月革命后，民族和殖民地问题已经成为世界无产阶级革命的一部分。“共产国际在民族和殖民地问题上的全部政策，主要应该是使

---

① 参见《共产国际与中国革命资料选辑（1919—1924）》，第 1—10 页。

各民族和各国的无产者和劳动群众为共同进行革命斗争、打倒地主和资产阶级而彼此接近起来。这是因为只有这种接近，才能保证战胜资本主义，如果没有这一胜利，便不能消灭民族压迫和不平等的现象。”①究竟以何种方式实现“各民族劳动者互相接近”？列宁指出：“必须实行使一切民族解放运动和一切殖民地解放运动同苏维埃俄国结成最密切的联盟的政策，并且根据各国无产阶级中共产主义运动发展的程度，或根据落后国家或落后民族中工人和农民的资产阶级民主解放运动发展的程度，来确定这个联盟的形式。”②列宁同时提出了无产阶级与资产阶级结盟及保持独立性的问题。他说：“共产国际应当同殖民地和落后国家的资产阶级民主派结成临时联盟，但是不要同他们融合，要绝对保持无产阶级运动的独立性，即使这一运动还处在最初的萌芽状态也应如此”③。共产国际二大最终通过的《关于民族和殖民地问题的补充提纲》指出：“殖民地革命在初期并不是共产主义革命，然而，如果它从一开始就由共产主义先锋队来领导，革命群众就将逐渐获得革命经验，走上达到最终目的的正确道路。”④在革命发展的第一阶段，应当是推翻外国资本主义，完成资产阶级民主革命任务，如分配土地等。

共产国际第二次代表大会的另一项重要议程是讨论和通过列宁起草的《加入共产国际的条件》，其中把必须执行共产国际代表大会及其执行委员会的一切决议，作为各国工人阶级政党加入共产国际的条件。也就是说，凡是参加共产国际的各国党都是它的支部，都必须执行共产国际的一切决议；共产国际与各国党之间是上级与下级、领导与被领导的关系。共产国际第二次代表大会所通过的《共产国际章程》强调：为了迅速取得胜利，正为消灭资本主义建立共产主义而斗争的工人协会必须有一个高度集中的组织。“共产国际实质上应成为一个真正统一的世界性的共产党，在各国进行活动的党是它的各个支部。”为此，《共产国际章程》规定：加入共产国际的一切政党，称为“某某国共产党（共产国际支部）”；共产国际的最高

① 《列宁选集》第4卷，人民出版社2012年版，第217页。
② 《列宁选集》第4卷，第218页。
③ 《列宁选集》第4卷，第221页。
④ 《共产国际第二次代表大会文件》，中国人民大学出版社1988年版，第718—719页。

权力机关，是共产国际的世界代表大会；世界代表大会选出的共产国际执行委员会是代表大会休会期间的共产国际指导机构，等等。①

列宁在共产国际二大上的发言和会议通过的文件，鲜明地指明各被压迫民族和殖民地、半殖民地国家革命的基本道路，指出共产党在民族民主革命中所应采取的基本方针，对于中国革命具有重要的指导意义。但是，大会通过的《加入共产国际的条件》和《共产国际章程》等文件，虽然从组织上保证了共产国际作为国际无产阶级的统一的世界政党的形成，同时也带来负面和消极的影响。其主要表现是：共产国际的集中领导体制，影响了作为其下属支部的各国无产阶级政党独立自主地根据本国国情制定正确的方针政策，严重干扰了他们独立决策的过程。同时，由于共产国际的总部设在莫斯科，实际上受着俄共（布）中央政治局的领导，俄共（布）与共产国际其他党的平等地位，成为一句空话。事实上，俄共（布）通过共产国际这个组织形式，实施对各国共产党的指导乃至强制的干预，这就为俄共（布）干涉他党事务提供了方便。这一切，成为共产国际在处理与各国党的关系中，其中包括与中国党的关系中，不断产生矛盾和分歧的源头所在。

共产国际的“东方路线”

1920年，苏维埃俄国在彻底粉碎帝国主义武装干涉和国内反革命势力的武装叛乱后，苏维埃政权得到进一步巩固。与俄国社会主义革命胜利形成鲜明对照的是，欧洲其他国家无产阶级革命斗争先后遭到失败，资本主义世界逐渐摆脱战后出现的政治上、经济上的混乱状态，开始进入相对稳定时期。面对国际形势发生的重大变化，苏维埃俄国面临着巨大的国内建设和处理国际关系方面的新任务。

20世纪20年代初苏俄的对外政策是在战时共产主义政策阶段结束和新经济政策开始实施的情况下形成的。此外，俄共（布）已经成为执政党，它在四年多的国内战争和外国武装干涉过程中，一直把注意力集中在巩固政权上。

① 《共产国际第二次代表大会文件》，第760页。

在苏俄国内战争时期，对外政策是第二位的问题。随着国内战争的结束，这个问题变得越来越迫切。向新经济政策的过渡，要求调整在内战时期中断的同资本主义国家的政治经济联系和协调同邻国的政治经济关系。现实生活要求从指望进行世界革命时期的革命外交，即在世界苏维埃社会主义共和国范围内用各国革命人民团结一致的关系取代旧外交，过渡到国家间的正常关系。20 世纪 20 年代初，苏俄只是刚刚开始意识到这一点。从前，世界革命的思想是以用在外部直接支持下的革命人民力量来立即推翻统治制度的指导方针来体现的。当前则变成主张在调整同各国政府的通常外交关系的前提下，组织和支持各国革命运动。这种指导方针导致国家关系方面的政策与俄共（布）和共产国际的政策之间产生尖锐的矛盾，使解决同西方和东方国家各种政治经济关系问题大大复杂化了。

正是在这个时期，共产国际的西方战略遭遇挫折。共产国际成立之初，其战略重点在欧洲。1918 年 3 月，列宁在俄共（布）第七次代表大会上说过："从全世界历史范围来看"，"如果其他国家不发生革命运动，那么毫无疑问，我国革命的最后胜利是没有希望的"。"能把我们从所有这些困难中拯救出来的，是全欧洲的革命" ①。在十月革命的感召下，1918 年 1 月爆发了芬兰革命，9 月保加利亚的弗拉戴士兵起义，11 月又发生了德国十一月革命。欧洲似乎真的出现了"全欧洲的革命"的前景。但是，形势很快逆转，欧洲各国的革命风暴相继被平息。

由于一系列尝试的失败，以及立即在西方国家首先是在欧洲开展社会主义革命的希望的破灭，俄共（布）和共产国际开始把目光更多地投向东方，采取并制定世界革命"东方路线"的最初步骤，积极在东方国家（包括中国）寻找伙伴和盟友，组织能够在俄国共产党人的支持并与其联合的情况下参加反帝斗争的力量。

第一次世界大战之后，西方列强卷土重来，在第一次世界大战期间得到迅速发展的东方各国民族工业立即重新受到沉重的压迫，从而激化了民族资产阶级与帝国主义之间的矛盾。帝国主义的压迫还激化了其与农民、工

---

① 《列宁选集》第 3 卷，人民出版社 2012 年版，第 441 页。

人阶级和城市小资产阶级的矛盾，使他们逐渐在反对外来压迫方面统一起来。这些构成共产国际“东方路线”的社会基础。

随着高尔察克在西伯利亚和白卫军在远东遭到失败，以及中国国内事态的发展，产生了苏俄同中国国内革命力量进行直接接触的条件。在1919年的五四爱国运动中，中国出现了先进的知识分子和青年学生团体，其中一部分人，对社会主义的各种派别，包括对苏俄的经验，表现出越来越大的兴趣。

此后，东方问题，尤其是中国革命问题，逐渐成为共产国际注意的中心。共产国际二大专门研究了东方问题，通过了对东方各国民族解放运动具有指导意义的纲领性文件《关于民族和殖民地问题的补充提纲》。1920年8月，为了解中国情况，根据列宁的推荐，共产国际执委会向中国委派了常驻代表马林。

在共产国际第三至第五次代表大会、远东各国共产党及各民族革命团体代表大会和共产国际执行委员会全会上，对东方问题及中国问题都作了一些探讨。季诺维也夫在1923年底承认，共产国际“确实对中国的解放运动和解放斗争有极大的兴趣并特别关注”。①

三、陈独秀、共产国际与中国共产党的成立

维经斯基首次赴华开创俄共（布）、共产国际与中国革命的直接联系

早在1913年3月，在鄂木斯克秘密举行的俄共（布）第三次西伯利亚代表会议，认为“准确及时地将苏维埃俄国和西伯利亚的革命进程通报给美国、日本、中国和其他远东国家，具有十分重要的意义”。因此，会议决定“在远东建立西伯利亚地区委员会情报宣传局”，规定其任务是“与东方和美国的共产党人建立联系，组织同他们交换情报的工作，进行书面和口头宣传……”②

1919年6月18日，为了更好地开展这方面的工作，俄共（布）西伯利

① 《共产国际、联共（布）与中国革命档案资料丛书》第1卷，第335页。
② 转引自马贵凡：《维经斯基第一次来华时的身份不是共产国际代表》，《党史通讯》1985年第11期。

亚地区委员会负责人之一加蓬向上级写了一个专门的报告，建议在西伯利亚地区委员会下面设立一个必须有远东各国（包括中国）的代表参加的东方局。加蓬认为，这样，东方局就“可望立即突出、全面地把工作开展起来”，并能更好地完成其促进东方革命运动的主要任务。①

1920 年 1 月，随着中俄边界交通打开，设在海参崴、处于地下状态的俄共（布）远东地区委员会的领导人库什纳廖夫和萨赫扬诺娃写信给俄共（布）中央，要求同中国革命者建立经常性联系。

1920 年 4 月，经共产国际领导人同意，俄共（布）远东局海参崴分局外国处“向中国（上海）派遣了全权代表维经斯基（格里高里耶夫）同志及其两名助手季托夫同志（毕业于东方学院）和谢列布里亚科夫同志（著名的朝鲜社会活动家）。三人都是共产党员”②。1921 年 3 月，维经斯基结束在华工作返俄。

维经斯基 1893 年出生于俄罗斯维切布斯克州涅韦尔市。1913 年移居美国，在那里做工和学习。俄罗斯十月革命爆发后，于 1918 年返回苏维埃俄国。他到海参崴后立即加入俄共（布），并被派往克拉斯诺亚尔斯克的工人苏维埃中工作。他曾参加反对高尔察克的鄂木斯克暴动。1919 年 5 月被白匪军逮捕，判处无期徒刑并被流放到萨哈林岛服苦役。1920 年 1 月高尔察克被击败后，他与岛上政治犯举行暴动，获得自由。此后便参加了共产国际的工作。

维经斯基来华之后，开始是受俄共（布）远东局海参崴分局领导。1920 年 7 月 5 日至 7 日，分局领导人维连斯基–西比里亚科夫来北京主持召开了在华工作的俄共（布）党员会议。

1920 年七八月间，俄共（布）中央西伯利亚局东方民族处成立之后，所有东方事务均由该处负责，维经斯基一行遂同由西伯利亚地区和俄国远东地区派往远东各国（如蒙古）的其他代表一起，归东方民族处领导，并按其指示行事。

---

① 转引自马贵凡：《维经斯基第一次来华时的身份不是共产国际代表》，《党史通讯》1985 年第 11 期。

② 《共产国际、联共（布）与中国革命档案资料丛书》第 1 卷，第 50 页。

由此可见，维经斯基第一次来华时的身份是俄共（布）代表，而不是共产国际的代表。但是，仍可以把维经斯基首次赴华看作是共产国际与中国革命组织联系的开始。因为在华期间，维经斯基同俄共（布）中央西伯利亚局东方民族处保持经常性联系，而东方民族处从其成立时起就定期向共产国际提供详细的工作报告。这样，共产国际就通过东方民族处和维经斯基这个渠道，同中国革命组织取得了间接的联系。1920 年 12 月 21 日《关于俄共（布）中央西伯利亚局东方民族处的机构和工作问题给共产国际执委会的报告》中称：维经斯基一行来华，"这就为我们在远东国家开展有步骤的组织工作奠定了基础。迄今，在中国的工作是由个别俄国侨民做的"①。共产国际"负责中国工作的全权代表"利金 1922 年 5 月在给共产国际执委会远东部的报告中也指出："共产国际在中国的工作起始于 1920 年春。"②

陈独秀、维经斯基与上海的共产党早期组织的建立

早在 1919 年 1 月，陈独秀就意识到组建政党的必要性。他在《每周评论》上发表《除三害》一文，提出中国若不除去"军人害"、"官僚害"和"政客害"这"三害"，中国政治便无清宁的日子。至于如何除掉这三害，陈独秀号召社会中坚分子，"挺身出头，组织有政见的有良心的"政党，而这种政党要"依赖国民为后援"，以"扫荡无政见的无良心的依赖特殊势力为后援的狗党"③。至于究竟是何种性质的政党，陈独秀此时还没有说清楚。

1920 年 2 月，陈独秀到上海后，在向马克思主义者的转变过程中，开始把注意力投向工人群众。他创办《劳动界》、《伙友》等工人刊物，在工人中间宣传马克思主义。他到码头工人中了解罢工情况，去中华工业协会、中华工会总会等劳动团体做调查。他请北京大学的进步学生和各地革命青年，深入到工人中，了解工人的状况。他还不断到工人中间进行演讲。5 月，陈独秀郑重推出《新青年》第 7 卷第 6 号《劳动节纪念号》专刊。

陈独秀在启发工人和组织工人，向他们宣传马克思主义的过程中，积极

---

① 《共产国际、联共（布）与中国革命档案资料丛书》第 1 卷，第 50 页。

② 《Расшифрованная от Лидина》, Архивы из Российского Государственного Архива социально-политической истории. 俄罗斯国家社会政治历史档案馆馆藏档案，全宗 495，目录 154，卷宗 135，第 103 页。俄文打字稿。

③ 《陈独秀著作选》第 1 卷，第 450—451 页。

开展建党工作。

正值马克思主义在中国的传播出现高潮的时候，维经斯基来到中国。他赴华的使命是了解中国情况，同中国的革命小组建立联系，并考察是否有可能在上海建立共产国际东亚书记处。4月，维经斯基一行抵达北京，通过北大俄籍教师鲍立维的介绍，会见了李大钊，向他介绍苏俄十月革命以来的情况及其对外政策，李大钊还和维经斯基多次讨论建立中国共产党的问题。

为了加速中国共产党的创建，李大钊介绍维经斯基一行去上海会见陈独秀，共商建党大计。

维经斯基是4月下旬到达上海的。他通过陈独秀，邀请先进的知识分子和社会主义的宣传者召开座谈会，向他们介绍俄国十月革命的发生和革命后新俄罗斯日新月异的变化。维经斯基还带来了共产国际出版的《国际通讯》等刊物以及各种介绍马克思主义的外文书刊。这些无疑加快了陈独秀的建党步伐。1920年5月，陈独秀在上海发起成立马克思主义研究会。该会同1920年3月李大钊主持成立的北京大学马克思学说研究会一起，先后同各地的先进分子建立联系，促进了马克思主义的广泛传播。

维经斯基到达上海后，5月，“为领导业已展开的工作，成立了临时的集体中心机构”，即“第三国际东亚书记处”，下设中国科、朝鲜科和日本科。中国科的工作纲要是：

1. 通过在学生组织中以及在中国沿海工业地区的工人组织中成立共产主义基层组织，在中国进行党的建设工作。

2. 在中国军队中开展共产主义宣传。

3. 对中国工会建设施加影响。

4. 在中国组织出版工作。①

6月，维经斯基从上海写信向上级汇报：“自我寄出第一封信后，仅在加强联系和完成我拟定的计划方面，工作有些进展。现在实际上我们同中国革命运动的所有领袖都建立了联系。”“目前，我们主要从事的工作是把各

① 《共产国际、联共（布）与中国革命档案资料丛书》第1卷，第39页。

革命团体联合起来组成一个中心组织。”他在此信中称陈独秀是“当地的一位享有很高声望和有很大影响的教授”，“一位享有声望的中国革命者”。①

此时的维经斯基并不了解中国的复杂情况，把任何宣传过社会主义，从事过工人运动和学生运动的社团，不论其信仰哪一种社会主义，甚至是无政府主义，都一视同仁，称其为“革命小组”，并试图借助陈独秀、李大钊的威望将这些社团统一起来，组建成共产党。对此，张国焘说：“1920（年）五月，苏联代表到沪，独秀与其接洽（当时有许多中国人朝鲜人从俄国派到东方活动）。”谈到苏联代表找到陈独秀的原因，张国焘说：“因为张东逊、陈哲时、姜博若……都不成样子，所以找着我们。”②

陈独秀提出组建政党靠的是有“独立信仰”的“中坚分子”组建依赖国民为后援的政党，即该政党能够代表广大人民群众的利益。显然，对于已经接受马克思主义的陈独秀来说，这样的政党的组成人员，应该以信仰马克思主义、共产主义为首要前提。可见，陈独秀与维经斯基之间在建党立足点上存在分歧，争议则不可避免。最后，维经斯基不能说服陈独秀改变建党思路，实现同无政府主义的合作。同时，由于无政府主义者“都不成样子”，维经斯基也无法抛开陈独秀另立炉灶组建中国共产党。最后，维经斯基只得接受陈独秀的意见，终止同无政府主义者的合作，肯定了陈独秀在上海的建党工作并予以帮助。

陈独秀以上海马克思主义研究会为基础，加快了建党工作的步伐。1920年六七月间，他同李汉俊、俞秀松等人开会商议，决定成立共产党组织，并初步定名为社会共产党，还起草了党的纲领。

关于党纲，张国焘称是“独秀从伍廷康（指维经斯基——引者注）得来”的，其内容如下：

①共产党原则：A）没收一切资本——没收银行矿山，废除个人压迫个人，经济上社会共有。B）领导工人阶级获得政权，打倒反动势力，过渡到消灭政权。C）消灭一切阶级。

---

①《共产国际、联共（布）与中国革命档案资料丛书》第1卷，第28、30页。

②《张国焘关于中共成立前后情况的讲稿》，张国焘手稿档案文献，[俄] K. B. 舍维廖夫提供，见《百年潮》2002年第2期。

② 共产党目的：A）要进行阶级斗争——团结工人由经济争斗发展到政治争斗夺取政权。B）取得政权以后，发展阶级争斗。C）建设共产主义社会，以大规模生产为基础。

张国焘说，这个党纲在翻译成中文时，又有下面几条：

1）无（产阶）级专政

2）国际组织

3）不准做官①

据张国焘回忆，大约在1920年8月20日左右的一个晚上，维经斯基到陈独秀寓所进行交谈，此时的陈独秀已经"有把握可以发动组织中国共产党"，维经斯基"也就向他表示共产国际将予支持"。次日，陈独秀向张国焘说到与共产国际关系的重要性。他感叹中国共产主义运动的基础薄弱，至今连马克思的《资本论》都没有中译本。他认为，我们要做的工作十分繁重，"如果能与共产国际建立关系，无论在马克思的理论上和这一运动的实际经验上都可以得着莫大的帮助"。陈独秀还说："如果共产国际能派一位得力代表做我们的顾问，我们也将获益不少。"②

经过一段时间的准备，在陈独秀的主持下，1920年8月下旬，上海的共产党早期组织在上海法租界老渔阳里2号《新青年》编辑部正式成立，当时取名为"中国共产党"。这是中国的第一个共产党组织，其成员主要是马克思主义研究会的骨干，陈独秀为书记。上海的共产党早期组织通过通信、派人或直接帮助等各种方式，积极推动各地共产党早期组织的建立，实际上起着中国共产党发起组的作用。

几乎与上海的共产党早期组织建立的同时，8月17日，维经斯基在给俄共（布）中央西伯利亚局东方民族处的信中报告说，在他的倡议和组织下，在上海成立了革命局，由5人组成，其成员是维经斯基和陈独秀、李汉俊等4名中国革命者。该局下设出版、宣传报道和组织三个部。③

---

① 以上参见《张国焘关于中共成立前后情况的讲稿》，张国焘手稿档案文献，[俄]K. B. 舍维廖夫提供，见《百年潮》2002年第2期。

② 张国焘：《我的回忆》第1册，东方出版社1991年版，第100—101页。

③《共产国际、联共（布）与中国革命档案资料丛书》第1卷，第31—35页。

上海革命局在出版方面的成果是发行了《共产党宣言》、《共产党员是些什么人?》、《论俄国共产主义青年运动》等一些马克思主义读物，并从8月起定期出版中文《劳动界》周刊。宣传报道部的主要工作成果是成立了俄华通讯社，该社为中国31家报刊提供消息，主要是从俄国远东报纸以及一些俄罗斯报纸杂志上翻译过来的文章。组织部“在学生中间开展工作，想方设法引导学生去同工人和士兵建立联系并把他们组织起来”。为了使革命学生联合起来组成统一的社会主义青年团，该部做了大量组织工作。他们在中国各个城市召集一系列的学生会议，并在北京举行了北京、天津、汉口、南京等几个城市的学生代表会议，最后成立了社会主义青年团。青年团成立后派代表参加上海革命局。①

到1920年12月底，“有10多名俄国负责的共产党人在中国工作”。②

1922年7月，马林向共产国际执委会汇报了维经斯基和陈独秀等筹建中国共产党的情况：“维经斯基同志在上海工作期间，在陈独秀同志领导下组成一个中国共产党人小组。陈几年来一直编辑《新青年》杂志。这个小组划分为7—8个中心，在全国的人数也不过50—60人。”③

关于陈独秀在创建中国共产党过程中的作用，1922年5月，利金在给共产国际执委会远东部的工作报告中指出：“上海小组具有领导作用，不仅因为它是中心组，而且也因为有陈独秀同志参加。”他还说：中国早期党员中的许多同志，如李大钊、陈独秀等，“不仅是忠诚的革命者，而且也是颇有影响的工作者”，“因此，归根到底必须承认，在中国，我们有从事共产主义工作的支柱”。④

陈独秀与马林在建党初期由冲突走向和解

维经斯基离开中国后，共产国际执委会决定向中国派驻代表。第一位被共产国际选中的就是具有长期地下斗争经验的马林。马林于1921年4月从荷兰出发，6月3日抵达中国上海。共产国际执委会派代表来华，表明共产

---

① 参见《共产国际、联共（布）与中国革命档案资料丛书》第1卷，第53—54页。

② 《共产国际、联共（布）与中国革命档案资料丛书》第1卷，第53页。

③ 《共产国际、联共（布）与中国革命档案资料丛书》第2卷，北京图书馆出版社1997年版，第226页。

④ 《共产国际、联共（布）与中国革命档案资料丛书》第1卷，第88、94—95页。

国际在实施“东方路线”中对中国革命的重视。

马林是荷兰人。1902年参加荷兰社会民主党。1913年前往荷兰殖民地爪哇从事革命活动。1916年，马林促使爪哇的社会民主联盟参加民族主义组织伊斯兰教联盟，结成反帝民族统一战线，从而推动了反帝革命运动的发展和马克思主义的传播。1920年7月，马林应邀参加共产国际第二次代表大会，担任共产国际民族和殖民地委员会秘书，参加了列宁的《民族和殖民地问题提纲初稿》和罗易的《补充提纲》的讨论。在大会上，马林作《民族和殖民地委员会的工作报告》。马林还在大会发言中介绍了在爪哇工作的经验。他说：“我认为在议事日程中没有别的问题比民族和殖民地问题对世界革命运动的进一步发展更为重要的了。”他呼吁：“我们应给东方革命者在苏联学习理论的机会，以使远东能成为共产国际的一个有朝气的成员。”① 在这次代表大会上，马林被选为共产国际执行委员。

正是鉴于马林的革命经历和他在共产国际二大上的表现，会后，由列宁推荐，共产国际执行委员会委派马林为驻中国代表，并负责考察远东各国的革命情况。出于对东方被压迫民族的同情，出于真诚帮助中国革命的目的，马林来到中国。

1921年6月初，共产国际代表马林和共产国际远东书记处代表尼克尔斯基先后到达上海，并与上海的共产党早期组织成员李达、李汉俊建立联系，督促他们尽快召开全国代表大会，正式成立中国共产党。

7月9日，马林在从上海给科别茨基的信中谈了他对党的早期组织及即将成立的中国共产党的态度。他说：“我希望，我们在7月底召开的代表大会将给我们的工作带来很大益处。届时，那些不大的、分散的同志小组将联合起来。此后将能开始集中工作。我的意见是，在工作的现阶段，不应该为这里的工作投入太多的资金。也许一年以后，这里才有可能组织真正的共产党，情况才会有所改善。”② 马林希望共产国际几个月后将其从中国调回，并表示他想去日本和菲律宾，以了解那里的情况。

---

① 《马林在中国的有关资料》(增订本)，人民出版社1984年版，第3、9页。

② Архивы из Российского Государственного Архива social...

1921年7月23日，中国共产党第一次全国代表大会在上海召开，标志着中国共产党的诞生。陈独秀时在广州，未出席大会。但他向大会提出关于组织与政策的四点书面意见，委托陈公博带到大会，要求在讨论党纲党章时予以注意。这四条意见是：“一曰培植党员（按即征求党员）；二曰民权主义之指导（按即民主集中制的组织原则）；三曰纪纲（按即注重纪律的要点）；四曰慎重进行征服群众政权问题（按即目前主要工作为争取群众，为将来夺取政权之准备）……”①

在中共一大的开幕式上，马林首先致词，对中国共产党的成立表示祝贺。他介绍了共产国际的概况，并建议把会议进程及时报告共产国际远东书记处。党的一大通过的中国共产党的纲领，确定党的名称为“中国共产党”，在与共产国际的关系上，纲领只是提出“联合第三国际”。②

考虑到党员数量少及地方组织尚不健全，中共一大决定暂不成立中央执行委员会，只设立中央局作为中央的临时领导机构。在陈独秀缺席的情况下，大会选举其担任中央局书记。由此可见，陈独秀当时的领袖地位是无可替代的。

中共一大后，马林对中共的工作很不满意，要求“把陈独秀请到上海来，重新布置党的工作”③。1921年9月，陈独秀辞去广东教育委员长职务回到上海，很快开始了与马林的接触。让人没有想到的是，马林这样一位满怀着对东方革命良好情感的共产国际代表，会与同样信仰马克思主义的陈独秀发生一系列冲突。

陈独秀回到上海后，第二天便同马林会面，谈了几次，“意见未得一致”，原因之一是“听了我们同志间先入之见，也以为马林是看不起中国党”。尽管陈独秀从前曾与张国焘等人表示过，希望得到共产国际的帮助，但是，起初他却无论如何难以接受共产国际高度集权的领导体制，这也是他与马林产生分歧的原因所在。马林向陈独秀介绍了共产国际的工作体制，指出，共产国际是全世界共产主义运动的总部，各国共产党都是共产国际

① 张国焘：《我的回忆》第1册，第136、147页。
② 《中共中央文件选集》第1册，中共中央党校出版社1989年版，第3页。
③ 《包惠僧回忆录》，上海人民出版社1983年版，第7页。

的支部，中共的工作方针、计划应在共产国际的统一领导之下进行。陈独秀则认为，“中国共产党尚在幼年时期，一切工作尚未开展，似无必要戴上第三国际的帽子，中国的革命有中国的国情”。陈独秀特别提出，“中共目前不必要第三国际的经济支援，暂时保持中俄两党的兄弟关系，俟我们的工作发展起来后，必要时再请第三国际援助，也免得引起中国的无政府党及其他方面的流言蜚语，对我们无事生非的攻击”。陈独秀尤其不同意接受共产国际的经济援助。他说：“革命是我们自己的事，有人帮助固然好，没有人帮助我们还是要干，靠别人拿钱来革命是要不得的。”

陈独秀与马林的分歧发生后，张太雷（时任马林的翻译）奔走于马林和陈独秀之间。陈独秀坚持“各国革命有各国国情，我们中国是个生产事业落后的国家，我们要保留独立自主的权力，要有独立自主的做法，我们有多大的能力干多大的事，决不能让任何人牵着鼻子走，我可以不干，决不能戴第三国际这顶大帽子”。为此，马林以共产国际代表的名义，写了一封很长的信，请陈独秀再度考虑，改日再谈。陈独秀接到马林的信后，没来得及回信，便在家里被法租界会审公堂逮捕了。①

又据李达回忆，陈独秀是在汇报工作的问题上与马林发生矛盾。李达说，马林和尼克尔斯基几乎每周都要约陈独秀、张国焘和李达三人开一次会，听取工作报告。“向马林作汇报，在陈独秀是一件不愉快的工作。所以陈独秀汇报了一次，第二次他就不去了。后来他大发牛性，要对马林等闹独立。他说，不要国际帮助，我们也可以独立干革命，我们干我们的，何必一定要与国际发生关系，这样他一连几个星期不出来与马林等会面”②。

马林 1922 年 7 月 11 日在写给共产国际执行委员会的报告中，也谈到与中国同志的分歧。他说：“我们和这个小团体（指刚刚诞生的中国共产党——引者注）保持着经常的联系。尼可尔斯基（另译为尼克尔斯基——引者注）接到伊尔库茨克局的指示，要他出席党的领导的全部会议。中国同志不同意这样做，他们对这种监护表示愤慨，纠葛因此产生。”③ 这是马林自

① 以上参见《包惠僧回忆录》，第 7、430—431 页。
② 《“一大”前后》(二)，人民出版社 1980 年版，第 16 页。
③ 《马林在中国的有关资料》(增订本)，第 13 页。

已解释的与陈独秀的分歧所在。

除此以外，张国焘回忆说，陈独秀和马林发生争执的另一件事，是张太雷没有得到中共中央的认可，就遵照马林的指派到日本。1921 年 8 月，美国宣布召开华盛顿会议，邀请有关各国参加。共产国际为了同华盛顿会议相对抗，决定召开远东各国共产党及民族革命团体代表大会。马林接到共产国际的紧急指示后，立即派张太雷去日本寻求日本社会主义者的支持，并选派代表出席。张太雷遵守马林严守秘密的指示，未征得中共中央局同意便动身前往日本。这件事使陈独秀大为愤怒。陈独秀认为，马林真是胡作非为。张太雷是中共党员，虽然被派任马林的翻译，但他的行动仍须遵守中共中央的命令。现在马林不征求中央同意，擅自派遣张太雷去日本。而且“共产国际召开这样重要的会议，事前也未和我们商量，简直是藐视中共中央”。他声言决不与马林见面，并拟要求共产国际撤换马林的共产国际代表职务①。张国焘还回忆说：“独秀以为国际代表不应干涉党的内政”，“有一次独秀提出信搞（此处似应为“稿”字的误写——引者注），（1）说我们未加入第三国际，是否加入，尚待考虑。国际给我们的什么命令及议决案，只能供参考之资。（2）说国际代表侮辱我们同志，以后断绝一切关系。李达、佛海都赞成这种说法，我是反对的。拍案大闹。此信后来未送去。国际代表马林主张开除陈独秀党籍。”②

由此可见，陈独秀在与马林的最初接触中，在对待共产国际援助问题上有不同看法，尤其对共产国际的集权制领导方式非常不适应，由此二人之间才几次发生冲突。

陈独秀与马林关系的转变发生在 1921 年 10 月陈独秀被捕之后。最高领导人被捕，自然给新生的共产党带来巨大威胁。马林以外国人身份，重金聘请律师，打通会审各个关节，终于使陈独秀获释。陈独秀出狱后，张太雷又在第一时间代马林转达了对陈独秀的问候，陈独秀“很和气”地表示过一两天再约马林会谈。正像张国焘所形容的：“这样，以前一切的争

---

① 以上参见张国焘：《我的回忆》第 1 册，第 156—157 页。

② 以上参见《张国焘关于中共成立前后情况的讲稿》，张国焘手稿档案文献，［俄］K. B. 舍维廖夫提供，见（百年潮）2002 年第 2 期。

执，似乎都因这一意外而烟消云散了。”

几天后，陈独秀与马林再次会晤。他们两人似乎都饱受折磨，也各自增加了对形势的了解，好像梁山泊上的好汉不打不相识。他们交换意见，气氛十分和谐。马林表示一切工作完全由中共中央负责领导，作为共产国际的代表他只与中共最高负责人保持经常接触、商谈一般政策而已。陈独秀表示，中共拥护共产国际，对其代表在政策上的建议自应尊重。他们这种相互谅解弥补了过去争执留下的裂痕。陈独秀与马林“从此经常见面，毫无隔阂地商讨各项问题。中共中央计划也按时送交马林一份，马林似从未提出过异议。关于政策方面，陈独秀先生也经常将马林的意见向中央会议报告。他们并且具体规定了接受共产国际补助经费的办法；此后中共接受共产国际的经济支持便成了经常性质了”。①

民主联合阵线主张的提出及中国共产党加入共产国际

中国共产党成立之后，十分注重实际斗争。中央局依据党的一大通过的纲领和决议，领导各地党组织迅速开展各项工作。陈独秀1921年10月26日被保释出狱后，多次与马林、李达、张国焘等人商议，拟订中共进一步开展工作的计划。11月，陈独秀以中央局书记名义签署《中国共产党中央局通告》，发往全国各地党组织。这是中央领导机构成立后下发的第一份正式文件。通告对党在近期的发展以及工人运动、宣传出版工作等，提出了具体的计划。随着中国劳动组合书记部的成立，相继在各地发动和开展工人运动。

1922年元旦这一天，根据陈独秀的提议，在上海的共产党党员李达、陈望道等与中国、朝鲜社会主义青年团团员100余人、工人50人，在上海“新世界”散发总计8万份的两种传单：一种是新年贺卡，一面印有老一套的贺词，一面印有告工人书；另一种是焕发民族感情，“号召为建立统一的中国而与苏俄携手战斗的呼吁书”。②

5月20日，共产国际代表利金就在华工作情况向共产国际执委会远

① 以上参见张国焘:《我的回忆》第1册，第163、167页。

② 参见《共产国际、联共（布）与中国革命档案资料丛书》第1卷，第89—90页;《陈望道谈话记录》,《复旦学报》1980年第3期。

东部报告，建议共产国际执委会向中国共产党提出以下两项总任务：一是“同中国工人组织联合起来，以便从思想上和组织上夺取工人群众”，二是“必须争取使中国共产主义组织成为国民革命运动的首领”。①

为了揭露帝国主义国家利用华盛顿会议进行侵略扩张的真面目，为了广泛传播列宁在共产国际二大上提出的民族和殖民地问题理论，共产国际于1922年1月21日至2月2日召开了远东各国共产党及民族革命团体第一次代表大会。会议根据列宁的民族和殖民地问题的理论，具体阐明了被压迫民族所面临的反帝反封建的历史任务，讨论了共产党人在民族和殖民地问题上的立场，以及共产党同民族革命政党进行合作的问题，强调吸收农民群众参加民族民主革命的重大意义。这次大会对于帮助中国共产党认清中国国情和制定中国民主革命的纲领，起到了很大的作用。

6月15日，针对刚结束的第一次直奉战争，陈独秀起草并发表了《中国共产党对于时局的主张》，指出军阀与国际帝国主义相互勾结是中国内忧外患的源泉，提出：“中国共产党的方法，是要邀请国民党等革命的民主派及革命的社会主义各团体开一个联席会议”，以期“共同建立一个民主主义的联合战线”②。该主张在中共中央会议上讨论，“没有经过很多的修改就通过了”。共产国际执委会远东部主任维经斯基对此《主张》给予高度评价：“你们发表的宣言（指1922年6月15日《中共中央对于时局的主张》——原文注释）和告国内民主人士书，我们认为是很成功的，我们认为，你们完全正确地掌握了旨在反对国内军阀和外国帝国主义者的民主统一战线思想。”③

《中国共产党对于时局的主张》是中国共产党第一次就中国民主革命的重大问题，向社会各界公开自己的政治主张，也是以陈独秀为首的中共中央运用马克思列宁主义分析中国社会状况，解决中国革命问题的新起点，为即将召开的党的第二次全国代表大会完成制定民主革命纲领的任务奠定了基础。

---

①《共产国际、联共（布）与中国革命档案资料丛书》第1卷，第95页。
②《中共中央文件选集》第1册，第45—46页。
③《共产国际、联共（布）与中国革命档案资料丛书》第1卷，第118页。

到1922年五六月，中国共产党成立已经将近一年，共产国际代表们在各种发言、报告和信件中还经常称其为“中国共产主义小组”，并进一步解释说：“小组的名称最准确地表明了这些组织的性质，不仅是因为这些组织的人数微不足道（所有小组成员总数不超过200人），而且是因为现在，即过去两年之后，已经可以看出中国共产主义小组的一些本质特点，这就是：（1）脱离群众；（2）试图把自己局限在自己的组织范围之内；（3）推崇小组个别成员在小组全部工作中反映出来的个人威望；（4）积极活动能力较差。”①

共产国际对新成立的中国共产党这个所谓“小组织”的看法的转变，发生在8月，即共产国际收到陈独秀6月底的报告和中共二大召开之后。

6月30日，陈独秀在给共产国际的报告中，详细汇报了中国共产党现在的状况（包括党员及党费、政治宣传、劳动运动三部分）和将来的计划。在将来计划中，党务方面提出“多收工人党员，务求居全数一半以上”，“厉行中央集权制”等四项任务；在政治宣传方面，提出“联络各革新党派，作承认蒙古独立及承认苏维埃俄罗斯的运动”等五项任务；在劳动运动方面，提出集中力量组织全国五个大的产业组合等四项任务。②

针对陈独秀此份报告，8月，维经斯基给中共中央写了回信，对报告中反映的情况给予充分肯定，指出：“总的说来，你们的工作方针是正确的。不论在宣传鼓动工作中，还是在组织问题上，你们都贴近中国年轻无产阶级的需要，这表明，你们的组织已开始走出马克思主义小组状态，并作为一个政治组织而站立起来。”③这是共产国际领导人首次公开承认中国共产党已成长为一个真正的“政治组织”。

中国共产党第二次全国代表大会是1922年7月16日至23日在上海召开的。陈独秀、张国焘、李达等12人代表全国195名党员出席大会。陈独秀主持第一次全体会议，并代表中央局向大会作一年来的工作报告。大会推举陈独秀、张国焘、蔡和森组成起草委员会，负责起草《中国共产党第二次全国代表大会宣言》和其他决议案。

---

① 《共产国际、联共（布）与中国革命档案资料丛书》第1卷，第86页。
② 参见《中共中央文件选集》第1册，第53—54页。
③ 《共产国际、联共（布）与中国革命档案资料丛书》第1卷，第117页。

《中国共产党第二次全国代表大会宣言》是一份具有重大历史意义的文件。宣言通过对中国政治经济状况的分析，揭示出中国社会的半殖民地半封建性质，指出党的奋斗目标即最高纲领是实现社会主义、共产主义，但在现阶段的纲领即最低纲领是：消除内乱，打倒军阀，建设国内和平；推翻国际帝国主义的压迫，达到中华民族完全独立；统一中国为真正的民主共和国。这样，中共二大第一次提出明确的反帝反封建的民主革命纲领。

中共二大通过的决议案提出把党建设成为一个革命的群众性的无产阶级政党的任务，提出中国共产党是中国无产阶级的先锋队，是无产阶级的忠实代表，旗帜鲜明地展示了党的先进性。中共二大还通过了党的第一个章程。

另外，中共二大通过了《中国共产党加入第三国际决议案》，该决议案全文如下：

无产阶级是世界的，无产阶级革命也是世界的，况且远东产业幼稚的国家，更是要和世界无产阶级联合起来，才足以增加革命的效力。现在代表世界的无产阶级为世界无产阶级革命大本营的，只有俄罗斯无产阶级革命后新兴的第三国际共产党。第三国际共产党，是和一方面利用无产阶级，一方面供资本帝国主义利用的第二国际，正立在对抗的地位。中国共产党既然是代表中国无产阶级的政党，所以第二次全国大会议决正式加入第三国际，完全承认第三国际所决议的加入条件二十一条，中国共产党为国际共产党之中国支部。①

这样，中国共产党正式加入共产国际，成为其下属的一个支部。共产国际从此与中共确立了上下级的直接工作关系。对于年轻的中国共产党来说，这在当时是一种必然的抉择。从此，中国共产党可以光明正大地借鉴俄罗斯革命的经验教训，汇入国际共产主义运动的洪流中，减少革命道路上的曲折。但事物总是利弊相辅。加入共产国际，就预示着中国共产党必须执行共产国际代表大会及其执委会的一切决议，服从共产国际的统一领导。而远在莫斯科的共产国际领导人对中国又不了解，相应地作出的决定也就

① 《中共中央文件选集》第1册，第67页。

不能完全符合中国的实际情况。

四、陈独秀赴俄出席共产国际四大

陈独秀在一生64个春秋中，共6次出国，仅去过两个国家，其中5次是日本，全部是在青年时代，主要是进行政治避难并寻求真理。中国共产党成立以后，只出过一次国，去过一个国家，即是苏俄。那是1922年11月至1923年1月，他率领中共中央代表团赴莫斯科参加共产国际第四次代表大会。这是中国共产党成立以后，特别是加入共产国际以来，第一次正式派遣代表团参加共产国际代表大会。可以说，在陈独秀的一生中，此行具有非常重大的意义。当时的陈独秀肯定也不会想到，在他今后的人生旅途中，他与苏俄、共产国际会有如此不解之缘。以前，大家对于陈独秀的此次苏俄之行很少注意，再加上材料的极端缺乏，几乎无人作过详细的专门研究。

大会的召开

早在1922年8月，维经斯基要求中共中央为即将召开的共产国际第四次代表大会“尽量多准备一些有关中国政治和经济形势的实际材料”，希望中国共产党在解决纲领和策略的每一个问题时，“能够借鉴世界无产阶级同资产阶级的多年斗争经验，同时考虑目前中国的条件”。①

1922年11月5日至12月5日，共产国际第四次代表大会在俄罗斯召开，大会的任务“就是全面地丰富共产国际第二次代表大会所确定的基本原则”②。在这次大会上，“有65个代表团，代表62个国家”③。维经斯基出席大会，出席大会的中共代表团成员除陈独秀外，还有刘仁静、王俊，瞿秋白任翻译。

1922年11月5日晚9时，共产国际第四次代表大会在彼得格勒人民大厦开幕。此次代表大会主席季诺维也夫致开幕词。他说：“我们有充分理由并且毫不夸张地说，共产国际度过了最困难的时期，共产国际已经壮大起

① 《共产国际、联共（布）与中国革命档案资料丛书》第1卷，第120页。
② 《共产国际第四次代表大会文件》第2卷，中国人民大学出版社1990年版，第752页。
③ 《共产国际第四次代表大会文件》第2卷，第1252页。

来，它现在不必害怕世界反动派的攻击了。”在这个不算长的开幕词中，季诺维也夫讲到了东方问题。他说：“在东方，运动在今年发展了”，“在这些蕴藏着社会主义无产阶级革命无穷后备力量的国家组织共产党——在这些国家组织共产党是一个历史事件，这意味着那里的先进工人的力量已经聚集起来，这个力量必将引导被压迫民族取得国际革命的胜利”。他还专门点出了中国、印度等国，“日益频繁的起义威胁着资产阶级政权的生存”。季诺维也夫说：

同志们，我们在座的某些同志，如果有幸再活5年——我们暂且不作过分的奢望——如果我们能庆祝十月革命10周年纪念日，我们将看到，我们现在所做的还微不足道；我们将看到，世界将在无数次的起义下震动，亿万被压迫人民将起来反对帝国主义；我们将看到，共产主义的红旗不仅为少数人——当然是英勇的少数人高高举起——而且世界也将为亿万被压迫人民和劳动者所有。

国际革命万岁！①

11月9日，共产国际第四次代表大会在莫斯科克里姆林宫会议大厅举行第二次会议。大会通过会议议程和议事规程，选举各委员会。季诺维也夫作《共产国际执行委员会工作报告》(此报告在次日第三次会议上作完)。季诺维也夫在该报告中着重论述了统一战线的思想，指出：统一战线的口号是共产国际执委会在1921年12月第一次提出的，“很显然，我们的执行委员会1921年12月声明，‘接近群众’的口号，必然会导致统一战线的策略，这是正确的。从根本上说，我们整个策略无非是把统一战线策略实际运用到各个国家的具体情况上。直截了当地说，我认为，这也是我们明年、可能是今后几年的任务”。他称：“统一战线的策略其实是执行委员会试图进行的第一次大规模的国际行动。”②

季诺维也夫在报告中主要以意大利、德国等欧洲国家为例，没有涉及东方问题。但对东方国家的革命无疑具有警示作用。会议经过讨论，表决通

---

① 《共产国际第四次代表大会文件》第1卷，中国人民大学出版社1990年版，第8、16—17页。

② 《共产国际第四次代表大会文件》第1卷，第49页。

过了《关于共产国际执行委员会报告的决议》，指出："尤其是第四次代表大会一致批准统一战线的策略，即共产国际执行委员会1921年的十二月提纲和执行委员会有关这一问题的其余文件中所提出的策略。"决议还强调："考虑到一些党内发生的事件，第四次世界代表大会重申并确认，在世界代表大会闭会期间，共产国际执行委员会是整个共产主义运动的最高机构，执行委员会的决议对所有加入国际的党都有约束力。"①

在11月18日的会议上，布哈林和塔尔海默作了《共产国际和各国共产党的纲领》的报告。布哈林首先解释说，在这次代表大会上将不通过最终的纲领，只是讨论纲领，而要推到下次代表大会再通过，其原因是"许多党对这个问题尚未表态"。他向大会提出的草案，"甚至俄国党也还没有讨论过"。②

11月22日的第十九次会议是听取《东方问题》的报告。罗易在报告中指出："共产国际在讨论纲领问题的时候，必须认真地考虑到国际要研究制订一个关于东方国家的纲领是非常复杂的事情。"同时他遗憾地承认，"由于共产国际的同志至今很少花时间去研究这些问题，因而使问题更加复杂化"。他在讲目前帝国主义正在通过发展殖民地国家的工业来拯救自己时，举了中国的例子："我们不能忘记，假如中国人的外衣下摆放大几英寸的话，世界上的纺织品生产就必须增加一倍。在发展工业的基础上，4亿中国人的生活水平才能得到提高，世界上的纺织品生产才能翻一番。"因此，他说："中国的工业发展不一定会使主要资本主义国家的生产受到限制。"为了击退欧洲各国资本的进攻，"我们必须使我们的斗争力量与殖民地半殖民地国家的运动协调一致起来"，这样就涉及了反帝统一战线问题。"我们必须在殖民地半殖民地国家中组织一个反帝统一战线，同西方国家的工人阶级的统一战线并肩战斗"。罗易最后总结说："最近两年的经验告诉我们，在资产阶级政党领导下，不可能实现这种统一战线。"所以，我们必须在东方国家中"发展我们自己的党，以便把统一战线的领导和组织权掌握在我们

---

① 《共产国际第四次代表大会文件》第1卷，第280页。
② 《共产国际第四次代表大会文件》第1卷，第508页。

手中”。①

到大会闭幕止，共产国际四大共召开了32次会议。在11月9日的第二次会议上，季诺维也夫作《共产国际执行委员会工作报告》；在11日和12日的第四到第七次会议上，讨论了季诺维也夫的报告；在13日到14日的第八次到第十次会议上，列宁、蔡特金、托洛茨基等人作了《俄国革命的五年和世界革命的前途》的报告；在18日的第十四、十五次会议上，布哈林等作了《共产国际和各国共产党的纲领》的报告；在22日的第十九次会议上，罗易、片山潜等作了《东方问题》的报告，等等。此外，会议还讨论了土地问题、党的共产主义教育问题、关于共产国际执行委员会改组问题以及专门的法国问题、意大利问题等一系列问题。

陈独秀、刘仁静在大会上的发言

由于会议前期把时间拉得很长，所以，从11月22日开始“东方问题”议题后，会议主席团决定限制每个报告人和讨论人的发言时间，报告人的时间限制在30和45分钟之内，讨论人的发言时间限制在15分钟之内。为此，日本、土耳其、印度等14国代表团（没有中国）还向大会提交了一份抗议书，认为缩短发言时间，“由此说明他们对东方问题和殖民地问题没有给予应有的重视”。在23日讨论东方问题的会议上，主席卡尔首先说明，从现在起，会议议程上安排时间超出一天的唯一问题是东方问题，为了把所有问题都谈完，必须限制发言时间。“东方委员会的同志们将看到，对他们并没有另眼相待。”因此，他要求每一位发言人“讲最重要的，或者只讲结论”。②

在22日会议作报告前，主席卡尔还宣布：主席团提议，“讨论中应该有一个英国的同志、一个中国的同志和一个埃及的同志发言，由拉狄克同志讲结束语”。该提议无人反对获得通过。

以前，人们在谈到共产国际四大的时候，都说，只有刘仁静代表中国共产党在会上作了发言。中国境内目前有关共产国际四大的档案材料里也只有刘仁静一人的2000余字的《关于中国形势的报告》。可是，我到俄

---

① 《共产国际第四次代表大会文件》第2卷，第759—761页。

② 《共产国际第四次代表大会文件》第2卷，第776—777页。

罗斯原共产国际档案馆查档，却意外地发现陈独秀在会议上所作的两篇报告（俄文），其中一篇是《中国的政治形势——中国代表陈独秀同志在第四次代表大会上的报告》，文末标注为“莫斯科，1922 年 11 月”，全文有 8000 余字（译成中文后），另一篇是《中国的政治派别和反帝统一战线的口号——陈独秀同志在共产国际四大上的报告》，此篇文末只标注“1922 年”，全文 4000 余字（译成中文后）。

陈独秀的《中国的政治形势》的报告共分为四大部分：中国军阀统治的由来、奉直战争之前的时期、奉直战争之后的时期、未来前景。

在报告的第二大部分“奉直战争之前的时期”，陈独秀总结了孙中山与陈炯明之间的主要分歧：

孙逸仙的方案：

（1）以广东为依托，继续北伐，控制全中国。

（2）改组执政内阁为总统一长制。

（3）迫使西南各省的军事力量承认广东政府。

陈炯明的方案：

（1）管理好广东政府地盘内的事务，待有足够的力量时再进行北伐。

（2）保持原有的管理体制，也就是说，仍保持执政内阁制。

（3）在“联邦和省自治”口号的基础上，与西南地区其他各省达成协议。①

报告的第三大部分“奉直战争之后的时期”，共涉及北京政府和中国的统一、黎元洪与吴佩孚的关系、北京政府的对外政策、曹锟和吴佩孚的关系、张作霖的个性及其政策、吴佩孚的个性及其政策、吴佩孚及其管辖下的西南各省、国民党与孙中山等八个问题。关于“国民党与孙中山”，陈独秀汇报说：国民党约有 10 万党员，“除工人外，这个党的大部分为官僚和政客，只有孙中山一人是真正的革命者”。“国民党有很多不足之处：这个党没有党纲、党章，甚至没有确定的组织……党没有自己的政治路线。这

① 《Политическое положение в Китае. Доклад китайского делегата на Ⅳ конгресс т. Чэн Ду-сю》. Архивы из Российского Государственного Архива социально-политической истории. 俄罗斯国家社会政治历史档案馆馆藏档案，全宗 514，目录 1，卷宗 16，第 6 页。俄文打印稿。

个党的大多数人不相信人民大众的力量，而只是相信依靠武力。这个党不进行任何宣传，因此，人民大众，尤其是在北方，并不信任它。不久前经中国共产党同意加入国民党的一些共产党员制定了国民党党纲和党章，并正就党纲与孙逸仙磋商，但目前还不清楚他是否同意接受党纲，并按照这些同志指明的道路推行党的路线”。①

陈独秀在报告的最后一部分“未来前景”中首先表示：“在如此错综复杂且各种力量重组迅速的政治环境下，预测中国的未来是相当困难的。”在预测了吴佩孚、各省军阀和张作霖“不可避免”的失败后，关于孙中山，陈独秀说：“如果他能够站在眼前利益之上，断绝与张作霖的联盟，赢得人民大众的同情并依靠他们，致力于与国际帝国主义和黑暗军阀作斗争，则他将能够完成祖国的革命统一。反之，继续与张作霖为伍，他将徘徊于日本和英美之间，成为帝国主义的工具。在此情况下，他将与自己的盟友张作霖一同灭亡。”②

陈独秀在报告的最后简要介绍了中国共产党的政策。他说：

中国共产党致力于组织人民大众打击国际帝国主义和中国的封建势力，致力于在中国建立真正独立的人民共和国。至于它与国内现有力量的相互关系，则它支持国民党，竭尽全力改正国民党的错误，反对国民党接近张作霖和日本。如果国民党一如既往地与张作霖及日本保持联系，而吴佩孚真正反对日本，则中国共产党将不再支持国民党。中国共产党有自己独立的政治路线，坚持发展这一路线。中国共产党反对任何军阀，打击国际帝国主义的任何组织，并将竭尽全力将此斗争坚持到底。这一斗争的近期目标为：依靠人民大众的力量建立独立的人民共和国。③

① 《Политическое положение в Китае. Доклад китайского делегата на Ⅳ конгресс т. Чэн Ду-сю》. Архивы из Российского Государственного Архива социально-политической истории. 俄罗斯国家社会政治历史档案馆馆藏档案，全宗514，目录1，卷宗16，第9页。俄文打印稿。

② 《Политическое положение в Китае. Доклад китайского делегата на Ⅳ конгресс т. Чэн Ду-сю》. Архивы из Российского Государственного Архива социально-политической истории. 俄罗斯国家社会政治历史档案馆馆藏档案，全宗514，目录1，卷宗16，第10页。俄文打印稿。

③ 《Политическое положение в Китае. Доклад китайского делегата на Ⅳ конгресс т. Чэн Ду-сю》. Архивы из Российского Государственного Архива социально-политической истории. 俄罗斯国家社会政治历史档案馆馆藏档案，全宗514，目录1，卷宗16，第11页。俄文打印稿。

在《中国的政治派别及反帝统一战线的口号》的报告中，陈独秀提出中国共产党在反帝统一战线中的任务是："在这种组建反帝统一战线的形势下，中国共产党应首先组织工人阶级，并吸收农民甚至小资产阶级的革命成分参加这种运动，迫使小资产阶级中的其他更先进部分加入这一阵线。中国共产党应特别致力于影响这些小资产阶级，以便他们不被帝国主义利用反对革命运动。即使他们不积极投身于反对国际帝国主义的斗争，也必须努力使他们保持中立。"① 在这篇报告的最后，陈独秀再次提出了"建立独立的人民共和国"的口号。②

说到共产国际四大，不能不提到另一代表刘仁静的发言。以陈独秀在党内的领导地位而言，刘仁静在大会上所作的报告，即使陈独秀没有参加起草，也肯定是经过陈独秀同意的。刘仁静在报告中，大概叙述中国目前的形势和"有了很大的发展"的工人运动后，强调"今年我们已经有机会看到我们共产党在群众中的影响增长"。刘仁静在报告的最后阐述了共产党与国民党建立统一战线想要达到的两个目的：

第一，我们希望通过我们在国民党内许多有组织的工人中进行宣传，把他们争取到我们这边来；第二，我们只有把自己的力量同小资产阶级和无产阶级的力量结合起来，才能打击帝国主义，我们打算在组织群众和通

---

① 《Политические группировки в Китае и лозуиги единого антиимпериалистического фронта. Доклад тов. Чзн Ду-сю на Ⅳ конгрессе Коминтерна》. Архивы из Российского Государственного Архива социально-политической истории. 俄罗斯国家社会政治历史档案馆馆藏档案，全宗514，目录1，卷宗16，第20—21页。俄文打印稿。

② 陈独秀的以上两篇报告可能是在小组讨论会上作的。为什么以往翻译成中文的共产国际四大文件中没有陈独秀的发言？可能是陈独秀的历史地位决定的。对于这样一位敏感的人物，无论是俄方人员还是中方人员，在选择文件的时候或者是有意放弃，或者是这些文件在浩如烟海的档案库中未曾被后人发现。我的第一个推测不是毫无根据的。因为无论是阅读已经出版的由中共中央党史研究室翻译的共产国际档案集，还是本人亲自到俄罗斯原共产国际档案馆查阅档案，都能感觉到，不同时期按不同类别相应形成的档案文件组即卷宗，明显地表现出多寡不一的特性。例如，关于共产国际帮助中共成立的文件、中共成立之初的文件，以及集中反映1926年情况的材料最为丰富。前两类事件在中国革命史上的重要作用不言而喻，1926年在国民革命进程中也出现了质的转变，发生了"三二〇事件"、国民革命军的北伐等，这在很大程度上决定了中国革命将来的发展进程。与此相反，中国共产党成立以来遇到的第一个大失败，即1927年大革命的失败，在开放的档案文件中反映得比较少。因而，我认为，不能排除这种情况，即许多说明苏联领导对华政策严重失误的文件，被有意识地从一般档案库中抽出，转入专门的保管系统，甚至可能被销毁（我同俄方专家讨论过这个问题，他们也有此疑问）。要知道，根据政治目的选编档案，这曾是他们一贯的做法。

过宣传说服群众方面和国民党竞争。如果我们不加入国民党，我们就会孤立，我们所宣传的共产主义就会是一种虽然伟大崇高，却不能为群众接受的理想。群众会宁可追随小资产阶级政党并且被该党利用来达到自己的目的。如果我们加入国民党，我们就可以向群众说明我们也是赞成革命的民主的，但是这种革命的民主，对我们来说，只是为了达到目的的一种手段。而且我们还能够指出，虽然我们是为了这一尚为遥远的目标而奋斗，但是我们并不忽视群众的日常要求。我们能够把群众团结在我们周围，并分化国民党。①

但是，陈独秀和刘仁静的报告并没有博得共产国际领导人的赞赏，相反却受到拉狄克的严厉批评。拉狄克在7000字的结束语中，用五分之一的篇幅讲述中国问题，他指责中国同志“把事情看得太美好”，“过高估计”了自己的力量。他逐条反驳了陈独秀和刘仁静的发言。他说：

中国同志来这里说：我们已在整个中国牢固地扎了根。我却不得不说：尊敬的同志！在工作开始时感到自己有足够的力量来进行这项工作，这是好的，但是毕竟应当看到实际的情况。我们的中国党是在中国的两个部分发展起来的，彼此是相当独立的。在广州和上海工作的同志很不懂得同工人群众相结合。我们同他们进行了整整一年的斗争，因为许多人认为，一个好的共产党员怎么能干预像罢工这样平凡的事情呢？那里我们有许多同志把自己关在书斋里，研究马克思和列宁，就像他们从前研究孔夫子一样，几个月前还是这个样子。由于孙中山倒台，革命事业本来已在华南遭到一次打击，它怎么可能一下子就成为强大的力量呢？在北方，一般说来党是弱小的，只能依靠铁路工人，你们在那里怎么可能是一支巨大的力量呢？

上述这段话充分体现了拉狄克对陈、刘两人发言的不信任，不满之情溢于言表。他说：“无论是实现社会主义的问题，还是建立苏维埃共和国的问题，在中国都没有提上日程。”他甚至武断地声称：“在中国甚至连全国统一和建立统一的共和国的问题，都还没有提上历史的日程。”拉狄克接着提出：中国共产党的任务仍旧在于，“把工人阶级中正在形成的现实力量统

① 《共产国际第四次代表大会文件》第2卷，第780—783页。

一到两个目标上来：（1）组织年轻的工人阶级；（2）使它对资产阶级分子的客观革命力量采取明智的态度，以便组织反对欧洲和亚洲帝国主义的斗争”。这里，“资产阶级分子的客观革命力量”显然是指孙中山领导的国民党。拉狄克的言外之意可以概括为一句话：共产党要独立从事工人运动，必须在国民党的旗帜下进行。

拉狄克最后号召陈独秀等中国共产党人：“走出孔夫子式的共产主义学者书斋，到群众中去！不仅到工人群众中去，不仅到苦力中去，而且也到已被这一切事件激动起来的农民群众中去！”①

应当说，拉狄克对陈独秀、刘仁静等中国同志的批评不是毫无道理的，他批评的诸多问题在当时的中共党内确实存在。他号召中国共产党人走出书斋到群众中去，也非常中肯。但是，拉狄克的发言，从另一个侧面也暴露出共产国际及其领导人对新生的中国共产党的轻视，要求共产党凡事屈从于国民党，以及对中国革命前途的悲观失望。而且，拉狄克对中国的实际情况不够了解，却又摆出一副想当然、先知先觉的领导者的姿态，这也是共产国际及其领导人对中国共产党及其领导人一贯态度的体现。

共产国际首次直接就东方和中国问题作出专门决议

共产国际第四次代表大会于 12 月 5 日闭幕。季诺维也夫在闭幕词中指出：这次代表大会“不需要制定特殊的、专门的新的任务”，我们的任务“就是要把前三次代表大会，特别是在第三次代表大会上所作的决议加以具体化、明朗化，并加以区分。我认为，我们这次代表大会出色地完成了这一任务”。他说：共产国际四大是“我们第一次作为一个真正的国际的世界党举行会议，这一点表现在我们代表大会上处理了一大批有关各党的最重要的事务上”。按照拉狄克发言的精神，大会通过《共产国际的策略》。

大会通过的《第四次代表大会关于东方问题的总提纲》，是共产国际首次直接就东方问题作出专门决议。该提纲是参加共产国际四大的“所有的东方国家代表团与共产国际东方部一起准备”②后提交大会讨论的。根据大会主席团的建议，“设立一个委员会，审查有关东方问题的提纲和决议”，

---

① 《共产国际第四次代表大会文件》第 2 卷，第 803—806 页。
② 《共产国际第四次代表大会文件》第 2 卷，第 753 页。

其成员有罗易、拉狄克、片山潜和陈独秀等 11 人，陈独秀参加了对这个提纲的讨论。① 该提纲共分八个部分：东方革命运动的发展；斗争条件；土地问题；东方的工人运动；东方各国共产党的共同任务；反帝统一战线；太平洋沿岸地区无产阶级的任务；各宗主国共产党在殖民地的任务。在第六部分“反帝统一战线”中提出：现在，在殖民地东方，“必须提出反帝统一战线的口号”。至于无产阶级该如何在统一战线中进行斗争，提纲指出：“殖民地和半殖民地国家的工人运动，首先应在整个反帝战线中争取成为一个独立的革命因素。只有承认它的这种独立的作用，并保持它在政治上的完全自主，才有可能而且有必要同资产阶级民主派达成暂时的妥协。”提纲特别强调：“向广大劳动群众阐明同国际无产阶级和苏维埃共和国联合的必要性，是反帝统一战线的一项最重要的策略任务。只有同先进国家的无产阶级革命联合起来，殖民地革命才能取得胜利，并保持其胜利果实。”②

作为对东方问题总提纲的补充，共产国际四大还通过了《中国共产党的任务》的决议。共产国际通过这样一个针对中国党的决议，不可能不吸收中国代表团参加起草，或者是向他们征求意见。该决议将关于东方问题的总提纲更加具体化了，力求制定出更符合于中国实际的斗争策略。决议首先开门见山地指出：“近几年来，中国的共产主义运动已开始在南方和北方发展起来。中国共产党人开始参加工人阶级的自发斗争，但是他们还未能贴近人民群众。为了做到这一点，他们应该首先更明确地认清中国政治事件的意义以及工人阶级和共产党在其中的作用。”关于中国革命的发展阶段，决议认为：“中国目前还处在资产阶级革命发展的准备时期”，在此时期，中国共产党的任务在于，“要以在民主基础上实现中国统一的倡导者的身份开展活动。中国共产党人要提出统一的中华人民共和国的口号，为实行同唯一不追求帝国主义目标的大国——苏维埃俄国结成联盟的独立自主政策而斗争”。共产党人要“靠下层人民群众取得革命胜利来实现中国的统

---

① 《共产国际第四次代表大会文件》第 2 卷，第 808 页；《维经斯基在中国的有关资料》，中国社会科学出版社 1982 年版，第 471 页。

② 《共产国际有关中国革命的文献资料（1919—1928）》第 1 辑，中国社会科学出版社 1981 年版，第 72—73 页。

一”。决议最后指示：“为了在这场斗争中能代表一种实际的力量，共产党人应该将自己的主要注意力用于组织工人群众、成立工会和建立坚强的群众性共产党方面。”①

这些提纲和决议对于进一步转变中共领导人对于国民党的态度，推动国共党内合作，有着重要意义。但是，拉狄克等共产国际领导人在评估中国革命力量时，都有一个基本的态度，即贬低共产党而抬高国民党。同时，在关于共产党的首要任务和工作重点问题上，会上的发言和会议的决议存在着明显的矛盾：是在革命过程中为了社会革命的目的而去组织无产阶级，还是全力以赴地帮助资产阶级首先实现民族革命？如何做到既保持工人阶级“在政治上的完全自主”，又能同“资产阶级民主派达成暂时的妥协”？如何像罗易讲的，既能实现统一战线，又能“把统一战线的领导和组织权掌握在我们手中”？陈独秀正是带着这一个个难以解决的问题和矛盾，怀着复杂的感受结束苏联之行的。他当时恐怕没有想到的是，这些问题和矛盾还将紧紧跟随他许多年。他身处其中，犹豫、徘徊，直到大革命的失败。

共产国际四大闭幕后，陈独秀与瞿秋白一起回国，于 1923 年 1 月 10 日抵达北京，2 月 20 日回到中共中央所在地上海。

---

① 《共产国际、联共（布）与中国革命档案资料丛书》第 1 卷，第 161—163 页。

第二章

陈独秀、共产国际与第一次国共合作的建立

1924年至1927年，一场反对帝国主义和封建军阀的革命运动，以不可阻挡之势席卷全国。人们通常将这场声势浩大的革命运动称为“大革命”或“国民革命”。国共合作统一战线的建立，是引发和推动这场运动的主导因素。随着国共合作的形成和展开，在国共合作方式的选择和同国民党右派的斗争方法等问题上，陈独秀与共产国际代表产生了一系列的分歧。中共四大的召开，拉开了中国大革命高潮的序幕。1925年爆发的震惊中外的五卅运动，标志着中国大革命高潮的到来。陈独秀在这些运动中发挥了重要作用，共产国际也给予运动巨大的声援和指导。

一、陈独秀、共产国际与国共合作的形成

陈独秀与马林关于国共合作方式的争论

早在1920年6月，列宁在为共产国际二大草拟的《民族和殖民地问题提纲初稿》中就提出：在绝对保持独立性的前提下，“共产国际应当同殖民地和落后国家的资产阶级民主派结成临时联盟”①。但是，在20世纪20年代的中国，究竟哪些力量是革命的民主派，不仅中国共产党，而且共产国际与苏俄的认识都经过一个曲折的过程。

共产国际根据列宁的民族和殖民地理论，不断地派出使者到中国寻找同盟者。但在最初，共产国际和苏俄政府实行的是联合吴佩孚、陈炯明，疏远孙中山的政策。

共产国际实行这样的政策主要是为吴佩孚、陈炯明的假象所迷惑。1920年吴佩孚通过直皖战争掌握北京政府大权后，伪装进步，曾表示愿与苏俄

① 《共产国际有关中国革命的文献资料（1919—1928）》第1辑，第53页。

改善关系，同意接纳远东共和国的优林使团到北京，并通知原沙俄驻中国的使馆停止活动。接着他取消了段祺瑞政府与日本签订的反对苏俄的《中日陆军共同防敌军事协定》，派张斯麟赴远东共和国同苏俄谈判。1922年，吴佩孚又发出通电，主张劳动立法和保护劳工。同样，陈炯明1918年率援粤闽军击败闽督李厚基后，占领汀州、漳州、龙岩等大片地区，建立西南护法区。1919年底，陈炯明在漳州办《闽星报》，称颂社会主义，赞扬俄国十月革命。俄共党员维经斯基、波塔波夫等相继到过漳州，他们都极力赞美陈炯明。共产国际研究和指导远东革命运动的《共产国际远东书记处简报》，在第7期的一篇文章中报道华南形势时，不仅错误地估计了孙中山与陈炯明之间矛盾的性质，而且表露了明显的褒贬倾向，把陈炯明称作“中国最先进最有名望的人之一”，而孙中山却被说成是“巧妙的外交家，谨小慎微的政治家，根本不是什么革命者”，孙“在中国舆论界尤其革命知识分子中和劳动人民中的威望正在消失”，“他既远离发展中的正在摆脱封建束缚的年青的中国资产阶级，又远离劳动群众”。①

共产国际采取联合吴佩孚、陈炯明的政策，还出于苏俄民族利益的考虑。苏俄在十月革命胜利后处境艰难，它希望在中国寻找一个同盟者，以实现中俄睦邻关系。这个同盟者不仅必须对苏俄友好，不会侵犯苏俄的边界，还须有一定的军事实力。共产国际认为吴、陈具备这些条件，而孙中山则不具备。

事与愿违，共产国际与吴佩孚、陈炯明结盟的意图很快成为泡影。1922年6月，陈炯明在帝国主义支持下叛变革命，他的名字从共产国际可以结盟的候选人名单中被勾掉。而在北方实行联合吴佩孚的政策在1921年下半年也遇到困难：北京政府参加了华盛顿会议；优林使团坚持苏俄在中东铁路的权益，而且苏俄红军未经北京政府的同意就开进外蒙，驻兵库伦，使双方关系不断恶化。1923年吴佩孚镇压京汉铁路工人大罢工，制造“二七惨案”。中国工人阶级的鲜血使共产国际认识到，吴佩孚不是资产阶级民主派，而是极端反动的军阀刽子手。至此，经过曲折的过程和血的代价，共

---

① 转引自中国社会科学院马列所、近代史研究所：《马林与第一次国共合作》，光明日报出版社1989年版，第428页。

产国际联合吴佩孚、陈炯明的政策才得以改变，转而开始重视并最终采纳马林的建议，全力支持孙中山和国民党，促成国共合作。

其实，1921 年 5 月，孙中山在广州就任非常大总统后，对国民党本身的涣散是认识不足的，也无意对国民党进行改组，而是热衷于北伐，希望用武力消灭北洋军阀，并且幻想英、美政府能够给予精神上和物质上的援助，以支持其北伐事业的完成。这个时期，共产国际和苏俄政府曾先后派代表来中国与孙中山接触。由陈独秀介绍，1921 年 12 月 10 日，共产国际代表马林带着翻译张太雷，经过湖南，前去广西桂林拜访孙中山。马林与孙中山进行了三次长谈。在谈到承认俄国与联俄的可能性时，孙中山认为，在北伐还未完成前，联俄实际上是不可能的，过早地联俄会立即引起列强的干涉。马林则认为，国民党进行的民族主义宣传也必然会导致这种干涉，劝说孙中山实行联俄政策。但马林当时并未说服孙中山，孙中山只是表示"允许在其党内进行共产主义宣传"。①

会见孙中山后，马林又到广州等地考察，通过与国民党领导人的接触，对国民党颇有好感，认为孙中山可以和苏俄建立友好关系，国民党的党纲使得"各种不同的团体都能加入进去"。基于这种认识，马林回到上海后，便向陈独秀等中国共产党人提出国共合作问题，建议中共放弃对于国民党的排斥态度，"到国民党中去进行政治活动，通过这一切，会获得通向南方工人和士兵的更方便的门径。党则不需放弃独立"。②

马林关于中共加入国民党的建议，立即遭到陈独秀的反对。1922 年 4 月 6 日，陈独秀致信维经斯基，阐述自己反对马林提出的共产党及青年团加入国民党的六条理由。该信全文如下：

吴廷康（即维经斯基——引者注）先生：

兹特启者，马林君提议中国共产党及社会主义青年团均加入国民党，余等则持反对之理由如左：

（1）共产党与国民党革命之宗旨及所据之基础不同。

（2）国民党联美国、联张作霖段祺瑞等政策和共产主义太不相容。

---

①《马林在中国的有关资料》（增订本），第 21 页。

②《马林在中国的有关资料》（增订本），第 17、21 页。

（3）国民党未曾发表党纲，在广东以外之各省人民视之，仍是一争权夺利之政党，共产党倘加入该党，则在社会上信仰全失（尤其是青年社会），永无发展之机会。

（4）广东实力派之陈炯明，名为国民党，实则反对孙逸仙派甚烈，我们倘加入国民党，立即受陈派之敌视，即在广东亦不能活动。

（5）国民党孙逸仙派向来对于新加入之分子，绝对不能容纳其意见及假以权柄。

（6）广东北京上海长沙武昌各区同志对于加入国民党一事，均已开会议决绝对不赞成，在事实上亦已无加入之可能。

第三国际倘议及此事，请先生代陈上列六条意见为荷。①

马林关于国共合作的建议遭陈独秀拒绝后，于4月24日离开上海返回莫斯科。7月11日，他提交《给共产国际执委会的报告》，再次提出中共应采取加入国民党的途径实现同国民党的合作。共产国际很快采纳马林的建议，要求共产党人支持国民党。马林带着共产国际的指示，于8月回到上海。这时中共二大刚刚闭幕，大会通过《关于"民主的联合战线"的议决案》，提出联合全国一切革命党派，联合资产阶级民主派，组织民主的联合战线，并决定邀请国民党等革命团体举行联席会议。这样，就改变了党的一大文件中关于不同其他党派建立任何联系的规定。但是，共产党此时提出的与国民党的联合方式，是一种两党并行的外部联合。

1922年6月陈炯明的叛变，是促使孙中山痛下改组国民党决心的一个契机，也是孙中山一生革命事业中所遭受的最惨重的失败。他没料到"祸患生于肘腋，干戈起于肺腑"，深感国民党内部成分过于复杂，"人格太不齐"，初生改组国民党之意。这时，英、美帝国主义却落井下石，逼迫孙中山避难所乘的军舰离开白鹅潭。在孙中山处于一生中最艰难困苦之际，共产国际通过各种途径，采取多种方式给孙中山以宝贵的支持和援助。

马林携带着共产国际的指示来到上海。8月25日，在李大钊陪同下，马林在上海法国租界再次会见孙中山，双方商谈了改组国民党、联合苏俄，

① 《中共中央文件选集》第1册，第31—32页。

并同中国共产党合作等问题。马林告知孙中山，共产国际领导人已经通知中国共产党人参加国民党。同时，马林劝孙中山不要单纯用军事行动去收复广州，而要以上海为基地，开展一个群众性的宣传运动；并建议孙中山“要使上海成为一个在全国城市工人中以及在农民中积极开展宣传工作的中心”①。经过马林等人的艰苦工作，孙中山决定以俄为师，同意和中国共产党实行党内合作，改组国民党，允许共产党员以个人身份加入国民党。

西湖会议

到达上海的马林从中共中央了解到中共二大通过的各项决议后，批评联合战线是“空洞不能实行的左倾思想”，他说明孙中山不赞成联合战线的思想，只同意中共党员参加国民党。他强调，共产国际赞成中共加入国民党的办法，认为这是实现联合战线的可行途径。他提议，中共中央不妨再召集一次会议，讨论这个问题。为了解决中共对待国共合作问题，中国共产党中央委员会于1922年8月29日至30日在杭州西湖举行会议。

马林在这次会议中是主要发言者。会上，他总是避免提到中共二大的情况。他坚持中共党员加入国民党，其主要理由大致是：（1）中国在一个很长的时间内，只能有一个民主的和民族的革命，决不能有社会主义的革命，而且现在无产阶级的力量和其所能起的作用都还很小。（2）不能说孙中山的国民党是资产阶级的政党，它是中国现在一个有力量的民主和民族革命政党，而且是一个各阶层革命分子的联盟。（3）孙中山可以而且只能容许共产党员加入国民党，决不会与中共建立一个平行的联合战线。（4）中共必须学习共产国际在西欧工会运动中所推行的各国共产党员加入社会民主党工会的联合战线的经验，中共须尊重共产国际的意向。（5）共产党加入国民党“既可以谋革命势力的团结；又可以使国民党革命化；尤其可以影响国民党所领导的大量工人群众，将他们从国民党手中夺取过来”。

张国焘和蔡和森发言反对马林这种主张。他们认为，“国民党是一个资产阶级的政党，中共加入进去无异与资产阶级相混合，会丧失它的独立性”。

---

① 《马林在中国的有关资料》（增订本），第28—29页。

陈独秀反对马林的主张，“而且发言甚多”。他强调说：国民党主要是一个资产阶级的政党，不能因为国民党内包容了一些非资产阶级的分子，便否认它的资产阶级的基本性质。他举例说，一个共产党员加入国民党以后，会引起许多复杂而不易解决的问题，其结果将有害于革命势力的团结。但他同时声明：“如果这是共产国际的不可改变的决定，我们应当服从，至多只能申述我们不赞同的意见。”

马林说，这是共产国际已经决定的政策。陈独秀继而提出“只能有条件的服从”，即孙中山要取消打手模及宣誓服从他等原有的入党办法，并根据民主主义的原则改组国民党，中共党员才能加入进去。否则，“即使是共产国际的命令，他也要反对”。

李大钊虽同情张国焘和蔡和森的某些看法，也称许陈独秀提出的条件，但基本上是“附和马林的”。他也判断联合战线不易实现，采取加入国民党的方式是实现联合战线的易于通行的办法。

结果，此次西湖会议并未以文字形式，“而是以一种互相谅解的形式，通过了陈独秀先生所提国民党取消打手模以后，中共的少数负责同志可以根据党的指示加入国民党为党员的决定”。“这种决定显然对马林原有的中共党员无条件无限制加入国民党的主张，已作了相当的修正”。①

对西湖会议前及西湖会议上关于国共合作方式的争论，陈独秀在 1929 年 12 月 10 日的《告全党同志书》中是这样描述的：

本党创立之初虽极幼稚，然在列宁主义的国际指导之下，尚未曾做出很大的错误，如坚决的领导工人斗争和对于国民党阶级性之认识。一九二一年（民国十年）由国际召集的远东劳动人民大会，中国方面是由本党领导国民党及其他各社团的代表进行的，大会的决议，在东方殖民地国家应进行民主革命的斗争和在革命中进行农民苏维埃的组织。于是中国党的第二次大会（一九二二年）遂决议了民主革命的联合战线政策，并根据此议决发表时局主张。同时青年团国际代表达林来中国，向国民党提出民主革命派联合战线政策。国民党的总理孙中山严词拒绝了，他只许中共及青年团

① 以上参见张国焘：《我的回忆》第 1 册，第 241—244 页。

分子加入国民党，服从国民党，而不承认党外联合。大会散会不久，共产国际即派代表马林来中国，要求中共中央全体委员在西湖开会，提议加入国民党的组织，力言国民党不是一个资产阶级的党，而是各阶级联合的党，无产阶级应该加入去改进这一党以推动革命。当时中共中央五个委员：李守常（指李大钊——引者注）、张特立（指张国焘——引者注）、蔡和森、高君宇及我，都一致反对此提议，其主要的理由是：党内联合乃混和了阶级组织和牵制了我们的独立政策。最后，国际代表提出中国党是否服从国际决议为言，于是中共中央为尊重国际纪律遂不得不接受国际提议，承认加入国民党。①

可见，在西湖会议上，陈独秀是迫于“国际纪律”不得不同意以中共党员加入国民党的方式实现国共合作。在陈独秀与共产国际的关系中，这恐怕是陈独秀第一次违背自己心愿屈服于共产国际的旨意。

为了以实际行动支持共产国际的决定，陈独秀在会后不仅率先加入国民党，而且发表多篇文章，一律按照马林的观点公开地宣传国民党。虽然陈独秀也曾提出过一些不合共产国际观点的意见，但由于他在党内的特殊地位和崇高声望，他在公开场合的态度转变，十分有力地推动了党内其他同志的转变，大大加速了第一次国共合作和革命统一战线的建立。

中共三大

1923 年 1 月 4 日，俄共（布）中央政治局赞同越飞的旨在全力支持国民党的政策，并建议外交人民委员部和共产国际的代表加强这方面的工作。1 月 12 日，共产国际执委会通过由布哈林起草的、采纳马林和维经斯基修改意见的《关于中国共产党与国民党的关系问题的决议》。

陈独秀参加完共产国际四大刚刚回到国内，共产国际执委会 1 月 12 日决议随后到达。决议全面表述了共产国际对于中国国共合作问题的观点，指出：中国国民党“既依靠自由资产阶级民主派和小资产阶级，又依靠知识分子和工人”。“中国的中心任务是反对帝国主义者及其在中国的封建代理人的民族革命”。尽管决议再度强调，共产党人要组织和教育工人群众，

① 《陈独秀著作选》第 3 卷，上海人民出版社 1993 年版，第 86—87 页。

建立工会，以便为建立强大的群众性的共产党准备基础，并称这是“重要而特殊的任务”。但是，决议又特别提醒中国共产党：中国工人阶级“尚未完全形成为独立的社会力量”，所以，“国民党与年青的中国共产党合作是必要的”，“中国共产党党员留在国民党内是适宜的”，以便“对国民党施加影响，以期将它和苏维埃俄国的力量联合起来，共同进行反对欧洲、美国和日本帝国主义的斗争”。①

共产国际作出此决议是由多方面原因促成的，其中包括外交方面的原因。因为苏联驻北京的代表在两年中未能从中国政府方面争取到建立正式关系、解决外蒙古地位、苏联军队驻留外蒙古领土及中东铁路等一系列问题。而苏联认为，这些问题对他们来讲，具有无比重要的意义。

维经斯基评价这一决议“诚然是非常妥协的”②，对于给予孙中山国民党援助持有不同看法。他在1923年1月25日和3月8日写给共产国际执委会东方部的信中汇报说，在远东地区当地党的人士当中，包括远东革命委员会主席、远东局书记和集团军军长，对越飞采取的主要面向孙逸仙的策略采取否定的态度。他认为，俄共（布）不能无条件地支持孙中山的联盟，支持孙中山应该是有附加条件的，即：第一，国民党的政治纲领要以1922年6月15日《中国共产党关于目前时局的声明》为基础；第二，孙中山要与现在的同盟者张作霖和段祺瑞划清界限。③

共产国际执委会东方部主任萨法罗夫同意维经斯基的意见，为此，他于1923年4月4日分别向共产国际执委会主席团和俄共（布）中央政治局写信陈述与维经斯基同样的看法，认为引导莫斯科作出错误判断的是马林。他批评马林用“天方夜谭”式的精神报道国民党，为孙中山的立场和国民党的现状涂脂抹粉，蒙骗莫斯科。萨法罗夫要求把马林从中国召回，并请求政治局“重新审查所作的决定”。④

根据现有的材料看，萨法罗夫想改变俄共（布）中央政治局关于给予孙

① 《共产国际有关中国革命的文献资料（1919—1928）》第1辑，第76—77页。
② 《共产国际、联共（布）与中国革命档案资料丛书》第1卷，第228页。
③ 《共产国际、联共（布）与中国革命档案资料丛书》第1卷，第203—204、229页。
④ 参见《共产国际、联共（布）与中国革命档案资料丛书》第1卷，第239—248页。

中山国民党援助的建议，没有得到回应。以下事实可以证明：1923年4月，在俄共（布）第十二次代表大会上，反对同孙中山和国民党合作的人在布哈林的报告中受到了当众批评。俄共（布）中央向代表大会作出的报告强调指出：国民党是不受外国资本主义影响的唯一的国民政党，因此，俄共（布）对它的支持“是我们在中国的工作所必需的”①。5月1日越飞给孙中山的电报，以及根据斯大林的建议于7月31日通过的俄共（布）中央政治局关于任命鲍罗廷为孙中山顾问的决定，也体现了同样的精神。

5月24日，共产国际执委会通过由维经斯基起草、布哈林修改的《共产国际执行委员会给中国共产党第三次代表大会的指示》。《指示》重申要严格遵循共产国际第四次代表大会作出的《中国共产党的任务》和1月12日通过的《共产国际执行委员会关于中国共产党与国民党的关系问题的决议》的精神，并对土地革命和农民问题赋予特殊的地位，认为中国共产党“必须不断地推动国民党支持土地革命”，“全部政策的中心问题乃是农民问题”，所以，“共产党作为工人阶级的政党，应当力求实现工农联盟”。指示信还列举了中国土地革命的具体口号，即：“没收地主土地，没收寺庙土地并将其无偿分给农民；歉收年不收地租；废除现行征税制度；取消各省间的包税和税卡；废除包税制度；铲除旧官僚统治；建立农民自治机构，并由此机构负责分配没收的土地；等等。”这些口号后来为中国共产党所接受，但对于国民党来说，则是难以接受的。《指示》还第一次提出争取工人阶级政党在民族解放运动中的领导作用的要求，指出：“毫无疑问，领导权应当归于工人阶级的政党”，“巩固共产党，使其成为群众性的无产阶级政党，在工会中聚集工人阶级的力量，这就是共产党人的首要任务”②。这意味着在当时的条件下，要实行共产党在国民党内起领导作用的方针。共产国际对中国革命的方针明显地暴露出其矛盾性：一方面，全力支持国民党，要求共产党这个“小团体”加入国民党，但另一方面，又提出共产党争取领导权的问题。随着事态的进一步发展，共产国际政策中的这一矛盾在现实斗争中表现得越来越尖锐。

① 《共产国际、联共（布）与中国革命档案资料丛书》第1卷，第175页。
② 《共产国际有关中国革命的文献资料（1919—1928）》第1辑，第78—79页。

共产国际执委会对中共三大的《指示》以维经斯基的名义寄给陈独秀，但设在上海的莫斯科与中共邮件的转收人、全俄消费合作社中央联社上海办事处主任会计维尔德7月18日才收到此信①。此时中共三大已经闭幕，所以，《指示》自然不可能对中共三大的决策产生影响。

中共三大的"筹备工作主要由第三国际代表和二届中央委员会主持"。会前，国际代表马林事先找各地代表谈话，特别是工人代表，"内容主要是交待和解释国共合作的必要性"。除此之外，"马林还向代表谈到了下届中央的组织安排，党章和决议的准备情况，并不厌其详地反复说明为什么要这样做的理由"。②

根据共产国际执委会1923年1月12日决议精神，陈独秀为中共三大起草了《关于国民运动及国民党问题的决议案》。6月12日至20日，中国共产党第三次全国代表大会在广州召开。"在大会期间，马林是每会必到的"③。该决议案在会上仅以5票的优势（21票赞成，16票反对）通过，这反映了党内对这一决议的真实态度。参加会议的徐梅坤回忆说："'三大'的中心议题是讨论国共合作及共产党员是否加入国民党"，"这个问题争论得很激烈，一个多星期的会议，大部分时间是辩论这个问题"。④

中共三大最终决定共产党员以个人身份加入国民党，实现国共合作。中共三大还明确规定，在共产党员加入国民党时，党必须在政治上、思想上、组织上保持自己的独立性。陈独秀在中共三大上当选为中央执行委员会委员长。

至此，陈独秀最终同意以中共党员加入国民党的方式实现国共合作。中共三大后，陈独秀马上给共产国际执委会东方部主任萨法罗夫发去一封信，陈述其中的理由，希望他同意中共三大提出的国共合作的策略。陈独秀在信中分析了中国社会各阶级的状况，指出："中国70%以上的人口是农民；农民的发展水平很低。把农民吸引到国民革命运动中来不是轻而易举

① 参见《共产国际、联共（布）与中国革命档案资料丛书》第1卷，第263页。

② 罗章龙：《椿园载记》，生活·读书·新知三联书店1984年版，第270—271页。

③ 罗章龙：《椿园载记》，第271页。

④ 徐梅坤：《参加中共"三大"》，载《中共"三大"资料》，广东人民出版社1985年版，第156页。

的事。”接着他逐一分析了城市小资产阶级、知识分子、新兴的资产阶级和工人的状况，指出：“在这种情况下，我们希望建立革命力量，我们能够做到这一点，但这只能在国民革命的旗帜下进行。在共产主义的旗帜下，我们只能使工人离开我们，站到敌人的一边。”①

其实，这封信更多的是陈独秀对共产国际执委会立场的一种尊重，并不反映党内和其领导层内部同孙中山和国民党合作的真实态度。

北京的斯列帕克向维经斯基汇报说：中共三大“使同志们的思想发生了很大的混乱”，“我只想说，在工人运动有可能兴起或已经风行起来的地方，没有必要无缘无故地披上国民党的外衣并充当国民党的预言家”。②

季诺维也夫指出：“共产国际曾要求中国共产党人成为国民党的一部分并同他们一起工作。但是出现一些困难，这是很自然的。我们希望国民党做工作，把共产党成员和国民党另一部分成员之间可能发生的困难和误解减少到最低限度。”③

鲍罗廷多年后也承认：“共产党人没有坚持要求加入国民党，是共产国际说服中国共产党人加入国民党的。共产党人根本不想投奔国民党。”“是共产国际逼迫中国共产党人加入国民党。”④

关于国共合作的策略，拉狄克在《论中国共产主义政策基础》的提纲中说：“共产党与国民党之间的关系是这样形成的：共产党加入国民党，对国民党的政策有影响，共产党参加国民党的领导机构，同时保持自己在组织上的独立性。”⑤实际情况如何呢？拉狄克的良好愿望能否如期实现？只能用事实说话。

鲍罗廷本着与陈独秀的谈话精神协助改组国民党

中共三大后，国民党的改组步伐加快了。整个改组工作经历了一个曲折的发展过程。由于孙中山提出改组的方法是“以俄为师”，“要学俄国的方法，组织及训练”，所以在整个改组尤其是制定文件和党纲的过程中，共产

① 《共产国际、联共（布）与中国革命档案资料丛书》第1卷，第261页。
② 《共产国际、联共（布）与中国革命档案资料丛书》第1卷，第318页。
③ 《共产国际、联共（布）与中国革命档案资料丛书》第1卷，第335页。
④ 《共产国际、联共（布）与中国革命档案资料丛书》第3卷，第114、138页。
⑤ 《共产国际、联共（布）与中国革命档案资料丛书》第3卷，第313页。

国际和苏俄起了举足轻重的作用。

1922 年 7 月 26 日，苏俄政府任命越飞为驻华全权代表。莫斯科给越飞两项使命，一是与北京政府商谈有关外交、商务关系等问题，二是与孙中山秘密商谈双方合作问题。越飞来华后，虽然同北京政府的建交谈判进展迟缓，但与孙中山的秘密接触却取得重大进展。从 1922 年 8 月到 12 月，越飞给孙中山发出 4 封信，孙中山给越飞写了 3 封信，双方谈到中俄两国国内国际各种问题。经过马林、张继等人多方努力，终于促成孙中山与越飞的首次会晤。1923 年 1 月 26 日，他们在多次会谈的基础上发表《孙中山与越飞联合宣言》。在《宣言》中，苏联重申放弃在华特权，声明对外蒙古无领土野心，双方表示以谅解精神解决中东铁路问题，认为“共产组织，甚至苏菲［维］埃制度，事实均不能引用于中国”。宣言指出：“中国最要最急之问题，乃在民国的统一之成功，与完全国家的独立之获得。关于此项大事业，越飞君并确告孙博士，中国当得俄国国民最挚热之同情，且可以俄国援助为依赖也。”①

《孙中山与越飞联合宣言》的发表，标志着孙中山联俄政策的公开化。这无论对孙中山本人还是其领导的国民党来说，意义都是空前的。此后，孙中山高举联俄旗帜，从改组国民党起步，开创了国民革命运动新局面。另外，《宣言》的发表也表明了孙中山改组国民党的坚定决心。

1923 年 3 月，苏联政府决定向孙中山提供近 200 万墨西哥元的财政援助，并答应孙中山的请求，决定派遣顾问到中国。

1923 年 6 月，中共三大决定实行国共合作。但由于国民党人的不合作，中共三大有关国共合作的决议实际上“还是一纸空文”②。据张国焘回忆，他在 11 月初“收到陈独秀同志本人的来信，说他现在感到三次党代表大会通过的关于我们同国民党关系的政治论断，不太切合实际”。张国焘说：“陈独秀和马林同志的计划遇到了困难，目前不能兑现。而且，这些困难并非来自我们党内的反对派，而是现实状况造成的。”③张国焘所说的“现实状

① 《共产国际与中国革命资料选辑（1919—1924）》，第 238 页。

② 《共产国际、联共（布）与中国革命档案资料丛书》第 1 卷，第 369 页。

③ 《党的第三次全国代表大会及大会后的一些情况——张国焘给威金斯基、穆辛的信》，（威金斯基即维经斯基——引者注）《中共党史资料》1982 年第 3 辑，第 8 页。

况”便是国民党并没有真正实施改组行动。

只是到了这年8月，孙中山派出以蒋介石为团长的孙逸仙博士代表团访问苏联。8月2日，俄共（布）中央政治局接受斯大林关于任命鲍罗廷为孙中山政治顾问的建议，并通过了任命决定，“责成鲍罗廷同志在与孙逸仙的工作中遵循中国民族解放运动的利益，决不要迷恋于在中国培植共产主义的目的”①。在加拉罕写给孙中山的介绍信中，称鲍罗廷是苏联政府代表，同时又是加拉罕的私人代表。

鲍罗廷于10月到达广州。孙中山任命鲍罗廷为国民党组织训练员，以借重他的经验协助完成国民党的改组。孙中山说：“因为要学他的方法，所以我请鲍君做吾党的训练员，使之训练吾党同志。鲍君办党极有经验，望各同志牺牲自己的成见，诚意去学他的方法。”②正是基于这样一个基本态度，孙中山不断委托鲍罗廷办理有关改组的重大事宜，如向改组会议作报告，提出改组任务；起草国民党的组织法、党章、党纲、一大宣言；前往上海，向上海执行部报告国民党改组的纲领草案，征求修改意见，等等。

马林于1923年10月奉命离开中国。鲍罗廷来中国途中与马林在哈尔滨见过一面。从此以后，鲍罗廷接替马林，全权负责由马林在中国开创的国共合作事宜。

加拉罕和鲍罗廷在国民党改组过程中所遵循的总的思想政治原则，是共产国际1923年1月12日决议和11月28日通过的关于中国问题的提纲。但是，某些“想法”是在他们到达北京之后才明确的。不为人注意的是，这些“想法”是同鲍罗廷前往广州途经上海与陈独秀会见时，陈独秀与其“谈的精神”有关。正如加拉罕对于刚刚到达广州的鲍罗廷指示的那样：“本着陈独秀同您谈的精神表明态度，这是完全正确的。”③遗憾的是，该精神的具体内容目前尚不清楚。

1923年11月28日，《共产国际执行委员会主席团关于中国民族解放运动和国民党问题的决议》传到上海鲍罗廷手中时，已是12月30日。鲍罗

---

① 《共产国际、联共（布）与中国革命档案资料丛书》第1卷，第266页。
② 《孙中山选集》第8卷，中华书局1986年版，第438页。
③ 《共产国际、联共（布）与中国革命档案资料丛书》第1卷，第295页。

廷说："看来，我的全部工作都符合这些提纲的精神"，但他同时承认，也许"并没有立即掌握这个调子"①。《决议》指出：国民党发动的辛亥革命之所以失败，没有把反封建主义的斗争进行到底，"这主要是因为，这个党没有吸收城乡广大劳动群众参加斗争，而把自己的计划寄托在能在军事上战胜那些已成为世界帝国主义工具的国内反动势力上"。因此《决议》最后指出："国民党应当把全国的解放运动建立在广大人民群众支持的基础上。"②

共产国际经过不同渠道、通过各种方式向孙中山及国民党领导人反复申明以上思想观点。在制定国民党一大宣言过程中，鲍罗廷据理力争，坚持"必须把农民和工人吸收到争取中国统一与解放的斗争中来，否则革命就会失败"③。最后，双方达成一项妥协方案，尽管鲍罗廷对文件还是不甚满意，但用他的话说，至少把空洞的措辞减少了 50%。

关于如何解释中国革命发展新阶段的三民主义的内容，共产国际在 11 月 28 日《决议》中阐明了自己的观点：民族主义，应当解释为"国民党依靠国内广大的农民、工人、知识分子和工商业者各阶层，为反对世界帝国主义及其走卒、为争取中国独立而斗争"。民权主义，不能当作一般"天赋人权"看待，"只有那些真正拥护反帝斗争纲领的分子和组织才能广泛享有这些权利和自由"。民生主义，应当解释为"把外国工厂、企业、银行、铁路和水路交通收归国有"，但不能解释为"国家实行土地国有化"④。以此为依据，孙中山把旧三民主义发展成为新三民主义，制定了在当时条件下国共双方都能接受的革命纲领，完成了国民党改组过程中的一项最重要的任务。

鲍罗廷指出，共产国际提纲中涉及的国民党和共产党相互关系的条款能否实现，"决定于共产党在国民党地方组织中的工作积极程度和其影响加强的程度"。鲍罗廷认为，迄今为止，他"正是这样做的"。⑤

在共产国际、鲍罗廷、陈独秀和其他中共党员的帮助下，孙中山力排众

---

① 《共产国际、联共（布）与中国革命档案资料丛书》第 1 卷，第 394 页。

② 《共产国际有关中国革命的文献资料（1919—1928）》第 1 辑，第 81、83 页。

③ 〔美〕丹尼尔·雅各布斯：《鲍罗廷——斯大林派到中国的人》，世界知识出版社 1989 年版，第 125 页。

④ 《共产国际有关中国革命的文献资料（1919—1928）》第 1 辑，第 81—82 页。

⑤ 《共产国际、联共（布）与中国革命档案资料丛书》第 1 卷，第 395 页。

议，坚持改组国民党，经过一年多的努力，1924年1月，国民党改组工作告一段落。至此，国民党一大的准备工作已经基本完成，召开大会的时机业已成熟。

国民党一大的筹备和召开

1923年12月13日，中共中央、团中央和两个地方委员会组织的四委员会联席会议在上海召开。谭平山出席会议并作关于在广州改组国民党的报告，然后指定了在共产党内部同青年团一起帮助国民党改组的常设委员会，由中共中央代表、地方党组织代表、青年团代表和上海地方青年团组织代表共4人组成。此外，还有6个地区各出1人，总计10人。中央参加该委员会的是陈独秀。他们收到了国民党的宣言、纲领和章程，但还没来得及讨论。陈独秀领导下的该委员会的工作，主要是调查有多少中共党员未加入国民党，并发出了现在就加入的指示。①

1924年1月1日，中国共产党和青年团在上海再次举行联席会议。鲍罗廷首先作报告，指出："现在我们的任务就是使国民党的工作面向群众，面向人民，使国民党把国民革命运动真正建立在群众工作的基础上"，"至于我们对国民党的总的态度，可以从共产国际关于支援民族革命运动的决议中，特别是从共产国际执委会最近的与中国共产党第三次代表大会决议相一致的提纲（指1923年11月28日共产国际执委会主席团的《决议》——原文注释）中很清楚地看出"。

接着，陈独秀作关于国民党改组工作的报告。他主要回顾了中共三大以来党的工作，指出，虽然中共三大决定帮助国民党的发展，以及整个国民运动的发展，但是，几个月来，"党在这方面无所作为"，而造成这种状况的原因有两个，一是中国共产党内对此有分歧，二是国民党本身没有任何前进的动力。过了一些时候，党内的分歧消除了，到11月底，中共中央执委会扩大全会召开，决定根据党的三大的决议行动，并通过了关于具体参加运动和参加国民党改组的决议。此外还决定：（1）尚未加入国民党的中国共产党党员应该立即加入。（2）只要有可能，全体党员就要在各地帮

① 以上参见《共产国际、联共（布）与中国革命档案资料丛书》第1卷，第378—379页。

助国民党的发展。(3)确定了中国共产党同国民党的关系，认为“共产党是它内部的一个不合法的支部”。(4)全体同志尽管应该在国民党内竭尽全力为自己争取领导权，但必须通过合情合理的途径，不得暴露自己的意图。陈独秀说，配合国民党的改组，中央向地方组织发出了呼吁书，建议全体同志协助国民党改组，在没有国民党组织的地方，要派我们的同志去建设支部。在有国民党组织的地方，我们的同志应该成立联合委员会，联合委员会成立后，他们应该在国民党内有组织地进行工作。这个呼吁书还建议中国共产党人参加选举的筹备工作，应当与国民党人一道工作，但必须把主要注意力放在老的国民党员身上，因为他们是党的官僚，是他们把一些有组织能力的人和各种政客派往各地，必须同他们作斗争。

最后，根据鲍罗廷的建议，联席会议通过以下决议：(1)中共中央和青年团中央联席会议在听取了鲍罗廷同志和陈独秀同志关于国民党改组工作的报告后，认为工作进行得正确。(2)共产党员在加入国民党以后，应该反对老国民党人对国民革命运动的错误理解。(3)共产党员不应该在各种委员会中谋求职位。(4)关于宣言问题，全体共产党员代表应当捍卫它的所有条款。在组织问题上，不应用章程来代表。在各省，必须选举左派作为出席国民党一大的代表。①

在这次会议上，鲍罗廷提出“不提议陈独秀为国民党中央候选人”，陈独秀表示同意。②1月6日，孙中山指派柏文蔚、张秋白、陈独秀为安徽省出席国民党一大的代表。③1月8日，陈独秀给上海《民国日报》写了一封信，对国民党改组后的章程提出修改意见，主张在吸收党员问题上，“固应郑重将来，加以严密的规定，以慎其始也”。次日，该信以《介绍一个“党”的意见》为题，摘录发表于《民国日报》第二版，并称：陈独秀的信，“提出了几个有价值的意见。我们读了一遍后，觉得很有理解”，“其中有最警策的一点，就是分子的选择和审查”。④

---

① 以上参见《共产国际、联共(布)与中国革命档案资料丛书》第1卷，第441—443页。
② 转引自唐宝林、林茂生：《陈独秀年谱》，上海人民出版社1988年版，第202页。
③ 《国民党指派代表提名》，《民国日报》(上海版)1924年1月13日。
④ 《民国日报》(上海版)1924年1月9日。

1924年1月20日至30日，国民党第一次全国代表大会在广州举行。这次大会事实上确立了联俄、联共、扶助农工三大政策，标志着第一次国共合作正式形成。

国民党一大召开后不久，陈独秀发表《国民党与共产主义者》一文，阐明“国民革命和共产革命之目的与动力都截然不同”，批驳社会上有关国民党改组后“是国民党赤化了”，“是共产派利用国民党做共产主义的运动”的两种误会。他郑重声明：“共产主义者加入国民党，乃是因为殖民地的中国国民革命在世界革命的重要，决不是因为想赤化国民党利用国民党来做共产主义运动而加入的；因为共产党的目的、使命及革命的动力，都截然和国民党不同，是断然利用不来的。”①

共产国际代表给予国民党一大以极高的评价。对国民党改组和国民党一大的召开起了决定作用的鲍罗廷说：这次会议“开辟了中国国民革命运动的新纪元”②，正是在这次会议上，“国民党才开始作为一个政党，作为国内的一支政治力量而存在”③。加拉罕称：国民党一大“不仅是党的历史上而且也是国民革命运动历史上的一个转折点，因为它为国民革命组织，为它的战斗核心奠定了基石”。④

二、陈独秀“二次革命论”的提出

“二次革命论”来源于马克思恩格斯的“不断革命论”和列宁的“革命阶段论”

1928年11月，蔡和森在《中国革命的性质及其前途》一文中，正式把陈独秀的思想概括为“二次革命论”这样一个包含特定含义的专有名词。所谓“二次革命论”，是指在民主革命胜利后，建立一个资产阶级专政的国家，经过一段时期资本主义经济的发展，待各种条件成熟后，再进行一次无产阶级社会主义革命。

有些学者提出，“二次革命论”不是陈独秀的独创，而是来源于马克思、

---

① 《陈独秀著作选》第2卷，第589—590页。
② 《共产国际、联共（布）与中国革命档案资料丛书》第1卷，第419页。
③ 《共产国际、联共（布）与中国革命档案资料丛书》第3卷，第100页。
④ 《共产国际、联共（布）与中国革命档案资料丛书》第1卷，第410页。

恩格斯的“不断革命论”，即由资产阶级民主革命转变为社会主义革命的理论。这种说法还是有道理的。

曾经有很长时间，很多人都搞不清楚，什么叫“不断革命”？按照马克思、恩格斯的说法，在民主革命胜利之后和社会主义革命成功之前，有一个资产阶级统治的阶段。这不恰恰是间断的革命吗？怎么反倒称作“不断革命”？原来，马克思、恩格斯讲的“不断革命”，是说无产阶级担负的革命任务是要不间断完成的，即在资产阶级取得政权以前，无产阶级必须“帮助资产阶级尽快地取得统治”，而当专制政府垮台的那一天起，无产者就要转而立刻开始反资产阶级的斗争，以便“尽快地再把它推翻”①。可见，马克思、恩格斯所谓“不断革命”的含义，不是指一种社会性质向另一种社会性质不间断的转变，而是指无产阶级担负的革命任务是连续的、不能隔断的，无产阶级要无间歇地、不停顿地革命。

列宁将马克思、恩格斯的“不断革命论”发展成俄国特色的“革命阶段论”。俄国1917年二月革命后，资产阶级掌握了国家政权。列宁指出：“俄国当前形势的特点是从革命的第一阶段向革命的第二阶段过渡，第一阶段由于无产阶级的觉悟和组织程度不够，政治落到了资产阶级手中，第二阶段则应当使政权转到无产阶级和贫苦农民手中。”②

在以列宁为首的俄国布尔什维克党领导下，俄国取得十月革命的伟大胜利，俄共（布）成为俄国的执政党，也是当时世界上唯一的无产阶级执政党，相应地，俄国成为世界无产阶级革命的典范和共同的根据地。此时，其他东方和西方国家的共产党，还处于创建的初始阶段，在国内人数较少和处于秘密状态下，自然产生了对俄国共产党人的崇拜和效仿心理。

在中国共产党建立前后，陈独秀第一个接触的俄共（布）代表便是维经斯基。维经斯基在上海与陈独秀等人会谈时，就主张中国一定要走俄国的路，完全按照十月革命的经验来发展中国的革命。马林来到中国后，更是把国民党看成是国民革命的主流和领导者，相比之下蔑视年轻的中国共产

---

① 恩格斯：《共产主义原理》，《马克思恩格斯选集》第1卷，人民出版社2012年版，第311页。

② 《论无产阶级在这次革命中的任务》，《列宁选集》第3卷，第14页。

党。1922 年 8 月，共产国际执委会在给其派驻中国南方代表的指令中，规定了中国共产党人在当前阶段的以下任务：

1. 训练能保持独立思想的党员，未来由他们组成中国共产党的核心；

2. 这个党将随着资产阶级、小资产阶级和无产阶级分子间日益明显的分裂而成长。分裂之前，共产党人应该支持国民党，特别是国民党内代表无产阶级分子和手工业工人的那一翼。①

1923 年 1 月，《共产国际执行委员会关于中国共产党与国民党的关系问题的决议》又开篇指明："中国唯一重大的民族革命集团是国民党"，"只要国民党在客观上实行正确的政策，中国共产党就应当在民族革命战线的一切运动中支持它。"虽然《决议》也声称：中国共产党绝对不能与国民党"合并"，"也绝对不能在这些运动中卷起自己原来的旗帜"。②

从共产国际的上述指令中，我们不难看出其意图：现今中国社会的领导政党只能是国民党，中国共产党只能是未来的领导党；革命的第一阶段应由资产阶级领导并掌握国家政权，到第二阶段才能由无产阶级的共产党掌权。在基本没有现成经验可以遵循，同时中国共产党又作为共产国际领导下的一个支部的情况下，陈独秀必然会受到这些思想和指令的影响与左右。

由此看出，陈独秀的"二次革命论"来源于马克思、恩格斯"不断革命论"和列宁"革命阶段论"，以及共产国际的一系列关于中国革命的理论。

"二次革命论"的主旨和形成过程

早在中共成立之前，陈独秀就考虑到了中国的发展前途问题。1920 年 10 月，他撰文指出："由封建而共和，由共和而社会主义，这是社会进化一定的轨道，中国也难以独异的"，"由共和而社会主义虽是一定的轨道，然这轨道却不能够说必须要经过若干岁月才可以改变方向"。他以俄罗斯共和推倒了封建社会半年便被社会主义代替为例，说明"封建和社会主义之间不必经过长久的岁月"③。这时的陈独秀已经认识到革命前途的社会主义性质，但"不必经过长久的岁月"的封建和社会主义之间，究竟是一种什么

① 《共产国际、联共（布）与中国革命档案资料丛书》第 2 卷，第 324 页。

② 《共产国际有关中国革命的文献资料（1919—1928）》第 1 辑，第 76—77 页。

③ 《国庆纪念底价值》，《陈独秀著作选》第 2 卷，第 180—181 页。

样的社会性质，他还没有明确的认识，也没有指明在这种社会变革过程中无产阶级将承担何种责任。

1922 年 7 月，中共二大召开，推举陈独秀、蔡和森和张国焘“组织一个宣言起草委员会”，蔡和森和张国焘“又推陈独秀先生为执笔人”。陈独秀起草完初稿后，先提交起草委员会讨论，进行补充和修改，再提交大会讨论通过①。所以，可以把中共二大宣言看成陈独秀思想的集中反映。该宣言对于民主革命和社会主义革命之间的具体联系作了初步分析，指出：“民主主义革命成功了，无产阶级不过得着一些自由与权利，还是不能完全解放。而且民主主义成功，幼稚的资产阶级便会迅速发展，与无产阶级处于对抗地位。因此无产阶级便须对付资产阶级，实行‘与贫苦农民联合的无产阶级专政’的第二步奋斗。如果无产阶级的组织力和战斗力强固，这第二步奋斗是能跟着民主主义革命胜利以后即刻成功的。”②

显而易见，这就是所谓“二次革命论”的雏形。张国焘就认为：二大宣言“提出了民主主义革命和苏维埃革命两次革命的理论”③。按陈独秀的估计，民主革命的前途存在两种可能性：一种是民主革命胜利，资产阶级“从封建夺得政权”，无产阶级要经过一个长时期使自己的力量壮大之后，才能实行第二步奋斗；另一种是如果无产阶级的力量在民主革命中发展得很大，民主革命胜利后便能够即刻实行无产阶级专政的社会主义革命。但这里没有提出无产阶级对民主革命的领导权问题，也还没有指明把民主革命的结果同社会主义前途联系起来的具体途径。

1923 年 4 月，陈独秀在《资产阶级的革命与革命的资产阶级》一文中明确阐述了第一步的奋斗结果：“民主革命的成功诚然是资产阶级的胜利，然而幼稚的无产阶级目前只有在此胜利之奋斗中才有获得若干自由及扩大自己能力之机会。”④

7 月 1 日，陈独秀在给共产国际执委会东方部萨法罗夫的信中指出：

---

① 张国焘：《我的回忆》第 1 册，第 236 页。
② 《中共中央文件选集》第 1 册，第 114—115 页。
③ 张国焘：《我的回忆》第 1 册，第 237 页。
④ 《陈独秀著作选》第 2 卷，第 452 页。

“在当今的中国，只有国民党是革命的政党。我们应该把开展国民革命运动看作是我们的中心任务，因此我们应该扩大和改组国民党。”“只有国民党才能领导国民革命运动。我们应该利用这个党并且还要改善这个党。”“只有在国民革命取得胜利后，在阶级分化明朗后，我们共产党才能取得基本的发展。”①

12 月，陈独秀在《中国国民革命与社会各阶级》一文中，对国民革命成功后的第二步奋斗过程作了进一步的描述，提出了两种可能：一种是“在普通形势之下，自然是资产阶级握得政权”；另一种是“彼时若有特殊的环境，也许有新的变化”，即工人阶级在国民革命成功之后“能获得若干政权”。但这种情况能否发生，取决于“工人阶级在革命中的努力至何程度及世界的形势”，“一九一七年俄罗斯的革命就是一个好例”，“但是这种未来的机会我们没有预计的可能，也并没有预计的必要”②。显然，他认为在中国这种可能性不是很大，没有把它作为现实的争取目标。

至此，陈独秀完整地表达了“二次革命论”的思想。

“二次革命论”的理论缺陷

尽管陈独秀的“二次革命论”来源于马克思、恩格斯的“不断革命论”和列宁的“革命阶段论”，并且与共产国际对中国革命的方针策略形成过程几乎同步。但是，在中国这样一个半殖民地半封建的国家，究竟通过怎样的途径才能到达社会主义的前途，马克思、恩格斯和列宁都不可能有现成的答案。面对中国复杂的政治经济局势，20 世纪 20 年代的陈独秀也很难作出确切回答。直到十余年后，毛泽东提出新民主主义论，才完全正确地解决了这一难题。为了说明陈独秀“二次革命论”的理论缺陷，下面将其与毛泽东的新民主主义论作一简单比较。

1939 年 12 月，毛泽东在《中国革命和中国共产党》中提出新民主主义的思想。为了避免转述得不准确，把这段原文照抄如下：

“资本主义会有一个相当程度的发展，这是经济落后的中国在民主革命胜利之后不可避免的结果。但这只是中国革命的一方面的结果，不是它的

---

① 《共产国际、联共（布）与中国革命档案资料丛书》第 1 卷，第 262 页。
② 《陈独秀著作选》第 2 卷，第 568 页。

全部结果。中国革命的全部结果是：一方面有资本主义因素的发展，又一方面有社会主义因素的发展。这种社会主义因素是什么呢？就是无产阶级和共产党在全国政治势力中的比重的增长，就是农民、知识分子和城市小资产阶级或者已经或者可能承认无产阶级和共产党的领导权，就是民主共和国的国营经济和劳动人民的合作经济。所有这一切，都是社会主义的因素。加以国际环境的有利，便使中国资产阶级民主革命的最后结果，避免资本主义的前途，实现社会主义的前途，不能不具有极大的可能性了。”① 此后，毛泽东在《新民主主义论》中又谈到了上述思想。

上面的引文包括了以下几点内容：（1）民主主义革命胜利后，资本主义在中国会有一个相当程度的发展。（2）资本主义因素的发展，只是中国革命的一方面的结果，另一方面的结果是社会主义因素的发展，就是无产阶级和共产党在全国政治势力中的比重的增长，就是无产阶级和共产党的领导权的被承认，就是民主共和国的国营经济和劳动人民的合作经济。（3）加上有利的国际环境，就极有可能避免资本主义的前途，实现社会主义的前途。

总之，新民主主义革命就是无产阶级领导的人民大众的反帝反封建的革命。下面把“二次革命论”和新民主主义论的含义示意如下：

	第一步	第二步
陈独秀 “二次革命论”	革命性质：民主主义革命 革命对象：帝国主义、封建主义 革命动力：资产阶级、无产阶级、农民、小资产阶级 革命领导者：资产阶级	革命成果： 1. 资产阶级握得政权（普通形式） 2. 工人阶级也“能获得若干政权” 1）工人阶级的努力 2）世界形势
毛泽东 “新民主主义论”	革命性质：新民主主义革命 革命对象：帝国主义、封建主义 革命动力：工人、农民小资产阶级、民族资产阶级 革命领导者：无产阶级	革命成果： 1. 联合政权 2. 资本主义相当程度发展 3. 实现社会主义前途 1）社会主义因素 a. 无产阶级和共产党的增长 b. 承认无产阶级共产党领导权 c. 国营经济和合作经济 2）国际环境有利

① 《毛泽东选集》第2卷，人民出版社1991年版，第650页。

可见，陈独秀的“二次革命论”和毛泽东的新民主主义论都主张，民主革命任务和社会主义革命任务分两个阶段去完成，正如毛泽东所讲的：“中国革命的历史进程，必须分为两步，其第一步是民主主义的革命，其第二步是社会主义的革命，这是性质不同的两个革命过程。”① 从字面上看，两人的观点相同，都是主张革命分两步走，但这两步具体如何走，则大相径庭。陈独秀是三段式的“二次革命论”，在民主革命和社会主义革命之间加上了一个资本主义的发展阶段。毛泽东根据中国的实际情况，发展了马克思、恩格斯“不断革命论”和修正了陈独秀“二次革命论”在领导权问题上为中国的现实所否定的部分，指出：“这种殖民地半殖民地革命的第一阶段，第一步，虽然按其社会性质，基本上依然还是资产阶级民主主义的，它的客观要求，是为资本主义的发展扫清道路；然而这种革命，已经不是旧的、被资产阶级领导的、以建立资本主义的社会和资产阶级专政的国家为目的的革命，而是新的、被无产阶级领导的、以在第一阶段上建立新民主主义的社会和建立各个革命阶级联合专政的国家为目的的革命。因此，这种革命又恰是为社会主义的发展扫清更广大的道路。”②

在这里，毛泽东创造性地提出，新民主主义革命的结果是“建立新民主主义的社会和建立各个革命阶级联合专政的国家”。毛泽东同时描绘了新民主主义社会制度的蓝图，提出了既不同于旧的资产阶级民主主义、又区别于社会主义的，包括政治、经济、文化在内的新民主主义的基本纲领，指出新民主主义社会作为由新民主主义向社会主义的过渡形式，并为社会主义革命准备政治、经济、文化等方面的条件，它的前途必然是社会主义，而不是资本主义。所以，从这个意义上理解，毛泽东的新民主主义论也是三段式的。与陈独秀“二次革命论”不同的是，在两次革命中间不容横插一个资产阶级专政阶段，而是通过新民主主义社会过渡，即“无产阶级领导下的一切反帝反封建的人们联合专政的民主共和国”。

导致两者理论差异的主要原因，是对无产阶级在民主革命中领导权问题的认识不同。陈独秀看不到在革命的第一阶段，无产阶级的领导权是可以

---

① 《新民主主义论》，《毛泽东选集》第 2 卷，第 665 页。
② 《新民主主义论》，《毛泽东选集》第 2 卷，第 668 页。

发生转变的，以至放弃或不积极争取革命领导权，同时对中国革命的社会主义前途也强调不够，实际上是把共产党所领导的民主革命等同于旧式的民主革命。

由于陈独秀提出“二次革命论”时，中国共产党还处于幼年时期，无产阶级的力量还很弱小，加之共产国际的右倾指导和个人认识上的问题，陈独秀看不到无产阶级领导地位的转变，不争取甚至放弃革命的领导权，而且悲观地看待中国革命的社会主义前途。这是陈独秀的错误所在。

从严格意义上讲，把20世纪30年代末40年代初的毛泽东与20年代初的陈独秀相行比较，是不公平的。比较的目的不是要以此批判陈独秀的“二次革命论”，而是想说明陈独秀认识的错误所在。对同一问题的认识，毛泽东比陈独秀前进一步，就是说后人超越了前人。陈独秀没有能够很好地把马克思列宁主义基本原理同中国实际相结合，而毛泽东在后来的革命实践中把马克思主义中国化，得出了正确的结论。并且，即使新民主主义论的所有理论观点都能追溯到马克思、恩格斯的基本原则和共产国际的理论上，但它的某些主要观点的提出也要归功于以毛泽东为代表的中国共产党人。虽然包括工人、农民、小资产阶级和民族资产阶级在内的四个阶级的联合战线的思想是共产国际提出的，但调节联合战线内外的阶级关系和共产党在联合战线中的作用等一系列特定的政策，却是毛泽东的创新。

还有一点需要说明的是，中共党内以瞿秋白等为代表的共产党人曾看到了陈独秀“二次革命论”的错误，并且多次对他进行批评。然而这种批评本身也带有形而上学绝对化的毛病。他们看到民主革命与社会主义革命的联系，同时却忽视了两者的区别，用“直接革命”、“一次革命”或“革命无间”等理论批评“二次革命论”，自然没有点到问题的实质。

三、陈独秀、共产国际与国共合作的展开

国民党一大的召开，标志着第一次国共合作正式形成。1924年以后，中国在苏联对外政策中的地位也不断提高。国民党一大后，以广州为中心，汇集全国的革命力量，反帝反封建国共合作的新局面迅速展开。在此过程中，陈独秀与共产国际及其代表之间，在国际联络委员会及对国民党的看

法等问题上，进行了激烈的斗争。

共产国际提议并指导召开的1924年五月中央扩大全会

国民党一大召开前的1924年1月15日，共产国际执委会东方部在向共产国际执委会主席团的报告中，对中国共产党在国民党改组过程中的作用给予充分肯定。报告指出："在从思想上和组织上建设国民党的整个工作中，我们中国共产党的那些加入国民党的同志起了巨大的作用。""最近几个月，党把自己的全部力量都投入到这项工作中来了。"但是，报告认为，中共党内"并非所有的事情都很顺利"。这种不顺利的事情是什么呢？是共产党对国民党的态度问题，即共产党人是应当在国民党的旗帜下为了国民革命运动而去组织中国工人，还是应当由共产党直接去组织工人群众？为此，共产国际执委会东方部建议，国民党一大结束后，代表们从广州返回时，"应该在上海召开一次中国共产党中央委员会成员（现在在上海的）和负责人以及青年的代表会议"，并列出了此次会议的议题：（1）根据共产国际执委会主席团1923年11月28日向国民党代表团提出的提纲，阐明中国国民运动的性质是反对帝国主义的运动。（2）中国共产党和中国工人运动。（3）组织问题和党内工作。（4）宣传和鼓动工作。他们认为，举行这样一个"确实是必要的"会议，对党的工作将是一个很好的激励，并将有利于即将召开的共产国际第五次代表大会（于1924年6月17日至7月8日在莫斯科举行——作者注）之前的团结。①

2月25日，共产国际执委会主席团东方委员会听取关于中国问题的报告后决定：建议中国共产党在5月召开中央执行委员会扩大全会，讨论下列问题：（1）国民党今年1月在广州代表大会上通过的宣言和纲领，以及把该党普通党员群众争取到左翼一边的措施。（2）建立中国共产党中央委员会对在国民党出版机构中党员工作的监督。（3）加强工会工作，立即着手恢复京汉铁路职工工会的工作。（4）加强在工人阶级、知识分子，特别是大学生中的宣传工作。（5）随着国民革命运动的扩大，国民党面临的具体任务是：通过开展较激进的土地改革，武装农民，在靠近前线地带建立自卫

① 以上参见《共产国际、联共（布）与中国革命档案资料丛书》第1卷，第399—400页。

队等途径，把农民阶级吸引到解放运动中来。（6）详细讨论在农民中进行广泛宣传的办法，如既用口头，又用标语、电影等形式进行宣传。（7）在今后三个月内要开展一次扩大党员数量的运动，主要吸收25岁以上工人出身的共产主义青年团团员。①

可见，共产国际执委会将贯彻与国民党一大有关问题的事宜，提到此次将要召开的五月会议的首位。维经斯基被委托召集这次全会。

根据共产国际的建议和指示，1924年5月10日至15日在上海召开了中国共产党中央执委会扩大会议。离开中国三年后再度赴华的维经斯基出席会议。据从上海回莫斯科的共产国际联络员维尔德证实，全会进行了5天，25位同志出席，其中50%是工人。会上，“关于在国民党内工作的问题引起了非常激烈的争论。许多工人对共产党实际上被溶化在国民党中表示反对，甚至有人主张与国民党决裂”，“有一些人持相反意见，要求让国民党加入共产国际”。②

由于维经斯基的努力，全会采纳了旨在国民党内自由开展批评和大力加强其左翼的方针，强调要坚持国民党一大宣言中的革命政纲，并以这个政纲作标准来正确对待国民党左、右派之间的斗争，以及加强党内的宣传工作，提出“宣传更重要于组织”。会议改变了中共三大要求产业工人全部加入国民党的决定，指出“凡在可能的范围内我们不必帮助国民党组织上的渗入产业无产阶级，不然，就是一个狠（很）大的错误”③。会议还就工会运动问题、党团关系问题、党内组织及宣传教育问题，以及农民兵士间的工作问题作出了决议。

这样，中共中央五月扩大会议坚持了同国民党合作的方针，但是作了重要修改，强调中共在思想上和政治上的独立性。此次在共产国际领导下召开的中央全会对纠正党的工作中的偏差，巩固和发展国共合作，起了积极的作用。正如一年后共产国际执委会东方部给共产国际执委会主席团报告中所称：“后来中国事态发展的进程完全证明中共中央全会在东方部指导下

---

① 《共产国际、联共（布）与中国革命档案资料丛书》第1卷，第490—491页。
② 《共产国际、联共（布）与中国革命档案资料丛书》第1卷，第496页。
③ 《中共中央文件选集》第1册，第232、237页。

所通过的路线是正确的。”①

1924年9月，陈独秀在给维经斯基的信中承认：“我们的同志对我们党中央执行委员会扩大全会的决议都很了解，而在实践中没有很好贯彻执行。”②

陈独秀在回击国民党右派的最初进攻和平定商团叛乱中

早在国民党一大召开前后，鲍罗廷就预见到，国民党内的左派与右派长期共事是不可能的，“分裂是必然的和不可避免的”③。鲍罗廷后来一直坚持旨在“分裂国民党，清除它的右翼腐败分子”的方针。

1924年1月1日，在有陈独秀出席的中国共产党和中国社会主义青年团领导人联席会议上，鲍罗廷把中国共产党人在这场斗争中的作用概括为：警惕右派，同他们作斗争并将他们清除出国民党，目的是加强左派并且不断地巩固中共在国民党中的地位，以便“在国民党内处处都有自己的同志”。④

在国民党一大召开前两天，即1月18日，鲍罗廷召集出席国民党一大的共产党党团全体20名代表参加会议，并在会上作报告。他在报告中分析了国民党在国民革命运动中的“派别”问题，把国民党分为“两个主要的部分，即左派和右派”，号召中共党员“必须警惕右派，必须同他们进行斗争”。他提出“要进行最终我们能够取得胜利的斗争”。究竟是一种什么样的最终能够取得胜利的斗争呢？鲍罗廷解释说，“同他们必须进行这样的斗争，使之最后不致发生女人把婴儿和洗澡水一起泼出去的那种事情”。鲍罗廷指出，同国民党右派斗争有重要的意义，一是能够加强左派，同时巩固国民党，并使之具有战斗力，能够领导国民运动并达到目的；二是同右派斗争可以使国民党摆脱“那些把它拖入深渊而不是推动它走上革命斗争道路的枷锁”。他进一步强调：“我们的任务就在于我们采取的每一个步骤都旨在加强左派，使这个派别更清醒并以自己的榜样、自己的工作来推动它

---

①《共产国际、联共（布）与中国革命档案资料丛书》第1卷，第619页。
②《共产国际、联共（布）与中国革命档案资料丛书》第1卷，第529页。
③《共产国际、联共（布）与中国革命档案资料丛书》第1卷，第447页。
④《共产国际、联共（布）与中国革命档案资料丛书》第1卷，第357页。

(指国民党——引者注)始终向前进。"[①] 由此，会议决定，在国民党一大上不坚持国民党明显不能接受的那些建议(例如关于土地问题的建议)，以便保证通过主要文件——大会宣言，因为该文件"或多或少"是以共产国际提纲为基础的。

1924 年 5 月在维经斯基指导下召开的中共中央执行委员会扩大会议通过的《共产党在国民党内的工作问题议决案》，对国民党内的左、右派问题进行了初步分析，指出：

国民党内——对于反帝国主义，民权主义农民问题的改良政策，对工人利益的让步问题——便发现两派的力量。共产党自然在孙中山及现时愿意实行已通过之"宣言"里的政纲的一派方面。照现在的状况看来，国民党的左派是孙中山及其一派和我们的同志——我们同志其实是这派的基本队；因此所谓国民党左右派之争，其实是我们和国民党右派之争。所以假使现在我们因为巩固扩大国民党起见而取调和左右派的政策，那就是一种错误。

这并不是说我们立刻要求机械式的开除右派，也不是对于右派之人身的攻击与冲突；我们乃要求国民党内的批评自由，我们便能在国民运动的根本问题上指摘右派政策的错误(最重要的，就是回避反帝国主义的争斗)——在我们自己的机关报上，在国民党的机关报上，在种种集会的时候。[②]

果然，国民党右派很快发起攻击。1924 年 6 月，国民党内的右派分子邓泽如、张继、谢持，以中央监察委员名义向国民党中央执行委员会提出《弹劾共产党案》，借共产党员在国民党内设有"党团"一事大做文章，声称共产党员和青年团员加入国民党，"确于本党之生存发展，有重大妨害"，主张国民党内"绝对不宜党中有党"[③]。7 月，国民党中央执行委员会经过讨论，发表《国民党中央委员会宣言——为解免党内外之误会》，郑重声明："革命之基础，自以联合全民共同奋斗，始能益显其效力，故凡有革命勇决之心及信仰三民主义者，不问其平时属何派别，本党无不推诚延纳，许其

---

① 《共产国际、联共(布)与中国革命档案资料丛书》第 1 卷，第 460—461 页。
② 《中共中央文件选集》第 1 册，第 230—231 页。
③ 罗家伦编：《革命文献》第 9 辑，台湾正中书局 1955 年版，第 1283 页。

加入。”“对于规范党员，不问其平日属何派别，惟以言论行动能否一依本党之主义政纲及党章为断。”① 这样就拒绝了邓泽如等人的弹劾案。但右派分子并未就此罢休，8 月，张继等又发表所谓《护党宣言》，公开反对反帝反军阀的政治纲领。

与右派斗争如此地充满波折，而国民党内的局势又如此不容乐观，致使鲍罗廷改变了先前坚决攻击国民党右派的方针。7 月 6 日，他给加拉罕发出电报，得出“最悲观的结论”，对国民党内形势作出“灾难性的判断”，说什么“让左派去打击右派是困难的，这样做国民党必然灭亡”，甚至断言“灭亡期限为几个月”。加拉罕在 7 月 12 日给鲍罗廷的回信中表示，也觉出“现在主要的问题是关于右派的问题，看来，最近一段时间右派力量大大加强了，在党内外占据了大部分领导职位，这种形势无疑是危险的”。加拉罕在信中提到维经斯基的建议，即对右派要采取“逐步打击”的计划。加拉罕认为维经斯基提出的这种斗争方式是“适当的”，“可适用于一定的时期”，“需要逐步地引导左派认识这种必要性”。②

鲍罗廷始终认为，中国共产党的整个方针“应该是召集和组织国民党左派”，批评陈独秀等人“对可能退出国民党的问题考虑太多，因此很少从事在右派和左派之间加楔子的工作”。③

总之，对于国民党一大后国民党与共产党之间出现的分歧，鲍罗廷和加拉罕持有“完全一致的观点”，即“不要加深这些意见分歧，不要扩大这些意见分歧”，原因是“我们没有足够的力量同右派进行真正的斗争”。④

此时，身为中央执行委员会委员长的陈独秀，坚决主张与国民党右派进行斗争。与鲍罗廷不同，他提出，国民党内部不只有左、右两派，事实上存在着左、中、右三派。他在 7 月 13 日给维经斯基的信中，改变了刚刚闭幕不久的五月会议议决案中“国民党的左派是孙中山及其一派和我们的同志”的观点，指出：如果说国民党内“有一定数量的左派，那是我们自

---

① 《广州民国日报》1924 年 7 月 16 日。
② 《共产国际、联共（布）与中国革命档案资料丛书》第 1 卷，第 503—504 页。
③ 《共产国际、联共（布）与中国革命档案资料丛书》第 1 卷，第 511 页。
④ 《共产国际、联共（布）与中国革命档案资料丛书》第 3 卷，第 100 页。

己的同志。孙中山和另外几个领导人是中派，而不是左派（即便戴季陶也不过是左翼理论家），所以现在支持国民党，就只会是支持国民党右派，因为他们掌握着党的所有机构。在他们的对内政策中表现出反工人倾向，而在对外政策中表现出反苏倾向。”陈独秀告诫说：“如果以后还以这种精神（援助反动派）给以支持，那么这就会对远东的革命产生很大影响。”“我们不应该没有任何条件和限制地支持国民党，而只支持左派所掌握的某些活动方式，否则，我们就是在帮助我们的敌人，为自己收买反对派。”①因此，陈独秀请求维经斯基紧急给鲍罗廷发一份电报，以便请他提供实际情况报告，据此制定共产国际的新政策。

为了反击国民党右派的进攻，7月21日，陈独秀以委员长名义与秘书毛泽东共同签署《中央通告第十五号——对国民党右派的斗争》，指出：“国民党大部分党员对我们或明或暗的攻击排挤日甚一日。”“我们为图革命的势力联合计，决不愿分离的言论与事实出于我方，须尽我们的力量忍耐与之合作。然为国民党革命的使命计，对于非革命的右倾政策，都不可隐忍不加以纠正。”通告号召各区委、地委必须进行反击，坚决揭露国民党右派不愿反对帝国主义的列强，却根本反对苏俄、压迫兵工厂工人组织工会、排斥共产党等重要的错误。通告进一步指出：“我们同志应在国民党各级党部开会时提出左右派政见不同之讨论”，“今后凡非表示左倾的分子，我们不应介绍他入国民党”，“须努力获得或维持‘指挥工人农民学生市民各团体的实权’在我们手里”，以及组织“国民对外协会”。②

根据中共中央的部署，陈独秀、恽代英、瞿秋白、蔡和森等连续发表文章，坚决维护国民党一大的政纲，痛斥国民党右派违背国民党一大政纲、破坏革命队伍内部团结的反动言行。

8月20日，孙中山主持召开国民党中央政治委员会会议，讨论“党内共产派问题”，通过《国民党内之共产派问题》和《国民党与世界革命运动之联络问题》两个草案。草案指出：“谓本党因有共产党员之加入，而本党之主义遂以变更者，巨谬极戾无待以辩，即谓本党因有共产党员之加入，

① 以上参见《共产国际、联共（布）与中国革命档案资料丛书》第1卷，第507页。
② 《中共中央文件选集》第1册，第282—283页。

而本党团体将以分裂者，亦有类于杞忧。证之于本党改组以后发展情形，益可以无疑。”① 第二天，国民党中央执行委员会全体会议正式通过这两个文件。在最后一次会议上，冯自由因煽动一伙人反对共产党而被孙中山宣布开除出党。在共产党人和国民党左派的坚决反击下，国民党右派企图利用“党团”问题破坏国共两党合作的企图未能得逞。

正当国民党右派提出《弹劾共产党案》的时候，1924 年夏秋间，又发生广州商团武装叛乱事件。商团原是广州商会建立的商人自卫组织，后来发展成维护买办阶级利益、镇压工人运动的反动武装组织，在广州有 1.2 万人，在全省有近 5 万人。广州商会会长、英国汇丰银行买办陈廉伯和佛山大地主陈恭受，伙同其他国民党右派分子，倚仗英帝国主义者的支持，在 7、8 月间积极策划商团发动反革命武装叛乱，企图推翻广东革命政府。8 月初，商团从香港私运大批武器到广州。广州革命政府扣留了这批武器，并下令通缉陈廉伯。商团遂煽动商人罢市，向广州政府施加压力。

陈独秀等中国共产党人力主坚决解散商团，以消除广州革命政府的心腹之患。8 月 20 日，陈独秀发表《反革命的广东商团军》，指出：“我们于广东政府对待商团的优柔政策，老早就表示警告，现在这种反革命的商团军势力日见澎涨（应为膨胀——引者注），竟至抗违政府命令，自设联防总部，竟至私运大批军火，我们敢说革命政府真正心腹之患，不在东江而在广州！我们以为革命政府军事计划：第一步是解散商团军，第二步是讨伐陈炯明，第三步才说得上北伐。”②

孙中山开始曾想采取妥协办法使事件平息，结果反动势力的气焰却更加嚣张。10 月 10 日，广州市各界举行纪念武昌起义 13 周年集会，到会的有 30 多个团体，约三四万人。会后举行示威游行时，商团竟向群众开枪射击，当场打死 20 多人，打伤 100 多人。商团还威迫商人罢市，要求孙中山下台。这时，盘踞东江的陈炯明在英帝国主义者指使下派兵进攻广州，英国军舰也开到广州附近的白鹅潭，为商团助威。陈独秀在当日给共产国际远东部的信中汇报说：孙中山和中派一开始决定用武力来镇压这些商人和帝

---

① 陈锡琪主编：《孙中山年谱长编》下册，中华书局 1991 年版，第 1979 页。

② 《陈独秀文章选编》中册，生活·读书·新知三联书店 1984 年版，第 561—562 页。

国主义者为代表的反动派，但后来，当商团同滇军和国民党右派联合（特别是外交使团）向他和中派施加压力时，一方面他们知道，他们无力镇压反动势力，另一方面由于直隶与江苏开战，他们改变了最初计划，决定开始北伐，并任命孙中山为总司令。现在孙已去韶关。所有这些情况导致放弃了对商团的镇压计划。而中派首领胡汉民竟向商团作出让步，想利用与他有联系的这些军阀和部分商团部队来打倒孙科及其一伙，以便自己掌权。他想在中派和商人阶级之间建立联系，也就是要造成更反动的局面。①

面对广州出现的严重形势，鲍罗廷提出“同人人憎恨的军阀一起打击商人”②的策略，最终被孙中山采纳。黄埔学生军、工团军、农团军、吴铁城警卫军及滇军等如期向广州商团聚集地西关发起猛攻。在强大的攻势下，商团军或投降或逃跑，或被取缔解散。孙中山在中国共产党和广大革命群众支持下，镇压了商团的反革命叛乱，给予帝国主义和地主买办阶级势力以有力的打击，使广东革命局势转危为安。

鲍罗廷及苏联军事人员直接参加了军事行动。苏联军舰“沃罗夫斯基号”当时就停泊在黄埔码头，舰上人员把截短的野战炮炮弹筒改作山炮弹。切列潘诺夫说：“‘沃罗夫斯基号’在广州的停泊是颇有意义的一件事。”“海军司令部下令‘沃罗夫斯基号’开进广州，这是我国坚决支持孙中山政府的一次政治大示威。”③

关于广州商团叛乱，1925 年 5 月，共产国际执委会东方部在给共产国际执委会主席团的报告中指出：“现在可以毫不夸张地说，主要是由于国民党内共产党员根据通过的决议所作的工作（即使国民党接近工人群众，接近同土地所有者、官吏、某些军阀匪帮作斗争的贫苦农民），反革命才没有得逞，而中国民族解放运动的基地广东省才仍然掌握在孙逸仙手中。此外，只是由于在中国南方劳动群众的支持下镇压了商团的叛乱，中国的解放运动才能在这一年冬天取得如此巨大的规模。”④

---

① 参见《共产国际、联共（布）与中国革命档案资料丛书》第 1 卷，第 538—539 页。

② 《共产国际、联共（布）与中国革命档案资料丛书》第 3 卷，第 103 页。

③ ［苏］亚·伊·切列潘诺夫：《中国国民革命军的北伐——一个驻华军事顾问的札记》，第 132 页。

④ 《共产国际、联共（布）与中国革命档案资料丛书》第 1 卷，第 619—620 页。

陈独秀对建立国际联络委员会的坚决抵制

1924年8月底，国民党第一届中央执行委员会召开第二次全会，讨论了国民党与共产党关系问题。

在全会召开之前，围绕共产党员的问题就已经议论纷纷。右派出版反对共产党的专刊，举行了一些会议。他们视共产党员为敌人，要求把共产党员开除出国民党，甚至还出现了右派与共产党员进行理论论战的文章。据鲍罗廷说，建立一个直属国民党中央政治局①的国际联络委员会的建议，是国民党中派提出来的，目的是“让国民党有一个特殊的组织，它能知道共产国际和中国共产党对国民党的态度，能经常得到莫斯科的指示，甚至不用探听共产党的‘秘密’，国民党就可以知道共产国际对自己的态度”，并且“这样的组织也可以同共产国际进行谈判以彻底解决问题”②。在国民党一届二中全会后召开的一次中共会议上进一步指出：建立国际联络委员会“是国民党中派很早的想法，是由孙逸仙博士在会前直接提出来的”，“成立这个机构的原因和目的（即解决两党关系问题，包括消除似乎在国民党内正在建立共产党支部的怀疑），是国民党代表（汪精卫）、共产国际代表（鲍罗廷同志）和中共非正式代表（瞿秋白同志）之间谈论的话题，并且已经同共产国际代表达成了协议”。③

《关于在国民党内之共产派问题的决议案》提交给全会讨论，结果以9票（即全票）通过。其中最后一条，即第四条就是关于国际联络委员会的问题：“因本党之外存在着中国共产党，国民党内之共产主义者有从事‘支部活动’之嫌，故中央政治局下设国际联络委员会，其任务之一，是尽力弄清共产党对国民党之态度，以达到相互了解，消除误会之目的。”④看来，所谓的国际联络委员会，其任务只限于弄清楚所谓“共产党对国民党之态度”，而不是中派所期望的经常从莫斯科得到指示并凌驾于共产党和国民党

① 指成立于1924年7月11日的国民党中央执行委员会政治委员会，其成员有：孙中山（主席）、汪精卫、廖仲恺、瞿秋白、伍朝枢和邵元冲，鲍罗廷被聘为顾问。在鲍罗廷的报告中称该委员会为国民党中央执行委员会政治局。

② 《共产国际、联共（布）与中国革命档案资料丛书》第1卷，第521页。

③ 《共产国际、联共（布）与中国革命档案资料丛书》第1卷，第533页。

④ 《共产国际、联共（布）与中国革命档案资料丛书》第1卷，第523页。

两党之上的一个特殊组织。

会议还通过《关于国民党与国际革命运动之联络问题的决议案》，指出：国民党没有任何必要干涉独立的共产党的事务，国际联络委员会的任务是，应与共产国际一起进一步弄清中国共产党对国民党的态度。

得知国民党中央执行委员会第二次全会的决议精神后，陈独秀极其气愤。他立即于9月7日写信给维经斯基，阐述自己对会议决议和鲍罗廷的极大不满，称“这次会议对我们是一个很大的打击”。陈独秀尤其对成立所谓“拥有解决（国共）两党问题的全权”的国际联络委员会表示强烈抗议，称“中国共产党中央执行委员会绝对不同意这个建议”。他说，孙中山等人的态度在口头上保持中立，他们不能同我们的同志争吵，也不敢得罪右派和反动派，但实际上，他们利用反动派施加的压力和他们的反共宣传来压制我们，目的在于把中国共产党置于国民党的领导之下，或至少使中国共产党对它开放。我们必须反对这种行为。与此相反，鲍罗廷不是站出来反对国民党的上述行为，却建议成立所谓的国际联络委员会。陈独秀认为鲍罗廷是“上了孙中山等人的圈套”。他请维经斯基建议共产国际“提醒”鲍罗廷，“同孙中山打交道必须十分谨慎，否则他还会上圈套”，还要提醒他“始终要同我们党进行协商”。①

10月8日，中国共产党中央执行委员会召开会议，批评出席国民党中央执委会第二次全会的共产国际代表鲍罗廷和中共党员瞿秋白“未看清这个实际情况，也未反击右派，抵制他们试图把共产党置于他们控制之下的做法”，因此“落入了中派设置的圈套”。关于所谓的国际联络委员会一事，会议决议特别指出：“鲍罗廷同志和瞿秋白同志在国民党政治局会议上默认了关于国民党内之共产派问题的决议案的第四条，并让它通过了。中共中央执委会认为，这等于共产国际和中共承认国民党有权成立调查共产党活动的机构，这一条将被国民党用来作为干涉共产党活动的依据。”②

10月10日，陈独秀再次致信共产国际远东部，指责参加国民党中央执委会第二次全会的鲍罗廷和瞿秋白“对中派作出的让步太多，对自己的观

① 《共产国际、联共（布）与中国革命档案资料丛书》第1卷，第528—529页。
② 《共产国际、联共（布）与中国革命档案资料丛书》第1卷，第532—533页。

点捍卫太差”。①

维经斯基对国际联络委员会的理解更显得与众不同。他说，这个国际联络委员会设在广州，“由国民党代表、中国共产党代表和共产国际执委会代表组成”，“不具有国际性质，也就是说它不直接与共产国际发生关系，不（在亚太范围内）进行国际性工作，而将渐渐成为调解中共中央与国民党人之间某些冲突或误解的机构”。②

在以后的时间里，未见有国际联络委员会的活动，国际联络委员会之事不了了之。如果没有陈独秀的坚决反对，情况不知会如何发展。

陈独秀、共产国际及其代表对共产党在国民党内工作问题的不同看法

关于中国共产党在国民党内工作的问题，鲍罗廷屡次强调：“我们的总任务就是从组织上扶植国民党，帮助它制订党的纪律，以便使它真正成为一个有组织的党。”③正如维经斯基所说的，按鲍罗廷的理解，“我们的同志完成对国民党的工作，像是履行必要的和很重要的义务”。维经斯基对此的理解是：“在国民党内做工作不是目的，而是手段，所以我们能够同他们共事，并且将同他们共事，在从国民革命运动的角度看确实合适的地点和时间为他们做工作。”④

1924年10月23日，冯玉祥发动北京政变。对此，陈独秀最初是持否定态度的。他于10月29日发表《北京政变与中国人民》称：“此次北京政变，显然是英美帝国主义者抛弃了一个旧工具——吴佩孚，另换上一个新工具——冯玉祥，这个新工具比旧工具更柔顺服从一点，更得中国的所谓‘舆论’赞助一点。”这次英美更换新工具，“乃是实现一个由列强共同操纵的各派军阀首领之和平会议（即政变中所传天津会议），并由此会议产生一个由列强共同支配的各派军阀（或加入一二财阀？）首领合作之委员制的政府”⑤。11月初，孙中山决定离粤北上，陈独秀在中共中央会议上，与彭述之、蔡和森等人一起，反对中共广东区委支持孙中山北上的意见，认为孙

① 《共产国际、联共（布）与中国革命档案资料丛书》第1卷，第539页。
② 《共产国际、联共（布）与中国革命档案资料丛书》第1卷，第579页。
③ 《共产国际、联共（布）与中国革命档案资料丛书》第1卷，第461页。
④ 《共产国际、联共（布）与中国革命档案资料丛书》第1卷，第493页。
⑤ 《陈独秀著作选》第2卷，第797页。

中山此举是军事投机，是与段祺瑞妥协，主张孙中山应当在广东，巩固革命胜利。而广东区委则认为，孙中山北上，可以使革命运动推向北方发展。

与陈独秀的否定态度不同，加拉罕和鲍罗廷对冯玉祥发动的北京政变完全持另一种态度。他们认为，北京政变及其后发生的事件，“给国民党提供了一个登上国民革命斗争大舞台并成为大政党的极好机会。如不利用这一机会，不仅从策略上看是错误的，而且在一个长时期内必然地、不可避免地会削弱国民党”。所以我们要“积极利用这些事件”，并且“以孙逸仙为首的国民党代表团应该北上，在各地公开捍卫自己的立场和口号”①。结果，苏联驻华代表们的观点占了上风。

11月6日，陈独秀在11月1日的《中央通告第二十一号》中附言：“这个通告发出后，中局政策略有变更，现在我们对于孙中山参加于北方和会并不根本反对，然我们当警告中山在和会中本着国民党的党纲政纲及北伐宣言说话揭破帝国主义者和军阀在和会中勾结宰制中国的阴谋。”②

陈独秀思想转变的原因何在？可以肯定，共产国际代表的意见起了很大作用。因为孙中山北上得到了加拉罕、鲍罗廷和维经斯基的积极支持，他们批评陈独秀等中共“‘左派’同志”，“错误地评估了战胜直隶集团的意义，没有看到新的形势为深入开展中国民族解放运动创造的条件”③。而且，以孙中山为首的国民党代表团已经启程，再坚持自己过去的决定已毫无意义。中共中央决定参加在上海迎接孙中山的工作。

1925年4月22日，维经斯基在给加拉罕的信中表示，鲍罗廷最近的通报“并未使我们感到满意”。因为鲍罗廷的通报根本不重视中国共产党，“很难想象在中国存在着在这个国家的解放运动中起着十分重要作用的共产党”。鲍罗廷的通报中“应该给予共产党的实际作用以相应的注意和位置”，以便“让俄共和国家的领导同志了解中国解放运动中的真实力量对比”。维经斯基举例说，根据报纸上的报道和苏联在华工作人员发自中国的通报，在斯大林的印象中，中国共产党人已溶化在国民党内，没有自己的独立组

① 《共产国际、联共（布）与中国革命档案资料丛书》第1卷，第566页。
② 《中共中央文件选集》第1册，第300页。
③ 《共产国际、联共（布）与中国革命档案资料丛书》第1卷，第556页。

织，一般都受到国民党的“虐待”。“斯大林同志对共产党人的这种寄人篱下的处境表示遗憾，认为也许在中国现在的这种处境是历史的必然。”当维经斯基向斯大林说明，共产党有自己的组织，比国民党更团结，共产党人在国民党内享有批评权，国民党本身的工作在很大程度上是由共产党人做的等情况时，斯大林“感到很惊讶”。维经斯基说，鲍罗廷不切实际的通报是造成斯大林产生这种错觉的原因。①

正如陈独秀对鲍罗廷颇有意见一样，事实上，鲍罗廷似乎对陈独秀和中共中央也总是不满意。他在 1925 年 5 月初短期逗留上海后对加拉罕说："中央委员会并没有给我留下一个紧密团结、有朝气的机关的印象。”关于鲍罗廷与以陈独秀为首的中共中央之间的矛盾，维尔德认为，双方观点的主要差别在于，鲍罗廷确信，中央委员会现在就应当把全部力量投向广州（尽管会损害其他工作），而中央委员会则认为，它在这方面已经尽了最大的可能。维尔德承认，“应当肯定中央委员会确实尽了一切可能”。②

1925 年 8 月 21 日，俄共（布）中央政治局中国委员会召开会议，指示中共“必须继续执行以前对待国民党的方针，避免加剧关系”。③

四、陈独秀、共产国际与大革命高潮的兴起

1925 年 1 月召开的中国共产党第四次全国代表大会通过的各种文件，是陈独秀与维经斯基等人组成的起草委员会起草的。正是中共四大统一了全党的认识，拉开了中国大革命高潮的序幕，才有了以五卅运动和省港大罢工为标志的大革命高潮的兴起。在这些运动中，作为中央执行委员会总书记的陈独秀起了重要的领导作用，共产国际给予运动极大的声援和指导。

陈独秀、维经斯基与中共四大的召开

1925 年 1 月 11 日至 22 日，中国共产党在上海举行第四次全国代表大会。出席会议的代表 20 人，代表全国党员 994 人。维经斯基作为共产国际代表出席会议并作报告，陈独秀代表第三届中央执行委员会作工作报告。

---

①《共产国际、联共（布）与中国革命档案资料丛书》第 1 卷，第 607 页。
②《共产国际、联共（布）与中国革命档案资料丛书》第 1 卷，第 614—615 页。
③《共产国际、联共（布）与中国革命档案资料丛书》第 1 卷，第 665 页。

会前，维经斯基指出，应当“改变我们在民族解放运动中的作用。这首先应该表现为，更多地深入工农群众，更彻底地揭露国民党人同军阀的妥协趋向和更公开地反对国民党右派”，所以，“代表大会的中心议题是党渗透到城市工人群众中去的问题”，“同时，代表大会应该找到把群众集中和组织起来的各种方式”。关于国共两党关系，维经斯基说：“虽然国共两党关系不能说尽如人意，但我们在会上还是不全面提出这个问题。我认为，我们还应该帮助国民党，以便尽可能广泛地掀起反帝运动浪潮。”① 维经斯基还在会前“审定了”大会的“基本材料、提纲等”。②

1924 年 12 月初，陈独秀与彭述之、维经斯基等人组成起草委员会，进行中共四大的文件起草工作。各种草案都经起草委员会讨论，其中“尤以民族革命运动的草案讨论得更为详细，争点亦较多。其中尤以关于民族革命的性质问题，各委员的见解颇不能一致”。陈独秀与彭述之意见“略同”，认为是资产阶级革命，而维经斯基则持异议，认为“民族革命运动的性质不能确定，须看将来的成功如何”。另外，关于无产阶级在国民革命中的领导地位问题，彭述之不同意陈独秀、瞿秋白等“把无产阶级在国民革命中的力量看得太低，把资产阶级的〔力量〕看得太高”的观点，认为“中国工人阶级比任何阶级要革命，并且是国民革命中之必然的领导者”。③

李维汉参加了中共四大议决案《对于民族革命运动之议决案》草案的审查小组。据他回忆，原稿上提出了中国民族革命运动是无产阶级世界革命的一部分和争取非资本主义前途问题。最终，由于考虑到国共合作关系，议决案上没有明确写上争取非资本主义前途的字句，但以肯定的语句指出，中国民族革命运动，“是十月革命后，广大的世界革命之一部分”。至于民族革命胜利后，能否接着就是无产阶级的革命，是否必须经过资产阶级民主制度，决定于“无产阶级在民族革命中自己阶级的革命准备至何种程度

---

① 《共产国际、联共（布）与中国革命档案资料丛书》第 1 卷，第 562—563 页。

② 《共产国际、联共（布）与中国革命档案资料丛书》第 1 卷，第 561 页。

③ 《关于党的第四次全国代表大会——彭述之给中共旅莫支部全体同志的信》，《中共党史资料》1982 年第 3 辑，第 17—18 页。

及那时的社会的客观条件”，而“那时的世界政治状况也有很大的影响”①。可见，中共四大议决案融合了陈独秀和维经斯基双方的观点。在当时的条件下，中共四大对中国民主革命前途的这个分析是很可贵的。

中共四大议决案在党的历史上第一次明确提出无产阶级在民主革命中的领导权和工农联盟问题。关于无产阶级领导权，议决案指出：中国民族革命既“是一个资产阶级性的德谟克拉西革命”，又“含有社会革命的种子”。因此，“无产阶级的政党应该知道无产阶级参加民族运动，不是附属资产阶级而参加，乃以自己阶级独立的地位与目的而参加”，而中国的民族革命运动，“必须最革命的无产阶级有力的参加，并且取得领导的地位，才能够得到胜利”。关于工农联盟问题，大会强调，“中国民族德谟克拉西运动之发展，当与工人农民及城市中小资产阶级普遍的参加为正比例”②。这个议决案和大会通过的《对于农民运动之议决案》，将农民问题同无产阶级领导权问题联系起来，阐明了农民是无产阶级的天然同盟者，不解决农民问题，“我们希望中国革命成功以及在民族运动中取得领导地位，都是不可能的”。③

代表在会上讨论陈独秀的报告时，对于中央执行委员会对于中国政局的分析完全同意，对中央执行委员会领导中国共产党在国民党及国民运动中的活动“大致认为满意”，同时对中央执委会在组织等某些方面的工作失误，提出批评和建议。“在讨论国民革命问题时，几乎毫无争议地通过了陈独秀同志的提纲”。④

这次大会通过的《对于出席共产国际第五次大会代表报告之议决案》指出：大会“完全同意于共产国际第五次大会对于各种政策的决定，特别是第五次大会对于‘联合战线’及‘工农政府’的解释尤为详尽”⑤。大会还通过了维经斯基提出的以中共四大名义谴责托洛茨基的议决案。

参加中共四大的彭述之称：“在此次大会上的空气极好，现出和衷一致

① 《中共中央文件选集》第1册，第337页。
② 《中共中央文件选集》第1册，第337、330、333、334页。
③ 《中共中央文件选集》第1册，第358页。
④ 《共产国际、联共（布）与中国革命档案资料丛书》第1卷，第573页。
⑤ 《中共中央文件选集》第1册，第321页。

的精神。”“现在可以说我党自经此次大会之后，我党已由小团体而转入真正的党的时期了。”①

会后，陈独秀被选举为中共中央执行委员会总书记兼中央组织部主任，由陈独秀、彭述之、张国焘、蔡和森和瞿秋白组成中央局。中共四大后，中共中央机构较从前健全充实了许多。据张国焘回忆：中共四大后，中共中央组织日趋庞大，“陈独秀先生的权力也就因之扩大了；甚至各地方组织的负责人亦多由中央委派”。陈独秀以中央书记的身份领导中央秘书处。中央秘书处主管行政事务，设秘书一人，受书记的指挥，总揽各项工作。这个职务最初由一位姓任的同志担任，不久就由自法国返国的王若飞接替。秘书处下设文书、财务、发行、交通四部分。当时中共的经费主要是倚靠共产国际的支持，由陈独秀根据需要与维经斯基商定。陈独秀所兼任的中央组织部，较以前也大为充实，设有党员调查登记、工作分配、党员训练三个部分。一切人事的调动，均由陈独秀以组织部长名义，提交有关的会议通过任命。用张国焘的话说，陈独秀“这时是得心应手名副其实的‘家长’”。②

现在看来，中共四大是有其历史功绩的。当时虽然还没有认识到统一战线中的既团结又斗争的辩证关系，没有认识到无产阶级掌握武装的重要性，对于革命发展阶段论和不断革命论之间的关系也没有完全认识清楚。但是，中共四大比较明确地提出了党在民主革命中的领导权和工农联盟问题，并对民主革命的内容作了比较完整的规定，指出在反对帝国主义的同时，还要反对封建的军阀政治和经济关系。正是党的四大，统一了全党的思想，才有以五卅运动为标志的全国反帝运动的掀起。它拉开了中国大革命高潮的序幕。

五卅运动的爆发

关于如何组织中国工人的问题，早在1924年1月，共产国际执委会东方部就指出：“当前的问题不是在什么样的政治旗帜下去组织他们，而是把

---

① 《关于党的第四次全国代表大会——彭述之给中共旅莫支部全体同志的信》，载《中共党史资料》1982年第3辑，第20页。

② 张国焘：《我的回忆》第2册，东方出版社1991年版，第10—13页。

工人为中心口号，使斗争表现出明显的反帝性质，以争取一切反帝力援助。会议还决定5月30日在租界内举行大规模的反帝示威活动，反共租界的“增订印刷附律”、“增加码头捐”、“交易所注册”和“取缔工案”等压迫华人的四项提案，援助罢工工人。中共中央同时决定成海总工会，由李立三、刘华等主持。

月30日，上海各大、中学校学生2000余人分散到公共租界繁华的进行宣传、讲演和示威游行，先后有100多人被捕，关押在南京路捕房。这更加激怒了广大群众，数千人奔赴捕房前，要求释放被捕者。戒备的租界英国巡捕突然开枪，打死13人，伤数十人。这就是震惊中五卅惨案。

五卅惨案爆发的当晚，中共中央召开紧急会议，陈独秀、蔡和森、刘李立三、恽代英、王一飞、罗觉、张国焘等人出席会议。会议决定发动反抗外力压迫的罢市、罢工、罢课运动，拟出要求条件大纲：租局必须承认此次屠杀罪行，并负责善后；租界统治权应移交上海市民，不平等条约等。会议同时商定斗争策略：集中打击帝国主义，尽量减轻厂商的不利及保障市民的正常生活。据张国焘回忆，在此次会议上，领导进行了分工。“由陈独秀先生居中指挥”；李立三代表上海工会同学生总会和上海学生联合会、上海商会和马路商界联合会共同组织一商学联合会，作为这一运动的领导机构。李立三还奔走于陈独秀和上商会会长虞洽卿之间，倾听虞对工人运动的意见，并请他代筹一部分救济罢工工人。又据郑超麟回忆，在五卅运动期间，自始至终在上加领导工作的中共中央委员只有陈独秀、瞿秋白、张国焘三人。

月6日，陈独秀发表《上海大屠杀与中国民族自由运动》一文，揭国主义的五卅大屠杀，提出这次运动的五大教训：（1）一切帝国主义于我们的剥削与践踏是一致的。（2）此次上海学生与商人的奋起，都白白是自动的参加民族运动，决不是什么过激派的煽动。（3）事实证反对帝国主义”与“中国民族自由运动”，是同一意义的两个名词。我们今后永远不要上帝国主义的当，被“过激”、“赤化”等名词“吓了中国民族自由运动。（5）我们认清了中国的工人与学生，是民族

他们聚集到阶级的经济组织中去，并尽快摆脱工人

上海是帝国主义势力对华经济侵略的中心，也
约有 20 多万新式产业工人。1925 年爆发的震惊中
海开始的，它标志着中国大革命高潮的到来。

1925 年 2 月，上海日资纱厂工人为反对日本资
人，要求增加工资而举行罢工。中共中央专门组
会。先后参加罢工的有 22 家工厂的近 4 万名工人
日本资本家被迫答应工人的部分要求，承认了工会
纱厂 2 万多工人举行罢工，历时 22 天，在党组织
支援下取得胜利。

5 月 7 日，上海日本纺织同业会开会议决，拒
求租界当局及中国官方取缔工会活动。5 月 15 日，
七厂停工，不准工人进厂。该厂工人顾正红率领
和发工资。日本大班（相当于厂长）率领打手向
顾正红身中四弹，后伤重身亡。屠杀事件激起上海
当天即举行罢工，以示抗议。这成为五卅运动的导

5 月 16 日和 19 日，陈独秀连续签发中共中央
号，就上海日商内外棉纱厂工人罢工失败及日本厂
福金事件，指示各区委、地委、独立支部的同志们
生会及各种社会团体一致行动援助上海纱厂工人，
的大运动”②。这说明，当时以陈独秀为首的中共中
把经济争斗引向政治争斗，以上海工人运动为契机
帝解放运动。

5 月 28 日晚，陈独秀、瞿秋白、彭述之、蔡和
海地委组织成员召开联席会议。陈独秀在会上指出
及巩固自己阶级的联合战线，且急需工农联合的成
阶级在政治斗争和经济斗争上的初步胜利。会议决

---

① 《共产国际、联共（布）与中国革命档案资料丛书》第 1
② 《中共中央文件选集》第 1 册，第 417 页。

中国
量的
对公
童工
立上
马路
老闸
早有
外的
少奇
首先
界当
废除
轻华
中央
全国
个工
海总
经费
海参
露帝
者对
明明
明，
（4）
散”

运动中最勇敢的战士。陈独秀最后提出在此次运动中五条“最低限度的要求”：（1）惩办凶手赔偿损失。（2）撤换驻上海英、美、日领事。（3）取消各国领事裁判权。（4）收回全国租界。（5）撤退驻在中国境内的外国陆海军，禁止外国陆海军在中国境内自由登岸。①

现有的文献资料表明，俄共（布）、共产国际与1925年五卅运动的爆发没有直接关系，可以说，该运动对俄共（布）和共产国际来说，是完全出乎预料的。6月5日的俄共（布）中央政治局中国委员会会议记录可以证明这一点。当中国的五卅运动声势浩大地展开的时候，中国委员会会议竟丝毫未涉及这一当时中国国内最大的政治事件，仍在那里老生常谈什么“军政工作开支预算”和支持冯玉祥“组建国际部队”②等问题，根本不知道中国已经掀起了大革命的高潮。但有一点十分明确的是，五卅运动使苏联加强了对中国事务的干预，特别是在五卅运动之后。

有据可查的资料显示，苏联当局对五卅运动作出的最初反应是6月7日《真理报》发表的共产国际执行委员会、红色工会国际执行局和青年共产国际执行委员会《关于青岛和上海惨案告工人、农民和全体劳动人民书》。文中第一次向苏联人民告示了上海5月30日事件，指出：“中国最近的事态雄辩地说明了民族解放运动在日益高涨，工人阶级在这个运动中发挥着重大作用，东方各国革命运动的规模有了空前的新发展。”③该报同时发表季诺维也夫撰写的《上海事件的世界历史意义》一文，从世界革命意义的高度评价上海的运动，指出：“运动发展成为具有世界历史意义的重大政治事件。”“中国工人正在成为国际无产阶级革命中一个最重要的因素。”“中国工人阶级在有利的形势下能够成为而且一定会成为中国整个伟大的民族解放运动的主要力量、指挥者和领导者。”他在此文最后称：“我们全心全意地与中国工人站在一起。”④季诺维也夫对五卅运动的分析和评价，对提高俄共（布）和共产国际、世界各国共产党以及中国共产党对五卅运动的认识，具

① 《陈独秀著作选》第2卷，第878—880页。
② 《共产国际、联共（布）与中国革命档案资料丛书》第1卷，第628—631页。
③ 《共产国际有关中国革命的文献资料（1919—1928）》第1辑，第112页。
④ 《共产国际与中国革命资料选辑（1925—1927）》，人民出版社1985年版，第52—56页。

有深刻的指导意义。

6月11日，俄共（布）中央政治局会议听取关于中国问题的报告，正式作出支援五卅运动的三项决定：（1）从苏联人民委员会储备基金中拨款5万卢布，立即以全俄工会中央理事会名义电汇上海（一星期后，又决定从苏联人民委员会储备基金中补充拨款5万卢布交全俄工会中央理事会处理；8月5日至7日，俄共（布）中央政治局中国委员会再次召开会议，决定建议国际革命战士救济会紧急汇款10万卢布交由上海、香港和中国其他城市的罢工者支配）。（2）在集会上通过关于开始为中国工人募捐的决议。（3）由全俄工会中央理事会采取措施，活跃“不许干涉中国”的社会活动。①

6月20日，陈独秀发表《此次争斗的性质和我们应取的方法》，指出五卅运动的性质“是全中国人民为民族的生存与自由反抗一切帝国主义之争斗”，“是整个的不是局部的”。争斗的方法，“不可依赖法律，亦不可依赖现政府，只有依赖国民自己的团结力”。②

6月23日，加拉罕在给外交人民委员契切林的信中汇报了五卅运动的情况。他指出：“在上海，主要是上海工人肩负了罢工行动”，而在中国的其他城市，“工人即使不是都站在运动的前列，那么至少他们起着重要的和决定性的作用”。加拉罕同时指出：共产党人和国民党人“很好地做了工作，他们筋疲力尽”，“巨大的运动忽然压到了它们的头上”，“唯一的不幸在于他们人数太少”。③

6月25日，关于中国的五卅运动，根据斯大林的报告，俄共（布）中央政治局作出九项决定，其要点是：（1）“务必推进以抵制、局部罢工和总罢工，而特别是铁路总罢工的形式进行的革命运动，不要害怕危机加剧”。（2）一定要防止发生杀害和殴打外国人事件，“不要给外国人中的挑衅分子提供说运动具有义和团性质的口实，以使帝国主义者不便进行尖锐的武装干涉”，并且“这种警告首先应由中国共产党提出”。（3）发动声势浩大的

① 《共产国际、联共（布）与中国革命档案资料丛书》第1卷，第632、635、648页。

② 《陈独秀著作选》第2卷，第886页。

③ 俄罗斯联邦外交政策档案馆，全宗0100，目录9，卷宗1，案卷114，第319—320页，转引自A. И. 卡尔图诺娃：《在契切林和加拉罕往来书信中谈到的中国问题（1924—1926）》，见俄罗斯Новая и новейшая история（《近现代史》）1998年第6期。

反对张作霖的宣传。（4）采取措施，使现时的中国政府对运动保持善意的中立态度。（5）如果第四点措施不成功，则依靠冯玉祥部队和国民党军队驱散现政府，成立有国民党人参加的新政府。（6）全面地有组织地巩固和建立基层组织和据点。（7）关于中国政府请苏联政府在他们和帝国主义列强之间进行调解的建议，请加拉罕同志"作出自己的结论"。（8）建议俄共中央委员和其他负责同志，"在口头上和在报刊上发表言论时一定不要夸耀共产国际执委会、苏联和俄共在中国革命运动中的作用"。（9）驻华使馆工作人员和俄国在华一般工作人员都应"非常谨慎地行事"。为了解中国局势发展的真实情况，俄共（布）政治局于同日接受加拉罕的建议，决定立即派维经斯基去中国。①

7月2日，陈独秀在《我们如何应付此次运动的新局面》中，提出了扩大工商学兵农联合会或雪耻会遍于全国、在北京或上海组织全国工农学商兵联合大会作为指导全国运动的中央机关、武装学工商农及组织农民自卫团、扩张反对帝国主义的国民军于全中国、坚持继续排货及罢工运动等五项措施。②

在中国共产党的领导和推动下，五卅运动的狂飙迅速席卷全国，各阶层广大群众积极参加到这一伟大的爱国运动中。同时，中国人民的反帝斗争得到国际革命组织、海外华侨和各国人民的广泛同情和支援，尤其苏联和共产国际更是给予极大的舆论声援和物质支持。苏联各大报刊发表大量文章驳斥帝国主义对中国革命运动的各种歪曲，号召各机关募捐支援中国罢工工人。在莫斯科，有50万人示威游行，声援五卅运动。

五卅运动的收缩和结束

五卅运动的狂飙迅速席卷全国后，受到极大震动的帝国主义采取威胁和利诱的两面手段对付处于反帝斗争高潮的中国人民。中国的军阀在运动中很快显露出帝国主义帮凶的嘴脸。奉系军阀在上海、南京、天津、青岛、济南等地逮捕和杀害工人、学生领袖，殴打群众，封闭工会、学生会等群众团体。6月22日，淞沪戒严司令宣布上海戒严，禁止民众集会、结社和

① 《共产国际、联共（布）与中国革命档案资料丛书》第1卷，第636—637页。
② 《陈独秀著作选》第2卷，第888页。

游行示威。上海的民族资产阶级也改变了初期对五卅运动的同情和支持态度，上海总商会于 6 月 26 日无条件结束总罢市。总商会不但毁弃开市后在经济上继续援助罢工工人的诺言，而且扣压各地支援罢工的捐款，使罢工工人生活陷于绝境，以逼迫他们复工。7 月 6 日起，工部局又用停电的手段，使大部分华厂停产，6 万多工人由于停电而失业。7 月 13 日，戒严司令部封闭了上海三个主要工会，并会同租界当局查封和袭击了 120 个工会组织和工人俱乐部。形势很快发生逆转，工人阶级陷入同帝国主义孤军奋战的局面。坚持罢工的 20 多万工人，连同其家属处于饥饿状态。

当了解到中国的五卅运动正在走向低潮时，俄共（布）中央政治局改变了 6 月 25 日 "务必推进" 中国反帝罢工运动的指示，继而开始下令收缩乃至停止罢工。

7 月 6 日，共产国际执行委员会在给中国共产党中央委员会的信中指示："考虑到时局情况，务必要做好准备应付可能出现的退却，秘密转入工作状态。""在民族革命运动浪潮低落的情况下，罢工工人在斗争中会处于单枪匹马的境地，成为企业主、帝国主义者和中国军阀的打击对象，因此中国共产党应该密切注视运动的一切意外转变，并在适当的时机提出可行的要求，从而可以有组织地让工人复工并保留工人组织。" ①

7 月 20 日，契切林在给加拉罕的信中写道："您的报告给莫斯科留下了印象，运动在消退，应该考虑退路。莫斯科非常强烈和普遍地相信：运动不能长期拖下去，需要退却。" ②

7 月 28 日，俄共（布）中央政治局中国委员会听取了契切林等关于中国的报告后，决定："根据来自中国的报告以及共产国际的意见，运动正在走向低潮，必须采取措施，保证有组织地脱离罢工斗争，最大限度地巩固业已取得的成果。要提出据以可能更有利地结束罢工的具体要求。" ③

---

① 《共产国际有关中国革命的文献资料》第 3 辑，中国社会科学出版社 1990 年版，第 119 页。

② 俄罗斯联邦外交政策档案馆，全宗 0100，目录 9，卷宗 1，案卷 114，第 363 页，转引自 A. И. 卡尔图诺娃：《在契切林和加拉罕往来书信中谈到的中国问题（1924—1926）》，见俄罗斯 Новая и новейшая история（《近现代史》）1998 年第 6 期。

③ 《共产国际、联共（布）与中国革命档案资料丛书》第 1 卷，第 643 页。

这样，在五卅运动处于发展的关键时候，俄共（布）中央根据现实发展情况，适时地提出了收缩战略，而不是无限制地拖下去造成被动和不必要的损失。

维经斯基是8月3日到达北京的，之后他与以陈独秀为首的中共中央并没有立即执行俄共（布）中央政治局制定的对于五卅运动的收缩战略。从收缩战略的制定，到五卅运动的结束，期间有一个变化发展的过程。

当维经斯基收到俄共（布）中央政治局中国委员会收缩罢工的决定后，“不想采取这个方针，因为目前的运动一旦得到中国其他城市的响应，其前景确实很可观”。因此他“想把上海的罢工运动尽可能地拖下去，以期出现进一步扩大和高涨的局面”。维经斯基说，他们正全力以赴地要把北方发动起来，但收到的效果比预计的要差得多。其中的首要原因是，中国是个大国，工人中心不多，彼此相距很远，交通联系相当差，这也是上海和后来香港没有得到及时支援的原因之一。第二个原因是“中国共产党力量薄弱。整个党和它的部分组织没有打算对上海爆发的运动的意义迅速作出评价，同样也没有准备做群众性的鼓动工作和组织工作”。虽然共产党人很快进行了学习，但“在这么短的期限内还是没有来得及提高到能够控制和领导这次大规模自发运动并在斗争过程中把它组织起来的高度”。但是，“现在党虽然受到事态发展进程的推动，然而仍在按照老的办法工作，同时它也在探索新的工作方式”①。显然，维经斯基所谈的第二个原因并非完全符合事实。五卅运动并不是什么“自发运动”，而是以陈独秀为首的中共中央根据上海工人运动发展的状况，及时作出相应决定，策动和领导了五卅运动。

8月4日，维经斯基虽然心里不想采取莫斯科对待五卅运动的方针，但还是根据俄共（布）中央政治局中国委员会的指示制定了一个“将对上海和香港的罢工运动‘刹车’”的行动纲领，其基本意思是：工人继续罢工，不用全国性口号，而用经济性和地方民族性口号。具体的策略是：先提出经济要求和地方民族性要求，为同外国企业主的交涉打下基础，然后声明，工人不得不退让的主要原因，是张作霖实行反民族的反动政策。工人宣布

① 《共产国际、联共（布）与中国革命档案资料丛书》第1卷，第645—646页。

自己的最低要求，一旦得到满足他们就返回工作岗位。维经斯基进一步指出，采取这一步骤的原因，一方面是因为北方工人发动得很晚，上海不可能坚持很久来同天津、青岛、南京等城市联合行动。另一方面是试图找到一条摆脱暂时出现的死胡同的正确出路，这条死胡同可能会给目前发展阶段带来危险的后果。①

关于维经斯基对罢工的态度，加拉罕在 8 月 5 日给契切林的信中汇报说，他和维经斯基讨论了上海和香港的罢工问题并得出结论："现在需要结束罢工，以使它不遭到破坏，或者不成为很大的失败。"②

维经斯基到达上海后，参加了陈独秀主持的中共中央会议，讨论罢工运动的去向问题，他的上述指导运动的行动纲领很快被以陈独秀为首的中共中央接受。据蔡和森回忆："当时多数意见主张运动扩大到北方，有少数同志主张武装暴动，另有一部分意见主张收束 [缩]，结果决定继续运动。后来国际训令要保持势力，应由政治争斗转到经济争斗和部分的经济要求，将政治的责任推到北方和南方政府身上。"③ 于是，中共中央决定听从共产国际的意见，采取收缩的策略，逐步引向复工。8 月 10 日，中共中央、青年团中央联合发表《中国共产党中国共产主义青年团告工人兵士学生》，指出："工人阶级如果不顾环境孤军独进，也决不足以使帝国主义者立刻抛弃不平等的条约。""你们既是有组织的罢工奋斗，你们也要有组织的上工"。④

8 月 23 日，陈独秀发表《我们如何继续反帝国主义的争斗？》一文，指出："北部、中部的罢工既然一时不能发展，上海、香港的罢工，便有孤立难以久持的危险，特别是上海罢工群众受政治上经济上双层压迫，比香港罢工群众所遭的环境尤坏。"针对上海一部分工人开始恐慌，想以武装暴动来挽救危机的情况，陈独秀提出："现在是群众的政治宣传及组织工作时期，是准备武装反抗时期，还不是直接武装暴动的时期。""为防御上海、香

---

① 《共产国际、联共（布）与中国革命档案资料丛书》第 1 卷，第 646—647、653 页。

② 俄罗斯联邦外交政策档案馆，全宗 0100，目录 9，卷宗 1，案卷 110，第 391 页。转引自 A. И. 卡尔图诺娃：《在契切林和加拉罕往来书信中谈到的中国问题（1924—1926）》，见俄罗斯 Новая и новейшая история（《近现代史》）1998 年第 6 期。

③ 蔡和森：《中国共产党史的发展（提纲）》，《中共党史报告选编》，中共中央党校出版社 1982 年版，第 68—69 页。

④ 《向导》第 125 期，1925 年 8 月 18 日。

港罢工孤立的危险起见，为保存工人阶级的组织及已得的胜利起见，应改变上海、香港罢工的政策，以经济要求及地方性质的政治要求为最低条件；至于全国性质的根本要求，工人方面应该提议委托南北政府合组织一委员会来解决。”陈独秀进一步指出：“上海、香港的罢工，从全国性质的民族争斗，变成经济的争斗和地方的性质的民族争斗之后，工人阶级的奋斗却进了一个新的途径：不但对外争斗，而且对内争斗；不但和资本帝国主义争斗，而且和反动的军阀争斗；不但为民族争斗，而且为民权争斗。”①

9 月 1 日，契切林在给驻北京临时代办索洛维约夫的信中重申了莫斯科对待五卅运动的立场：“最高领导机构坚定地站在必须逐步缩小罢工运动规模的立场上……喘息时间无疑将是短暂的。”②

维经斯基在 8 月 19 日的书面报告中谈到了这种策略转变的效果：两周前我们在上海提出的经济要求，不仅更加振奋了罢工工人的情绪，而且开始在上海等地引起一些新的经济罢工。而对于广州来说，上海的罢工斗争以经济要求为基础的继续进行，也会缓解局势。他提出现阶段的工作重点是：在工人运动方面，“还是要把主要注意力放在把工会和一切工人组织集中起来并从组织上加以固定的工作上”；在党的工作方面，“现在我把主要注意力放在依靠革命工人扩大党的队伍上”；针对近两个月来带有罢课性质的学生运动，“我们决定让学生在学期开始前夕返回学校”。③

9 月 28 日，维经斯基在书面报告中汇报了中国的当前局势：政治罢工时期结束，仅在几个大的中心城市（上海、汉口、开封和唐山煤矿）举行的工人经济罢工斗争也停止。“工人群众的活跃时期和他们对政治生活的醒悟过程，依然是现时运动最突出的特点”。近两周军阀开始实行公开镇压，中央政府显然同意这样做，“这是工人罢工由反帝斗争向主要在中国企业中进行的经济斗争过渡的直接结果”。维经斯基指出，虽然我们对已开始的镇压行动做了准备，但是党的领导同志和积极分子“在心理上对由一种

① 《陈独秀著作选》第 3 卷，第 901—902 页。

② 俄罗斯联邦外交政策档案馆，全宗 0100，目录 9，卷宗 1，案卷 110，第 506 页，转引自 A. И. 卡尔图诺娃：《在契切林和加拉罕往来书信中谈到的中国问题（1924—1926）》，见俄罗斯 Новая и новейшая история（《近现代史》）1998 年第 6 期。

③ 《共产国际、联共（布）与中国革命档案资料丛书》第 1 卷，第 655—656 页。

斗争方式向另一种斗争方式的转变还是准备不够。可以说，准备工作实际上只是组织方面的，而不是广泛政治上的”。他提醒：“现在构成了这样一种危险，即军阀和外国企业当局可能孤立和一网打尽工人积极分子，在一段时间里摧毁群众的抵抗意志。”他说，他在想尽一切办法，“采取各种措施，克服这些障碍”，以便在中共党内，“首先在领导人当中建立相应的心理状态”。①

以陈独秀为首的中共中央根据斗争形势，决定改变斗争策略，要求工人有组织地上工。罢工工人在争得资本家接受部分经济要求后，于 8 月下旬至 9 月下旬陆续复工。

从 1925 年 6 月至 9 月的整个五卅运动期间，陈独秀在《向导》先后发表 10 余篇有关五卅运动的文章。从上面的论述中我们可以看出，陈独秀所发一些重要文章的口径，与同时期共产国际的指示及中共中央发布的各类通告、决议的观点和精神是一致的，甚至某些词句都是相同的。五卅运动期间，陈独秀与维经斯基密切配合，赞同和接受联共（布）、共产国际对运动的指示，主持制定中共中央对运动的政策并实施具体领导。

关于中国五卅运动的情况，返回莫斯科的维经斯基 1926 年 2 月 10 日在共产国际执委会主席团会议上作了详细的汇报。他说：“在持续 7、8 个月的时间里，中国国民运动几乎在不间断地高涨。”这个运动的第一个成果是，国民党第一次开始影响并部分地领导国民运动，领导国内国民武装力量。第二个成果是，国民党本身取得了很大的发展。“国民党不再是省的党、南方的党，现在它是国家的党”。第三个成果是，在上海，破天荒第一次把 12 万产业工人组织起来了（实际参加罢工的工人不止 12 万——引者注），“共产党同工业无产阶级的联系这几个月来确实建立起来了，而且共产党垄断了对罢工运动的领导工作和对产业工会的组织工作”。“在这种斗争过程中，不言而喻，共产党本身得到了发展，靠吸引工业无产阶级的先进分子扩大了队伍”。维经斯基甚至说：“共产党现在实际上领导着国民党。”关于中国革命近几周的发展状况，维经斯基说：“中国的运动已转入低潮”，“现

① 《共产国际、联共（布）与中国革命档案资料丛书》第 1 卷，第 687—690 页。

在我们可以看到有一个某种稳定的和军事喘息的时期”。“这时国民运动还没有遭到失败，它在聚集力量，在组织和集中力量。经过一段时间可能会发生新的军事冲突”。针对这个“喘息时期”，维经斯基提出，国共两党“目前最根本的问题是组织包括国民党左派、中派和纯粹民族主义者在内的各种社会力量的统一战线”，要注意“在农民当中做宣传和组织工作”。

季诺维也夫在这次会议上指出：“中国的罢工运动，特别是上海的罢工运动，将是这一年最重要的事件之一。”他承认，对此共产国际“没有给以足够的注意”。尽管这样，季诺维也夫在谈到无产阶级领导权的问题时，仍旧对苏联和共产国际对中国革命的作用褒扬有加，而对中国共产党的作用则轻蔑有余。他说：

有人谈到中国无产阶级的领导权问题。从一定意义上说正是工人领导了中国的运动。那么为什么他们能够做到这一点呢？因为苏维埃俄国帮助了他们，因为我们的国际组织即共产国际，虽然还很弱小，但现在已经联合了相当一部分无产阶级。在某一时刻我们可以抽象地从理论上来设想没有苏维埃俄国的帮助和没有共产国际的帮助的中国运动。那时会感觉到工人阶级的影响吗？绝对感觉不到。就是从这个意义上也谈不上领导权问题。这还取决于整个世界革命进程的情况如何。抽象地拿中国无产阶级来说，它本身没有能力在中国实施领导权，但借助于苏维埃俄国和日益坚强的共产国际，这个弱小的中国无产阶级就能够实施领导权。这一年的事件已经表明了这一点。

维经斯基进一步发挥了季诺维也夫的观点，指出：上海的罢工运动说明了什么呢？说明“工人是民族运动的发起者”，他们站在反帝斗争的前列。城市居民，即小手工业者、店主等已聚集到工人阶级周围。但是，“没有证明它是运动的领导者。它只是吸引了所有群众，而要成为这种运动的领导者，它还需要更成熟些”。他提出要在运动中发展中国共产党这个“小党”的问题，这是因为“运动发展得非常快，工人群众却没有像希望的那样很快地组织起来”。①

---

① 以上参见《共产国际、联共（布）与中国革命档案资料丛书》第3卷，第43—64页。

陈独秀在《我们如何继续反帝国主义的争斗？》一文中给予五卅运动极高的评价。他说：“中国工人阶级第一次得着这样伟大的政治上组织上的训练，增高了自己的地位，成了民族解放运动中极重大的动力。”“中国工人阶级能够得着这种胜利，是因为自己勇敢的反帝国主义争斗，并且和其他被压迫的民众联合。”①

总之，在五卅运动的整个发展过程中，以陈独秀为首的中共中央能比较自觉地掌握领导权，始终处于运动的主流和领导地位，基本掌控了运动的发展方向。五卅运动爆发后，俄共（布）、共产国际很快给予运动极高的评价。在五卅运动的高潮时期，俄共（布）和共产国际提出多项指示和注意事项，而在运动处于低潮后，又适时地提出收缩战略。在整个运动过程中，共产国际的路线和政策是比较正确的，与以陈独秀为首的中共中央的关系也比较融洽，双方基本上是步调一致的。

省港大罢工的发生、发展和结束

五卅惨案的消息传到中国南方后，1925 年 6 月 23 日发生沙基惨案，随后广州革命政府立刻宣布同英国经济绝交，并封锁出海口，由此在广州和香港爆发了浩大的省港大罢工。

罢工坚持到 1926 年 2 月，在北京举行的联共（布）中央政治局布勃诺夫使团会议上，鲍罗廷谈到省港大罢工能坚持这么久的一个主要原因。他说：“若不是在 6 月 12 日以后，也就是在战胜滇军和桂军以后，政府落到较左倾人士手中，并且该政府从第一天起就支持罢工，这场反对帝国主义者而主要是反对香港英国人的斗争决不会持续这么长时间。”他对罢工给予极高的评价：“罢工已经持续 6 个月，这场斗争，除坚持所有其他反帝口号外，还把争取广东经济独立作为一个基本口号。”“工人阶级今天帮助广东的小资产阶级政府即国民革命政府建立财政与英帝国主义财政相对抗。这里没有什么可说的，这是历史性功绩。”鲍罗廷进而也指出应该何时停止罢工的问题。他说：当其他居民阶层离开工人时，就应该采取较好的策略停止罢工。在上海也是如此，当商人开始瓦解，只剩下工人的时候，就应该停

① 《陈独秀著作选》第 2 卷，第 899 页。

止罢工。鲍罗廷说：我意识到应该这样做，但是我们还是在继续进行罢工，并且有意识公开地给工人领袖提出了问题："你们应该继续为国民革命运动作出牺牲，你们应该继续进行罢工，因为如果你们今天停止罢工，那就意味着我们同内部反革命进行的整个斗争和在前线的斗争不可避免地要走向灭亡"。"我们要利用罢工一劳永逸地为真正的国民革命运动奠定基础"。①

"三二〇事件"发生后的第四天，布勃诺夫在广州苏联顾问团全体大会上的报告中专门讲到对香港罢工问题的意见。他称香港罢工运动"是一个与国民革命、工人运动、中国共产党和工会有关系的问题，这也是广州这里存在的最大问题之一、最大症结之一"。他充分肯定香港罢工运动"给国民革命事业带来了巨大好处"，但同时指出，现在的香港运动"一方面像是同盟歇业，另一方面像是封锁香港保护广州经济利益的一种手段"。所以，根据对各方面情况的分析，布勃诺夫郑重提出联共（布）政治局使团对于罢工的建议："目前应该采取取消罢工的方针。"他同时预计了取消罢工的两种方法，即或者通过同香港达成妥协，或者利用国民政府的资金和力量。关于取消罢工的方针，布勃诺夫指示中共中央必须对这个问题发表意见，必须寻找办法解决这个问题，"不能再像以前那样拖下去了"。他在 3 月 27 日给鲍罗廷的信中警告说："在目前条件下，把罢工拖下去迟早会给中国共产党在香港工人群众中的影响造成很大威胁。"②

到 1926 年 6 月，香港绝大多数罢工工人已分散到农村，只剩下 3 万人，罢工工人在香港的岗位已由新工人顶替。面对这种情况，以维经斯基为首的共产国际执委会远东局于 6 月 19 日在上海成立后的第三天，即 21 日的俄国代表团会议上就决定："认为有必要尽快结束香港罢工。"7 月 1 日，维经斯基在给联共（布）驻共产国际执行委员会代表团核心小组的电报中重申了上述观点，并提出结束罢工的方法："立即停止香港罢工，不提出香港不能接受的大量物质赔偿要求。"③

很快，以陈独秀为首的中共中央在征得远东局同意后，指示广州的同

① 《共产国际、联共（布）与中国革命档案资料丛书》第 3 卷，第 110、145、117—118 页。
② 以上参见《共产国际、联共（布）与中国革命档案资料丛书》第 3 卷，第 166—167、185 页。
③ 《共产国际、联共（布）与中国革命档案资料丛书》第 3 卷，第 307、322 页。

志切实根据以下条件结束香港罢工:(1)要求香港的中国商人、广州商人、香港政府和广州政府支付300万中国元，以便一次性地分给罢工工人。(2)要求保证香港的中国工人有结社自由和部分罢工工人可以返回工作岗位。(3)同时在全国范围内开展一场宣传运动，让曾经企图用反革命计谋迫使广州投降的香港承担拖延抵制和罢工的责任①。但7月间的谈判“因香港代表态度极强硬，条件又苛刻。(1)不承认罢工是一个严重问题(以为罢工已过去);(2)不承认沙基惨案;(3)黄埔筑港只允许成四等港;且提出粤汉、广九接轧〔轨〕为条件，遂致决裂”。②

在这种情况下，8月5日的联共(布)中央政治局会议决定:“推迟对香港罢工问题作出决定，就此问题征询国民党中央和鲍罗廷同志的意见。”③

9月15日，鲍罗廷在给加拉罕、陈独秀和维经斯基并抄送莫斯科的电报中说，他和维经斯基共同决定，一旦来自孙传芳部队进攻的威胁消除就结束香港罢工，并称约需要一个月时间。④

10月，罢工委员会根据形势的变化，接受共产国际执委会远东局关于尽快结束罢工的建议，宣布结束坚持了16个月之久的罢工，并取消对香港的封锁。

五、陈独秀、共产国际对国民党新老右派的斗争

伴随着大革命高潮的到来，国民党右派掀起的反共逆流也在滋长。在国民党新老右派变本加厉的反共活动面前，共产国际指示中共中央，为了不导致国共关系的破裂，要妥协退让。鲍罗廷等共产国际代表也坚持这种意见。对此，陈独秀虽进行了一定的斗争，但最后还是屈服于共产国际及其代表的指示和压力，使对国民党退让的意见逐渐在党内占了上风。

国民党中执委二次全会后陈独秀与鲍罗廷等在反右派斗争中的分歧

1924年9月17日，陈独秀发表《我们的回答》一文，批驳国民党右派攻

---

①《共产国际、联共(布)与中国革命档案资料丛书》第3卷，第346页。
②《中央局报告(1926年9月20日)》,《中共中央政治报告选辑(1922—1926)》，中共中央党校出版社1981年版，第87—88页。
③《共产国际、联共(布)与中国革命档案资料丛书》第3卷，第367页。
④ 参见《共产国际、联共(布)与中国革命档案资料丛书》第3卷，第493页。

击“共产党破坏国民党”，以及“取消共产党”、“共产党退出国民党”等叫嚣。

10月初，中国共产党中央执行委员会召开会议，分析8月底召开的国民党第一届中央执行委员会第二次全会情况，指出共产国际代表鲍罗廷在关于如何在广州的国民党内做工作的问题上“犯了一些错误”，其中包括“未弄清楚国民党的人员构成，以后也未意识到，除了共产党人，在国民党中没有另一个左派”。对于国民党左、中、右派的问题，决议进一步分析到：“国民党中被称为左派的那一部分，实际上不仅不是左派，而且也未必能认为是中派，因为他们的主要观点和行动（如试图利用反动军阀来进行战争，回避捍卫工农利益等）与右派的活动完全一致，他们始终同右派实行妥协来镇压左派（共产党人）。共产国际代表在军事政策上对国民党的帮助，实际上扩大了右派的反对势力。”中共中央执委会认为，“鲍罗廷同志犯了许多错误，他过高地估计了国民党中派的作用并同它达成了妥协，还有在实行自上而下对国民党的改造政策时犯的错误”。①

10月10日，上海各团体在天后宫召开国民大会纪念双十节。国民党右派及其指使的暴徒破坏会场，并将拥护反帝军阀演说的上海大学学生黄红打死。陈独秀就此发表《这是右派的行动吗，还是反革命?》，谴责右派“实在只是反革命的帝国主义及军阀之走狗”②。同日，他在给共产国际远东部的信中再次重复了几天前中国共产党中央执行委员会会议上关于国民党左右派的观点，他说，只有共产党人代表国民党中的左派。

而在对待国民党右派问题上，共产国际代表鲍罗廷有以下几个层层递进的观点。

（1）国民党必然分裂。鲍罗廷认为，1924年1月的国民党一大是左派取胜，此后，国民党右派在党内开展了反对左派的运动，希望孙中山仍然忠实于他们的老关系，并把不合他们心意的人驱逐出党。但是，孙中山自己反而越来越“左”倾，特别当他确信，只有同左派在一起才能有所作为的时候。“因此，国民党右派除了离去，别无出路”。鲍罗廷甚至说：“早在党的一大时，我就已经清楚，分裂是不可避免的，同国民党右派共处是不

① 参见《共产国际、联共（布）与中国革命档案资料丛书》第1卷，第532—534页。
② 《陈独秀著作选》第2卷，第795页。

可能的，必须将他们开除出党。”在孙中山病故前后，党的未来问题成了国民党的主要问题，正是在这个问题上，左、中、右派进行着非常激烈的辩论，它表明“国民党很可能会分裂”。鲍罗廷进一步解释说：“我们无法回避分裂。我们甚至准备在共产党员问题上向他们让步。例如，如果共产党员在中央委员会或政治局内使右派感到厌烦，我们准备召回他们。在中央机构中没有共产党员我们也可以做好工作。”

（2）应当欢迎国民党右派的离去。因为“他们像重锤似的挂在国民党头上，不让它以中国整个客观形势所要求的速度前进”。当分裂真的发生时，国民党内的力量对比“将对我们有利”。所以，“不应特别害怕同右派分裂，因为党只会从这种分裂中得到好处”。

（3）国民党右派在党外不代表任何力量，因此，需要加速国民党不可避免的分裂。鲍罗廷认为，“国民革命运动整个战线的实际工作无论现在还是将来都会掌握在左派手中”，“右派根本不能搞任何有组织的活动”。因为他们之间的矛盾很大，以致任何创举都会陷入无休止的争论中，最后以争吵和对骂告终。不用担心他们退党后会联合起来进行什么工作，哪怕是反对我们的工作。他们最好也不过是像国民党改组以前那样工作，即自称是国民党人，偶尔集会、争论，整年地根本不参加党的活动，对国内任何现实生活表现都不作反应。①

可见，鲍罗廷在看待国民党右派的问题上，存在着自相矛盾的倾向。一方面，他承认国民党右派活动很积极，打着孙中山的旗号掩饰分裂国民党的企图，还串通军阀搞阴谋活动。另一方面，他在谈论国民党右派时，又声称他们无足挂齿，对国民党和共产党都不构成威胁。

维经斯基在对待国民党右派的问题上与鲍罗廷的观点不同。他说：“国民党人在五年前或三年前所做的事情，不能作为我们说明这些人在今天的政策和策略中毫无用处的证据。”他意味深长地批评鲍罗廷：“对敌人力量的估计不足会把我们引向何处是不言而喻的。”②他指出，鲍罗廷的结论是

① 以上参见《共产国际、联共（布）与中国革命档案资料丛书》第1卷，第575—576、598—601页。

② 《共产国际、联共（布）与中国革命档案资料丛书》第1卷，第608页。

"机械的而不是战略性的"。他认为，对当前国民党右派就应当作这样的结论："现在右派在国民党内外同我们作斗争更坚决了。必须加强我们在国民党内的工作和在国家政治生活各个领域中的工作，坚决揭露国民党右派，提出开除部分国民党员的问题，而不是党的分裂问题。共产党人应该打着国民党左派的旗帜站在运动的最前列。"①

陈独秀的观点与维经斯基接近。中共四大召开前，在中共中央执委会的辩论中，陈独秀认为，共产党员退出国民党并在他们的监督下成立"新党"是最佳方案。但由于共产国际坚决反对这样做，陈独秀提出再次"彻底改组国民党"和组建"新的国民党"，尽管他怀疑能否将现时国民党中的优秀分子拉入新的国民党。从中共四大最后通过的决议可以看出，陈独秀的观点并没有完全得到四大的认同，但"彻底改组国民党"等较激进的提法，显然被部分地接受了。

1925 年 1 月中共四大通过的《对于民族革命运动之议决案》第五条是"我们与国民党及其他党派之关系"，分析了国民党左、中、右派的成分："国民党自改组大会以后，左右派之分化已成事实"，"左派的成分是工人农民及知识阶级的急进分子；右派的成分是军人官僚政客资本家"；中派"是些小资产阶级知识阶级中革命分子"。议决案提出中共对国民党这些派别的策略：揭露和孤立反革命的右派；在思想上、组织上，尤其是在民众宣传上扩大国民党的左派；纠正中派"右倾政策之错误"，使之离开右派，从事不妥协的争斗。《议决案》还难能可贵地提出："我们固然承认国民党是中国民族运动中一个重要工具，然亦仅仅是一个重要工具，而不是中国民族运动之全部。"②

陈独秀在 3 月 20 日写给共产国际的报告以及维经斯基在 2 月 15 日写给中共中央和鲍罗廷的信中，重申了对待国民党各派别的策略。虽然维经斯基警告说，由于右派的"加紧组织"，"可能迫使我们同右派分道扬镳，应当对此做好准备"。③ 由拉斯科尔尼科夫和维经斯基签署的东方部 5 月 16

① 《共产国际、联共（布）与中国革命档案资料丛书》第 1 卷，第 609 页。
② 《中共中央文件选集》第 1 册，第 338—339 页。
③ 《共产国际、联共（布）与中国革命档案资料丛书》第 1 卷，第 579 页。

日给共产国际执委会主席团的报告也指出，“国民党看来在走向正式的分裂”①，这更增强了中共在革命中的作用。但是，维基斯基与鲍罗廷不同，他原则上反对国民党分裂，认为最好是将坏的个别国民党右派开除出党。维经斯基指出，鲍罗廷的加速国民党分裂的方针是“对敌人的力量估计不足”。国民党右派是强大而危险的敌人，他们不仅同资产阶级而且还同中国其他反革命阶层有着联系。他认为，改变中共在国民革命中的作用是可能的，这应当表现在：第一，更多地深入工农群众；第二，更公开地反对国民党右派。

可见，在关于国民党右派的实力问题的争论中，维经斯基和陈独秀的观点更接近现实一些。

根据共产国际执委会东方部的建议，关于以陈独秀为代表的中共中央执委会与鲍罗廷之间的意见分歧，共产国际执委会主席团“不提交讨论为宜”，因为他们确信，目前在中国的维经斯基会消除中共中央执委会与鲍罗廷之间的误解，并纠正工作路线。②

事实上，维经斯基受共产国际执委会东方部的委托，也曾试图消除陈独秀与鲍罗廷之间的“误解”，哪怕是表面上消除。作为共产国际的正式代表，维经斯基有责任阻止中共同国民党关系破裂的趋势。维经斯基在1925年2月15日给中共中央和鲍罗廷的信中表示：中共中央执委会与鲍罗廷之间“过去的许多误解都已过去”，并称产生这种误解的原因“主要是因为鲍罗廷同志没有实际可能同你们保持接触”。他说：“现在在中央的方针与鲍罗廷同志之间我已找不到原则性分歧。”③但是，显而易见，维经斯基的和解使命并未完成，代表中共中央执委会精神的陈独秀与体现共产国际的国民党路线的鲍罗廷之间的不融洽关系依然存在。

与国民党新右派的斗争

随着革命形势的不断高涨，特别是工人阶级在五卅运动中显示出自己的力量，随着资产阶级同无产阶级争夺领导权斗争的进一步发展，国民党

---

① 《共产国际、联共（布）与中国革命档案资料丛书》第1卷，第621页。
② 《共产国际、联共（布）与中国革命档案资料丛书》第1卷，第560页。
③ 《共产国际、联共（布）与中国革命档案资料丛书》第1卷，第578页。

内部发生了新的分化。除原有的老右派外，又出现了新右派。戴季陶主义的出现，就是这一分化的标志。他在1925年6、7月间，先后发表《孙文主义之哲学的基础》、《国民革命与中国国民党》等小册子，鼓吹“仁爱”，反对阶级斗争，认为国民革命是主张各阶级的人抛弃阶级性，恢复国民性。他反对国共合作，认为国民党的生存必须具备独占性、排他性、统一性、支配性。随着孙中山的逝世，右派的活动更加猖狂。

对于国民党右派的进攻，1925年8月21日，俄共（布）中央政治局中国委员会指示中共中央，必须继续执行以前对待国民党的方针，“避免加剧关系”。同日，《共产国际执委会东方部关于中国共产党军事工作的指示草案》再次强调，“为了秘密工作和避免同国民党不必要的摩擦，共产党的所有军事工作人员在形式上一般都应按国民党的组织系统调动”。①

针对戴季陶排斥共产党人、企图建立“纯粹的国民党”的论调，8月30日，陈独秀致函戴季陶（此函以《给戴季陶的一封信》之名发表于《向导》周报第129、130期），批评他及他所代表的国民党右派的根本错误在于：在理论方面，“只看见民族争斗的需要而不看见阶级争斗的需要”；在态度方面，“以为共产派加入国民党，不是促进国民党而是阴谋破坏国民党”。②

1925年下半年，关于中国共产党与国民党的相互关系以及无产阶级与资产阶级在国民革命中的作用问题，仍在继续讨论。维经斯基在8月19日、9月28日、11月11日给共产国际的一系列信件中，提出了关于中国共产党与国民党的“另一种形式”的相互关系问题。维经斯基建议，立即采取“同国民党的关系由联盟转向联合的方针”，即由党内合作转向党际合作。

9月21日，共产国际东方部政治书记瓦西里耶夫给季诺维也夫去信，称“在国民党和中国共产党之间正在形成（部分已经形成）一种不正常的和孕育着极其危险后果的相互关系”。他把造成这种关系的原因全部推到了中共身上，指责中国共产党的许多领导人（这中间自然包括陈独秀——作者注）对民族解放运动的任务、中共在这一运动中的作用和中共的当前任务

---

① 《共产国际、联共（布）与中国革命档案资料丛书》第1卷，第665、658页。
② 《陈独秀著作选》第2卷，第906、913页。

缺乏明确的认识，有产生“左”倾的危险。他说：“中国共产党的成长速度比它本来可以有的速度更缓慢。”他建议：“中共中央应赶紧重新审查同国民党的相互关系的性质。对国民党工作的领导应非常谨慎地进行。党团无论如何不应发号施令。共产党不应当要求一定由自己的党员担任国家和军队的一切领导职位，相反，它应当竭力广泛吸引不是共产党员的国民党员参加负责工作。”①

9月28日，共产国际执委会给中共中央制定了与瓦西里耶夫的建议相同的指示草案，指示中国共产党遵循下列原则立即审查同国民党的相互关系：

（1）对国民党工作的领导应当非常谨慎地进行。

（2）党团不应发号施令。

（3）共产党不应要求必须由自己的党员担任国家和军队的领导职位。

（4）相反，共产党应当竭力广泛吸引（未加入共产党的）国民党员而首先是左派分子参加本国民族解放斗争事业的领导工作。

（5）同时中共中央应当经常仔细地研究国民党所依靠的社会阶层中发生的各种进程和军阀中的社会重新组合。②

中共中央执委会1925年十月扩大会议便是在这些指示的笼罩下进行的。

维经斯基在9月28日的书面报告中专门讲了即将召开的中共中央全会问题。他提出，全会的中心议题是：（1）对目前形势的估计。目前的形势仍然是革命和革命化的形势，尽管存在着局部的反动和镇压。（2）我们党的群众性问题和从组织上巩固我们在无产阶级、革命知识分子和农民运动中的影响问题。（3）关于吸引农民参加革命运动的问题和关于农民运动的要求和形式问题。（4）关于全党从基层支部到省委、地委和中央的组织设置和积极性问题。（5）关于我们党对国民党的态度问题。（6）关于把工人群众集中和组织到工会中去的问题以及党在工会中有组织的影响问题。（7）关于大量吸收革命知识分子，主要是学生参加革命解放运动的问题。③

---

① 《共产国际、联共（布）与中国革命档案资料丛书》第1卷，第678页。
② 《共产国际、联共（布）与中国革命档案资料丛书》第1卷，第695页。
③ 《共产国际、联共（布）与中国革命档案资料丛书》第1卷，第691页。

随着五卅运动的深入发展，中国共产党和无产阶级在国民革命运动中的地位、作用的加强，资产阶级与无产阶级争夺革命领导权的斗争更加激烈。国民党右派加紧排共、反共，国共合作形势日趋复杂。面对国民党新老右派的进攻，应该采取怎样的对策？共产国际与中共之间、中共内部不同意见的争论发展起来。

共产国际代表维经斯基认为，国共之间产生摩擦的主要原因在于共产党人犯了一些“双重性质的错误”，即“一方面，他们没有在广州建立革命时期的客观形势允许建立的党组织；另一方面，他们过于突出他们要占有国民党机关的意图”。①

陈独秀为十月扩大会议起草了关于国共关系的专门提纲，提出的主要措施是：（1）共产党人“不一定要进入领导机构，而要更多地做群众工作”。（2）“不让所有新入党的党员，特别是工人党员加入国民党”。（3）不能像广东区委那样采取坚决斗争的政策，而要“在国民党群众中做广泛解释工作，说明国共结成联盟和统一战线的必要性”②（中央十月扩大会议最终通过的《中国共产党与中国国民党关系议决案》基本吸收了陈独秀提纲草案的观点）。

由此可见，陈独秀提出的措施是按照联共（布）中央政治局中国委员会关于避免加剧同国民党关系的指示精神，顺着维经斯基的思路，力图改正维经斯基提出的共产党人的“错误”。他们都担心，如果采取坚决打击右派的政策或夺取要害部门的领导权，会树敌过多或者吓跑资产阶级而使自己孤立起来，因而主张退让的政策，以确保联合战线不破裂。维经斯基甚至在9月28日的书面报告中提出：“在同国民党的关系中，要从联盟转向联合。”“资产阶级的分化过程和正在发展的革命运动，正是要求这样提出问题。”他进一步解释说：“我们现在不打算通过发表某种声明或作出正式决定来完成这种过渡。但是现在就需要采取这种过渡方针。”③显而易见，这种方针就是从党内合作转向党际合作，即主张国共合作方式要改变。在维经

① 《共产国际、联共（布）与中国革命档案资料丛书》第1卷，第692页。
② 《共产国际、联共（布）与中国革命档案资料丛书》第1卷，692—693页。
③ 《共产国际、联共（布）与中国革命档案资料丛书》第1卷，第693页。

斯基的影响下，陈独秀也在随后召开的十月全会上主张共产党退出国民党。

维经斯基改变国共合作方式的设想在莫斯科共产国际执委会内遭到强烈反对。瓦西里耶夫在10月2日给维经斯基的信中批评说："您在信中提出了改变国民党与中国共产党的相互关系问题。我们认为，我们这里不预先提出这个问题，中国同志就不可能改变方针，更不可能使自己渐渐地、不知不觉地迷恋于这一新的方针。这可能有很大的危险。"① 由此，维经斯基改变了原来的设想，这从10月14日瓦西里耶夫给季诺维也夫的信中可以看出。瓦西里耶夫说："我们对错误的政治方针的担心是合乎实际的。维经斯基同志现在看到了所有这些危险，因此，可以不那么担心了。"②

1925年10月，中共中央扩大执行委员会会议在北京召开，维经斯基出席会议，陈独秀作中央局报告。在政治决议案委员会讨论国共合作问题时，陈独秀提议中国共产党人退出国民党。他说："戴季陶的小册子不是他个人的偶然的事，乃是资产阶级希图巩固自己阶级的努力，以控制无产阶级而走向反动的表现，我们应该即时退出国民党而独立，始能保持自己的政治面目，领导群众，而不为国民党政策所牵制。"对于陈独秀的提议，在共产国际执委会东方部影响下已经改变主意的维经斯基和中共中央其他负责同志"一致严厉的反对"，说这是暗示中共党员群众走向反对国民党的道路。于是，按陈独秀自己的话说："主张不坚决的我，遂亦尊重国际纪律和中央多数意见，而未能坚持我的提议。"③

会议最后决定，现在党对国民党的政策是："反对右派而与左派结合密切的联盟，竭力赞助左派和右派斗争"，而实行这种策略的最重要的一个方法，"便是到处扩大巩固我们的党，尤其在国民党势力的所在地"。④

中共中央十月扩大会议的另一个特色就是对农民问题的重视。会前，维经斯基承认，包括他自己在内的共产国际东方部，"低估了农民对于中国现阶段革命运动的作用"，并且"中共领导人也有同样的感觉"⑤。在这里，"中

① 《共产国际、联共（布）与中国革命档案资料丛书》第1卷，第704页。
② 《共产国际、联共（布）与中国革命档案资料丛书》第1卷，第713—714页。
③ 《告全党同志书》,《陈独秀著作选》第3卷，第87—88页。
④ 《中共中央文件选集》第1册，第489页。
⑤ 《共产国际、联共（布）与中国革命档案资料丛书》第1卷，第691页。

共领导人”无疑指的是陈独秀。在农民问题上，陈独秀与维经斯基又一次达成共识。会议根据广东、湖南等地农民斗争的经验和五卅运动影响下农民运动发展的新形势，第一次在党内提出解决农民的土地问题。会议明确指出：“我们的党应当知道：我们现在所提出的过渡时期的农民要求，如减租整顿水利减税废除陋规收回盐税管理权减少盐税农民的乡村自治农民协会的组织及农民自卫军等等，可以使农民革命化，可以组织农民起来，然而如果农民不得着他们最主要的要求——耕地农有，他们还是不能成为革命的拥护者。”①

根据共产国际精神，中共中央十月扩大会议最后通过由陈独秀起草的《中国共产党与中国国民党关系议决案》指出：“非必要时，我们的新同志不再加入国民党，不担任国民党的工作，尤其是高级党部（完全在我们势力支配之下的党部不在此限）。”② 可是一年后的 1927 年 1 月 19 日，共产国际执行委员会又在《关于中国共产党的组织任务》的决议中，批评了此议决案：“应该谴责中共中央 1925 年十月全会的决议，因为这次全会主张放弃在整个国民党组织内与国民党合作的策略，转而采取与国民党结盟的策略。显然，这种观点只不过是退出国民党的建议的另一种形式，是建议坚持退出方针。中国共产党仍要留在国民党内，应采取这样的方针：通过自己在国民党内的工作来保证加入国民党的各社会阶级和集团的联盟和行动统一。”③ 在这里，按照共产国际指示行事的陈独秀，又莫名其妙地遭到了共产国际的批评。此类情况，陈独秀遇到的不是第一次。

很明显，在指示中国共产党如何处理好同国民党的关系问题上，共产国际所提出的原则，在许多方面是妥协退让的，有不少失误之处。而中国共产党的主要领导人陈独秀，在维经斯基等共产国际代表的具体指导下，不能不贯彻这些指示。共产国际批评广东地区的领导同志犯了“左”倾错误，同时，也批评维经斯基明显重复了中国同志的“左”倾观点，认为广州因“左”倾而陷入孤立和毁灭。

---

① 《中共中央文件选集》第 1 册，第 462 页。
② 《中共中央文件选集》第 1 册，第 489 页。
③ 《共产国际、联共（布）与中国革命档案资料丛书》第 4 卷，第 84 页。

这样，使得维经斯基、陈独秀等人，在后来处理同国民党的关系问题上，时时小心，唯恐采取坚决斗争政策会吓跑资产阶级使两党关系加剧，造成联合战线的破裂，给革命带来后患。

陈独秀于12月3日在《向导》周报发表《什么是国民党左右派》一文，澄清“共产党是国民党左派”这一说法，是“非常之大的错误”。他说：“加入国民党之共产党员，在国民党内的行动上，固然站在左派的政策上面；然而共产党是共产党，国民党是国民党，国民党自有他自己的左派，如何能以共产党做国民党的左派呢？”究竟什么是国民党的左右派？陈独秀的结论是：“国民党中现在的左右派之分别，已经不是在口头上主张反对帝国主义及军阀与否或信仰三民主义与否之问题，乃是在实际行动的政策上是否真能反对帝国主义及军阀是否真能实行三民主义之问题。”而我们的政策是：“在中国国民革命运动中，必须赞助国民党的左派而反对其右派。”①

12月20日，陈独秀在《国民党新右派之反动倾向》一文中进一步阐述国民党新右派的问题。他开宗明义地说：“一个党内分左、右派，往往是不可免的事。但是左、右乃比较之词，并不是绝对的，所以一个党里如果有了更左的一派，则以前的左派会比较的成了右派；或者右派脱离出了，以前的左派中右倾分子，也会形成新的右派。”诸如北京的国民党同志俱乐部及上海的辛亥同志俱乐部，“这班代表官僚买办阶级的右派，已公然反动，他们虽然还以国民党自居，并且以纯正的国民党自居，可是我们只能当他们是社会上的一种反动派，不能当他们是国民党右派了，因为一个党中的左右派，虽然有政策的左右倾及行动缓急之不同，而根本目的必然相同，譬如国民党，即令是右派，其根本目的亦不能离开国民革命，国民党以前的右派既然勾结帝国主义与军阀来破坏国民政府，已明明不但离开而是背叛了国民革命，已经事实上脱离了国民党，还算得什么国民党右派呢？右派毕竟还是以国民革命为目的之国民党啊！”而戴季陶、孙文主义学会这类新右派，在事实上既然反对阶级争斗，反对苏俄，反对共产党，反对国民党左派，并且反对国民政府，客观上便实实在在的帮助了反革命和帝国主

① 《陈独秀著作选》第2卷，第953、956页。

义者。陈独秀最后警告说：新右派的反动倾向“非常严重”，“这倾向若继续发展下去，便和以前的右派即反动派毕竟是一家眷属，则所谓‘新右派’这一名词便应该取消了”。①

这里，陈独秀对国民党左、中、右派之间相互转换的动态分析，是难能可贵的。

陈独秀、维经斯基与国民党右派的上海谈判

到1925年底，国民党内部的分裂更加表面化。11月23日，张继、谢持、林森等国民党第一届中央执监委员在北京西山举行会议，形成西山会议派。他们以多数中央执监委员的名义，通过七个重要议案：（1）取消共产党员的国民党党籍。（2）解聘鲍罗廷的顾问职务。（3）开除汪精卫党籍。（4）决定国民党此后对苏俄的态度。（5）开除中央执行委员共产党人李大钊等。（6）取消政治会议。（7）移国民党中央执行委员会于上海。

在西山会议举行之前，广州国民党中央执行委员会已通告全国，定于1926年1月在广州举行中国国民党第二次全国代表大会。西山会议派之所以这样做，明显是与广州唱对台戏。中共中央鉴于事态的严重，急忙商量挽救方案。张国焘对此回忆说：“我们根据所知道的情况，认为西山会议派的活动，将造成国民党的全面分裂；广州现在的局面可能因而垮台。西山会议派中也有一些中派人物，他们不愿广州革命局面的摧毁。因而我们决定采取具体步骤，争取他们，来分化西山会议派。”

于是，12月，在维经斯基的“协助”下，“由于陈独秀先生的主动”，加上蔡和森、张国焘二人，代表中共中央约定孙科、叶楚伧、邵元冲三人在上海外白渡桥苏俄领事馆内，“商谈国共关系问题”。

会议开始，先由陈独秀发言。他表示：中国共产党并没有包办国民党事务的企图，而且反对这种企图。中共中央已通知各地党部，多推选国民党人士出席国民党第二次代表大会；中共亦不希望在大会的中央委员改选中，增加中共方面的国民党中央委员人数。中共主张国民党的事应由国民党员来负责。至于广东方面的情形，事实上并不如外间所谣传，要排斥某些人

---

① 《陈独秀著作选》第2卷，第960—964页。

士参加；广东负责当局希望各位先生能步调一致，担负起国民党中央和国民政府的各项责任。

陈独秀表示上述态度后，进而征询对方的意见。

孙科、叶楚伧、邵元冲相继发表简单的声明，主旨是他们爱护广东的一切，只要情况许可，他们都愿去广东参加大会。最后，双方在"恳谈解释"之下达成7点协议，主要内容是：号召团结，遵循孙中山的三民主义和国民党改组以来的既定政策；支持广州国民党中央及其所领导的国民政府；中共以国民革命为中心任务，继续与国民党共同努力，但不包办国民党事务，不排斥国民党忠实党员，等等。

张国焘回忆称：此次会议有良好的效果，虽然有一部分西山会议派的顽固分子斥之为对中共的妥协，但多数国民党人确因而改变态度，不再强调广州政府实行共产统治、为中共所包办等论调了。大家要求团结一致，共维广州的革命局面。"西山会议派的分裂企图，似因此而给阻滞了"。

上海会谈后，"中共中央是认真执行协议的"，曾将协议方针再三向党员宣传，并决定派张国焘去广州，代表中央在国民党第二次代表大会中指导中共党团的活动，"极力纠正已往过左的偏差"。而"此一亟谋中共独立发展不多干涉国民党内部事务的新政策，始终获得威金斯基（维经斯基——引者注）的支持。他声言在中共仍留在国民党内的不变政策之下，为了避免国民党的分裂，共产国际是赞成联络中派，分化右派这些措施的"。①

12月下旬，鲍罗廷召集到达广州的张国焘与广东区委负责人陈延年等举行会议。鲍罗廷斥责以陈独秀为首的中央"团结左派，联络中派，打击右派"的政策，是"死板的公式"。鲍罗廷、周恩来、陈延年都反对以向右派让步的方式去联络中派。他们讥讽陈独秀等人与孙科、叶楚伧、邵元冲达成的上海协议是要不得的安抚政策。鲍罗廷号召广州的党组织反抗上级的决定，主张根据广东的真实情况作出决定，修改中共中央的政策。鲍罗廷的意见遭到张国焘的批驳，会议不欢而散。

对国民党二大前的这次上海谈判，周恩来后来批评说："更可惜的是中

---

① 以上参见张国焘：《我的回忆》第2册，东方出版社1991年版，第66—68页。

央居然在上海与戴季陶大开谈判，请戴季陶等回粤；为了争取右派回粤，还特地拍电报到广州把大会延期一个月，等候他们，对右派采取完全让步的政策。”①

瞿秋白1927年2月在《中国革命中之争论问题》一文中说：“1925年12月上海谈判——那时戴季陶派有几个人偶然不敢出西山会议，故意不出席；就只这一件事，便使中央能和他们妥协谈判，邀他们到广州国民党大会。谈判条件如何，实在无关重要。单是共产党中央为戴季陶派先容，由我们方面‘准许’他们回粤，这件事给广州左派政府一个很大的打击，而民族资产阶级最终的抓住广州军队，便有我们的‘助力’在内了——这又是退一步。”②

广州区委的同志在分析“三二〇事件”原因时也认为，在共产国际执委会代表支持下的中共中央同国民党右派进行的上海谈判，“促进”了“三二〇事件”的发生。

在1926年9月16日的远东局与中共中央执委会联席会议上，维经斯基和陈独秀都对上述批评意见进行了反驳。维经斯基说：“我们进行谈判的目的是为了使某些人脱离右派和保护整个广州不受反动派的侵犯。我们通过谈判取得了很大成绩。”维经斯基甚至称：问题在于，国民党还没有发展到搞如此复杂阴谋的地步，而共产党人实际上没有利用对左派的巨大影响，来消除他们对这次谈判的怀疑。

陈独秀还为此举了一个例子。他说：在洪水到来时有两种对付办法：（1）用墙来挡。（2）把水引到另一个河道里。陈独秀进一步辩解说：“在上海这里的谈判没有结束，因为我病了。”但他肯定“中央采取的让步策略是正确的”。他进一步解释说：在国民党二大以前，广州的整个策略完全是左的，而中央试图使在西山开过会的右派发生分裂。“我们已通过同国民党右派在12月份的谈判使他们同意继续与苏联结盟，不禁止国民党员加入共产党，而我们同意只在领导机构中发挥三分之一的作用”。但广州人根本否认有必要对国民党作出让步，他们希望有一个左的国民党。这是全国共同的

---

① 《周恩来选集》上卷，人民出版社1980年版，第119页。

② 中共中央书记处编：《六大以前——党的历史材料》，人民出版社1980年版，第720页。

问题，而不仅仅是广东的问题。①

维经斯基还在1927年5月3日的中共第五次全国代表大会的讲话中，专门谈了上海谈判的问题。他说：

策略问题在于，用我们广州同志的话说，当时共产党同国民党一起准备继续前进。正是在这个时候，从上海来了一个国民党右派，引起了国民党左派的怀疑。他们说："共产党人想同我们一起战斗，但他们同时又同右派建立联系。"我在上海，不知道可能形成这样的局面。如果我们同国民党左派一起工作，那我们就应当使他们明白，我们是无产阶级的政党。这些人怎么能设想，我们想同右派搞妥协呢？或者是他们不了解我们是些什么人；或者是我们同他们共事得不正常。

在这种情况下，同志们提出了一个更为重要的问题。我们党在政治上并不是独立的，它不具有足够的影响来消除这种疑虑。如果我们有更大的影响，那我们在这个问题上和外交往来上就不会感到缺乏威信了。另一个问题是，很难取得这种影响。但是我们应当坦率地说，原因就在这里。

如果当时孙科到了广州，布尔什维克会怎么办呢？他们会揭露他，会迫使他承认，他同北京会议（指国民党右派的西山会议——引者注）有联系。但他们没有这样做。我夸大了共产党人能够发挥他们所应发挥的作用的可能性。当你们因此批评我时，我完全承认自己的过错。但是，实际上问题在于我们在国民党内的影响很微弱，而不在于应变能力差，等等。②

实事求是地讲，由维经斯基倡议、陈独秀召集的与国民党右派的上海谈判，尽管对孙科等人的右派面目认识不够，试图以某种妥协让步保持国共合作的形式，这种策略方针间接地成为大革命最终失败的原因。但是，也不能全盘否定此次上海谈判。因为，首先，倡议谈判的初衷是好的：分化西山会议派，争取其中的中派人物倾向广州国民政府，支持国共合作。其次，会谈的结果有一定的积极意义：在陈独秀作出让步的同时，孙科等国民党右派也作了一定的让步，即同意继续与苏联结盟，参加即将召开的国民党二大，不再强调广州政府为中共所包办，等等。无疑，这在当时国共

---

① 《共产国际、联共（布）与中国革命档案资料丛书》第3卷，第499—501页。
② 《共产国际、联共（布）与中国革命档案资料丛书》第4卷，第234—235页。

合作的历史条件下，是有积极意义的。

在国民党二大上的让步

据周恩来回忆，在国民党第二次全国代表大会前夕，他从汕头回广州，与陈延年、鲍罗廷商量对策。他说："我们本来确定的政策是打击右派，孤立中派，扩大左派。我们计划在大会上公开开除戴季陶、孙科等人的党籍，在中央执委中我们党员占三分之一，少选中派，多选左派，使左派占绝对的优势。"因为在军队方面，除第一军以外都不是蒋介石的，"因此计划给蒋介石以回击，把我们的党员完全从蒋介石部下撤出，另外与汪精卫成立国共两党合作的军队"。可最终，"中央来电不同意"。所以国民党二大"结果成了右派势力大，中派壮胆，左派孤立的形势"。这就是史称的陈独秀右倾机会主义对国民党右派的三次大让步中的第一次大让步。①

但实际情况究竟是怎么一回事呢？

其实，早在1925年上半年，在迎接国民党二大召开过程中，陈独秀一直是主张对国民党右派进行坚决斗争的，为此还与鲍罗廷等人发生过争执。

1925年3月20日，针对孙中山逝世后的中国形势，陈独秀在向共产国际执委会的报告中说，中国共产党准备迎接国民党第二次全国代表大会，以"使右派在会上没有影响"。②

4月4日，陈独秀签发《中央通告第十九号》，指示在孙中山去世后，我们要"借追悼会做广大的宣传"，"在国民党各级党部主张即下全体党员动员令，公开的征求党员"，大力扩充左派数量，"有必要时，亦可在工人区域发起国民党的组织"。这样，"我们在第二次国民党全国代表大会中才有和右派竞争选举的可能"。③

到了1925年5月初，鲍罗廷在给加拉罕的电报中说，国民党第二次代表大会议事日程已排定，新的中央委员和候补委员的初步名单已拟定，代表大会筹备活动计划也已制定。党内在讨论关于在将来的国民党中央委员

---

①《周恩来选集》上卷，第118—119页。

②《共产国际、联共（布）与中国革命档案资料丛书》第1卷，第590页。

③《中共党史教学参考资料》第13册，中国人民解放军政治学院党史教研室编印，第126页。

会中的共产党员人数问题时，曾一度发生争执。起初，陈独秀提出 7 人，鲍罗廷表示反对，主张不超过国民党一大时的 3 人，理由“为的是不吓跑中派和不无谓地刺激右派”。最后，双方一致同意最低限额为 4 人，其余的根据代表大会期间中国整个局势而定。① 可见，不同意在国民党中央委员会中增加共产党员人数的是鲍罗廷，而不是陈独秀。

远在莫斯科的外交人民委员契切林也密切注视着国民党二大的情况。国民党二大召开前，关于国民党有分裂可能的报告，使契切林感到不安。1926 年 1 月 1 日，他在给加拉罕的信中谈了对国民党问题的看法，并准备就国民党代表大会事宜指令全权代表“为国民党二大下达紧急指示”。契切林对“中国共产党有步骤地取代国民党，通过莫斯科的指示发布一些口号，让共产党人补上国民党领导职位的空缺，甚至解除像胡汉民这样的左翼国民党人的职务”的现象非常担忧。他说：“如果国民党发生分裂，这会对民族解放运动的进一步发展产生很大影响，右翼国民党会成为所有温和分子的中心和帝国主义代理人的掩饰。无论如何要防止国民党分裂。代表大会应在党的团结的口号下进行，谁反对团结，谁就是中国人民的敌人和叛徒，谁就是孙逸仙学说的叛徒。”契切林在信的最后提出：“团结的纲领应当是：把中国所有民主力量，即工人、农民、知识分子、手工业者、中小民族资产阶级，可能的话也包括大民族资产阶级，联合在同张作霖进行斗争的任务周围，争取召开国民会议，依靠包括直隶人在内的解放运动中的所有有生力量，建立临时政府。如果无法防止分裂，那么至少应使它与国民党完全断绝关系，应形成这样的局面，即在中国只能有一个国民党。”②

总之，在国民党二大前，联共（布）、共产国际和其驻华代表之间已基本达成共识，即要注意团结，“防止国民党分裂”。如何做到这一点，只能采取一定的退让策略。

1926 年 1 月 1 日至 19 日，国民党第二次全国代表大会在广州召开。大

---

① 参见《共产国际、联共（布）与中国革命档案资料丛书》第 1 卷，第 613 页。

② 俄罗斯联邦外交政策档案馆，全宗 04，目录 22，卷宗 116，案卷 171，第 1—2 页，转引自 A. И. 卡尔图诺娃：《在契切林和加拉罕往来书信中谈到的中国问题（1924—1926）》，见俄罗斯 Новая и новейшая история（《近现代史》）杂志 1998 年第 6 期。

会的决议案和宣言是由共产国际制定后向国民党中央执行委员会提出的。在关于国民党中执委的选举问题上，陈独秀不得不根据共产国际及其代表的意见，最终同意作出让步。选举的结果是，在 36 名国民党中央执行委员中有共产党员 7 人，未达到三分之一。但在大会选出的中央执行委员和中央监察委员中，左派人士和共产党人还是占有一定比例的。另外，大会虽然对戴季陶主义进行了批判，但他仍被选为中央执行委员，蒋介石也在这次大会上第一次当选为国民党中央执行委员。

维经斯基称，国民党二大“表明党保持了团结”。①

1926 年 2 月 12 日，《中央通告第七十六号》对国民党第二次全国代表大会给予非常高的评价，称这次大会“在民族革命运动发展的历史上是极有价值的”，“是真能接受中山的遗嘱真能继续第一次大会的宣言和政纲的大会”，并且这次大会使国民党右派“一切的期待一切的努力都失败了”②。显然，该通告明显夸大了右派的失败程度，实际上忽视了他们对革命发展的影响。

可是，1926 年 9 月 12 日，同样是维经斯基，在远东局使团的报告中给予国民党二大以否定的评价。他在批评广州的共产党人“不理解国民军失败时国内总的政治形势并继续采取以往的进攻政策”的错误时，举了国民党二大的例子：“这里也包括当形势要求必须转入防御，以削弱反革命势力的进攻时国民党第二次代表大会所采取的错误方针。”③ 按维经斯基的意思，在国民党二大上，共产党人退却得还不够。

这样，陈独秀在与共产国际及其代表的交往过程中又一次遇到了与中共中央 1925 年十月扩大会议相同的情况。

---

① 《共产国际、联共（布）与中国革命档案资料丛书》第 3 卷，第 47 页。
② 《中共中央文件选集》第 2 册，中共中央党校出版社 1989 年版，第 43 页。
③ 《共产国际、联共（布）与中国革命档案资料丛书》第 3 卷，第 484 页。

第三章 陈独秀、共产国际与国共合作的北伐

五卅运动以后，中国的革命形势有了突飞猛进的发展，南方和北方的实际状况也形成鲜明对照。在南方，广东革命根据地统一后，革命潮流继续高涨。尽管潜在的逆流已在悄悄滋长，但还没有表面化。广州革命政府在全国的地位和影响都在继续增强。在北方，国民军失败，奉系已取代直系成为北洋军阀中占支配地位的势力。张作霖同段祺瑞勾结，操纵北京政府，排斥冯玉祥的国民军。奉系军阀还把势力向南扩张到长江流域的苏皖等省。与此同时，外国报纸和一些中国报纸掀起一场反共反苏宣传运动，要求苏联从中国召回其大使加拉罕。1926 年 1 月在中东铁路上又发生尖锐的冲突，中东铁路局局长伊万诺夫被逮捕。苏联领导人认为，这些事件是帝国主义列强反对中国革命力量统一战线形成的标志。正是在这种复杂的国际国内环境下，蒋介石接连发动针对共产党人的“三二〇事件”和整理党务案，陈独秀屈从于共产国际的退让方针，在接下来关于是否进行北伐的问题上，又出现摇摆。

一、陈独秀、共产国际与“三二〇事件”

伴随着大革命运动的迅速发展，国民党新老右派不断掀起反共逆流。3 月 18 日，国民政府海军局代理局长、共产党员李之龙奉命派中山舰到黄埔后，立刻谣言四起，说是要劫持蒋介石。3 月 20 日，蒋介石以所谓中山舰事件为借口，在广州实行紧急戒严，监视并软禁共产党人，包围省港罢工委员会和苏联顾问办事处。这就是“三二〇事件”，史称“中山舰事件”。面对这一突发事件，时在广东的联共（布）政治局使团很快作出了妥协退让的方针，陈独秀也不得不接受这一既成事实，执行退让政策。

陈独秀与布勃诺夫使团的上海会谈

1926 年 1 月 4 日，托洛茨基再次向联共（布）中央书记处提议，鉴于中国日益扩大的事态可能对今后很长时间内中国革命的发展“具有决定性意义”，因此应当向中国“派遣一个权威的政治使团”，“它可以就地作出必要的和刻不容缓的决定”。①

1月14日，联共（布）中央政治局会议决定：“由布勃诺夫（团长）、库比雅克和列普赛组成的使团需要紧急动身前往中国，使团成员包括加拉罕同志。”使团的任务是：（1）弄清中国的局势并报告政治局。（2）同加拉罕同志一起“就地采取一切必要的措施”，“这些措施不需要政治局批准”。（3）整顿派往中国的军事工作人员的工作。（4）检查向中国正确选派工作人员的保证情况和如何指导他们的工作②。从使团任务的第二项可以看出，联共（布）政治局赋予该使团极高的权力，使其可以不需政治局批准，“就地采取一切必要的措施”。这在联共（布）历史上是很少有的。

1月21日，联共（布）中央政治局会议再次决定：建议布勃诺夫使团尽快动身去中国，“首先了解中东铁路上的局势，并向政治局作出详细报告”。③

正是基于试图“就地”弄清楚中国究竟发生了什么事情，以及对事态的发展趋向和前景作出评估这一目的，联共（布）中央政治局最终决定，向中国派出这个由联共（布）中央书记兼红军总政治部主任布勃诺夫（伊万诺夫斯基）为团长的、享有广泛权力的使团。该使团自1926年2月初到4月底在中国工作，5月中旬回到莫斯科。3月中旬，联共（布）政治局还成立一个以托洛茨基为首的委员会，责成它进一步阐明苏联对中、日政策的基本任务。

2月11日至17日，从莫斯科到达北京的使团成员与加拉罕一起举行多次会议，先后听取了武官叶戈罗夫及其助理特里福诺夫和全权代表加拉罕的发言，施坦因关于财政问题的报告，广州组顾问尼洛夫、捷列沙托夫、切列潘诺夫的通报，冯玉祥的顾问普里马科夫的报告以及鲍罗廷的报告。显然，布勃诺夫使团试图尽快了解中国的实际情况。

---

①《共产国际、联共（布）与中国革命档案资料丛书》第3卷，第13页。
②《共产国际、联共（布）与中国革命档案资料丛书》第3卷，第21—22页。
③《共产国际、联共（布）与中国革命档案资料丛书》第3卷，第24页。

2 月 16 日，从中国刚刚返回莫斯科的维经斯基针对斯大林提出的七个问题给予简要答复。其中第二个问题是关于中国总的政治形势，维经斯基作出了比较符合客观事实的评价："一方面由于郭松龄失败和国民军暂时停止进攻，军事力量在重新组合。""另一方面，现在在华北和华中，上海事件（指五卅运动——引者注）时期发起的运动在某种程度上已被群众接受并在他们中间扎下了根。在北方，在国民军地区，国民党将会得到发展，工人组织将会取得半合法存在和在某些地方取得合法存在的可能性。而处于地下状态的共产党也会得到发展壮大。"①

总之，1926 年初，无论是在莫斯科的联共（布）和共产国际，派往中国的布勃诺夫使团，还是共产国际驻华代表之间，对于中国问题进行了广泛的讨论，主要围绕以下几个中心问题展开：（1）如何评价当前国民革命运动的状况？是失败、低落还是放慢速度？（2）能否根据广州的经验重建国民军？（3）国民党的发展前景以及国民革命的发展前景如何（究竟是人民民主革命还是"凯末尔式"革命即资产阶级革命）？（4）革命如何扩大地盘或深入开展（粗放式还是集约式）？（5）对国民革命军的北伐应该持什么态度？显而易见，对这些问题的回答将决定共产国际对国民党和对中共采取什么政策以及对工农运动的任务提出什么具体建议。

此间，苏联驻华工作人员之间发生严重争论。驻华南的军事顾问季山嘉（古比雪夫）与政治顾问鲍罗廷之间在关于中国共产党人在军队中的作用问题上，发生了原则性的意见分歧。季山嘉说：从军队中清除共产党员，"不仅是完全荒谬的，而且实际上是极为有害的"。季山嘉承认鲍罗廷对苏联过去在中国工作中"作出的巨大功绩"，但他认为：鲍罗廷"做了他所能做的事情，更多的他做不了"，"以后他会跟不上事态和形势的发展"。"鲍罗廷工作方法僵化，其危害越来越大。"②

季山嘉和拉兹贡在 1926 年 1 月写给中共中央执行委员会的信中强调了掌握武装的重要性。他们指出："在国民革命运动迄今所依靠的社会集团中，发生了角色的变动和变化。实际上我们现在可以断定，目前在中国，

---

① 《共产国际、联共（布）与中国革命档案资料丛书》第 3 卷，第 95 页。
② 《共产国际、联共（布）与中国革命档案资料丛书》第 3 卷，第 15—16 页。

无产阶级是以国民革命运动的领导者姿态出现的，民族资产阶级已开始离开领导岗位。这是显而易见和毫无疑义的。无产阶级能让军队这样强大的斗争武器摆脱自己的影响吗？无产阶级能无视历史上必然要落到它头上的组建和筹备武装力量的工作吗？回答是明确的。”他们进而警告说：“在预见到将来国民革命运动不可避免要发生分裂的同时，应该提防军队受到国民党右派的影响，进而造成对中国劳苦大众革命运动的威胁。”①

3月2日，陈独秀会见去广州路经上海的布勃诺夫使团人员，并“非常详细地叙述了他对政治局势最重要的问题的看法”。苏联驻华军事顾问切列潘诺夫在《中国国民革命军的北伐》一书中对此次会见有较为详细的描述。

陈独秀首先向布勃诺夫讲述了中国的阶级力量划分情况。他在评价中国资产阶级的政治态度时说：资产阶级“力求表示自己是中立的，但实际上这是不可能的。即使最激进的那一部分资产阶级也是反对革命的……但不应当把全体资产阶级都称作是反动的，其中的一部分有可能是中立的”。资产阶级中立的原因是什么呢？陈独秀认为，首先是他们害怕工人，其次是军阀提出了“反对赤化”的口号，而资产阶级讨厌这个口号。此外，“国际资产阶级——帝国主义者们毕竟还没有同中国的军阀们完全结合在一起”，“军阀和帝国主义者不是完全一致的”，等等。总之，他认为“资产阶级在较好的情况下是中立的”。对待资产阶级的正确路线又是什么呢？陈独秀说：“我们对待这些人的政策是，不应当把他们作为革命力量来依靠，我们的政策在于使他们保持中立，不那么十分反动，而稍微温和一点。”

听完陈独秀的上述评述，布勃诺夫请他说明一下，联合哪些阶级才能保障中国国民革命的胜利成功。陈独秀回答：“工人和农民，很有限的进步军阀和小资产阶级的左翼”，“仅仅是左翼”。以后中国革命的发展事实证明，陈独秀的这一判断是比较正确的。

布勃诺夫等使团工作人员觉得，陈独秀对小资产阶级的这种估计“明显地缩小了组成革命阵营的力量”，“使人感到政治前景被歪曲了”。他们相继谈了自己的看法。列普赛说：“能否认为，上海事件（指五卅运动——原书

① 《共产国际、联共（布）与中国革命档案资料丛书》第3卷，第19—20页。

注）以后资产阶级如此害怕工人，以致由于恐惧而准备放弃它的基本目标呢？”布勃诺夫支持列普赛的观点。他说：“在上海甚至在革命运动处于低潮时，许多大资产阶级的代表人物也没有离开国民斗争，他们只是力图把领导权掌握在自己手里……您说小资产阶级的‘一部分’，应当说全部，全体。没有小资产阶级是不能前进的……这里指的不应当是小资产阶级的一部分，而应当是整个说来城市小资产阶级的全部，其中包括手工业者、中小商人。”

陈独秀没有过多坚持自己的意见，最后对自己的观点作如下总结：城市资产阶级、小商人的领导人物在迅速分化，群众是革命的，但领导人们开始同大资产阶级勾结起来。除此之外，部分大学生是反革命的。“最紧迫的是对待知识分子和小资产阶级的问题”。

接下来，布勃诺夫提出关于中国共产党对待冯玉祥的态度问题。陈独秀回答说：“我个人的意见是这样的，在目前的斗争中应当把他们（国民军的三个军——原书注）看成是一个统一的整体，他们正在进行着反对帝国主义的斗争。这场斗争在客观上是有利于革命的……我们认为他们目前是站在革命方面的，我们无疑是支持他们的。”共产党人“应当加强在国民军各部队中的宣传工作”。

此外，陈独秀还与使团谈了关于北伐的问题、对广东党组织的批评及对革命前途的估计。关于最后一个问题，陈独秀说：“哪一种运动的成功希望更大一些呢？我认为，就最近的前景来说，反革命力量的成功希望大于我们国民运动，因为反革命分子比革命分子联合得更紧密。”他认为革命胜利、取得重大革命成果的前景还非常遥远、捉摸不定。他说：即使战胜了吴佩孚，随后又同奉军达成停战，也不能建立类似广州那样的政府。可以成立一个仅仅是临时性的过渡政府，国民党右派，甚至军阀孙传芳的代表也参加进去。“过渡政府不能废除不平等条约，而只能对条约进行修正、颁布关于工会和农会的法规。如果群众组织起来了，那么他们的力量就将增强，中国的经济将得到发展。但是为了消灭帝国主义者应当有另外一种时机。现在还不是这样的时机。”

陈独秀与布勃诺夫使团的这次会见是在“三二〇事件”发生前两个星

期。当时的陈独秀是否预料到可能发生类似事件？从他的讲话中可以看出，他并没有任何准备。关于广州政府，他说：在广州“我们确实有国民党左翼同共产党人配合工作”。关于军队，他说：“在第一军和第二军里我们的工作进行得很好。”① 可是，两个星期后，发动“三二〇事件”的武装力量正是蒋介石的第一军。

布勃诺夫使团对“三二〇事件”的最初反应

“三二〇事件”的发生，无论对于莫斯科的联共（布）和共产国际领导人，苏联驻华代表，还是以陈独秀为首的中共中央，都是完全没有预料的。他们为摆脱由这个突发事件引发的错综复杂的政治局面费尽了心思。

“三二〇事件”发生后，在上海的陈独秀和中共中央最初对事件的相关情况不完全了解，没有立即表态。当时，鲍罗廷和加伦又都不在广州。这样，时在广州的联共（布）政治局布勃诺夫使团便历史地承担起对这一突发事件的处理工作。

“三二〇事件”发生的当天下午 6 时，拉兹贡接到布勃诺夫的指示，让他亲自去同蒋介石谈判。拉兹贡发现蒋介石“非常沮丧”，蒋介石说他要请求国民党中央执行委员会给他处分，他心情很沉重，因为这里发生的挑衅事件他本人负有一定的责任。他要下令进行严格的调查，等等。过了两个小时，拉兹贡又同布勃诺夫一起去见蒋介石。蒋又把先前说的话重复一遍②。另据蒋介石回忆，3 月 22 日，苏俄驻广州的领事馆代表为了“三二〇事件”来找蒋，他问蒋介石：“这是对人问题，还是对俄问题”，蒋介石答以“对人不对俄”，并“表示希望鲍罗廷迅回之意”。该代表表示“如此即可安心”。③

从现有材料看，对这一事件的第一个正式反应是 3 月 24 日布勃诺夫在广州苏联顾问团全体人员大会上所作的长达 6 小时的报告。

布勃诺夫认为，“三二〇事件”“无非是一次针对俄国顾问和中国政委

---

① 以上参见〔苏〕亚·伊·切列潘诺夫：《中国国民革命军的北伐——一个驻华军事顾问的札记》，第 376—383 页。

② 以上参见《共产国际、联共（布）与中国革命档案资料丛书》第 3 卷，第 223 页。

③ 蒋中正：《苏俄在中国——中国与俄共三十年经历纪要》，台湾“中央”文物供应社 1981 年版，第 41 页。

（此处译文有误，“中国政委”应译为“在国民革命军中担负政治工作的共产党员”——引者注）的小规模准暴动”，“充分暴露了广州和广东省阶级力量的基本对比关系以及我们在广州的不同工作方面而主要是军事工作方面所犯的错误”。他进一步指明这些错误是：（1）没有预见到在国民政府内可能发生冲突，而这种冲突会在国民革命军中有反映。（2）过高地估计了国民政府的巩固和团结程度，以及国民革命军上层的巩固和团结程度。（3）暴露出不善于事先揭示和消除军事工作中的过火行为。（4）军队集中管理搞得太快。（5）在将领们周围有过多的监督他们的工作和对其工作施加影响的机关。（6）没有始终正确地指导宣传鼓动工作。

由此，布勃诺夫得出应对结论：广州市内力量对比对国民政府不利，省内力量对比对国民政府有利，“需要赢得时间”，“就要作出让步”。因为“整个行动是针对俄国顾问和中国共产党人的，所以应该顺势而下”。对蒋介石的进攻采取“顺势而下”的“让步”策略就这样出台了。究竟如何“让步”呢？在军事工作方面如何“纠正错误”呢？布勃诺夫指示：首先要从根本上消除俄国顾问突出自己以及直接发号施令的做法。与此同时，要减少国民革命军里中共党代表对将领们的监督；在宣传鼓动工作中要更加谨慎，即不要大讲特讲新式军阀、小资产阶级性等①。布勃诺夫在三天后给鲍罗廷的信中大致重复了此报告的内容，同时承认：“这些结论是初步的，因为许多材料和听到的报告，使团还没有作充分的研究。”②

如果仔细研究布勃诺夫对“三二〇事件”作出最初反应的报告，会发现一个奇特的现象：在这个洋洋几万字的长篇报告中，竟然一次没有提及此次事件的主角蒋介石的名字。是不敢？是有意为之？还是无意的疏忽？——我们不得而知。最大的可能恐怕还是“让步”的思想在作怪。

布勃诺夫作报告的当日，在广州取代鲍罗廷工作的索洛维约夫给加拉罕发出一封信，表示完全赞成布勃诺夫使团对“三二〇事件”的处理意见，并解释说，使团对“三二〇事件”作出退让的方针，“是将此举作为一个策略步骤”，而“赢得时间”的目的是为了“做好准备除掉”蒋介石。索洛维

① 以上参见《共产国际、联共（布）与中国革命档案资料丛书》第3卷，第161—171页。

② 《共产国际、联共（布）与中国革命档案资料丛书》第3卷，第188页。

约夫认为，蒋介石"能够留在国民政府内，也应该留在国民政府内"，他"能够同我们共事，也将会同我们共事"，所以"现在我们应当设法以自己受点损失和作出一定的牺牲来挽回失去的信任和恢复以前的局面"。①

穆辛于4月24日在广州写的《关于中共在广州的任务的提纲》和罗加乔夫于4月28日在莫斯科写的《关于广州1926年3月20日事件的书面报告》中，都坚持与布勃诺夫同样的意见。布勃诺夫的报告承认，中国革命走的道路"不是笔直的"，存在许多矛盾和困难，苏联顾问在中国所做的都是"长期性工作，需要全面加以筹划"；中国共产党没有能力"在现在承担直接领导国民革命的这种完全力所不及的任务，也就是依靠自己的双手来直接实行基本的革命措施的任务"，所以要实施"很复杂的策略"②。穆辛进一步发挥了布勃诺夫的观点。他说："现在在革命取得胜利后走向全国政权的党不是共产党，而是国民党。在人民民主革命取得胜利时，中国无产阶级只能指望自己目前的常常是奴隶般的地位有一定的改善和为进一步争取自己在政治上和经济上的解放创造有利的条件。"③这些观点与陈独秀的"二次革命论"不谋而合。

究竟应当如何看待和对待已经对中共发起进攻的蒋介石呢？穆辛认为，现在应当"客观地"把蒋介石看作是革命运动方面的"一个重要力量"，尽管他有种种主观上的缺点，将来有可能造成新的严重麻烦。罗加乔夫更是直言：蒋介石"作为同孙逸仙联系最密切的人和作为最有军事素养的人，毕竟是指挥北伐的唯一候选人"。"三二〇事件"中对蒋介石作出让步的决定，是"想为国民革命运动留住蒋介石"。④

5月17日，布勃诺夫使团在给斯大林和联共（布）中央政治局的总的结论和使团在华两个半月工作总结中，多处逐字逐句重复了布勃诺夫于3月24日在广州苏联顾问团全体人员大会上的报告和联共（布）中央政治局4月15日通过的《在华军政工作和近期对它的必要改组》的决议内

① 《共产国际、联共（布）与中国革命档案资料丛书》第3卷，第177—178页。
② 《共产国际、联共（布）与中国革命档案资料丛书》第3卷，第173、163页。
③ 《共产国际、联共（布）与中国革命档案资料丛书》第3卷，第212页。
④ 《共产国际、联共（布）与中国革命档案资料丛书》第3卷，第211、234页。

容，完全坚持对“三二〇事件”的最初结论。更有甚者，布勃诺夫竟然提出：“三二〇事件”“突出说明，‘左’倾危险是领导国民革命工作中的主要危险”，“对于中国革命运动来说，主要危险是‘左’的危险”，中国共产党“无论如何不应在目前承担直接领导国民革命的任务”。①

布勃诺夫等人的分析并不是完全没有道理的。苏联顾问在帮助中国革命的过程中，确实有独断强制、包办代替、突出自己等缺点。中国共产党人在国民革命军中领导政治工作，也需要更好地处理政治工作与军事工作、政治工作人员与军事指挥官的关系问题。所以，纠正苏联顾问和中国共产党人强迫命令和急躁冒进等做法是必要的。但是，蒋介石发动“三二〇事件”，主要目的是为了打击苏联顾问和中国共产党人，打击汪精卫和国民党左派力量。布勃诺夫没有认识到这一点，只关注事件的表面现象，只知道从自身方面寻找原因，这无疑决定了其决策的错误性。

至于“三二〇事件”的后果，连鲍罗廷也承认这样的事实：由于“三二〇事件”，蒋介石所指挥的“党军”不再是以前的“党的军队”，而“应把它看作是蒋介石的军队”。这一事件表明，“蒋介石比党更强大，或更确切地说，党比蒋介石更软弱”②。

“三二〇事件”后联共（布）中央政治局确定对华“喘息”策略总方针

1926年4月初，联共（布）中央政治局连续通过《我们对中国和日本的政策问题》、《在华军政工作和近期对它的必要改组》两个全面性文件，确定了“三二〇事件”后苏联对华政策总的长期战略方针，以及对国民军的失败所采取的暂时策略手段。

联共（布）中央政治局于4月1日讨论批准《我们对中国和日本的政策问题》的决议，其主要部分是“中国革命的国际方针和苏联”。决议首先指明，在中国的局势中应考虑到三种因素：（1）中国的内部力量。（2）军阀组织。（3）一方面是外国帝国主义力量，另一方面是苏联和无产阶级革命运动力量。而“确定方针的全部困难在于掌握这三种因素的相互关系”。在中国这个“已经觉醒了的国家的发展中，起决定作用的当然最终是国内

---

① 《共产国际、联共（布）与中国革命档案资料丛书》第3卷，第250、249页。

② 《共产国际、联共（布）与中国革命档案资料丛书》第3卷，第281页。

因素”。由此，联共（布）制定的对华政策的基本方针是：发展国内力量，“首先要吸引农民参加革命并保证无产阶级组织的领导权”。同时，文件中有一个重要的说明：“在欧亚新的革命浪潮到来之前，它不可能顶住帝国主义者的联合进攻。”也就是说，中国工农革命的胜利直接取决于世界革命的成功，而世界革命的前途是很渺茫的。联共（布）政治局对中国前途的这种比较悲观的认识，于一个月前陈独秀与布勃诺夫上海会谈时的论点不谋而合。

联共（布）中央政治局认为，由于1925年年底关于德法和德比边界不可侵犯以及保持莱茵地区非军事化的洛迦协定的签署，特别是帝国主义者全面提出中国问题，“国际局势变得非常严峻”，再加上中国国内国民军又在北方失败，所以“迫于形势”，必须向帝国主义者“作出让步”，以便为中国革命“争取喘息时间”，同时“苏维埃国家也需要延长喘息时间”。因而“在远东采取加剧帝国主义列强之间矛盾的方针和首先同日本实行某种妥协的方针”，以“阻止帝国主义建立反华统一战线”。①《我们对中国和日本的政策问题》中还列数了旨在与日本实行妥协的一整套措施，包括继续同张作霖举行中东铁路问题和满洲的其他铁路问题谈判以及达成相应的协议。

在接下来的4月15日，联共（布）中央政治局又通过了由政治局中国委员会起草的《对华军政工作和近期对它的必要改组》的决议，承认苏联顾问在国民军中的“工作成果是很不够的，在有些场合简直无成果可言”。由于国民军在北方的失败，该决议对“进一步加强广州军队的工作”赋予“特殊的意义”，指示“广州政府对教官和物质支援的要求应尽量予以满足”。②

联共（布）中央政治局因“三二〇事件”和国民军失败而实行的“喘息”策略就这样正式出台了。

陈独秀、维经斯基再次主张改变国共合作方式

在上海的中共中央和陈独秀最初对“三二〇事件”的有关情况不完全了解，没有立即表态。3月27日，布勃诺夫回国途经上海，陈独秀等人代表中共中央与之会谈。布勃诺夫称：“蒋介石表示他此次举动只是防止有叛乱

① 《共产国际、联共（布）与中国革命档案资料丛书》第3卷，第193—199页。
② 《共产国际、联共（布）与中国革命档案资料丛书》第3卷，第204、206页。

之事发生，他本人并不反俄反共”①。因此决定向蒋介石作出让步。在布勃诺夫已经于广州与蒋介石达成妥协的既成事实面前，陈独秀只能采取与布勃诺夫一致的妥协立场。

4月3日，陈独秀在《向导》上同时发表两篇有关“三二〇事件”的文章。在《中国革命势力统一政策与广州事变》一文中，他说：“蒋介石是中国民族革命运动中的一个柱石，共产党若不是帝国主义者的工具，决不会采用这种破坏中国革命势力统一的政策。”②在另一篇《广州事变之研究》一文中，他首先称：3月20日广州事变“关系中国革命运动影响颇大，值得我们加以研究”。接下来论述了五个问题：（1）关于广州事变的最可靠的消息。（2）各种显然不实的谣言。（3）事变的主动者究竟是谁？（4）事变的中心问题。（5）结论。他在此文中再次声明“共产派一向很推重蒋介石”，并在最后的结论中说：“凡是中国人，都有拥护广州现在国民政府之义务，此次广州事变客观上实有使国民政府倾覆之可能；因此，事变之主动者，无论出于共派倒蒋之阴谋或出于右派倒共之阴谋，都应该受国民及国民政府严重的惩治，任何人任何党派都不应加以偏袒。”③

以上两篇文章是陈独秀最早对“三二〇事件”的公开论述，比较表面化，只是把矛头直指国民党右派，暗示蒋介石与国民党右派的不同，试图说明事件并非中共所谋（这也是那些表面夸赞蒋介石的话深藏的真正寓意）。他既不敢直指事件的始作俑者蒋介石，也没有接受布勃诺夫对事件发生原因的深层次的分析（即事件是由中共和共产国际代表在广州“所犯的错误”引起）。所以，虽然这两篇文章反映了陈独秀对蒋介石个人的某种妥协态度，但并不能证明陈独秀此时已完全遵从布勃诺夫使团对“三二〇事件”的结论。

4月24日，在莫斯科的维经斯基专门写信给陈独秀，指出“三二〇事件”的教训是：我们在广州需要有强大的共产党组织，以陈独秀为首的“中央委员会应当同它保持密切的联系，更直接地领导它”。维经斯基还表

---

① 《向导》第148期，1926年4月3日。
② 《陈独秀著作选》第2卷，第977—978页。
③ 《陈独秀著作选》第2卷，第988页。

明了“右派是‘三二〇事件’的鼓舞者和思想领袖”这一与共产国际其他领导人不同的观点。他甚至在信中向陈独秀提出共产党人退出国民党的建议：“我们应该朝着建立我们党同国民党联盟的方向调整我们的方针，不再与国民党一起组成混合联盟。”在这封信中，维经斯基请求陈独秀至少两周给他写一封信。他说：“倘若我们不了解中国发生的情况和我们党怎样在进行工作，我们就无法帮助您做工作。”①

其实，维经斯基向陈独秀提出的改变国共合作方式的建议恐怕并非是其首创。据拉狄克讲，他曾在共产国际执委会第六次扩大全会（1926年2月17日至3月15日）前夕，在同领导苏联在华工作的同志的谈话中提出过这些观点，即“从目前的联系方式过渡到同国民党的联盟，即两个独立政党的联盟”。拉狄克称这种过渡“是整个政治形势所要求的”，“只有公开把我们和国民党之间的联盟问题作为工人政党和小资产阶级分子之间的联盟问题提出来，才能改变整个这种状况”。②

据陈独秀后来回忆说，“三月二十日事变后”，他也在给共产国际的报告中，陈述“个人的意见，主张由党内合作改为党外联盟，否则其势必不能执行自己的独立政策，获得民众的信任”。③现在我们无从查证陈独秀这个报告的具体时间，是3月底在上海见到布勃诺夫之前还是之后？是接到维经斯基的信之前还是之后？抑或是5月15日整理党务案之后？但据陈独秀说，共产国际接到他的报告后，才决定派远东局主席维经斯基到中国。而联共（布）中央政治局会议是4月29日批准维经斯基为（上海）远东局主席的。④由此可以断定，陈独秀呈送共产国际的这份报告是在“三二〇事件”发生之后和整理党务案发生之前。姑且不考证时间问题，有一点不可否认：在改变国共合作方式上陈独秀与维经斯基在思想上产生了共鸣。

拉狄克、维经斯基、陈独秀等人提出的共产党人退出国民党的建议，引起苏联领导人的严重关切。在见到拉兹贡、罗加乔夫等关于“三二〇事件”

---

① 《共产国际、联共（布）与中国革命档案资料丛书》第3卷，第220—222页。
② 《共产国际、联共（布）与中国革命档案资料丛书》第3卷，第314页。
③ 《告全党同志书》，《陈独秀著作选》第3卷，第88—89页。
④ 《共产国际、联共（布）与中国革命档案资料丛书》第3卷，第237页。

的书面报告后，联共（布）中央政治局于4月29日作出决定，认为国共破裂“是绝对不能允许的”，“必须实行让共产党留在国民党内的方针”，而且“要让国民党右派离开（或将其开除出）国民党”。决定同时建议：“要在内部组织上向国民党左派作出让步，重新安排人员，以便基本上保持目前的组织关系。”①拉狄克也承认，领导苏联在华工作的同志不接受他提出的改变国共合作方式的观点。

关于共产国际对陈独秀报告的反应，陈独秀是这样回忆的：

国际见了我的报告，一面在真理报上发表布哈林的论文，严厉的批评中共有退出国民党的意见，说：“主张退出黄色工会与退出英俄职工委员会，已经是两个错误，现在又发生第三个错误——中共主张退出国民党”。一面派远东部长吴廷康（指维经斯基——引者注）到中国来，矫正中共退出国民党之倾向。那时，我又以尊重国际纪律和中央多数意见，而未能坚持我的提议。②

于是，为了维护国共合作，以陈独秀为首的中共中央在联共（布）、共产国际的妥协政策指导下，作出组织方面的让步，撤回第一军中的共产党员。这是对蒋介石的一大让步。

5月15日，陈独秀发表《南方形势与国民党》一文，再次示意制造“三二〇事件”的右派与蒋介石有别。

由此，蒋介石通过“三二〇事件”，不仅打击了共产国际驻华代表和中国共产党，而且打击了汪精卫和国民党左派，大大加强了他在政治上、军事上的地位。这一事件成为国共关系发展中的一个转折点，也成为苏联对华总策略发生改变的一个起因。

二、陈独秀、共产国际与整理党务案

成功策动“三二〇事件”以后，蒋介石并没有止步不前。他的下一个步骤是从国民党的领导机构中排挤共产党人，全面控制国民党的党权。在鲍罗廷的参与和支持下，《整理党务案》出笼。同样是迫于鲍罗廷的压力，以陈独秀为首的中共中央接受了《整理党务案》，继国民党二大、“三二〇事

---

①《共产国际、联共（布）与中国革命档案资料丛书》第3卷，第236—237页。
②《告全党同志书》，《陈独秀著作选》第3卷，第89页。

件"后，再次对蒋介石作出让步。

鲍罗廷与蒋介石《整理党务案》的出笼

对"三二〇事件"后蒋介石企图进一步排挤中共的动态，在上海的维尔德已有所觉察。他在国民党二届二中全会召开前的4月23日向维经斯基汇报："获悉右派与包括蒋介石在内的部分左派，达成了妥协，目的在于同左派实行联合。"5月15日将在广州举行国民党中央全会，"会上将对共产党人发动强大的攻势"，而中国共产党"没有采取很明确的立场"，由此"可能动摇自己在国民党中的影响"。他请求维经斯基有必要来一趟中国，对于"疯狂的反共反苏俄运动"给予"有力而巧妙的反击"。①

1926年4月29日，鲍罗廷回到广州，同时带来联共（布）中央政治局4月初在一系列指示中确定的对华政策总方针，即向帝国主义者"作出让步"，以便为中国革命"争取喘息时间"。鲍罗廷回粤当日，联共（布）中央政治局会议又对中国问题作出决定，其要点是：（1）"国共破裂问题具有头等重要的政治意义"，"这种破裂是绝对不能允许的"，"必须实行让共产党留在国民党内的方针"。（2）"要在内部组织上向国民党左派作出让步，重新安排人员，以便基本上保持目前的组织关系"②。并且，早在1925年9月，共产国际执委会就指示中共中央："共产党不应要求必须由自己的党员担任国家和军队的领导职位"，"相反，共产党应当竭力广泛吸引（未加入共产党的）国民党员而首先是左派分子参加本国民族解放斗争事业的领导工作。"③联共（布）和共产国际的这一系列退让方针，决定了鲍罗廷和以张国焘为首的中共中央代表团在筹备和举行国民党二届二中全会时的行动。

5月15日，国民党二届二中全会如期召开，讨论并通过《整理党务案》。而《整理党务案》正是蒋介石与鲍罗廷"屡次会商"的结果。对此，蒋介石在《苏俄在中国——中国与俄共三十年经历纪要》一书中作了详细叙述：

四月二十九日，鲍罗廷自俄回粤，他与我屡次会商国共合作问题，订定整理党务办法，于五月十五日，提出本党第二届中央委员第二次全体会

---

①《共产国际、联共（布）与中国革命档案资料丛书》第3卷，第209页。
②《共产国际、联共（布）与中国革命档案资料丛书》第3卷，第236—237页。
③《共产国际、联共（布）与中国革命档案资料丛书》第1卷，第695页。

议。这办法一共八点：一、共产党应训令其党员改善对于国民党之言论态度，尤其对于总理及三民主义，不许加以批评及怀疑；二、共产党应将国民党内之共产党员全部名册，交国民党中央执行委员会主席保管；三、中央党部各部长须不跨党者方得充任；四、凡属于国民党党籍者，不许在党的许可以外，有任何以国民党名义召集党务会议；五、凡属于国民党党籍者，非得有最高党部之命令不得别有组织及行动；六、中国共产党及第三国际对于国民党内共产分子所发一切训令及策略，应先交国共联席会议通过；七、国民党员未经准许脱党以前，不得入其他党籍；如既脱党籍而入共产党者，以后不得再入国民党；八、党员违反以上各项时，应立即取消其党籍，并依其所犯之程度加以惩罚。

当鲍罗廷与我会商这个办法时，对我的态度极为缓和。凡我所提主张，都作合理的解决。同时我恪守国父的遗训，不因联俄而对共党姑息和迁就。所以我们的会商能够达到这八点的协定。①

据张国焘讲，作为中共中央派往广州的代表，他对蒋介石与鲍罗廷协商的限制共产党活动的整理党务案并不知情。他说："在此时期内（即国民党中央全体会议以前的 5 月上旬），一切重要问题都在蒋、张、鲍三巨头秘密商谈之中。鲍罗廷遵守三巨头之约，不向我吐露实情。"② 由于鲍罗廷的有意隐瞒，同在广州的张国焘对即将召开的国民党二届二中全会情况都一无所知，更何况远在上海的陈独秀呢！

更有甚者，国民党二届二中全会前已经知道整理党务案内容的鲍罗廷，害怕苏联顾问会被驱逐出广东，为了保持与蒋介石的合作关系，在会议的前一天，找到张国焘和谭平山，要他们立即去访问蒋介石和张静江，以表示"对次日的会议内容并不知情，所以也说不上赞成或反对；并表陈中共始终维护国共合作，亦决不会作公开反对之举"。③

周恩来后来分析说："在这种情况下，只要我们有正确的政策，蒋介

---

① 蒋中正：《苏俄在中国——中国与俄共三十年经历纪要》，第 41—42 页。

② 张国焘：《我的回忆》第 2 册，第 119—120 页。引文中的蒋、张、鲍分别指蒋介石、张静江、鲍罗廷。

③ 张国焘：《我的回忆》第 2 册，第 120、123 页。

石这个进攻仍然是不难打垮的。当时他的兵力仍占少数，所有民众运动完全在我们和国民党左派的领导下，他在这个时候是不敢决然分裂的。但党中央仍采取机会主义的政策，并且派了彭述之、张国焘来指导二中全会的中共党团。在党团会上，讨论了接不接受整理党务案。彭述之引经据典地证明不能接受。问他不接受又怎么办？他一点办法也没有，只说大家讨论好了。但当有人提出意见时，他又引经据典地说这个不行，那个错误。如此讨论了七天，毫无结果。后来张国焘用了非常不正派的办法要大家签字接受。”①

总之，不管是在鲍罗廷的操纵下，还是张国焘用了什么办法，《整理党务案》是在陈独秀毫不知情的情况下，被参加国民党二届二中全会的中共代表及广东区委所接受，得以顺利通过。于是，担任国民党中央部长和代理部长的共产党员谭平山、林祖涵、毛泽东等只得辞职。蒋介石当上国民党中央组织部部长兼军人部部长，随后又当上国民党中央常务委员会主席和国民革命军总司令。这样，蒋介石的权力迅速膨胀，一手控制了国民党、国民政府和国民革命军的大权。

对于整理党务案的通过，陈独秀在其中并没有起多大的直接作用。他在《告全党同志书》中将此列入“尊重国际纪律和中央多数意见，而未能坚持我的提议”的一个事件之一。他说：蒋介石发动“三二〇事件”和整理党务案后，“我们主张准备独立的军事势力和蒋介石对抗，特派彭述之同志代表中央到广州和国际代表面商计划。国际代表不赞成，并且还继续极力武装蒋介石，极力的主张我们应将所有的力量拥护蒋介石的军事独裁来巩固广州国民政府和进行北伐”。“这一时期是最严重的时期，具体的说是资产阶级的国民党公开的强迫无产阶级服从它的领导与指挥的时期，是无产阶级自己正式宣告投降资产阶级，服从资产阶级，甘心作它的附属品之时期（国际代表公然说：‘现在是共产党应为国民党当苦力的时代’）。”②陈独秀这里讲的“国际代表”指的就是鲍罗廷。

鲍罗廷在5月30日写给加拉罕的信中，汇报了国民党二届二中全会的

① 《关于一九二四年至二六年党对国民党的关系》，《周恩来选集》上卷，第122—123页。
② 《陈独秀著作选》第3卷，第88页。

情况。他称：中央全会调整了同共产党人的关系（缩小了他们的权力），吸收中派参加工作，沉重地打击了黄埔以外的右派。他解释说：关于调整同共产党人关系的决议，“对于我们来说只不过是个策略步骤，旨在消除共产党人与诚实的国民党人之间的误会”。此决议使国民党右派“蒙受了比共产党人更大的损失”，“他们被剥夺了用来反对我们的主要的和很方便的武器。现在他们受到打击，也无法诿过于共产党人”。① 真是让人难以理解，国民党右派如何“蒙受了比共产党人更大的损失”？

陈独秀承认，“我们在 5 月 15 日作了更大的让步”。②

直到 1927 年 10 月 23 日，鲍罗廷在莫斯科向老布尔什维克协会会员大会所作的《当前中国政治经济形势》的报告中还论证说，中国共产党在 1926 年 5 月 15 日会议上所作的让步是完全正确的，因为共产党人从一开始加入国民党时就有明确的目标，这个目标就是在发展群众运动的过程中利用一切可能来发展自己。既然还存在这些可能性，共产党人就可以在国民党内的职位问题上作出让步。国民党组织部部长等的一些职位“对于我们来说已经不再那么重要了。没有它我们也行，因为我们在群众中已经拥有牢固的基础”。“撤掉共产党员担任的职位不会给我们带来什么困难，因为这种职位对我们来说已经没有从前那种价值了”。“我们决没有因为撤掉某一共产党员在国民党内担任的领导职务而失去发展和深化革命运动的任何机会”。③

但实际情况确如鲍罗廷所言吗？回答是否定的。当时，中国共产党在群众中并没有建立起多么“牢固的基础”，相应地，离开在国民党中的领导职位，对中国共产党来说也并不是毫无损失。事实上，在国民党二届二中全会上通过的《整理党务案》，事前是由共产国际和鲍罗廷决定的，并且由鲍罗廷与蒋介石、张静江达成具体协议，会上指导中共党团的张国焘根据鲍罗廷的意见，用非常的手段逼迫中共代表接受，会后又把这一既成事实强加给中共中央。陈独秀从始至终都不是事件的直接参与者和最终决定者。

---

① 《共产国际、联共（布）与中国革命档案资料丛书》第 3 卷，第 272—273 页。
② 《共产国际、联共（布）与中国革命档案资料丛书》第 3 卷，第 501 页。
③ 以上参见《共产国际、联共（布）与中国革命档案资料丛书》第 4 卷，第 482 页。

陈独秀6月4日给蒋介石的信

1926年6月4日，陈独秀以私人名义，撰写了《给蒋介石的一封信》。此信以署名“独秀”发表于6月9日的《向导》周报第157期。其实，这是《整理党务案》通过后，陈独秀以含蓄的、绵里藏针的文风，对蒋介石行为的公开批驳和直接斗争，而不是像以往许多人讲的那样，此信是陈独秀向蒋介石摇尾乞怜，是对蒋介石的公开妥协退让。

陈独秀首先表明自己写这样一封信，是因为看了一种题名叫《校长宴会全体党代表训话对中山舰案有关系的经过之事实》的印刷物。陈独秀说：“内中所载，倘都和先生所口说的一样，没有什么印刷上的错误，则我们在对于中国革命的责任上，不得不向先生及一般社会有几句声明的说话。”接着，陈独秀逐条驳斥了蒋介石对中国共产党的污蔑之词。

（1）关于蒋介石故弄玄虚所称“讲也不能讲”的事情，陈独秀光明磊落地表示：“先生这些不忍说出的事，若和中国共产党无关，我们自然没有要求先生说出的权利；如果是关于中国共产党的事，请尽管痛痛快快的说出，丝毫也不必掩藏。因为先生说出后，若证明是中国共产党的错误，则社会自有公评，共产党决不应该是一个文过护短的党；若证明是党员个人的错误，这个人便应该受两党的惩戒。在革命的责任上应该如此的。”陈独秀展示出中国共产党人的坦荡胸怀。

（2）关于“三二〇事件”前所谓的“倒蒋运动”，在重复4月3日所发两篇文章的观点后，对蒋介石的态度明显强硬了许多。陈独秀说：“现在先生对全体代表训话中，虽未明说中国共产党有倒蒋阴谋，而全篇从头到尾，却充满了指责共产党同志的字句，使读者都很容易推论到中国共产党实此次事变之阴谋者。”倒蒋必以蒋确有不可挽回的不断的反革命行动为前提，“而事实上从建立黄埔军校一直到三月二十日，都找不出蒋有一件反革命的行动”，如果在这种情况下倒蒋，那就绝对是“一个反革命的党”，蒋介石“你就应该起来打倒它，为世界革命去掉一个反革命的团体”。说到这里，陈独秀话锋一转：“不过我知道我们的党并且相信我们党中个人，都没有这样反革命的阴谋。”言外之意，是你蒋介石在那里搞阴谋。所以，陈独秀郑重宣告：“凭空受这反革命的栽诬，这是我们不能够再守沉默的了！”①

（3）关于蒋介石列举的所谓四个“事实”，即第一军内“共产分子”问题、第七军名称“搁起”问题、高语罕说打倒“我们团体里”的段祺瑞问题和北伐问题，陈独秀逐一用事实进行批驳，表示不能承认我们有反革命的阴谋，即倒蒋阴谋，并引用孙中山的话总结说：“总之：共产分子在国民党一切工作中都太过负责任。”表面上看，这是自我批评，实则是自我肯定和表扬。②

（4）关于蒋介石鼓吹的“两个领袖”的问题，陈独秀说：“在原则上，我们不能反对党中有个领袖，且必须有个领袖；可是在中国国民党自孙总理去世后，不但无名义上的总理，也并未产出能够使全党公认之事实上的领袖，因此国民党的唯一领袖仍旧是孙总理，即使将来能有名义上的总理工作上的领袖，而理论上的领袖精神上的领袖，仍旧是中山先生，这是毫无疑义的事，我不懂得先生为什么要提出这个问题？我不相信国民党中任何人（共产分子当然在内）承认国民党有孙总理同样的两个领袖，非是不应该如此，而实是无人配如此。”蒋介石尽管早就有取代孙中山作国民党领袖的野心，但此时的他还不敢公开宣称背叛孙中山。陈独秀的表述有理、有力，让蒋介石有苦难言，有口说不出。

---

① 在这里，陈独秀说，3月20日以前，“找不出蒋有一件反革命的行动”，言外之意，就是说你蒋介石从“三二〇事件”后，开始了“反革命的行动”。陈独秀这句话的侧重点不是说蒋介石在3月20日之前有无反革命行动，而是有两层更深的寓意：一是我们中共在此之前没有阴谋推翻你蒋介石的理由，是你蒋介石主动发起对中共的进攻；二是从此以后，你蒋介石有了反革命的行动。

② 这种正话反说的文风，在陈独秀的文章尤其是《随感录》中比比皆是，比如《南北一致》、《冤哉洪述祖》，等等。举个最常见的例子，我见过多篇论述陈独秀早期何时转变为马克思主义的文章，都说1919年4月20日陈独秀发表《二十世纪俄罗斯的革命》一文，开始改变了对十月革命的看法，而此前半个月的4月6日，陈独秀对十月革命和马克思主义还持否定态度，理由竟然是此日他在《纲常名教》这篇短文中讲过的这样一句话：社会主义的学说“即便来了，就可以用‘纲常名教’四个字，轻轻将他挡住”。但事实上，很明显，这是对陈独秀原意的歪曲。我们姑且不说，陈独秀始终是“纲常名教”的坚决反对者，单从下面两点就可以轻易看出这是陈独秀“正话反说”的又一运用：第一，“纲常名教”四个字是用引号括起的，反意很明显；第二，从前后文看，这篇短文先讲社会主义的学说在欧洲已大大流行，日本人因害怕而采取了“普通选举”、“优待劳工”等措施。接着便是这句话的前一句话：“但是这种希奇古怪的外国事，比共和民权更加悖谬，自古以来不曾有过，一定传不到我们中国来。”这句话的后一句话是：“日本人胆儿太小，我们中国人不怕！不怕！”这句话的前后两句又是再明显不过的反意讽刺。

（5）关于三民主义的问题，陈独秀说："凡是一个团体里面，有两个主义，这个团体一定不会成功的"，这完全是戴季陶的理论，我实在不敢苟同，为此我在给戴季陶的一封信中详细地阐明了观点。接着，陈独秀再次讥讽蒋介石："或者先生无暇一阅此信，现在我再略述我和季陶不同的意见。"陈独秀说："凡属国民党党员，只要他信仰三民主义为三民主义工作，便够了；若一定禁止他不兼信别种主义，若一定于共信之外不许有别信，若一定在一个团体里面不许有两个主义，似乎是不可能，而且也不必要。"陈独秀列举蒋介石自己说过的话，肯定共产主义和三民主义"并不冲突"。①

陈独秀以自己特有的方式，对蒋介石对中共的进攻和污蔑进行了一定的反击。

6月28日，总理纪念周期间，蒋介石在黄埔军校发表讲话，谈到陈独秀6月4日写给他的信。他说："陈独秀同志给我的一封信，他是辩驳我对党代表宴会的时候所讲演的一篇话，他还声明，这封信是专为对于共产党有关系的事情而说，如果同共产党没有关系的，他就不来过问。对于这封信，我可以简括的讲几句话，可以很简单的拿一件事情来当作答复他的回信，不要噜噜苏苏，长篇大论的打起笔墨官司来。"蒋介石"简括"的话是："三月二十日的事件，完全与共产党团体是没有关系的！"他举的一件事是陈独秀为高语罕的辩护。他说："我们革命党员说什么就做什么，自己错误了，就自己承认。不要抵赖。我决不敢冤枉人的。"最后他称："只这一件事，就可以证明独秀同志的信，对于事实没有详明，我实在不必多事答覆。"②

在这里，蒋介石刚刚"治理"完了共产党，反过来却说与共产党"没有关系"；声称对陈独秀的信"不必多事答覆"，却又不厌其烦、"噜噜苏苏"地进行解释；自己明明在说假话，却骂别人骗人。蒋介石极力的辩解更加证明，陈独秀的信在某种程度上击中了他的软肋。

---

① 以上参见《陈独秀著作选》第2卷，第1065—1072页。

② 《中山舰事件》，中共广东省委党史研究委员会办公室、广东省档案馆1981年编印，第238—239页。

陈独秀这封看似“软弱无力”的信，其实深藏着力量，体现了陈独秀对蒋介石的不满和讽刺，显示了陈独秀的斗争精神。这封信正是陈独秀一贯文风的体现，那就是隐晦的、辛辣的讽刺，反语中蕴含的肯定。

三、陈独秀与共产国际执委会远东局

维经斯基最后一次来华及共产国际执委会（上海）远东局的成立

早在 1925 年 5 月 16 日，共产国际执委会东方部就向共产国际执委会主席团提出建立远东局的建议：“在中国组建由共产国际、红色工会国际和青年共产国际代表组成的共产国际远东局，以便领导远东国家和太平洋地区的工作。”①

1926 年 3 月 25 日，联共（布）中央政治局会议决定：“不反对在上海成立共产国际远东局，组成人员先由中央组织局确定。”一个月以后，维经斯基从莫斯科给陈独秀去信，告诉他将在中国成立共产国际远东局的事情，并称“它会给您的整个工作以很大帮助”。②

在 4 月 27 日共产国际执委会远东书记处会议上，蔡和森呼吁，“鉴于我们党政治领导很薄弱，共产国际应加强对我们党的领导”，所以“尽快成立远东局”。③

为加强共产国际在中国的影响，根据远东书记处 4 月 27 日决定，紧急成立了共产国际执委会远东局（设在上海）。4 月 29 日，联共（布）中央政治局会议决定：“批准远东局以下组成人员在华工作：维经斯基（主席）、拉菲斯、格列尔、福京和中朝日三国共产党代表同志。”④

布勃诺夫使团从中国返回莫斯科后，在 5 月 17 日的总结报告中指出，“使团认为成立远东局是恰当而适时的措施”，同时强调要特别重视挑选该局工作的同志，“以保证有真正坚强稳定的政治领导”。⑤

维经斯基、格列尔、拉菲斯和福京等远东局成员于 1926 年 6 月 5 日到

① 《共产国际、联共（布）与中国革命档案资料丛书》第 1 卷，第 622 页。
② 《共产国际、联共（布）与中国革命档案资料丛书》第 3 卷，第 182、221 页。
③ 《共产国际、联共（布）与中国革命档案资料丛书》第 3 卷，第 230 页。
④ 《共产国际、联共（布）与中国革命档案资料丛书》第 3 卷，第 237 页。
⑤ 《共产国际、联共（布）与中国革命档案资料丛书》第 3 卷，第 258 页。

达哈尔滨①，6月18日“在上海聚集并立即着手工作”②。他们组成的“俄国代表团”（与驻共产国际的联共（布）代表团名称相似），是共产国际执委会（上海）远东局的领导核心。远东局很快又吸收青年共产国际执委会派到中国工作已近一年的纳索诺夫参加远东局工作。在19日的远东局俄国代表团会议上，主要讨论并确定以下问题：（1）远东局的组建：“中共中央应当选派一名常任代表和一名常任副代表参加远东局工作”。（2）远东局总的工作性质：“远东局以共产国际执委会驻中国、日本和朝鲜代表团的身份作为集体机构领导这些国家共产党的政治、工会和组织活动。”（3）远东局的基本工作准则：吸收各国党的代表参加讨论党的问题，对于中国，“只限于根据中央向远东局所作的报告进行总的领导”，远东局应作为切实指导各国工作的机构，“竭力避免把自己变成与中共中央并行的只从事或者主要从事中国事务的机构，避免在细小事情上干预中共中央的事务”。（4）远东局与中共中央的联系：维经斯基作为共产国际执委会代表参加中共中央政治局的工作；中共中央的代表同志应定期报告中央的工作，必要时还应就主要的政治问题同远东局预先进行协商。（5）远东局人员的工作分工：维经斯基负责对远东局工作的总的领导和代表处工作，格列尔负责工会问题，福京负责共青团工作，拉菲斯负责情报、宣传鼓动、组织和秘书工作，“远东局成员（和俄国代表团成员）各自在本领域开展工作时，要让远东局（和代表团）了解自己的工作”。③

由于中国事态的蓬勃发展和其他一些原因，解决中国运动的问题自然占据着远东局整个工作的中心地位。陈独秀代表中共中央执委会正式参加远东局，远东局主席维经斯基则参加中共中央执委会的工作，实际上是共产国际驻中共中央执委会的代表。一些决议、决定、声明，不管是中央委员还是政治局委员起草的，都与远东局成员“经过详细讨论，互相协商，最后达成共识”。维经斯基在远东局在华第一个月的工作报告中称：尽管工作条件艰苦，远东局与中共之间“还是建立了牢固的同志式的

① 《共产国际、联共（布）与中国革命档案资料丛书》第3卷，第298页。
② 《共产国际、联共（布）与中国革命档案资料丛书》第3卷，第350页。
③ 《共产国际、联共（布）与中国革命档案资料丛书》第3卷，第304—306、350页。

关系”。①

随着远东局在中国活动的开始，除了加拉罕在北京的代表处和鲍罗廷在广州的机构外，在上海又出现一个共产主义运动的领导中心。在1926年10月离开中国以前，加拉罕一直是苏联在华其他工作人员的最高上级。鲍罗廷主管国民党中央执委会、广东的国民政府和国民革命军，以及广东的中共组织。而以维经斯基为首的共产国际上海远东局则把主要精力集中在对中共中央的领导工作和整个党的活动上。

远东局在头几个月的工作报告中指出，若是远东局早来到的话，那么“就能避免许多错误”。共产国际执委会远东局在上海的工作是秘密进行的，因此它的工作人员都使用了化名：谢尔盖（谢尔金）是维经斯基，教授是格列尔，马克思是拉菲斯，年轻人是福京，切尔尼亚克是曼达良，老头子是陈独秀，文学家是瞿秋白（中共中央驻远东局常任副代表）。远东局下设地区科，除同各国党进行联系外，还从事党建工作和帮助解决工会和青年问题。中国科的工作外加确定国共关系范围、收集和整理中共中央资料、帮助解决各种问题等任务。

共产国际执委会远东局的核心是它的俄国代表团。该代表团从6月中旬起，即还在远东局成立之前，就已开始在中国工作。代表团的工作同远东局的活动是同时并行的。代表团成员不仅参加远东局的组建、其利益范围的划定、秘书科的设立等项工作，而且参与制定远东局的所有重要举措。在远东局同中共中央举行的吸收中国共产党的地方代表和工会首领参加的联席会议上，俄国代表团成员讨论中国共产党的所有政策问题，听取党的领导人的报告和通报，对重要文件作出修改，并为党的会议起草决议。代表团成员还在全国进行考察，访问了广州、汉口、长沙等地的党组织。

1926年8月19日，格列尔离开中国返回欧洲，他在远东局的位置由曼达良接替。

共产国际执委会远东局及其俄国代表团的最高领导机构，通常不是共产国际远东书记处，而是联共（布）驻共产国际执委会代表团、共产国际

---

①《共产国际、联共（布）与中国革命档案资料丛书》第3卷，第351页。

执委会小委员会，自然还有联共（布）中央政治局中国委员会。1926年秋，远东局领导人正是向这些机构反映各种问题，包括他们发生意见分歧时出现的问题。1926年11至12月间，即在莫斯科举行共产国际执委会第七次扩大全会时，来自中国的函电源源不断。

远东局对“三二〇事件”的再认识

共产国际执委会远东局1926年6月在上海开始工作以后，以维经斯基为首的远东局通过调查研究，尤其是8月6日至9月2日向广东派出的远东局使团的调查结果，对“三二〇事件”的起因、政治后果、教训有了进一步的认识，作了重新估价。其主要观点是：

（1）左派和共产党人在国民党二大召开之前对自己的力量和影响估计过高，完全没有估计到华北局势无论在军事方面还是大资产阶级在港口城市的力量的进一步集结方面的恶化。在国民党二大之后至1926年3月20日，他们在广东加强了“左”的空谈政策。而当时确实需要政府采取比较温和的政策和制止突出共产党人的做法。“这就是为什么把过多的共产党员以及那些由于左派群众的信任而变成没有危险性的国民党右派安排进了国民党中央”。

（2）“三二〇事件”不是蒋介石和中派集团的孤立的偶然的行动。实际状况与“左”的空谈之间的矛盾决定了蒋介石的3月20行动。这次行动揭示了国民党左派和共产党人地位的软弱，取消了左派形式上的统治地位，排除了汪精卫（这对蒋介石来说是特别重要的），削弱了俄国人的影响，“标志着反对共产党人的运动的开始”。蒋介石取得这一胜利后在全国范围内确立的制度同以前的制度有很大差别，暴露出“三二〇事件”的真正实质。

（3）在反动派对民族解放运动发起总攻的情况下，蒋介石的3月20日的武装示威是以国民党左派（和共产党人）为一方和以中派为另一方之间关系彻底破裂的直接结果。以陈独秀为首的中共中央未能警告广东区委的一系列错误，结果导致了这种关系的彻底破裂，进而又导致了“三二〇事件”。

（4）尽管“三二〇事件”后蒋介石又给左派和右派以“迎头痛击”，但蒋介石的胜利意味着中派的胜利，而且3月20日行动“在客观上对右派有利”。

（5）“三二〇事件”以后，整个社会现实生活发生了转折。在政府采取中立态度的情况下，豪绅们转而向农民发动攻势。扩大和加强与农民群众的联系的过程停止了。

（6）调查“三二〇事件”的远东局使团甚至说：“广州的同志们有意识地准备了这场广泛的‘进攻’，没有考虑在极端不利时刻的实际力量，没有使农民群众做好准备，他们打算让国民党左派和共产党人彻底夺取整个政权机关，以便迅速推行一系列有利于农民的措施。他们的这一愿望自然不可能对国民党其他派别保守秘密，因而造成了‘三二〇事件’的后果和后来的一切。所有这些也可能导致广东基地的丧失，如果反革命力量组织得更好和‘三二〇事件’后不能通过退却来纠正错误的话。”①

可见，远东局的第一点认识与“三二〇事件”发生之初布勃诺夫使团和联共（布）中央的认识大体相同。第二点认识是比较可贵的，在共产国际工作人员中第一次提出了“三二〇事件”“标志着反对共产党人的运动的开始”。第三点认识与先前的认识大致相似，但更多地把责任推给了广东区委和以陈独秀为首的中共中央，而不像从前那样严厉地批评苏联顾问的工作失误。第四、五点认识很正确，触及了蒋介石发动“三二〇事件”的实质，初步认识了事件带来的不良后果，是非常可贵的。第六点认识就真的有些想当然了。好像蒋介石发动“三二〇事件”是广东区委所逼，甚至是广东区委的预谋，蒋介石是不得已而为之。事实上，从“三二〇事件”起，蒋介石是有计划、有组织地一步步向中共进攻。

总之，“三二〇事件”发生近半年后，远东局对事件进行了重新调查，对事件发生原因、结果和实质的认识更深入了一步，但基本的认识观点没有大的改变，肯定了早已制定的退让和喘息方针，并重新予以强调。

远东局、陈独秀与鲍罗廷的意见分歧

维经斯基在离开莫斯科赴上海途中，通过对北方形势的短暂考察，形成的“总的印象是，在莫斯科人们确实对反动派的力量有点估计过高，而对正在继续发展的革命运动估计不足”。②

① 以上参见《共产国际、联共（布）与中国革命档案资料丛书》第3卷，第435—453页。
② 《共产国际、联共（布）与中国革命档案资料丛书》第3卷，第301页。

维经斯基在7月1日给联共（布）驻共产国际执委会代表团核心小组的电报中指出："中央领导软弱。政治路线不明确。"① 这无疑是指陈独秀。

维经斯基一到上海，他同鲍罗廷的意见分歧立刻显露出来。维经斯基在共产国际执委会远东局成立会议的第三天，即6月21日的俄国代表团会议上，决定了中国共产党的工作任务，即"共产党人的工作重心要从国民党上层派系问题上转移到制定这样的政策上：暂时要使资产阶级感到满意，缓和对右派的打击（结束香港罢工），并要靠牺牲豪绅的利益来满足农民的要求，从而给国民党左派奠定农民的基础，并使共产党人同农民群众联系起来。"从维经斯基当天写给加拉罕的信中可知，这段话是针对鲍罗廷的。维经斯基在这封信中向加拉罕告了鲍罗廷一状。他说：不言而喻，上层的对话也应起很大的作用。但同陈独秀和中共中央的谈话使我更加确信，"鲍罗廷在这种情况下没有做应该做的事。他把赌注下在蒋介石身上，把他看作是广东最现实的力量（这是对的），他认为反对他是危险的，这就使蒋有理由认为，不管他对共产党人采取什么态度，反正都会支持他的。由于鲍罗廷的这种政策，蒋介石的进攻野心越来越大"。维经斯基在7月6日给加拉罕的信中称，中共中央的意见与他相同，也是主张"把主要力量投放到基层去"，"放弃自上而下建立一个强大的集中的国民党的思想"。②

共产国际执委会远东局赋予其三名成员8月6日至9月2日的广州之行以极大的意义。他们说：这次广州之行正遇上北伐取得胜利的时候，使我们有可能了解国民党内的各种复杂关系，有助于我们亲身体会广州同志的方针的错误。由此，远东局多次严厉指责鲍罗廷和中共广东党组织，同时在远东局和鲍罗廷之间出现了更加严重的意见分歧。

可见，维经斯基与鲍罗廷双方所抱的目的，都是寻找办法试图恢复"三二〇事件"以前的局面。双方都同意，暂时保留蒋介石的国民革命军总司令职务，寻找消除他的军事独裁威胁的办法。双方都认为，应当利用北伐来最大限度地发展群众运动，以便在此基础上最终改变在国民党中、在它的广东政权机关中和在北伐军占领地区，左派和"三二〇事件"后蒋介

① 《共产国际、联共（布）与中国革命档案资料丛书》第3卷，第320—321页。
② 《共产国际、联共（布）与中国革命档案资料丛书》第3卷，第307—308、309、325页。

石所属的中派之间的力量对比，达到孤立右派及减少其影响的目的。

双方的分歧在于，远东局认为，鲍罗廷在思想和行动上过分注意和依赖国民党中央执委会、国民政府和国民革命军中各派系的上层联合，不相信有可能以非上层的，而是现实的、由下面日益发展起来的城乡群众组织为基础来建立强有力的左派，并依靠这些组织对蒋介石和中派施加压力，促使他们向左转。

而与鲍罗廷相反，远东局提出的方针是："自下而上"地帮助从城市商业—手工业资产阶级、农民等社会阶层中推出新的分子，"把他们团结到国民党左派的积极分子领导层中，逐渐地消除其上层的清一色知识分子现象"①。通过加速开展城乡群众运动的办法来发展国民党左派组织和中国共产党，提出的口号是争取民主自由，建立经选举产生的国民会议式的民主政权机构，维护工人、小资产阶级和农民的经济利益，整顿税制，把捐税负担转移到城乡富裕阶层身上。据远东局估计，广东已经成熟到可以实行土地改革并将反动官吏清除出地方政权机构的程度。鲍罗廷在答复对他的批评时指出：对他的反驳意见"有许多是误解，反映出对我们在中国的政策了解不够"，"我们不能在这里采用我们在西方所使用的那些纯布尔什维克方法"。②

通过对"三二〇事件"的重新调查，陈独秀和彭述之认为，广州同志受鲍罗廷的影响犯了错误，因为一方面，鲍罗廷就其工作性质而言，只看到了军队和国民党，另一方面，他认为蒋介石将是军事独裁者。而陈独秀和彭述之认为，"中国经历着长期的革命，不需要军事独裁者"。③陈独秀认为，鲍罗廷的错误实质是"把中国的所有策略问题都建立在广州和广东的基础上"。远东局俄国代表团在9月中旬的会议上决定：认为有必要请最高领导机构联共（布）中央立即将鲍罗廷从广州召回，并立即派其他重要人物来接替。

在对待鲍罗廷的问题上，陈独秀和维经斯基达成初步的共识。

远东局在9月22日给联共（布）驻共产国际执委会代表团的信中，专

---

① 《共产国际、联共（布）与中国革命档案资料丛书》第3卷，第375页。
② 《共产国际、联共（布）与中国革命档案资料丛书》第3卷，第372页。
③ 《共产国际、联共（布）与中国革命档案资料丛书》第3卷，第502页。

门陈述了鲍罗廷的种种“罪状”：鲍罗廷实际上领导着中共党组织的政治工作，并靠自己的威信加强了广州同志的所有错误观点。“鲍罗廷同志在如何对待我们总的对华政策问题上为自己制定了一整套相当完整的与总的方针相背离的观点。因此，尽管鲍罗廷同志试图根据共产国际执委会和中共中央的指示来进行工作，但他今后不可能贯彻这一政策，因此他在这个岗位上也将是有害的”。最后远东局断然提出撤换鲍罗廷的请求。①

这封信10月15日到达莫斯科后被散发给联共（布）和共产国际领导人。

9月23日，维经斯基在给共产国际执委会的信中指出，没有接到莫斯科的指示和对远东局所实行的方针的评价，并表示相信，联共（布）中央政治局和远东局在策略问题上的立场是“完全一致的”。然而他不得不承认，根据这些方针在国民革命军所占领的广大地区开展工作碰到了巨大困难，首先是缺少经费和干部。

国民革命军部队占领武昌后的10月22日，也就是上海工人第一次武装起义准备和进行中，远东局仍未接到联共（布）中央指示，于是在给共产国际执委会的电报中提出，考虑到南方军队的胜利还不巩固，而进一步挺进必然会使它们与张作霖发生冲突，所以，“现在在南方军队占领的地区必须进行坚决的斗争，使革命民主群众联合起来反对地主和豪绅，反对上述资产阶级倾向”。②

10月29日，联共（布）中央政治局讨论了维经斯基10月22日的电报稿，并在回电中表示不同意远东局关于策略问题的一些建议，指出：维经斯基“所建议的加剧反对中国资产阶级和豪绅的斗争在现阶段是为时过早的和极其危险的”。在这份电报中，联共（布）中央政治局同意“土地问题应具体地列入议事日程”，并指出：“在同帝国主义及其中国代理人的战争正激烈进行的形势下，立即在农村发动内战，可能会削弱国民党的战斗力。”建议向国民党和鲍罗廷提出农民政纲，并将关于这个问题的一切意见报告联共（布）中央政治局。③

---

①《共产国际、联共（布）与中国革命档案资料丛书》第3卷，第530页。
②《共产国际、联共（布）与中国革命档案资料丛书》第3卷，第589页。
③《共产国际、联共（布）与中国革命档案资料丛书》第3卷，第604页。

由此可见，远东局的一系列建议和倡议引起了莫斯科的负面反应。早在6月7日，联共（布）中央政治局会议曾决定：责成中央书记处在一周内给鲍罗廷同志物色负责的助手人选，以便在鲍罗廷同志离开广州时取代他。但10月21日，联共（布）中央政治局会议决定否决召回鲍罗廷的建议，“不接受远东局关于召回鲍罗廷同志的建议”，并撤销了6月7日的上述决定。同时向国民党中央和广州政府提议，任命鲍罗廷担任苏联驻广州政府的正式外交代表一职。①

最终，联共（布）中央政治局11月11日的决议给远东局和鲍罗廷之间的争论画上了句号。该决议严厉地批评远东局“对诸如在上海和南京发动武装起义的问题所持的轻率态度”以及在出版物上公开党内会议记录的“严重的和不能容忍的错误”，决议对远东局“在上述问题上所犯的错误提出警告”。根据这项决议，在任命驻北京全权代表以前，鲍罗廷直接听命于莫斯科，同时“责成远东局在就对华总的政策问题、国民党问题和军事政治工作问题作出任何决议和采取任何措施时都必须同鲍罗廷同志协商”。②鲍罗廷从而成了联共（布）和共产国际驻华的主要政治代表。决议还责成联共（布）政治局中国委员会取得关于远东局活动的全面报告。实际上，这是对远东局不信任的表示。12月30日，联共（布）中央政治局进一步明确指示：“所有派往中国的同志均归鲍罗廷同志领导。”③

至此，以维经斯基为首的远东局、陈独秀和鲍罗廷之间的意见分歧以鲍罗廷的胜出而告结束。

远东局的内部矛盾及解散

解决了维经斯基与鲍罗廷之间的冲突，远东局内部的矛盾又暴露出来。不能说在远东局内部从一开始就有两条明确的和完全对立的政治方针，但在远东局整个工作时期确实存在着政治性质的分歧。一方是经常得到格列尔（因病很少参加远东局工作）支持的以维经斯基为代表的远东局“领导”，一方是以拉菲斯和福金为代表的“反对派”。在远东局工作的初期

---

① 《共产国际、联共（布）与中国革命档案资料丛书》第3卷，第284、586—587页。
② 《共产国际、联共（布）与中国革命档案资料丛书》第3卷，第623—624页。
③ 《共产国际、联共（布）与中国革命档案资料丛书》第4卷，第56页。

（1926 年 6 月至 7 月），他们在对政治形势的总体评估、对蒋介石的策略、对北伐的态度、对国民党的态度等一系列问题上存在着意见分歧；在远东局工作的第二个时期（8 月至 10 月），即在广州逗留时期，他们在对国民党的前景、实际的政治方针、以何种方式结束香港罢工等问题上存在着意见分歧。上述分歧的结果是关于更换远东局领导人问题的提出。

1926 年 8 月，拉菲斯和福京向维经斯基发难，他们提出在政治局势复杂化和中国共产党及中共中央壮大后，维经斯基“决不能继续领导党的工作”，应由一位“能提出党的方针，而不是不断回避提出总的问题”的“别的人”来领导远东局。①

在 10 月 15 日至 18 日的远东局俄国代表团会议上，维经斯基同意了拉菲斯和福京的意见，认为应由一名“相当的联共中央委员来领导远东局”，而自己做他的副手。同时决定，维经斯基、拉菲斯代表远东局，陈独秀代表中共中央赴莫斯科，参加共产国际执委会第七次扩大全会，以及共同磋商政治性质问题和与远东局今后存在有关的一些问题。②

10 月 19 日，远东局与中共中央执行委员会委员联席会议决定，陈独秀代表中共中央前往莫斯科参加共产国际执委会第七次扩大全会。21 日，联共（布）中央政治局会议决定：“认为陈独秀同志来莫斯科是非常合适的。但政治局同时认为，中国目前发生的事态要求他留在当地，因此认为最好推迟陈独秀同志来莫斯科的时间。”③

据拉菲斯讲，陈独秀在远东局问题上的意见是：（1）远东局今后能为领导和统一中国、日本、朝鲜和印度尼西亚的革命斗争做很多工作，这些国家的斗争将在中国革命的直接影响下得到发展。（2）如果光是为了中国的工作，远东局的存在是多余的，中国有共产国际执委会的代表就足够了，而为了加强各地的工作可以向中国派遣一批负责工作人员。④

维经斯基从广州回到上海以后，就想写信给莫斯科，说明“用更强大的

---

①《共产国际、联共（布）与中国革命档案资料丛书》第 4 卷，第 28 页。
②《共产国际、联共（布）与中国革命档案资料丛书》第 3 卷，第 581 页。
③《共产国际、联共（布）与中国革命档案资料丛书》第 3 卷，第 587 页。
④《共产国际、联共（布）与中国革命档案资料丛书》第 4 卷，第 48—49 页。

局”取代远东局的必要性。这出于三个方面的考虑：一是远东局成立以来无力开展日本和朝鲜的工作。二是中国共产党目前和未来面临的极其复杂的任务和问题，“是比较年轻的中共中央无力解决的”，而“我们远东政策的中心在中国”，如果在当地没有足够强有力的领导，可能会“犯下无可挽救的错误”。三是对远东局其他几位成员的工作能力不满意。所以，维经斯基曾想建议派一位联共（布）中央有威望的代表到上海领导和协调各单位的工作。但过了不长时间，维经斯基又要去汉口，于是就“有意无意地把问题搁下来了”。同时还有一个原因妨碍维经斯基本人提出远东局的问题，对此他说：远东局“人员本来是我自己提议的，因此难以如此迅速地提出不满意的问题”。①

关于维经斯基与远东局其他成员的分歧，时在上海的郑超麟曾回忆道：“一九二六年底，来了三个俄国同志，住在上海苏联领事馆。一个青年人是少年国际代表，我在 C. Y. 中央机关常看见他宣传反对伍廷康。”还“记得一个人，假名就叫‘马克思’”。“独秀和述之保持旧路线，秋白同新来的俄国同志一致主张新路线。伍廷康似乎在根本问题上同独秀一致的”②。郑超麟提到的“青年人”即是福京，“马克思”即是拉菲斯，“伍廷康”即为维经斯基。事实上，在维经斯基与远东局其他成员的冲突中，陈独秀基本上是站在维经斯基一方的。

鉴于远东局内部的不团结状况，以及远东局新领导人最早也要两个月后才能抵达中国，而维经斯基是当时唯一能在莫斯科领导下“统一党的系统的工作的人”，拉斯科尔尼科夫和拉菲斯受中国委员会的委托于 12 月 4 日致信主席伏罗希洛夫，提出了远东局工作的临时性措施草案。其要点是：“必须稍许提高维经斯基同志在在华工作的其他俄国同志心目中的威信”；“远东局不能再以其目前的人员组成领导工作，而其形式上的存在，特别是由于其内部已出现摩擦，只会限制维经斯基同志的主动性。因此必须立即从那里召回福京同志，而拉菲斯同志至少在目前不能返回”。③

---

① 《共产国际、联共（布）与中国革命档案资料丛书》第 3 卷，第 613—615 页。

② 《郑超麟回忆录》，东方出版社 1996 年版，第 132 页。文中“C. Y.”为“中国共产主义青年团”的英文缩写。

③ 《共产国际、联共（布）与中国革命档案资料丛书》第 4 卷，第 26 页。

12 月 23 日，联共（布）中央政治局会议在听取关于中国问题的报告后，决定把关于远东局今后工作的问题交由联共（布）驻共产国际执委会代表团核心小组解决。

1927 年 1 月 21 日，在上海的维经斯基仍未收到莫斯科方面的任何答复，他再次提请联共（布）和共产国际加强远东局工作的问题，并提出最好派一位“对土地问题方面的工作和中央农民委员会的实际领导工作有理论素养”的同志，并强调说，这也是陈独秀的意见。①

3 月 3 日，联共（布）中央政治局秘密会议决定：“责成中央书记处在一周内研究关于以新的有威信的同志取代远东局现有成员的问题”，并撤销了 2 月 24 日准备拨给上海远东局 10 万卢布的决定。②

3 月 10 日，联共（布）中央政治局会议听取“关于共产国际执委会远东局人员组成问题”的报告，批准了远东局新的人员组成：鲍罗廷、罗森贝格、罗易和中国共产党、朝鲜共产党及日本共产党各派一名代表，并拟由列普赛任远东局书记。③

在远东局新成员名单中没有维经斯基的名字。为此，3 月 21 日，皮亚特尼茨基和拉斯科尔尼科夫专门写信给布哈林和斯大林，提出：由于维经斯基未被吸收进共产国际执委会远东局，所以宣布这个没有维经斯基的名单可能会对他作为共产国际执委会参加中共第五次代表大会的一名代表的威信有影响。因此，他们请求在通知远东局组成人员名单的电报中指出，维经斯基没有参加远东局是因为他不止一次请求把他召回莫斯科。④

1927 年 4 月 9 日，共产国际执委会驻中国代表团作出解散远东局的决定。⑤

令人不解的是，5 月 3 日，拉斯科尔尼科夫还在给布哈林的信中提出了任命曼努伊尔斯基为共产国际执委会上海远东局主席的建议。5 月 19 日，联共（布）中央政治局决定推迟审议“中国委员会关于在华政治领导问题

---

①《共产国际、联共（布）与中国革命档案资料丛书》第 4 卷，第 98—99 页。
②《共产国际、联共（布）与中国革命档案资料丛书》第 4 卷，第 136 页。
③《共产国际、联共（布）与中国革命档案资料丛书》第 4 卷，第 151 页。
④《共产国际、联共（布）与中国革命档案资料丛书》第 4 卷，第 153 页。
⑤《共产国际、联共（布）与中国革命档案资料丛书》第 4 卷，第 180 页。

的建议”。① 可能，共产国际执委会驻中国代表团关于解散远东局的决定，还需报请联共（布）中央和共产国际执委会批准。

对远东局工作的评价

关于远东局工作与中国革命的关系，《关于共产国际执行委员会远东局1926年7月19日至9月22日期间工作情况的第2号总结报告》作了较全面的总结：远东局“同中国党的联系是最密切的。可以说，在党的政治生活和活动中没有一个问题不是在远东局俄国同志的参与下解决的”。②

在上海存在了10个月的共产国际执委会远东局，取得了一些比较明显的工作效果。具体说来，有以下几点：

（1）远东局对广州的形势作了全面的政治考察，第一次向联共（布）和共产国际的领导机关揭示了国民党的内部生活并对“三二〇事件”进行了阶级分析。

（2）远东局就中共与国民党的关系问题作出了比较正确的判断。

（3）远东局1926年10月17日电报向联共（布）政治局明确指出了资产阶级倾向在中国得逞的危险。

（4）远东局向联共（布）政治局和共产国际执委会提供了大量关于中国国内政治生活以及中共及国民党状况的材料。

（5）远东局试图纠正鲍罗廷的一些错误方针。

同时，远东局在中国的工作也存在一些失误，其主要表现是：

（1）远东局的领导机构及其形成方法决定了其高度集权制。

（2）远东局严重脱离联共（布）中央政治局和共产国际执委会主席团。这表现为得不到指导性的指示，甚至得不到对许多书面报告和电报的答复，也表现为没有收到加拉罕的报告及莫斯科给加拉罕和鲍罗廷指示的副本，还表现为远东局与加拉罕和鲍罗廷之间缺乏工作上的联系。关于这一点，维经斯基也说过，从1926年6月到中国，直到9月23日，他没有收到联共（布）驻共产国际执行委员会代表团的“一份批示或指示”，以指明他们

① 《共产国际、联共（布）与中国革命档案资料丛书》第4卷，第257页。
② 《共产国际、联共（布）与中国革命档案资料丛书》第3卷，第532页。

的工作是否正确。① 拉菲斯说，“唯一一个一般性指示”是 10 月 21 日联共（布）中央政治局对远东局 10 月 17 日电报的答复。

（3）远东局主席及其成员难以做到根据中国极其复杂的政治形势，确定一个适合中国革命发展进程的深思熟虑的政治方针。尤其是远东局成立初期，在对待北伐的问题上存在重大失误。

（4）五卅运动以来的一年中，中国共产党成长为一支重大的政治力量。中央和各区委都学会了给自己提出重大的策略问题，而远东局却依然奉行临时应付的领导体制。

（5）远东局和中共中央之间联络技术很差。

（6）对于朝鲜和日本，远东局基本上不能完成自己的任务，因为该局全神贯注于中国的事态发展，不得不经常到处奔波。

（7）远东局俄国代表团成员之间的内部矛盾不可避免地影响到远东局的工作效果。

另外，拉菲斯还批评维经斯基，总是对中共中央采取“老的领导方式”，即直接与中央领导人陈独秀就个别问题达成协议。②

有一点需要说明的是，虽然远东局内部意见不一，但这些内部分歧和摩擦没有在远东局与联共（布）中央的工作中反映出来。“远东局在中央面前一贯意见一致”，远东局的大多数正式文件都是主席维经斯基亲自起草，然后经过长时间的集体讨论。其他人起草的文件，最后也由维经斯基进行修改和补充。也就是说，“在每一个特定时刻的政治分歧并没有严重到远东局委员们无法共事的地步”。③

四、陈独秀、共产国际与北伐战争

关于是否进行北伐的争论

北伐本是孙中山的遗嘱。对于国民革命军的北伐，在华的苏联顾问和中国共产党人是积极支持的。早在 1925 年东征军占领汕头后，广州革命政府

① 《共产国际、联共（布）与中国革命档案资料丛书》第 3 卷，第 539 页。
② 以上参见《共产国际、联共（布）与中国革命档案资料丛书》第 4 卷，第 38 页。
③ 《共产国际、联共（布）与中国革命档案资料丛书》第 4 卷，第 37 页。

军事总顾问加伦就开始筹划北伐问题，并在9月的《今后南方工作展望或曰1926年国民党军事规划》中，正式提出北伐的计划。但是，联共（布）中央和共产国际最初是不赞成国民革命军进行北伐的。

1925年12月3日，俄共（布）中央政治局会议“加强了对北伐的谴责”，决定接受斯大林提出的指示，即“认为广州人拟议中的北伐在目前时刻是不能容许的。建议广州人将自己的精力集中在内部的巩固上”①。拉斯科尔尼科夫在12月4日给维经斯基的信中对斯大林的观点进行了阐述。

起初，鲍罗廷对北伐也持反对态度。他在1926年2月的布勃诺夫使团会议上讲：“我至今怎么也不明白，北伐是建立在什么基础之上的？怎么也不明白，我们应该如何组织北伐？”②他于4月底返回广州后，应邀出席中共广东区委会议。他在会上发言反对立即进行北伐，建议首先稳定国民党内部，造成有利的政治环境，与冯玉祥国民军达成协议，尝试同孙传芳达成协议或者哪怕使他保持中立，在农民中间进行宣传活动③。

通过对中国的实地考察，与苏联其他领导人不同，布勃诺夫认为进行北伐是理所应当的，根本无须争论，“因为整个军队和全体指挥人员都确信北伐是必要的，是迟早要进行的”。他说，北伐只是“时间和行动方式问题”，因为“华南的国民革命不能停滞不前”，所以“现在就要开始促使广州对吴佩孚采取更积极的行动”，“应为大量国民军北上做认真细致的准备工作”。同时他警告说：“不提出明确口号进行北伐，想不‘牵涉’农民群众而进行北伐，这就意味着绝对要犯错误。”④

联共（布）中央政治局4月1日关于中国问题的决议中，又专门重申以前坚决反对进行北伐的意见，申明：“广州政府在目前这个时期应该坚决放弃进行进攻性军事远征的想法和那些可能促使帝国主义者走上军事干涉道路的行为。”政治局提出，广州政府应当“把自己的全部力量”集中在“内

---

① 《共产国际、联共（布）与中国革命档案资料丛书》第1卷，第743、742页。

② 《共产国际、联共（布）与中国革命档案资料丛书》第3卷，第133页。

③ ［苏］亚·伊·切列潘诺夫：《中国国民革命军的北伐——一个驻华军事顾问的札记》，第398页。

④ 《共产国际、联共（布）与中国革命档案资料丛书》第3卷，第168、187页。

部巩固上”①。

在北京的加拉罕收到联共（布）中央政治局4月1日的决议后，于3日在回复苏联外交人民委员部的电报中解释说：“广州不应提出占领新地区的目标，但它可能迫于形势不得不进行这种扩张。”他举了湖南和江西的例子后，进一步强调说：广州的这种“扩张是不可避免的，需要给以协助”。最后，加拉罕表示：联共（布）中央政治局4月1日决定“不适用于我所提到的具体情况”。②

4月15日的联共（布）中央政治局会议决定采纳斯大林提出的以中央名义给加拉罕的电报稿，再次重申了要“不折不扣地执行”广州军队不能在广州以外进行军事远征的指示，并严厉批评加拉罕“有绕开这个指示的企图”，要求其“不允许有直接或间接违背中央指示的行为”。电报最后强调：“一旦迫切需要在广州以外进行军事远征，这种行动只有取得中央同意方可进行。”③

4月27日，在莫斯科召开的有维经斯基、罗易、福京等参加的共产国际执委会远东书记处会议决定致函中共中央，说明目前提出北伐问题“无论从政治角度还是从宣传角度来说都是根本错误的”。从政治角度来说，广州号召同北方作战会被解释为广州不愿意维护和保卫和平，而愿意打仗；从宣传角度来说，它会给工农群众留下很坏的印象，他们可能会认为共产党人是战争的预言者。④

5月6日，联共（布）中央政治局在重申对北伐的反对态度后，作出了一个让步：认为可以派遣“一支规模不大的远征军去保卫通往广东的要道——湖南省”。⑤

5月20日，联共（布）中央政治局会议听取布勃诺夫使团的报告，“责成广州同志保证实行政治局不止一次重申的坚决谴责在目前进行北伐或准备北伐的指示”。⑥

---

① 《共产国际、联共（布）与中国革命档案资料丛书》第3卷，第198页。
② 《共产国际、联共（布）与中国革命档案资料丛书》第3卷，第201—202页。
③ 《共产国际、联共（布）与中国革命档案资料丛书》第3卷，第202—203页。
④ 《共产国际、联共（布）与中国革命档案资料丛书》第3卷，第228页。
⑤ 《共产国际、联共（布）与中国革命档案资料丛书》第3卷，第241页。
⑥ 《共产国际、联共（布）与中国革命档案资料丛书》第3卷，第267—268页。

到了1926年初，华北、华中地区国民党地方党部和革命群众团体，纷纷致电或派代表到广州，要求国民政府出师北伐。这时，广州国民政府的力量也有了进一步的增强，不仅统一了广东革命根据地，广州政权为国民党左派所掌握，而且，刚刚控制了广东邻省广西的李宗仁、白崇禧、黄绍竑一派也在2月接受广州国民政府的领导。3月，国民政府通过两广统一方案，广西军队改编为国民革命军第七军。同时，湖南军阀赵恒惕部下的师长唐生智也秘密派代表前往广州，表示倾向国民政府。后来他的部队改编为国民革命军第八军。这些情况为国民革命军大举北伐创造了有利条件。

1926年2月21日至24日，中共中央在北京召开特别会议。陈独秀因病没有参加这次会议。会议分析当时的形势，认为："现在的时局，实在是中国革命的生死存亡的关头。固然应该在北方努力集中一切革命势力来抵御帝国主义的反攻，然而根本的解决，始终在于广州国民政府北伐的胜利。"因此，"党在现时政治上主要的职任是从各方面准备广东政府的北伐；而北伐的政纲必须是以解决农民问题作主干"。①

如何准备北伐？一方面是肃清广东内部的反动派，巩固广东革命政权；另一方面是扩大联合战线，争取农民、小资产阶级，甚至民族资产阶级。为此，中共中央出版由陈独秀起草的《我们今后应当怎样工作》的小册子。这个小册子的中心思想是，扩大和巩固革命联合战线，统一革命的势力不使其分裂。

与联共（布）、共产国际及鲍罗廷不同，此时的陈独秀对北伐是热心支持的。他曾多次电告广东（电文抄件给了加拉罕），说明自己关于北伐的主张，把它叫作"广东军讨伐吴佩孚的远征"。陈独秀3月2日在上海与布勃诺夫的会谈中，"非常热心地谈到，国民革命军必须立即出师北伐"。他的理由是：吴佩孚虽具有几乎是中国军阀首领的威望，但他的兵力不多。此外，军阀是分散孤立的，可以同某些将军达成协议，把他们争取到国民革命军方面来。如不打败吴佩孚，吴将同奉军签订停战协定。他将在战胜国民军并同英国取得联系以后再打击他的主要敌人——广州。"如能粉碎吴佩

① 《中共中央文件选集》第2册，第56、81页。

孚，就将赢得政治上的大胜利”。①

6月4日，陈独秀在《给蒋介石的一封信》中讲到了北伐的问题，如实相告“和某几个同志有不同的意见”，他声明自己是赞成北伐的，主张“要乘吴佩孚势力尚未稳固时，加以打击，否则他将南伐，广东便没有积聚实力之可能”。而与其意见相左的同志，“当然也不是根本反对北伐，他们是主张广东目前要积聚北伐的实力，不可轻于冒险尝试”。陈独秀向蒋介石解释说：中共内部“两方对于北伐主张，只有缓进急进之分，对广东及先生都无恶意，也似乎说不到根本推翻”②。这是此时陈独秀支持北伐真实心情的表露。

蒋介石通过“三二〇事件”、整理党务案等一系列行动，实现排挤共产党的目的之后，便开始把出兵北伐提上日程。这时国民党内各派势力的矛盾也日益突出，为摆脱矛盾并建立各自的地盘，扩展各自的势力，实现各自的目的，各派都企图借北伐之机向外发展。国民革命军中的苏联顾问们“同样热烈地支持北伐的主张”，因为“北伐将把广州和全中国的革命运动联系起来”。正如苏联驻华南军事顾问团副团长拉兹贡在1926年4月25日的报告中所说：“必须扩大广东国民政府的势力范围，因此准备进行北伐的工作应当提上我们军政工作的日程。”③

但是，到了1926年6月，“由于情报不灵，莫斯科对于国民革命军指挥机关打算在近期向北出动的意图毫无所知。”④不久，中国国内事态的发展迫使莫斯科容忍违背其意志开始进行北伐的这一既成事实。

6月11日，从莫斯科经哈尔滨到达北京的维经斯基，通过对中国革命形势的简单观察，在给莫斯科的信中汇报说：关于北伐问题，尽管莫斯科作了各种指示，但在这里这仍然是一个“十分迫切”的问题。他还不确切地知道中共中央对北伐的态度，但“这里（指北京——引者注）的同志们坚

---

① ［苏］亚·伊·切列潘诺夫：《中国国民革命军的北伐——一个驻华军事顾问的札记》，第380页。

② 《陈独秀著作选》第2卷，第1069页。

③ 《共产国际、联共（布）与中国革命档案资料丛书》第3卷，第225页。

④ 参见［苏］亚·伊·切列潘诺夫：《中国国民革命军的北伐——一个驻华军事顾问的札记》，第397页。

定不移地主张进行北伐"，所以他打算必须"同中央认真地谈一谈"北伐的问题①。

共产国际执委会远东局代表团到达上海之后，很快于6月21日作出决定："认为在广州内部业已形成的形势下举行北伐是有害的。"②可是一周以后的6月30日，在有陈独秀、瞿秋白参加的远东局会议上就改变了此决定。在这次会议上，"长时间交换意见，主要集中在北伐问题上"。中共中央的同志反对共产国际执委会对中央的观点作以下评价：在北伐问题上中共中央存在着两派，一派看来是少数，认为北伐是拯救广州的唯一办法；另一派理解北伐对广州的严重危害性，在"三二〇事件"的影响下现在反对北伐。其实，中共内部存在着这"两方"意见是陈独秀在6月4日给蒋介石的信中"交待"过的。而瞿秋白等其他中央领导同志对陈独秀将中共内部的不同观点公开于世是不满意的。陈独秀说，他打算以自己的名义就北伐问题给共产国际执委会拍一个电报。"此举博得一致赞同"。会议最后决定：给共产国际执委会拍电报，不提上述评价，而要指出，"现在在中央内部一致主张进行北伐，以使广州摆脱内外威胁"。③

有一点值得注意的是，对北伐的态度，"中央内部一致主张"，并不代表维经斯基也主张。他在7月1日写给联共（布）驻共产国际执委会代表团核心小组的电报中坚持自己原来的观点：尽管广东和邻省的工作都"以准备进行北伐这场革命进攻战的名义进行的"，"要反对这种情绪将是极其困难的"。但是，考虑到对政治形势的总的评价，"我们认为把我们的政策同北伐联系起来是极端错误的，不切实际的"。"广州［应当］采取防御立场，集中精力于内部的巩固和同邻省的密切关系上，以便建立南方的联邦"。④

总之，直到1926年北伐开始以前，尽管国民革命军中的苏联顾问积极倡议和支持北伐，陈独秀在7月7日以前也一直对北伐公开持赞成态度，但联共（布）中央政治局、共产国际执委会（上海）远东局、广东的

① 《共产国际、联共（布）与中国革命档案资料丛书》第3卷，第303页。
② 《共产国际、联共（布）与中国革命档案资料丛书》第3卷，第307页。
③ 《共产国际、联共（布）与中国革命档案资料丛书》第3卷，第317页。
④ 《共产国际、联共（布）与中国革命档案资料丛书》第3卷，第320、322页。

鲍罗廷等对北伐始终持否定态度。他们的理由主要有以下四点：一是国民革命军的敌人在华中和华东的军事力量在数量上占有绝对优势；二是顾及吴佩孚与张作霖和张宗昌集团结盟的危险性；三是担心英国和日本直接干预中国的革命；四是担心工人和农民不得不承担全部负担①。对此，拉菲斯在1926年底关于共产国际执委会远东局的工作总结中作了自我批评：远东局对以陈独秀为首的中共中央最初在北伐问题上所持的积极立场“重视不够”。“远东局本应比其他人更早发现对北伐持消极立场是错误的和危险的，并向政治局提出这一问题。但相反远东局本身不仅没有这样做，而且提出了一些新的更深刻的一般政治性理由，使问题更加复杂化了”。“这些理由更加加强了对北伐的否定态度，无疑也妨碍了中国党更好地武装自己，加强自己的影响”。②

陈独秀《论国民政府之北伐》的发表

本来，中共中央在北京二月特别会议上积极主张北伐，随后，开始进行北伐的实际准备工作。尽管在对北伐的认识上，党内始终存在着分歧，但陈独秀个人多次表示支持北伐，中国共产党在推动国民党出师北伐方面也起了重要作用。

6月5日，国民党中央执行委员会临时全体会议正式决定北伐。

在这种情况下，陈独秀在7月7日发表《论国民政府之北伐》一文，改变了其本人及中共中央在北伐宣传上的一贯口径。在此文中，陈独秀首先指明北伐的意义，是“南方的革命势力向北发展，讨伐北洋军阀的一种军事行动，而不能代表中国民族革命之全部意义”，而且“这种军事行动，对于推翻军阀确是一种重要方法，然亦仅仅是一种重要方法，而不是唯一无二的方法”。接下来，陈独秀袒露了自己对于北伐的几种担心，其中主要的有两点：一是北伐有可能造成军事投机。陈独秀说，北伐“若其中夹杂有投机的军人政客个人权位欲的活动，即有相当的成功，也只是军事投机之胜利，而不是革命的胜利”。二是北伐有可能对民众利益带来伤害。对此，陈独秀说：国民政府的北伐战费，应该用发行军事公债和向绅富筹募等方

---

① 《共产国际、联共（布）与中国革命档案资料丛书》第4卷，第235页。

② 《共产国际、联共（布）与中国革命档案资料丛书》第4卷，第31—32页。

式解决，“如果因北伐而预征钱粮和抽收赌捐，向农工平民搜刮”，“进而剥夺广东革命的民众从护法政府以来所获得的些少自由，反而给予反革命的买办、土豪、贪官、奸商以充分的自由”，那么中国共产党就应该向政府严重劝告：“必须北伐与民众利益双方兼顾，如此才能巩固国民政府。”在此基础上，陈独秀指出：“现时国民政府的职任，已经不是北伐而是‘防御战争’，广东民众的口号，也已经不是北伐而是‘防御战争’，全国民众的口号，也已经不是响应北伐而是‘拥护革命根据地广东’！”①

应当肯定的是，陈独秀对蒋介石的忧虑不是没有道理，后来事实也验证了他的这种担心。但是，他的文章发表在广州革命政府誓师北伐的前夕，使中国共产党在政治上陷于很大的被动。这篇文章不仅在共产党内受到许多人的批评，还遭到某些国民党人的抨击。

为什么在这么短的时间里，陈独秀突然公开改变了支持北伐的观点？事实上，这其中有一个鲜为人知的隐情，那就是：陈独秀此文的基调是由共产国际执委会远东局和中共中央共同拟定的。

维经斯基一到上海立即与陈独秀进行了交谈，之后他在6月21日给加拉罕的信中说，他认识到，中共中央和陈独秀“现在都不主张进行北伐，虽然据说他们在一个半月前曾坚决主张进行北伐”。因为在政府采取中立态度的情况下，总的来说广东开始了豪绅向农民进攻的时期。维经斯基在此基础上说明了自己对北伐的意见：“在这种情况下，依我看，北伐必然遭到失败。”②

7月6日，《论国民政府之北伐》一文发表的前一天，维经斯基于上海给加拉罕的信中谈道：“对于北伐，现在中央采取了广州的防御立场而不是北上以使全国革命化的立场”，因为广州确实受到了危险，出现了保卫它的问题，因此“主要的注意力应该放在切实动员群众的问题上”。维经斯基的这种观点与加拉罕“不谋而合”。③维经斯基后来承认，陈独秀这篇“文章

---

① 《陈独秀著作选》第2卷，第1088—1090页。
② 《共产国际、联共（布）与中国革命档案资料丛书》第3卷，第309页。
③ 《共产国际、联共（布）与中国革命档案资料丛书》第3卷，第326—327、361页。

的基调是由远东局和中央共同拟定的”。① 确实如此，陈独秀此文接受并且发展了维经斯基的观点。

《论国民政府之北伐》一文发表后的第三天，即 7 月 9 日，北伐战争在“打倒列强，除军阀”的口号声中正式开始。

7 月 12 日至 18 日，陈独秀在上海主持召开中共中央四届三次扩大执行委员会会议，在会上作中央政治报告并起草政治决议案。远东局成员虽然没有参加此次会议，但“起了领导作用，并在全会期间既同中央达成了共识，也对中央内部统一意见的形成施加了影响”。②

据陈独秀《告全党同志书》说，他在中央政治决议案起草过程中提议：“中国革命有两条道路：一是由无产阶级领导始能贯彻目的；一是由资产阶级领导，必然中途背叛革命；我们此时虽然可以与资产阶级合作，同时要夺取领导权。”③ 在这里，陈独秀又改变了他在大革命初期提出的“二次革命论”的观点，再度表现了其思想理论的动摇和不确定性。④ 会议结果，陈独秀没有坚持自己的意见，原因是上海远东局“一致反对我的意见，说这样的意见会影响同志们过早的反对资产阶级，并且肯定的说上海暴动如果成功，政权应属于资产阶级，工人不必有代表参加”。⑤

关于此次会议，维经斯基也说，由于全会上“中央局的方针是同共产国际执委会远东局协商过的”，所以分歧没有暴露出来，但对陈独秀所作工作报告的批评“比较激烈”。⑥《中国共产党与国民党关系问题议决案》“是作一些小的修改后通过的”，中央局将此决议电告共产国际执委会。⑦ 全会结束后的第三天，即 7 月 21 日，陈独秀在上海举行的共产国际执委会远东局会议上作了关于此次全会的总结报告。

---

① 《共产国际、联共（布）与中国革命档案资料丛书》第 3 卷，第 472—473 页。

② 《共产国际、联共（布）与中国革命档案资料丛书》第 3 卷，第 352 页。

③⑤ 《陈独秀著作选》第 3 卷，第 89 页。

④ 但是，两个月后陈独秀在《向导》周报发表《我们现在为什么争斗？》一文，又说：“至于国民革命成功，共产党便要与国民党左派争政权，这也是不会有的事。共产党取得政权，乃是无产阶级革命时代的事，在国民革命时代，不会发生这类问题。”（见《陈独秀著作选》第 2 卷，第 1109 页）陈独秀再次回到了“二次革命论”的观点。这里恐怕有两种可能，一是表现了陈独秀思想的摇摆性；二是陈独秀在后来《告全党同志书》中的叙述可能有误。

⑥⑦ 《共产国际、联共（布）与中国革命档案资料丛书》第 3 卷，第 338 页。

中共四届三次扩大会议后，张国焘、瞿秋白赴粤参加国共两党联席会议，陈独秀“病入住院，几不能开会”，虽然“在病中仍管理一切工作，但总有许多事情因而停顿”。①

8月9日，远东局委员会决议肯定了陈独秀《论国民政府之北伐》一文，指出：“在对待北伐的态度上，要宣传中央的立场，就像老头子（指陈独秀——引者注）在党的机关刊物上所发表的文章中表述的那样，这样来准备条件，使党能在有利的时机提出具体的口号，制止军队继续向北推进，因为这是与向农民征税和进一步加强军事独裁有联系的。”②

共产党人是否应该在群众中广泛宣传北伐？共产党人应该如何进行这项工作，以便使群众了解我们的态度，同时不过早地引起与蒋介石之间的冲突？ 8月16日，在远东局委员会与鲍罗廷于广州召开的会议上讨论了这些问题。鲍罗廷、维经斯基、拉菲斯等围绕陈独秀发表的《论国民政府之北伐》这篇文章的是非，展开激烈的争论。

鲍罗廷首先发言，批评陈独秀的文章“现在已经在群众中造成麻烦，因为人们的注意力从北伐被转移到这篇文章的内容上来了”。他认为，我们的策略应该是，现在支持北伐，甚至广泛宣传北伐，但同时又对它采取批评态度。而从陈独秀的文章中可以得出，我们不支持北伐，而只是批评北伐。“中共的立场就是这样，国民党也了解这一点”。当地的共产党人步步遵循这篇文章的精神，他们的行动不能不给国民党造成这样一种印象：他们反对北伐。“这种方针可能导致同国民党和蒋介石的冲突，因此应该防止这种冲突的很快到来”。所以，鲍罗廷总结说：如果陈独秀的文章是纲领性的，“那么它是错误的，因为它促使我们同蒋介石发生冲突”。

听了鲍罗廷的发言，维经斯基替陈独秀作了解释。他首先肯定陈独秀的文章“是在与我们的长时间交谈后写成的”。“所表述的中央的方针在政治上是完全正确的”，“这个方针阐述了党对北伐的唯一正确的立场”。同时，维经斯基也承认：“但策略性地运用这一政治上正确的方针问题要复杂得多”，

---

① 中央档案馆编：《中共中央政治报告选辑（1922—1926）》，第87页。

② 《共产国际、联共（布）与中国革命档案资料丛书》第3卷，第375页。

“我们决不应该公开地进行反对北伐的鼓动宣传并在我们的敌人强加于我们的一些问题上接受挑战”。维经斯基表示，同意鲍罗廷所说的，即不要在广东围绕这篇文章展开广泛的斗争战线。他进一步说明：如果我们想采取坚定的反蒋方针，那么我们确实应该展开反对北伐的广泛战线。但是“我们现在不想对蒋介石采取这种方针”。

最后，维经斯基委婉地、不点名地批评陈独秀“在北伐问题上太不会应付了。群众很难领会他们的新立场。这就更需要我们在言行上讲究策略”。①

9月20日的中共中央局报告中专门谈到《论国民政府之北伐》一文的影响。报告中是这样说的：

仲甫同志在《向导》报上发表《论国民政府北伐》(此处有误，应为《论国民政府之北伐》——引者注）一文主要意思是：1.北伐只是一种讨伐北洋军阀的军事行动，不能代表中国民族革命之全部意义。2.须防止投机的军人政客个人权位欲的活动，不能因北伐而牺牲民众之自由利益。

这篇文章传到广东后，民党中派及右倾的左派领袖，均表示不满，顾孟余在中央宣传委员会开会时直斥仲甫同志有意挑拨人民与国民政府之感情；张静江则请包同志劝仲甫勿再作这类文章；黄埔特区党部则提出中央党部控告，并禁止同学购阅向报，左倾分子不赞成，竟至用武。在中央党部接受黄埔同学这个控告后，开会讨论，李济深第一个起来说这篇文章并不错，孙科亦然，左派诸人亦借此机会向中派发牢骚，最后勉强敷衍的由主席张静江写一信给仲甫结束此案。在群众方面，工人、农人、商人中我们的宣传均发生很大效力。

中央局的报告在支持北伐的前提下，提出了与陈独秀文章观点极其相似的“我们对于北伐的态度”：（1）北伐的意义是南方革命势力向北发展讨伐北洋军阀的一种军事行动，而不能代表中国民族革命的全部意义；这种军事行动只是促进军阀政治的破坏，开展民众运动的局面，我们不能引导民众对于北伐存过高的希望，有坐待北伐军来解放的幻想。（2）北伐当中须防止投机的军人政客权位欲的活动，不可因北伐而牺牲民众的自由与利益。

---

① 以上参见《共产国际、联共（布）与中国革命档案资料丛书》第3卷，第388—393页。

报告提出北伐中我们的政治口号："仍旧主张国民会议是解决中国问题的道路"，我们不梦想此次北伐军事胜利就是一种革命，就能实现接收政权的国民会议。根据以上态度和口号，所以我们"不应当空洞的向民众，尤其是北方民众宣传北伐，指望北伐，而是宣传北伐中我们应做些什么，不说北伐军如何如何好，而说北伐军应该如何如何"。①

至此，对陈独秀《论国民政府之北伐》一文的批评暂时告一段落。

陈独秀、共产国际的认识落后于北伐的发展进程

国民革命军在以加伦为首的苏联军事顾问的建议下，制定了集中兵力、各个歼敌的战略方针。根据这个方针，1926 年 5 月，国民革命军先头部队出兵湖南。7 月 9 日，正式出师北伐，7 月 11 日胜利进入长沙。

7 月 23 日，维经斯基在远东局俄国代表团会议上所作的报告中指出，他和加拉罕认为，北伐军"进一步向北推进会造成反动军阀势力聚集在孙传芳周围的危险"。所以，应当在湖北、湖南采取支持广州军队的方针，而在广州则有节制地行动，抑制进一步向北推进，把全部工作集中在巩固广州基地上。正如陈独秀指出的："在中央的方针中，必须纠正关于农民运动的错误指示：我们不要阻碍农民运动，而相反要促进其发展。"其实，在北伐进军过程中，陈独秀较早地注意到了农民问题的重要地位。陈独秀还建议远东局下面设立一个专门委员会，研究在现时日常工作中如何具体运用以往的农民运动经验，并尽可能地对源源而来的材料作出归纳。②

8 月 5 日，联共（布）中央政治局会议研究中国委员会提交的问题后，建议中国委员会"重新审议所谓北伐问题，搜集一切必要的材料，供政治局研究。责成鲍罗廷、加伦和维经斯基同志向政治局提交尽可能准确的与北伐有关的广州在军事方面和一般政治方面的情况通报，并请国民党中央阐述其在所谓北伐问题上的动机和想法"。③

8 月 9 日和 16 日，鲍罗廷在广州与远东局委员会会晤时，谈了对北伐及其政治前景的看法。他首先解释说：自己似乎一直是"北伐的反对者"。

① 《中共中央政治报告选辑（1922—1926）》，第 79—81 页。
② 《共产国际、联共（布）与中国革命档案资料丛书》第 3 卷，第 359、361 页。
③ 《共产国际、联共（布）与中国革命档案资料丛书》第 3 卷，第 367 页。

但实际情况是，由于要保持与国民党的统一战线，他不能让蒋介石觉得他是北伐的反对者。所以，他在同蒋介石的谈话中不止一次地申明，他认为像蒋介石所策划的这种北伐“是没有成功希望的事情”，但他还补充说，为了使北伐取得成功，他将给蒋介石“一切可能的支持”。

鲍罗廷的观点是：“现在可以肯定地说，北伐的结果将是蒋介石及其整个集团在政治上的灭亡。”但是，他又说，不能直接地提出反对北伐的观点。因为“蒋介石本人在他对北伐的非革命的解释中已把自己的命运同北伐问题紧密地联系在一起了”。“在3月20日以后，来自左派和共产党人的任何明确的和激烈的反蒋立场都会意味着‘三二〇事件’在更大范围内的重演”。所以，对北伐的结论是：“如果我们由于没有实力，不能同蒋介石及其政治方针作斗争，那么我们就只有等待和面对蒋介石提出的北伐结束时等待着他的那种不可避免的政治失败。”而现在，关于北伐，“我们不该说任何话了”。可见，在鲍罗廷看来，对于实力强大的蒋介石和他所领导的北伐，共产国际代表和中国共产党人不能阐述任何意见，以防惹恼他们。能够做的，只有“等待”，即坐等北伐的结局。

鲍罗廷还对北伐的前景进行了预测。他认为，“北伐在军事上的胜利可以认为是有保证的”，但不可避免地要“在政治上灭亡”。因为占领武昌后各路将领就会提出兑现承诺的问题，每个人都要求给一个省，可是占领的省份少于将领的数量。也就是说，从北伐军占领武昌的那一刻起将“会出现难以置信的政治混乱”。这样，就会出现两种情况。第一种情况是：如果蒋介石是占领武昌的那个集团的首领，那么其他力量就会纠集起来反对蒋介石，并一致进行斗争，蒋介石就会在这场斗争中遭到失败。“这也是蒋介石在政治上灭亡的第一种可能”。在这种情况下我们就“应当在武昌召开广泛的国民党代表会议”。第二种情况是：蒋介石预见到在武昌的这种灭亡，现在就向唐生智等人作出让步，不去占领武昌，率一部分部队向江西进军，并急忙回师广州。这样只会加速他在政治上的灭亡。因为回师广州和不去打武昌，蒋介石就不得不宣告北伐失败。他的回师也就意味着北伐在政治上遭到失败，意味着重新审查蒋介石迄今所采取的整个政治立场，这会给共产党人和国民党左派等“蒋介石所有对手”的发难，造成极其有利的局面。而且，“蒋介石在看到自己面临不可避免的政治失败时，是能够向左转的，并指望得到我们的支持”。①

根据鲍罗廷“有理有据”的估计，无论如何蒋介石北伐的最终结局是“政治失败”。但我们注意到，他只是试图通过对国民党上层军事派别的简单政治游戏和力量配置的分析，得出改变“三二〇事件”结局的可能性，却没有分析导致蒋介石在“三二〇事件”中得逞的社会政治因素。事实证明，鲍罗廷的预计是完全错误的。

北伐军一路势如破竹。8 月 22 日，北伐军占领岳州，随后进入湖北境内。9 月 6 日、7 日，两湖战场的北伐军分别占领汉阳和汉口。

9 月 11 日，远东局俄国代表团会议决定：“目前国民运动应当竭力避免与英国发生军事冲突”，“在占领武汉和湖北省以后，广州部队应停止继续向北进军”。② 远东局还建议广州国民革命军和国民党向张作霖及其盟友提出召开专门的和平会议。

9 月 20 日，在中共中央执行委员会委员和共产国际执行委员会远东局委员联席会议上，陈独秀指出，蒋介石对我们可能有两种意图：一是逼迫我们答应在国民党代表大会上支持他；二是在前线召开国民党和共产党的党际间会议。他提醒大家“应当小心谨慎”。③

9 月 23 日，维经斯基在给联共（布）驻共产国际执委会代表团的信中指出：“国内政治生活中最尖锐的问题是北伐今后的命运问题。”④

10 月 10 日，北伐军攻克已被围困月余的武昌，全歼吴佩孚主力。江西战场的北伐军也于 11 月初歼灭孙传芳部主力，占领九江、南昌。北方冯玉祥部于 9 月 17 日在绥远五原誓师，挥师南下。11 月间，国民军联军已控制陕西、甘肃等省。

11 月 18 日，联共（布）中央政治局会议指出：广州目前向北挺进的一项极重要的任务是加剧奉系军阀的内部斗争，并使张作霖脱离奉天，哪怕

① 以上参见《共产国际、联共（布）与中国革命档案资料丛书》第 3 卷，第 369—371、397、392 页。

② 《共产国际、联共（布）与中国革命档案资料丛书》第 3 卷，第 430—431 页。

③ 《共产国际、联共（布）与中国革命档案资料丛书》第 3 卷，第 525 页。

④ 《共产国际、联共（布）与中国革命档案资料丛书》第 3 卷，第 539 页。

以江苏中立为代价。鉴于此，建议鲍罗廷和加伦劝告国民政府“占领浙江并继续谨慎地向安徽推进，但不要同张宗昌发生武装冲突”，同时建议国民政府通过冯玉祥争取阎锡山转到国民政府方面来。①

很快，11月20日，远东局与中共中央执委会联席会议贯彻了联共（布）中央政治局18日有关中国问题的上述决定。会议在听取陈独秀关于《军事政治形势和国民政府的任务》的报告后认为，由于奉天反对冯玉祥的计划，目前的北伐可能不得不继续向北推进，因此必须：（1）争取冯玉祥同阎锡山达成协议，保证他在山西的督办地位。（2）不阻挠张宗昌占领江苏。（3）竭力争取尽快消灭孙传芳，占领浙江。（4）建议冯玉祥不要将自己的主力部队向东南方向调动，而要集中在包头，以便对付北方可能发动的攻势。②

直到1926年11月在江西战胜孙传芳之前，联共（布）、共产国际及其驻华代表，以及陈独秀等中共领导人都认为，考虑到国民革命军取得这些胜利付出了巨大牺牲，有必要停止国民革命军继续向北和向东挺进。在北伐的问题上，他们对日新月异的形势的评估，似乎总是慢半拍。

到1926年底，国民革命军已控制了除江苏、浙江、安徽以外的南部各省。冯玉祥的国民军联军也已控制西北地区，准备东出潼关，响应北伐军。北伐战争胜利的大局已定。

关于中国共产党对于北伐的态度，罗易其后有过如下比较深刻的反思：

第一次北伐开始前，我们党曾进行过一场大辩论。事实已经证明反对北伐的同志是错误的。但事实也证明了，共产党没有能利用北伐创造的有利形势去发展革命。正如我早些时候所指出的，北伐的主观动力是资产阶级想要增强其自身的力量；但在客观上，北伐提供了发展革命力量的可能性。正是由于这种可能性，共产党带领无产阶级支持北伐。党支持了北伐，但它的行动是否符合客观需要呢？没有。共产党虽然支持了北伐，但它对工人阶级的利益没有给予足够的注意。共产党人为北伐的发展冲昏了头脑，忽视了对北伐唤起的革命社会力量的组织、团结和巩固的工作。正是这种

① 《共产国际、联共（布）与中国革命档案资料丛书》第3卷，第627页。
② 《共产国际、联共（布）与中国革命档案资料丛书》第3卷，第628页。

对于北伐的毫无保留的支持，在很大程度上使蒋介石能够得逞，从国民阵线中拉走了相当一大批军事和社会力量。

如果共产党在支持北伐的同时，能清醒地看到资产阶级力量的结合及其根本目的，如果党在同时也促进革命力量的结合，那么蒋介石搞分裂时就会发现他自己是孤立的。还有一个问题要指出，而且是一个非常重要的问题：无保留地支持北伐的后果之一是失去了广东。也就是说，广东之失，在于我们支持北伐时毫无计算。为了保持同资产阶级的统一战线，为了支持左翼军人的联合，共产党没有加强阶级斗争，没有摧毁反动派的基础。革命军离开后，革命的传统基地广东就暴露在反动势力面前。①

综上所述，1926年北伐开始以前，尽管国民革命军中的苏联顾问和布勃诺夫使团积极倡议和支持北伐，陈独秀在7月7日以前也一直对北伐公开持赞成态度，但联共（布）中央政治局、广东的鲍罗廷、共产国际执委会（上海）远东局等却对北伐持否定态度。而陈独秀7月7日发表的《论国民政府之北伐》一文的基调，直接来源于共产国际执委会远东局。国民革命军出师北伐后突飞猛进的形势，迫使联共（布）、共产国际容忍违背其意志开始进行北伐这一既成事实，并关注北伐事态的发展。但是，不论是共产国际还是陈独秀，总是保守地估计北伐军的实力，多次提议北伐军保持现状，停止继续向北推进，其策略方针明显地落后于北伐形势的发展。当然，从总体上看，共产国际及其代表对北伐战争的胜利功不可没，这体现在武器装备的提供、政治工作的开展、北伐战略方针的制定等诸多方面。同样，受共产国际的影响，陈独秀在北伐问题上摇摆不定，处理问题不够策略，使我们党一度处于不利的舆论形势下。但事实也证明，陈独秀对北伐战争前景和蒋介石未来地位的担忧是有一定道理的。如果我们党能及早从这种担忧中得到警示，采取预防措施，即使不能避免大革命的最终失败，至少可以延迟这种失败的到来。

---

① ［美］罗伯特·诺思、津尼亚·尤丁编著：《罗易赴华使命——1927年的国共分裂》，王淇等译，中国人民大学出版社1981年版，第200页。

五、陈独秀、共产国际与上海工人三次武装起义

在北伐胜利进军的凯歌声中，五卅运动后暂时处于低潮的上海工人运动重新高涨起来。为了以实际行动迎接北伐军进军上海，建立上海市民政府，1926年秋至1927年春，中共中央和上海区委发动和组织上海工人，连续举行了三次武装起义。其间，陈独秀除参加汉口会议外，始终坐镇上海，与共产国际执委会远东局维经斯基等人协商，领导整个起义工作。

第一次起义

上海工人阶级在五卅运动后，举行了多次政治、经济斗争和罢工，逐渐成熟起来，提高了反帝、反封建意识，加强了组织纪律性，这为上海工人三次武装起义作了思想上和政治上的准备。

1926年7月的中共中央扩大会议，专门讨论上海工作，通过了《上海工作计划决议案》。《决议案》指出："上海是帝国主义者侵略中国的经济大本营；同时又是中国的第一个大产业区。上海这个地方，站在民族解放运动的观点上立论，是全国反帝国主义运动的中心；站在本党的观点上立论，又可以创造一真正的共产党。""上海现在已经是到了阶级分化的显明时期。"《决议案》要求：上海区委应提出上海市民的总要求，即上海市民运动的政纲，并依此政纲的意义建立革命民众的联合战线。第一步使他们在我们的思想影响之下，进而使他们的行动在我们领导之下。上海区委的政治行动，应当以无产阶级的力量为中心，引导一般市民群众于每个地方政治问题上与上海当地政府奋斗，不断地给他们以打击，并指出资产阶级政客的妥协和平是幻想。①

上海区委很快传达了中共中央扩大会议精神。广东国民政府也于9月派出钮永建为驻上海军事特派员，准备里应外合，策应北伐军推翻北洋军阀在上海的统治。

从1926年9月上旬到10月下旬，驻上海的共产国际执委会远东局、中共中央执委会，以及中共上海区委召开一系列会议，讨论革命形势和武装起义的方针、策略，明确提出要在上海发动一次民众暴动，夺取上海的

① 《中共中央文件选集》第2册，中共中央党校出版社1989年版，第259—260页。

市政府。

10月15日至18日于上海召开的共产国际执委会远东局俄国代表团会议上决定，在组织上海工人武装起义时，“必须组织无产阶级的独立行动”。①

在10月19日的远东局委员与中共中央执委会委员联席会议上，陈独秀和彭述之提出放弃总罢工，理由是：在反日罢工失败后，现在工人没有斗志，“哪怕举行一天的总罢工，我们都会造成对工人的镇压和大规模的失业”。目前组织上没有力量来发动这场斗争，中央和区委不认为目前的行动具有特别的意义。会议决定，中央和上海区委再一次与上海组织的基层工作人员开会讨论这个问题。②

陈独秀说，上海发动政变的思想最早产生于大资产阶级那里，他们受北伐节节胜利的鼓舞，也抱着胜利的希望。“我们应当支持资产阶级的这种想法，这是对的”。但国民政府代表钮永建来到上海以后，“把事情转到了靠武装力量搞纯军事政变的方面”。而要取得军事斗争的胜利必须具备有利的环境和一定数量的军事力量。在起义前三天，陈独秀计算了敌我力量的对比情况：我们的敌人有5000名正规军和2000名警察；我们只有夏超的3000名正规军，驻扎在离上海很远的地方，上海内部总共只有1000名武装人员，而且组织得不够好。所以陈独秀预见到上海起义“必然要失败”。要想起义取得胜利，夏超必须实行进攻，并确信在上海的部队会转变过来。③

23日早晨，得知夏超在前线遭到失败，陈独秀提出：“那就不要发动起义了。”而钮永建稍后转告陈独秀，说上海的军阀部队一定会转到我们这边来。24日凌晨，上海工人在中共上海区委领导下举行第一次武装起义。由于起义是在准备工作很不充分、时机极不成熟、大部分工人并没有组织起来的情况下仓促发动的，所以很快遭到失败。

起义失败后，远东局与中共中央执委会于10月28日举行联席会议，讨论了上海起义失败的原因和准备下一次起义的注意事项等问题。

---

① 《共产国际、联共（布）与中国革命档案资料丛书》第3卷，第580—581页。
② 《共产国际、联共（布）与中国革命档案资料丛书》第3卷，第583页。
③ 《共产国际、联共（布）与中国革命档案资料丛书》第3卷，第593—594页。

在这次会议上，陈独秀提出，应当弄清失败的原因。有许多纯技术方面的原因，但我们应当弄清的主要问题是我们想达到什么目的，是希望举行人民起义还是纯小规模军事发动。但无论在哪种情况下，都应当很好地了解实力，了解军事组织，等等。陈独秀总结说：这次上海起义，无论工人还是商人都不能宣布实行总罢工，这就是说这次行动不可能是人民起义，而对于军事发动来说，我们的力量相对于敌人来说当然是很少的。陈独秀认为，我们并没有对宣布总罢工做好主观上的准备，并且也不能认为上海发动符合客观形势。“诚然，我们没有遭受重大损失，但自然不能经常重复进行这种发动”。

维经斯基说，他们原想“把中小资产阶级的广大阶层和学生组织起来，由大资产阶级来领导，为此决定不丢弃国民党的旗帜，并把政变行动同反对孙传芳的军事斗争联系起来。所有这一切的目的是借助于中国中小资产阶级打击孙传芳的后方”。事实却没有按照他们的设想发展。

陈独秀提出：现在我们应当知道，在不久的将来我们准备的是起义还是军事发动?

彭述之回答：上海组织的积极分子还希望举行人民起义，应当打消这种念头。

陈独秀说：在当前情况下，“政治发动只能促进政变，而不能起主要作用。人民大众还没有力量和觉悟来发动政变。而上海的小资产阶级生活得不错，诚然它对税收不满，但这还没有使它达到极端不满的程度。我们也不能宣布实行总罢工”。

维经斯基批评说：不该说什么资产阶级不在考虑之列，将来也只能是军事发动而不是人民大众的斗争。“应当既面向军事发动，又面向工人和资产阶级的政治斗争”。

对于上海起义的失败，维经斯基认为问题的关键“在于我们本身很少注意使人民大众参加这次发动”。“因为我们认为中小资产阶级参加斗争只能起很小的作用，而对无产阶级本身，我们又只想当作一种技术力量来加以利用”。

陈独秀不赞同维经斯基的上述说法，他认为上海起义的失败，“倒不是因为我们对资产阶级群众发动的意义估计不足，而是因为资产阶级本身退缩、不积极”。事实上，陈独秀曾建议虞洽卿成立保卫和平委员会，该委员会的任务是：一旦起义成功就在和平的口号下进行斗争，一旦起义失败就反对镇压。但陈独秀这一建议被拒绝。

关于上海再次起义需要依靠的力量，陈独秀认为有三种需要考虑的因素，一是工人，二是国民党军事力量，三是资产阶级。同时他提醒，“不要把资产阶级看作先锋队，它将是胜利后的一个政治因素”。他接着批评了拉菲斯的无产阶级领导权的观点，说拉菲斯犯了像鲍罗廷所犯的同样错误。鲍罗廷只谈广州，而拉菲斯只谈上海。如果拉菲斯说，上海无产阶级应当更加做好战斗的准备，那么这是对的，但如果他想使无产阶级的发动不依赖军事力量，那么这是不对的。“中国是半殖民地国家，这里军事因素起着头等重要的作用。没有军事力量，无论在这里还是在湖南省都不可能举行发动”。陈独秀进一步指明：“认为中国无产阶级是国民革命运动领导者的理论是完全正确的，但是在目前要运用这一理论既没有主观条件，也没有客观条件。”陈独秀预计未来的上海政府将是“资产阶级参加国民党，当然，如果国民党军事力量取胜的话”。

维经斯基继而总结了准备第二次武装起义的注意事项：（1）要使整个无产阶级都被吸引到行将到来的斗争中。（2）一定要把中小资产阶级吸引到斗争中来。（3）斗争的方式以后确定，是示威游行、罢工，还是起义，这以后会看清楚。①

会议讨论结束时，决定根据维经斯基的结论精神和陈独秀关于必须更仔细地进行军事发动准备的补充修改意见，进行第二次起义的准备工作。

上海工人第一次武装起义决定得突然，发动得突然，缺乏各方面准备，不可避免地要遭到失败。但是，上海工人在这次起义中经受了锻炼，其中最主要的是提高了政治水平。以前上海工人的罢工大多是提出提高工资、改善待遇等经济条件，而在这次起义中工人提出了反对军阀、支持北伐军、争取工会公开、追悼死难烈士等项政治要求，工人的政治斗争意识得到迅

---

① 此次会议的情况参见《共产国际、联共（布）与中国革命档案资料丛书》第3卷，第590—602页。

速提高。上海工人第一次武装起义失败后，以维经斯基为首的共产国际执委会远东局和以陈独秀为首的中共中央执行委员会认真总结起义的失败教训，明确提出工人阶级领导权问题，同时强调无产阶级的发动要依赖军事力量。上海工人经过第一次武装起义的洗礼，愈发增强了斗志。这一切，都为尽快发动第二次武装起义奠定了基础。

第二次起义

有了第一次武装起义的教训，党对第二次武装起义在组织、宣传、军事等几个方面有了比较充分的准备。

11月4日，北伐军攻克九江，上海积极准备第二次武装起义。6日上午，中共上海区委主席团召开会议，讨论“九江攻下后的上海暴动问题”。罗亦农在会上传达陈独秀关于组织方面的意见：在上海区委下面组建一个支部，海军“每船有二人组小组”，中央组织海军三人会议，专门讨论。①

当晚11时，陈独秀参加中共上海区委主席团特别会议。在讨论起义策略问题时，彭述之说：“在发动中，要以工人为主，管理时要偏重资产阶级。”罗亦农说：“关于上海问题，以民众发动为主，在组织上要使大资产阶级及各团体代表组织一委员会，先要钮（指钮永建——引者注）来号召组织，否则，即以虞洽卿为号召人。”陈独秀说：“我们现在可以要两个领袖，钮永建军事的，虞洽卿民众领袖。”②其实，陈独秀与彭、罗二人表达了同一个意思，即暴动要以无产阶级为主，但领袖要让资产阶级当，政权要让资产阶级来掌握。

11月19日，中共上海区委主席团举行会议。罗亦农传达陈独秀来信精神：“北伐军南下，尚非其时，可以停止暴动宣传，要注意工会及党的内部工作。”于是会议决定：“暂时停止暴动爆发的活动，而是注重经常的暴动准备，又要多注重工会工作。”③

12月5日，中共中央发布《中央局报告》。关于上海暴动问题，基本沿用11月4日晚中共上海区委主席团特别会议上陈独秀等人的观点，指出：

① 上海市档案馆编：《上海工人三次武装起义》，上海人民出版社1983年版，第68页。
② 《上海工人三次武装起义》，第78—79页。
③ 《上海工人三次武装起义》，第97页。

“工人派（即我们）虽为此次暴动的先锋，但因自己的组织和战斗力也不很强，依全国的政治环境亦不便猛进到资产阶级之前，更不宜单独行动，所以并不幻想此时在上海可以用市民暴动的力量实现平民政权，只是努力推进资产阶级取得政权，尽量减少军阀的统治势力，实现一个相当意义的资产阶级式自治市政府。”①

12 月 17 日，联共（布）中央政治局批评鲍罗廷“在城市里实行退却和收缩工人争取改善自己生活状况的斗争的这一总政策是错误的”，指示鲍罗廷要“千方百计设法使工人的斗争具有组织性，避免过火行为和冒进行动”，特别应该使城市斗争的矛头指向大资产阶级，首先是指向帝国主义者，以使中国的中小资产阶级尽可能留在统一战线内反对共同的敌人。②

1927 年初，北伐军分三路向安徽、浙江、江苏等省进攻。由于孙传芳的主力已在江西被击溃，各地人民纷纷起来响应革命，北伐军进展顺利。当北洋军阀在上海及其附近地区的反动统治濒临垮台的时刻，在中共中央和上海区委的领导下，上海人民积极行动起来，设法武装自己，准备夺取政权。

2 月 16 日，中共上海区委举行全体会议，决定“赶快准备”组织“一个工人为主的武装暴动，主要的总罢工，次要的武装继续”，口号仍是“欢迎北伐军来”，暴动中的联合战线“主要的为小资产阶级”，而武装技术、联合战线等详细讨论，由主席团执行，并要“找中央及国际的代表详细讨论”。③

2 月 17 日，北伐军占领杭州，18 日，先头部队抵嘉兴，上海非常混乱。得知上述消息后，留在上海的阿尔布列赫、曼达良和纳索诺夫等远东局成员（维经斯基此时不在上海，在汉口）首次向中共中央提出关于在上海建立政权的问题。18 日晚和 19 日晨，他们与中共中央代表就这一问题进行会谈。曼达良等人认为：“上海无产阶级在相应的政权形式下能够对整个国民政府的进一步革命化产生极大的影响。正是上海的无产阶级有条件通

① 《中共中央政治报告选辑（1922—1926）》，第 101—102 页。
② 《共产国际、联共（布）与中国革命档案资料丛书》第 4 卷，第 55 页。
③ 《上海工人三次武装起义》，第 115 页。

过国家政权来真正保证无产阶级的领导权，而这一政权形式很快就能为中国各大城市所接受。我们认为完全有可能和有必要按照苏维埃制度建立起称之为‘人民代表会议’的政权。这个会议基本上采取苏维埃制度，应包括所有的反帝阶层。这个会议的选举和召开应安排在孙传芳政权垮台的时候。”会谈的结果是，“共产党中央同意这个想法”。①

2月19日，上海总工会发布总同盟罢工命令。宣布罢工的决定是2月18日深夜由工会积极分子会议作出的，未经中共中央和上海区委批准，只是取得了参加这次会议的区委代表的同意。而曼达良等远东局成员“只是从报纸上了解到关于罢工的详情”。他们在20日下午与彭述之的谈话中，提出“准备建立政权的问题”，还提出“变总罢工为起义的问题”。②

在“罢工响应北伐军”的口号下，先后罢工的工人达36万人。本来罢工是为了配合北伐军夺取上海，但北伐军到达嘉兴后却停止不前。20日，中共中央得知这个消息后，经过反复讨论，决定把总同盟罢工转变为武装起义。21日，罢工工人奋起袭击反动军警，夺取武器，总同盟罢工发展为上海工人第二次武装起义。可是，由于海军两舰配合起义的计划泄露，两舰在来不及通知各区起义工人的情况下不得不提前开炮，打乱了整个起义计划。同时，离上海不远的北伐军根据蒋介石的命令，拒绝工人请予援助的要求。这样，准备还很不充分的工人起义被北洋军阀残酷地镇压下去。

关于上海工人第二次武装起义的失败原因，曼达良等远东局成员是这样总结的：党的领导机构的动摇引起了外围的更大动摇，因此行动不坚决；党在起义发动前夕建立临时权力委员会的问题上，没有采纳远东局的建议，结果虞洽卿和钮永建派的人在委员会中占了多数；党的鼓动工作也很薄弱，总罢工期间没有以党的名义发表任何东西，甚至也没有散发传单；由中央通过各级组织口头传达给群众的口号到得很晚，而且走了样；党的上层的注意力都集中在谈判上和对各种上层人物如虞洽卿、钮永建等人的劝说上，给群众的只是一道空洞的命令。总之，“如果说起义不仅没有取得胜利，而且也没有组织好，那么根子应该到党的政策和现状中去找”。“党的领导机关

① 《共产国际、联共（布）与中国革命档案资料丛书》第4卷，第138—139、126页。
② 《共产国际、联共（布）与中国革命档案资料丛书》第4卷，第139页。

错误地估计了阶级力量，这不是偶然的失误，而是同过去的立场有关，是党过去的整个方针造成的”。①

上海工人第二次武装起义失败后，陈独秀要求共产国际代表们“准确地勾画出人民代表会议的蓝图以便完全弄清这一问题”。②

相比于上海工人第一次武装起义，上海工人第二次武装起义可以说有了很大进步：紧紧依靠工人阶级，党基本掌握了起义的全过程；工人群众和革命士兵联合起来准备武装起义，积累了宝贵的斗争经验；曼达良等共产国际远东局成员首次向陈独秀为首的中共中央提出关于在上海按照苏维埃制度建立称之为“人民代表会议”的政权问题。但是，这次起义也暴露出严重的缺点，其中包括党的领导机构的动摇，党的宣传鼓动工作的薄弱，对形势的估计过于乐观，对起义的准备工作不够充分，等等。

第三次起义

上海工人第二次起义后，关于第三次武装起义，布哈林指出：“不要过早地举行起义，因为如果我没有记错的话，这已经是第三次这样起义的尝试了。我们的人已经两次受到了沉重的打击。”他指示驻华的共产国际代表：“只有在广州部队逼近城下时才能举行起义，因为当时的局势是，我们的人如果过早地举行起义就会被上海军队击溃。”③

同时，苏联顾问提出加速进兵上海，以图“尽一切可能使上海群众避免一场流血恐怖”。正是基于这一考虑，加伦于 2 月 25 日从南昌发出关于进军上海和南京的电报。该电报如下：

尼基京并转鲍罗廷、普利契、戈莱斯基、泽勃罗夫斯基、齐冈、波洛和沃伊尼奇：

（1）预料在我军到达上海时，已宣布进行总罢工，准备发动起义。罢工是在反对帝国主义和军阀孙传芳的口号下进行的。我们进军上海的迟缓有使工人受到镇压的危险。我们务必加紧进攻上海。

（2）要向白崇禧和其他将军说明，必须乘敌人混乱之机，立即开始进攻

① 《共产国际、联共（布）与中国革命档案资料丛书》第 4 卷，第 141—145 页。
② 《共产国际、联共（布）与中国革命档案资料丛书》第 4 卷，第 148 页。
③ 《共产国际、联共（布）与中国革命档案资料丛书》第 4 卷，第 161 页。

上海。无论如何不要提出必须支援罢工者这个理由，因为我担心他们（将军们）为了削弱上海工人不愿这样做。总司令部将下达这次进攻命令。

（3）总的作战计划将于两天后下达。总司令部今天决定：白将军各部队占领上海，同时派部分兵力占领苏州。何应钦各部队从杭州地区进攻镇江和南京。第七军和第九军主力调往杭州地区，在宁波地区留一支不大的部队守卫。以后再把这些部队或调到上海，或调到南京和镇江。①

上海工人第二次武装起义刚刚失败，2月23日，中共中央和上海区委举行联席会议。会议决定停止暴动，由上海总工会下令复工，扩大武装组织，准备下次暴动等。会议还决定联合组成起义的最高决策机构和指挥机关——特别委员会，着手准备第三次武装起义。特委由陈独秀、罗亦农、赵世炎、汪寿华、尹宽、彭述之、周恩来、萧子璋8人组成。在特别委员会之下，建立特别军委和特别宣委两个专门委员会，以加强军事准备和宣传发动工作。特别军委由周恩来负责，其成员有顾顺章、颜昌颐、赵世炎、钟汝梅，周恩来同时还担任武装起义的总指挥；特别宣委由尹宽、郑超麟、高语罕、贺昌、徐伟组成。领导第三次武装起义，成为中共中央和中共上海区委的中心工作。

2月24日至3月上旬，陈独秀多次参加特别委员会会议，每次会议都有发言，讨论上海第二次武装起义后的问题，对准备第三次武装起义发表自己的意见，其中主要有以下几点：

（1）关于起义的时间选择

2月26日，陈独秀说："北伐军不到上海，上海无法解决。在将到时，我们要集中口号工作，群众的夺取武装，群众的开代表大会。"罢工时间，"要在松江失守以后"。3月2日，陈独秀主张："关于暴动时间，提议在北伐军打下苏州常州就动，松江打下后亦动；若资本家开除工人太多时，可以单独罢工。"3月5日，陈独秀再次强调发动起义要讲究时机，通过讨论，陈独秀最后归结为："一、松江下。二、苏州下。三、麦根路与北站兵向苏州退。三条件有一个就决定发动。"

---

① ［苏］亚·伊·切列潘诺夫：《中国国民革命军的北伐——一个驻华军事顾问的札记》，第525页。

（2）关于起义的形式

2月26日，陈独秀提出，"总同盟罢工问题：要决定为夺取武装，为开代表大会而罢工，不应回到家去，不要为罢工而罢工。"至于夺取武装，"可以无论是警察的、兵士的一支二支都夺取，惟兵工厂究竟如何夺取，应研究"。

（3）关于宣传问题

2月25日，陈独秀指示要加强对武装暴动的宣传工作，"宣传品每天要出新闻式的宣传大纲"，"文字尤其要特别浅显"。3月1日，陈独秀指示起义口号"不要笼统，要切实"，"要集中，不要太多——集中口号可定：收回租界，民选政府，市民代表大会政府，拥护武汉国民政府四口号"。

（4）关于上海市政府的建立

2月26日，陈独秀说："至于总的市民大会，无甚关系，最要紧的是真正的群众大会，如果有能力，则组小资产阶级也可以的，可不能要做工人运动者去做。"随后，陈独秀又补充说："此种市民代表会议，要各地方各区域都成立，成为一种权力。上海市政府即建筑在许多小政府上面，非常有力量的。"2月28日，陈独秀提出：北伐军来后，最重要的问题，即为市政府问题。"我们要群众的，而他们必是领袖的。我们要选举的，而他们要委任的"。"我意在名词上要改为民选市政府，使民众格外明了，我们要在北伐军未来前，造成很浓厚的民选空气，预先选好，然后与他们讨论名单，结果就成为民选的政府"。3月2日，陈独秀进一步指出，民选市政府要分两部：一要宣传准备暴动后的一个临时政府，二再做到民选市民政府。3月11日，陈独秀提出："市民会议名单原则：一、要各马路平均分配，不要重复。二、要使小商人也当选"。"学生因无职业，但有很大群众，所以要特别加入"。①

3月20日，北伐军进抵上海近郊龙华。特别委员会当机立断，于3月21日及时发动上海工人总同盟罢工，并随即转为武装起义。陈独秀参与领导了上海工人第三次武装起义。据郑超麟回忆，当时陈独秀住在北四川路

① 以上参见《上海工人三次武装起义》，第178、191、192、227、255、282、309、310页。

横滨桥南边安慎坊的中央宣传部三楼郑超麟的亭子间。陈独秀在这个地方“听汇报，约见干部”，“遥控暴动的战斗”。①

起义工人依靠自己的力量，付出鲜血和生命的代价，占领上海。上海工人第三次武装起义的胜利，成为北伐战争时期工人运动发展的最高峰。

3月22日，上海工商学各界举行市民代表会议，选举产生上海市政府委员19人，组成上海特别市临时市政府，其中共产党员和共青团员占了10人。这个政府在组织领导和组织成分上都体现了工人阶级的领导权，它的成立，是第三次武装起义的直接成果。

3月24日，由程潜任总指挥的北伐军攻克南京。当天下午发生帝国主义炮轰南京事件。3月25日，蒋介石抵达南京，污蔑并嫁祸于共产党。次日他又赶到上海，加紧反革命活动。本来，上海工人第三次武装起义胜利之后，面临的局面非常复杂。蒋介石到来后，更是火上浇油。陈独秀组织特委和上海区委多次举行会议研究对策，提出了自己的一些主张。

3月31日，联共（布）中央政治局电报征询鲍罗廷的意见：“您是否认为这样做是恰当的：对蒋介石作出某些让步以保持统一和不让他完全倒向帝国主义一边？”

同日，联共（布）中央政治局回复中共中央当日来电，发布了对蒋介石进一步让步的指示：“暂时不进行公开作战”；“务必千方百计避免与上海国民军及其长官发生冲突。”② 在联共（布）、共产国际的一系列退让政策下，以陈独秀为首的中共中央步步退却，直到蒋介石发动“四一二”反革命政变，上海工人运动随即转入低潮。关于这段历史的前后经过，陈独秀曾在《告全党同志书》中有过如下总结：

一九二七年北伐军占领上海前后，秋白所重视的是上海市政府选举及联合小资产阶级（中小商人）反对大资产阶级；彭述之、罗亦农和我的意见以为：当时市政府选举及就职，并不是中心问题，中心问题乃是无产阶级的力量若不能战胜蒋介石的军事势力，小资产阶级不会倾向我们，蒋介石必然在帝国主义指挥之下屠杀群众，那时不但市政府是一句空话，势必引

① 郑超麟：《怀旧集》，东方出版社1995年版，第229页。

② 《共产国际、联共（布）与中国革命档案资料丛书》第4卷，第167、169页。

起我们在全国范围内的失败。因为蒋介石如果公开的背叛革命，决不是简单的他个人行动，乃是全中国资产阶级走到反动营垒的信号。当时由述之亲到汉口向国际代表及中共中央多数负责同志陈述意见和决定进攻蒋军的计划。那时他们对上海事变都不甚措意，连电催我到武汉。他们以为国民政府在武汉，一切国家大事都应该集中力量在武汉谋解决。同时，国际又电令我们将工人的枪械藏起来，避免和蒋介石军队冲突，勿以武装力量扰乱租界等，亦农看了这个电报，很愤激地把它摔在地下。那时我又以服从国际命令，未能坚持我的意见。①

上海工人第三次武装起义是北伐战争中工人运动发展的最高峰，为在中国开展城市武装斗争作了大胆的尝试。起义后成立的上海临时市政府，虽然只存在了24天，但它是在党的领导下最早由民众在大城市建立起来的革命政权。

上海工人三次武装起义是大革命时期工人运动最光彩的篇章，在中国工人运动史上留下了最闪耀的一页。在联共（布）、共产国际和以陈独秀为首的中共中央及中共上海区委的领导下，上海工人阶级以大无畏的革命气概，勇于牺牲，顽强战斗，终于夺取了东方最大城市上海，为消灭军阀孙传芳、张宗昌的势力，为北伐战争的胜利，作出巨大贡献。在斗争中，无论是陈独秀等党的领导人，还是上海工人阶级，都经受了锻炼，得到了提高，赢得了宝贵的革命经验。

① 《陈独秀著作选》第3卷，第89—90页。

第四章

陈独秀、共产国际与第一次国共合作的破裂

北伐战争的胜利进军和工农运动的高涨，没能遏制住革命阵营内部的危机。随着北伐的节节胜利，蒋介石进一步加紧对军队和政权的控制，实力迅速膨胀，其反动面目越来越公开暴露出来。对此，共产国际和陈独秀没有采取坚决斗争的策略，相反，沿用了“三二〇事件”以来一贯的退让方针，甚至变本加厉，从汪蒋合作，到汉口会议，再到汪陈联合宣言的发表，右倾退让错误日益严重。“四一二”反革命政变的发生，标志着共产国际和陈独秀试图推迟与蒋介石决裂的一系列企图遭到彻底失败。其后，“西北学说”的付诸实施、中共五大的召开及共产国际五月紧急指示的发布，这一切都无法挽救大革命的失败。陈独秀成了大革命失败责任的承担者。

一、陈独秀、共产国际与右倾退让错误的日益严重

“汪蒋合作”方针的确立

在北伐战争胜利的进程中，国民党内部的矛盾有了新的发展。“三二〇事件”后，国民党内逐步形成蒋介石个人独裁的局面。蒋介石专横跋扈，凭借武力指挥一切，集党权、政权、军权于一身。他指使许多地方的反动派打击工农群众运动，用安插亲信和拉拢收买的办法企图控制国民革命军各军和一些党政部门。他的嫡系部队却一再打败仗。这不仅激起广大群众的反对，也引起国民革命军中一些将领的强烈不满。在 1926 年 10 月国民党中央及各省党部联席会议前后，广东内外反蒋迎汪空气异常浓厚。当时还在欧洲的汪精卫仍被人们看作是国民党左派的领袖。在革命胜利发展形势的鼓舞下，国民党中央一些比较左倾的领导人改变了前一个时期的消沉状态，积极主张恢复党权，巩固同中国共产党的合作，迎汪复职。

1926 年 8 月 16 日，在共产国际执委会远东局委员会与鲍罗廷的会议

上，维经斯基提出，在北伐中开展宣传运动时，“决不要打击蒋介石”。鲍罗廷更进一步指出：反对反革命的运动将不可避免地被理解为反对蒋介石的运动。所以，在进攻反革命时，我们可以给自己提出以下任务：（1）把蒋介石同所有纵容反革命的人区别开来，把事情说得对蒋介石有利。（2）把蒋介石同真正反革命的罪魁祸首区别开来。（3）把蒋介石同他所保护的、真正想打倒蒋介石的集团（古应芬、胡汉民）区别开来。总之，要“能够巧妙地进行这场运动而不致去反对蒋介石”。①

此后，共产国际执委会远东局多次强调，共产党人在帮助国民党左派做工作和参与领导工作时，“不应当突出自己，也不应当试图直接从组织上实行领导”。与此同时，共产党人应当在国民党内联合一切革命分子（工人、农民和部分小资产阶级），以便团结能够实行土地改革的真正革命派。②

鲍罗廷虽然从北伐开始后就看出蒋介石已经走上军事独裁的道路，但认为中共没有实力，不同意同蒋介石及其政治方针作斗争。他甚至认为，“蒋介石在3月20日以后的整个政策总的说来不是对共产党有害，而是对国民党左派有害”。他在8月16日与远东局的会议上初步提出：“不排除汪精卫和蒋介石共事的可能性，大致这样来分配角色：汪精卫负责国家管理，而蒋介石是军队领袖。”维经斯基也同意鲍罗廷的“决不要打击蒋介石”的意见。③

9月12日，共产国际执委会远东局使团在关于对广州政治关系和党派关系调查结果的报告中提出：“对于广东来说，整个政策的主要的和最近的任务是让汪精卫回来重新执政”，因为“他是公认的左派领袖”。报告进一步指出，从政治上解决这个问题的最正确的办法是中派和左派之间，即蒋介石和汪精卫之间实行和解。同时，维经斯基等人对汪精卫也不无担心：广东的同志对汪精卫“这位典型小资产阶级的和相当脆弱的政治家”作出的这种“极其乐观的评价”是否有“过分夸大”的嫌疑？④

---

① 《共产国际、联共（布）与中国革命档案资料丛书》第3卷，第395—396页。
② 《共产国际、联共（布）与中国革命档案资料丛书》第3卷，第490页。
③ 《共产国际、联共（布）与中国革命档案资料丛书》第3卷，第389—390、414页。
④ 《共产国际、联共（布）与中国革命档案资料丛书》第3卷，第474—475、477—478页。

9月16日，维经斯基、拉菲斯、陈独秀等参加远东局委员与中共中央执行委员会委员联席会议。维经斯基指出：（1）“三二〇事件”表明，没有蒋介石，左派没有力量单独进行统治。（2）从主观上看，蒋介石还不是革命的敌人，他打击过右派，他需要我们，我们是可以同他一起工作的。（3）我们不希望同蒋介石发生争斗。理由很明确，争斗会给广州造成威胁，必须使蒋介石在前线安心。（4）结论是：“我们不应挑头来反对蒋介石，他也不会来进攻。应当保持目前的局面。”最后，会议经讨论作出八项决议，其中包括：“我们党在汪精卫问题上的政策现在应当是，无论如何不给蒋介石以任何借口来坚决反对国民党左派和从前线撤退”；“我们对蒋介石的政策现在应当是……要向左派和蒋介石表明，我们确实真的希望他们进行合作”；陈独秀根据上述会议精神对蒋介石的请求作出答复。①

蒋介石最初极力反对汪精卫回国，9月曾派胡公冕来上海见陈独秀，请中共“勿赞成汪回”。他的理由是：汪精卫回来后将为小军阀所利用或者是汪本人“捣乱”，“分散了国民革命的势力”。陈独秀回答蒋介石说：我们赞成汪精卫回国，因为这对于国民党、国民政府和蒋介石有三种好处：（1）攻取武汉后，国民政府局面扩大，工作扩大，汪精卫出来更能增加国民政府力量。（2）新起来归顺的小军阀，现在国民政府还不能丢掉他们，他们与蒋介石之间的冲突，有汪精卫出来可以和缓一些。（3）现在张静江等在粤的腐败政治，汪精卫回来后可望整顿。同时，陈独秀提出中共在以下三个条件之下赞成汪精卫回国：“一是汪蒋合作不是迎汪倒蒋；二是仍维持蒋之军事首领地位，愈加充实扩大蒋之实力作更远大之发展，决不主张别的军人拥汪以倒蒋；三是不主张推翻整理党务案。”陈独秀还建议蒋介石，“首先提出让汪精卫回来的倡议，以便此事不是违背他的意志而是根据他的倡议进行的。”②

当蒋介石看到自己的处境一时还比较孤立，最终不得不在表面上拥护迎汪。

---

① 《共产国际、联共（布）与中国革命档案资料丛书》第3卷，第500—503页。

② 《中央给广东信——汪蒋问题最后的决定》，《中共中央文件选集》第2册，第325—326页；《共产国际、联共（布）与中国革命档案资料丛书》第3卷，第525页。

9月20日，中共中央发表《中央局报告》，就七月中共中央执行委员会扩大会议后的形势，提出一系列放弃革命领导权的右倾退让的主张。报告虽然认为，“国民党自从三月二十日事变以后，已成了中派蒋介石个人专政的局面”，这种蒋介石独裁的局面大不利于国民党的发展，却又提出我们还是要赞助蒋介石，要极力促成迎汪复职的运动，但决不是梦想回复三月二十日以前的局面，“决不是倒蒋”。报告明确提出了“汪蒋合作”的口号，指明我们的态度是：虽不退出国民党，但不代替国民党。①

9月21日，中央局与远东局代表维经斯基举行联席会议，讨论了“汪蒋之间、蒋唐之间权力应如何分配”，以“避免他们相互间的冲突”的问题。具体决定有：（1）须将军权和党权分开，请汪精卫回粤将党权交与他。（2）须将地方的军队及财政与中央划分，建立省民自治政府。（3）当引导蒋介石注意准备“更远大的全部革命军事工作，维持蒋之中央军事领袖地位”。会议指明，照以上办法，“既适合蒋好大喜功之心，又使汪蒋及各小军阀间的权力或者不至冲突”，以使蒋更“左倾一点”。②

9月25日，陈独秀在《向导》第172期发表《我们现在为什么争斗？》一文，针对研究系“信口造谣来攻击中国共产党和苏俄”，声称：列宁党应该信奉列宁主义，主张彻底的民族自治，反对强大民族压制弱小民族，本是列宁主义要素之一，中国共产党若希图中国归苏俄统治，这简直是卖国党，而不是什么列宁党了。“至于国民革命成功，共产党便要与国民党左派争政权，这也是不会有的事”，因为“中国的历史和经济状况，现在还是国民革命时代，而不是无产阶级革命和专政时代”，“共产党取得政权，乃是无产阶级革命时代的事，在国民革命时代，不会发生这类问题”。“胜利若归诸国民政府、国民军，至少我们能够渐渐走上对外民族独立对内建设民主政治的道路，再至少我们总可以大大的发展走上这条道路的运动”。③

可见，共产国际和以陈独秀为首的中共中央对蒋介石的作用估计过高，

---

① 《中共中央政治报告选辑（1922—1926）》，第73、77页。

② 以上参见《中央给广东信——汪蒋问题最后的决定》，《中共中央文件选集》第2册，第326—327页。

③ 《陈独秀著作选》第2卷，第1109、1108页。

老安庆振风塔

《安徽俗话报》在芜湖的旧址。陈独秀曾以“三爱”为笔名在该报上发表《亡国篇》《说国家》等大量文章

陈独秀第一次留学日本的东京专门学校全景图

1902年东京青年会成立时合影

陈独秀在北京大学的办公室（文科教务处）

北京大学国文门合影

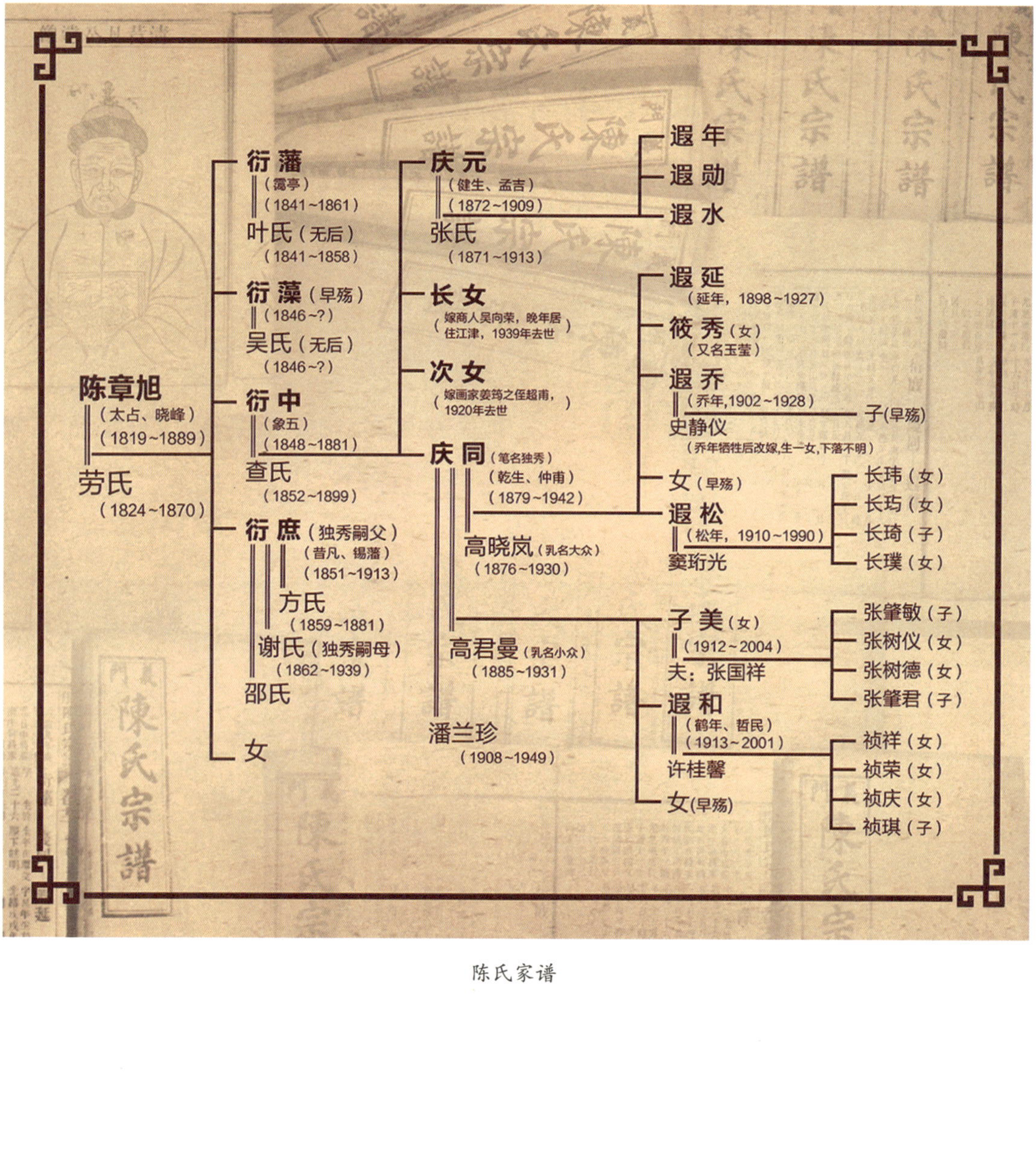

陈章旭
（太占、晓峰）
（1819~1889）
劳氏
（1824~1870）
衍藩
（霭亭）
（1841~1861）
叶氏（无后）
（1841~1858）
衍藻（早殇）
（1846~?）
吴氏（无后）
（1846~?）
衍中
（象五）
（1848~1881）
查氏
（1852~1899）
衍庶（独秀嗣父）
（昔凡、锡藩）
（1851~1913）
方氏
（1859~1881）
谢氏（独秀嗣母）
（1862~1939）
邵氏
女
庆元
（健生、孟吉）
（1872~1909）
张氏
（1871~1913）
长女
（嫁商人吴向荣，晚年居住江津，1939年去世）
次女
（嫁画家姜筠之侄超甫，1920年去世）
庆同（笔名独秀）
（乾生、仲甫）
（1879~1942）
高晓岚（乳名大众）
（1876~1930）
高君曼（乳名小众）
（1885~1931）
潘兰珍
（1908~1949）
遐年
遐勋
遐水
遐延
（延年，1898~1927）
筱秀（女）
（又名玉莹）
遐乔
（乔年,1902~1928）
史静仪
（乔年牺牲后改嫁,生一女,下落不明）
子(早殇)
女（早殇）
遐松
（松年，1910~1990）
窦珩光
长玮（女）
长玙（女）
长琦（子）
长璞（女）
子美（女）
（1912~2004）
夫：张国祥
张肇敏（子）
张树仪（女）
张树德（女）
张肇君（子）
遐和
（鹤年、哲民）
（1913~2001）
许桂馨
祯祥（女）
祯荣（女）
祯庆（女）
祯琪（子）
女(早殇)

陈氏家谱

陈延年像

陈乔年像

革命犧牲軍人家屬光榮紀念證

字第　　號

查陳龍年兩同志在革命鬥爭中光榮犧牲，豐功偉績永垂不朽，其家屬當受社會上之尊崇。除依中央人民政府「革命軍人犧牲病故褒卹暫行條例」發給卹金外，并發給此證以資紀念

主席　毛泽东

一九五四年四月二十日

中華人民共和國中央人民政府之印

陈延年、陈乔年烈士证书

安庆陈氏宗祠遗址

陈延年、陈乔年读私塾处

陈独秀故居

陈独秀江津旧居（今属重庆江津区）

江津聚奎书院鹤年堂。1940年10月2日陈独秀在此作生平最后一次讲演

陈独秀墓

并幻想能促使他向左转，非常害怕他一走上反动或趋于消极，就会使北伐阵线崩溃。所以，处处迁就、迎和，步步退让。这样做的结果可想而知。

以陈独秀为首的中共中央又对汪精卫寄予更大的期望，认为只要汪精卫回国复职，国民党左派就有了坚强的中心，可以恢复它在国民党和国民政府内的指导地位，从而削弱和抑制蒋介石的军事独裁倾向。事实上，当时国民党内部并没有形成一个有力的左派核心，相当一部分左派分子在动摇彷徨中。共产党自己对右派不断迁就退让，同真正左派联系又不够密切，却指望左派能够强大起来，以阻止右派势力的发展。这非但只是幻想，而且又引起了国民党左派的不满。

所有这些思想认识上和政策策略上的错误，使中国共产党在当时极端复杂的形势下，未能利用一切有利的时机和可能的条件，加强对革命政权、革命军队和革命统一战线的领导。相反，共产国际代表和陈独秀等中共中央主要领导人步步退让，“处处保持在野党的地位”①，使蒋介石有可能逐渐摆脱困境，有计划地加强右翼势力，一步一步加紧控制领导权，加剧革命阵营内部的危机。

汉口会议与汪陈宣言的发表

1926 年底，蒋介石集团加紧压迫共产党和工农革命力量的趋势已越来越明显。在形势突变面前，中国共产党有必要将革命任务作相应的调整。因为一方面推翻北洋军阀的任务还有待最后完成，一方面革命阵营内部的矛盾突出起来。如何处理这种复杂的内部矛盾和外部矛盾，如何对付同盟者的背叛和突然袭击，已经日益成为迫切的任务。对于缺乏经验的共产党人来说，这的确是一个很大的难题。

在这种情况下，中共中央于 1926 年 12 月中旬在汉口召开特别会议。会议的中心议题是分析国民革命联合战线中出现的各种危险倾向，据以制定党的斗争策略。陈独秀在 12 月 13 日的政治报告中指出，从江西战场胜利以后，我们和国民党的关系发生许多新的变化，出现许多危险倾向，使联合战线随时随地都有破裂的危险。报告分析造成这种危险的原因时，虽

① 《中共中央政治报告选辑（1922—1926）》，第 83 页。

然也承认国民党的右倾，承认蒋介石“言论虽左，实际行动仍然表示很右”，但是报告对此却拿不出任何有效的办法，反而着重批评所谓“党中的‘左’稚病”，即“看不起国民党”、“包办国民党”、“包办民众运动”、“否认左派存在”、“误解党的独立”、“应付中小商人的政策不好”。陈独秀继而提出七项挽救的策略，其中心思想是：“防止党外的右倾，同时反对党内的‘左’倾”，以巩固联合战线。这种“左”、右倾距离日远，“是破裂一般联合战线及国共两党关系之主要原因”。① 这种说法，一方面把党内实际工作中出现的某些“左”倾做法夸大成主要危险，甚至把某些正确的做法也说成是“左”倾，另一方面又掩盖了新右派准备叛变革命这个根本危险，这就把事情的主次完全颠倒了。

会议还通过《关于国民党左派问题议决案》，规定应从各个方面帮助国民党左派，使之形成一个强大的政治力量，以同右派势力的反动倾向作斗争。《议决案》认为，国民党左派虽然“软弱动摇不一致”，仍应该帮助他们，巩固和发展他们。② 这个提法无疑是正确的。但是，实际上又把同右派斗争的希望全部寄托在国民党左派身上，而且把一些作出某些“左”倾表示的军人政客也看作可以依靠的国民党左派，特别是对汪精卫寄予过高的希望，不仅主张把国民党的党权、政权交给他，甚至要把一向在共产党领导下的群众运动也让给他们来领导。这就不能不在日后时局陡然逆转的关键时刻造成严重的后果。

总的看来，这次会议所提出的挽救危机的政策是错误的。因为其立足点不是放在尽力巩固并加强自己力量的基础上，在精神上和实际工作中作好应付突然事变到来的各种准备，而是寄希望于汪精卫和其他国民党军事首领，幻想以退让求团结。这客观上造成两个严重的恶果：一方面散布了有害的幻想，似乎已经在磨刀霍霍，准备向共产党开刀的蒋介石还可能回心转意，由右向左；似乎软弱动摇、投机性很大的汪精卫，能够组成一个强大的左派集团，担负起完成国民革命的重任。另一方面给正在热火朝天地发展的工农革命运动泼了冷水，打击了群众的积极性，压制了群众运动。

① 《中共中央文件选集》第 2 册，第 559—568 页。
② 《中共中央文件选集》第 2 册，第 575 页。

这种政策实质上是牺牲工农群众的根本利益，去迁就国民党右派的要求，客观上为蒋介石、汪精卫夺取国民党领导权提供方便。

汉口特别会议没有能解决党在迫在眉睫的危局中如何生存并坚持斗争这个极其重要的问题，反而作出了错误的判断和决策。这次会议的决定得到中央政治局和共产国际代表联席会议同意。这是导致第一次大革命失败的一个重要的主观因素。

12 月下旬，陈独秀从汉口回到上海。

在上海工人第三次武装起义前后，中共中央和中共上海区委对于蒋介石的某些阴谋活动虽缺乏足够的警惕，但斗争态度还是坚定的。1927 年 3 月 12 日，中共上海区委秘书处通讯指出："我们处在这个右倾局面之下，必须拿出向右进攻的决心，无论任何方面都不能让步，因为让步就是断送革命。"① 起义胜利后，党曾采取积极步骤建立上海市民政府，加强工人武装纠察队，准备抵抗蒋介石、白崇禧军队的缴械，以求巩固胜利的成果。但是，在蒋介石到达上海以后，共产国际仍然对蒋介石抱有期望，不赞成同蒋破裂。中共的政策很快发生变化。

3 月 28 日，在上海区委主席团会议上宣读陈独秀的"要缓和反蒋"② 的信以后，上海的反蒋斗争开始放松。在武汉的吴玉章、瞿秋白和邓演达等，曾紧急商讨如何对付蒋介石在沪、宁一带的异动。他们主张从武汉调第四军赶到南京，配合尚未开往江北的第六军、第二军，加强南京一带的防务，借以监视蒋介石。4 月 3 日，第四军已做好开往南京的准备，陈独秀却打电报给武汉表示反对。与此同时，中共上海区委却对汪精卫颇有好感，对其两面手法缺乏警觉，认为汪的"政治观念很稳定，与 C. P. 可以合作下去，甚至于到建设社会主义制度，他绝对赞同第三国际给我们的训令"。③

4 月 3 日，陈独秀会见汪精卫。对于此次会见，汪精卫回忆说，他曾质问陈独秀：是否"共产党已提出打倒国民党打倒三民主义的口号，并要主使工人冲入租界，引起冲突，使国民革命在外交上成一个不可解的纠纷，

① 《上海工人三次武装起义》，第 314 页。
② 《上海工人三次武装起义》，第 428 页。
③ 《上海工人三次武装起义》，第 447 页。文中"C. P."为"共产党"的英文缩写。

以造成大恐怖的局面”？陈独秀力称“决无此事”，遂“亲笔作书，并亲笔作此宣言，以解释谣传，表明态度”。①

4月5日，陈独秀征得汪精卫的同意，将会谈结果写成《汪精卫、陈独秀联合宣言》。这个宣言只字不提蒋介石的反革命活动言行，反而说什么“国民党领袖将驱逐共产党，将压迫工会与工人纠察队”等等都是“不审自何而起”的“谣言”。宣言说：“国民党最高党部最近全体会议之议决，已昭示全世界，决无有驱逐友党摧残工会之事。上海军事当局，表示服从中央，即或有些意见与误会，亦未必终不可解释。”联合宣言希望国共两党的同志“立即抛弃相互间的怀疑，不听信任何谣言，相互尊敬，事事开诚协商进行”，“开诚合作，如弟兄般亲密”。②

从宣言中可以看出，陈独秀真诚地相信汪精卫，希望继续与以汪精卫为首的国民党左派合作，以推动革命形势向前发展。关于汪陈宣言发表前后陈独秀的心理活动，他此时的秘书黄玠然事后曾回忆说：蒋介石发动反革命政变以后，陈独秀对国共合作是很积极的，“特别是在利用蒋汪之间的矛盾以推动革命形势的发展上，做出了很多努力”。陈独秀认为，汪精卫与蒋介石在历史上有矛盾，二人势不两立，汪精卫“是中共可靠的朋友和合作者”。因此陈独秀与汪精卫进行会谈，发表了汪陈宣言。对于其他人对宣言的各种不同看法，陈独秀曾表示过自己的态度：“别人可以怀疑，汪精卫不能怀疑，要真诚地合作”。所以，陈独秀才会批评这个地方过左了，那个地方过火了，一定要改正。③

汪陈宣言发表以后，陈独秀自以为国共关系从此可以好转，随即和汪精卫都离开上海前往武汉。中共中央大多数主要领导人也已先后来到武汉，这时中共中央机构便正式移驻武汉。

汪陈宣言是共产国际和中共对蒋介石缓和、主张“汪蒋合作”的必然产物。正如陈独秀自己所称：“根据国际对国民党及帝国主义的政策，和汪精

---

① 汪精卫：《武汉分共之经过》，《汪精卫集》第3卷，《民国丛书》第四编（97），上海书店据光明书局1930年版影印，第228页。

② 《中共中央文件选集》第3册，第594页。

③ 辛平：《陈独秀秘书黄玠然谈大革命前夜的陈独秀》，《炎黄春秋》1997年第1期。

卫联名发表那可耻的宣言。”①

早在 1927 年 2 月底，共产国际远东局与维经斯基持不同政见的另一成员阿尔布列赫特就曾警告说，以陈独秀为首的中共中央在维经斯基的“直接参与”下，“把赌注压在汪精卫身上，认为他一回来一切都会好起来”。“我们跟在国民党屁股后面转，而不是把他拉上一个更高的台阶。如果不能马上采取另一种方针，如果中央不工人化，如果没有坚强优秀的领导，那么形势将非常糟糕，蒋介石 1926 年 3 月干过的事又会重演，这对中国革命来说将是致命的”。可惜的是，阿氏的话无论对于他的直接上级——远东局主席维经斯基，对于中国共产党的最高领导人陈独秀，还是对于远在莫斯科的联共（布）和共产国际的那些领导人，都不是起决定作用的。相应地，中国革命的进程将不幸地很快被他言中。

总之，汪陈宣言在客观上解除了党和人民的思想武装，使许多人误以为局势已经和缓下来。原来在武汉整装待发的第四军、第十一军不再东下，接近共产党的第六军、第二军的绝大部分受蒋介石的压迫，离开南京开往江北，使蒋介石得以控制南京。

联共（布）、共产国际和陈独秀推迟与蒋介石决裂的企图破产

联共（布）和共产国际领导人一直试图推迟同蒋介石的决裂，或者使这一决裂尽可能带来较少的痛苦，直到“四一二”反革命政变发生时才停止这种尝试。

因国民政府驻地问题，鲍罗廷同蒋介石发生冲突。1927 年 1 月初，蒋介石在对武汉进行短期访问时，与鲍罗廷的私人关系彻底破裂。得知此情况后，2 月 17 日，联共（布）中央政治局指示鲍罗廷：我们认为武汉国民党中央对蒋介石的方针是正确的。要采取措施，“第一，不要突出鲍罗廷”，免得人们认为这场冲突是鲍罗廷与蒋介石为争夺影响而进行的斗争；“第二，不要把事态发展到与蒋介石决裂的地步，以蒋介石完全服从国民政府为限”。②

2 月 22 日和 23 日，蒋介石在与维经斯基举行的九江会谈中，作为国

① 陈独秀：《告全党同志书》，《陈独秀著作选》第 3 卷，第 90 页。
② 《共产国际、联共（布）与中国革命档案资料丛书》第 4 卷，第 118 页。

民政府迁都武汉的先决条件，以国民党中央执委会的名义用最后通牒的方式提出两项“重要”要求：第一项要求是鲍罗廷离开中国和国民党，因为“他在坚持会造成两个政府的危险方针”。第二项要求是“必须在党内确立严格的纪律”。这种所谓“严格的纪律”，其寓意不言自明，实际上意味着让国民政府、国民党以及加入国民党的共产党人都服从于蒋介石个人的全面监控。蒋介石公开宣称，如不履行这两项要求，“我们准备决裂”。他声称，他现在反对鲍罗廷，但不等于他反对共产国际。蒋介石最后对维经斯基说：“现在您负有很大责任”。他巧妙地把决裂的后果的全部责任都推给了共产国际。①

3 月 3 日，联共（布）中央政治局关于“就中国共产党的政策和工作制度作必要改变的问题”的决定，是对蒋介石最后通牒的答复。决定是由政治局中国委员会在布哈林参与下，“根据业已弄清楚的中国总的形势”起草的。此决定改变了从实施共产国际执委会第七次扩大全会关于中国问题的指示和共产国际执委会政治书记处 1 月 19 日的决议时采取的“谨慎策略”，开始尝试采取“坚决方针”。其要点是：坚决执行发展工农运动、吸收工人群众加入共产党，吸收工农群众加入国民党的政策；坚决大力为国民党左派建立农民、小资产阶级和工人的基础；必须在这一基础上大力促使国民党变为有内部纪律的经选举产生的组织，必须在这一基础上实行排挤国民党右派的方针，从政治上使他们声誉扫地并有步骤地自下而上地撤销他们担任的领导职务；必须坚决加强提拔国民党左派和共产党员担任军队、军校、重要军事技术等部门干部职务的工作；必须实行武装工农、把各地农民委员会变成拥有自卫武装等的实际政权机构的方针；必须使共产党在各地公开进行活动；要坚定不移地实行开展群众运动的方针，共产党不能成为群众运动的障碍。②

上海远东局 3 月 22 日才收到联共（布）中央 3 月 3 日指示。“中央委员会表面上赞同这个指示”，但陈独秀称，有一点他不能同意，这就是必须让产业工人加入国民党。曼达良等批评陈独秀说：正是通过让产业工人加入

① 《共产国际、联共（布）与中国革命档案资料丛书》第 4 卷，第 133—134 页。
② 以上参见《共产国际、联共（布）与中国革命档案资料丛书》第 4 卷，第 135—136 页。

国民党，才有可能根据这个指示采取其他一些措施，陈独秀意见的实质是“隐蔽地打算把共产党同国民党分割开，自愿地把国民党交给右派，因为上海共产党 80% 是由产业工人组成的”。①

联共（布）中央政治局和共产国际执委会随后的其他一系列文件，重申了群众运动中的进攻方针。这些方针所规定的激进措施，是与苏联领导人试图尽可能拖延与国民党势在必然的分裂和哪怕是保持其形式上的统一的努力相结合的。这个方针反映在联共（布）中央政治局 3 月 10 日根据斯大林建议发给鲍罗廷转国民党中央成员，并抄送中共中央的电报中。该电报向同一天开幕的国民党二届三中全会提出以下建议：我们认为在中国南方建立两个中心、两个国民党、两个政府和因此建立两支军队的做法是危险的和不能容许的；“国民党和中国共产党绝对需要密切合作，因为我们坚信，如果没有这种合作，中国就不可能摆脱帝国主义的压迫，联合成一个统一的国民革命的中国”。该电报还秘密征询鲍罗廷和在武昌的国民党中央政治委员会委员的意见，“是否应由共产国际向蒋介石提出警告性的质询，是否需要在俄国报刊上公开反对蒋介石”。②

就在“四一二”反革命政变前的 3 月 30 日，布哈林虽然承认蒋介石属于具有反革命倾向的派别，但却仍然强调：“如果我们只看到这一点，那么这个论断就是肤浅的。我们还看到，他领导反帝斗争，起的是进步作用。”③

3 月 31 日，联共（布）中央政治局发布对蒋介石进一步退让的指示。4 月初，蒋介石在上海与国民党将领李宗仁、白崇禧、黄绍竑、李济深和国民党要员张静江、吴稚晖、李石曾等举行反共秘密会议，诬蔑中国共产党要打倒国民党，打倒三民主义，贻害北伐军，主张立即以暴力手段“清党”。刚从国外归来的汪精卫也参加了反共密谈，只是在分共的时机与方式上有一些分歧。汪精卫称：“国共两党都要国民革命，然只有一个中国，只有一个国民革命，分明是共坐一只船的譬喻，而不是分坐两只船的譬喻。到了一个时机，国民党要将国民革命带往三民主义那条路去，共产党要将

① 《共产国际、联共（布）与中国革命档案资料丛书》第 4 卷，第 261 页。
② 《共产国际、联共（布）与中国革命档案资料丛书》第 4 卷，第 149—150 页。
③ 《共产国际、联共（布）与中国革命档案资料丛书》第 4 卷，第 164 页。

国民革命带往共产主义那条路去，其势非突冲不可。即使时机未至，而各人已不能不做那必要的准备，所以容共之后，必定分共，是不可免的。”① 而用曼达良等远东局成员的话说，“中央和上海委员会的领导同志是如此钟情于汪精卫，以至认为他一回来就可以避免发生许多灾难”。② 这里的“上海委员会的领导同志”自然是未点出名的陈独秀。

4 月 7 日，联共（布）中央政治局还准备派维经斯基去上海，与蒋介石进行联系并防止他采取极端行动。

不管联共（布）、共产国际，还是中共中央总书记陈独秀如何试图延迟与蒋介石的决裂，羽翼渐丰的蒋介石还是急不可耐地在 4 月 12 日行动了。

“四一二”反革命政变的发生，是大革命从高潮走向失败的转折点，它标志着联共（布）和共产国际提出的不管是用“谨慎策略”还是用“坚决方针”，以保持与国民党的统一战线的退让政策的局部破产。

4 月 15 日，莫斯科《真理报》发表《共产国际执行委员会关于蒋介石发动反革命政变告全世界无产者、农民以及一切被压迫民族书》，斥责蒋介石“是革命的叛徒，是帝国主义强盗的同伙，是国民党革命派的敌人，是工人运动的敌人，也是共产国际的敌人”，号召“打倒蒋介石和其他叛变者以及残杀的策划者”。③

随后，《真理报》于 4 月 21 日发表斯大林的《中国革命问题（联共（布）中央批准的给宣传员的提纲）》，首次对“四一二”反革命政变后的中国局势作出新的评价。提纲断言，蒋介石的政变，标志着民族资产阶级脱离革命，意味着中国由全民族统一战线革命开始转入土地革命，而武汉革命的国民党将真正变成无产阶级和农民的革命民主专政机构。④ 后来斯大林和布哈林的演说以及共产国际执委会第八次全会关于中国问题的决议，是对斯大林这种不符合实际的判断和对武汉政府的不现实的期望的重申和发展。所有这些，确定了联共（布）和共产国际在“四一二”反革命政变

---

① 汪精卫：《武汉分共之经过》，《汪精卫集》第 3 卷，《民国丛书》第四编（97），第 222—223 页。

② 《共产国际、联共（布）与中国革命档案资料丛书》第 4 卷，第 266 页。

③ 《共产国际与中国革命资料选辑（1925—1927）》，第 261—262 页。

④ 《斯大林全集》第 9 卷，人民出版社 1954 年版，第 199—207 页。

后的一段时期对中国的基本方针。这些方针包括：开展土地革命和城市群众运动，在此基础上建立由革命的工人和农民组成的可靠的武装力量，促使武汉国民党变成劳动者的组织，变成国民党左派和共产党人的联盟，在这个联盟中共产党人实际上会起主导作用。

关于"四一二"反革命政变发生的教训，鲍罗廷5月初在汉口所作的《关于中国局势的报告》中作了初步的阐述。他说："共产国际代表、军事部门（俄国军事顾问）和许多国民党左派人士认为，目前同蒋介石决裂还不是时候，为了革命还可以保留他。"结果，"在同蒋介石斗争方法上的分歧和犹豫造成了对蒋介石的一系列错误做法"。鲍罗廷自我表白说："我是坚决主张同蒋介石作坚决彻底斗争的。上述因素影响了这种彻底性，延缓了对蒋介石的坚决打击，造成了消极后果。"① 而事实上，对蒋介石的退让政策来源于共产国际代表的最高上级机关联共（布）和共产国际，况且在事件发生前也未见鲍罗廷有何对蒋介石"坚决打击"的高明策略，更未见他如何在实际行动中进行贯彻，以挽救日益逼近的大革命的失败。

二、陈独秀、罗易和鲍罗廷在"西北学说"的争论中

"四一二"反革命政变发生后，国内局势迅速逆转。除以张作霖为首的北京政府外，蒋介石于4月18日在南京另行成立"国民政府"，以与武汉的国民政府相对立。这样，全国出现武汉、南京、北京三个政权互相对峙的局面。这时的武汉政府基本上还是革命政府，直接管辖湖北、湖南和江西三省。中共中央于1926年底前后在武汉成立了临时中央局，陈独秀于1927年4月中旬到达汉口，继续与在武汉的国民党人合作。此时，关于下一步的行动方针，鲍罗廷提出"西北学说"，陈独秀表示同意。共产国际执委会代表团成员罗易坚决反对，双方由此发生激烈的争论。

鲍罗廷提出"西北学说"

蒋介石发动反革命政变后，中共中央才开始真正认识其真面目，表示坚决拥护武汉国民党中央对蒋介石的三项处分决定，并提出形成巩固的革

---

① 《共产国际、联共（布）与中国革命档案资料丛书》第4卷，第220—221页。

命联合战线来对付帝国主义、封建军阀、资产阶级的反革命联合势力，是“最有效力的唯一方法”。①

当时，武汉国民政府面临着主要来自两个方面的威胁，即东面的新军阀蒋介石和北面的旧军阀张作霖。蒋介石叛变后，据有闽浙两省的全部地区和苏皖两省的江南大部分地区，并有英、美、日等帝国主义国家的支持，但他一时还难于对武汉政府发动进攻。在北洋军阀中实力最为强大而尚未受到革命势力打击的奉系军阀张作霖，在吴佩孚、孙传芳两大军阀势力的主力先后被击溃后，兵分两路：一路沿津浦路南下，进抵苏北、皖北，威胁南京；另一路沿京汉路南下，占领河南省的大部分地区，并陈兵于豫南的许昌、郾城、汝城一带，窥伺武汉，对武汉政府构成巨大威胁。在这种形势下，武汉国民政府内部发生了是东征讨蒋还是北伐讨奉的激烈争论。

在武汉方面举棋不定的情况下，4 月 16 日，周恩来、赵世炎等在上海起草电报给中共中央，建议武汉国民政府趁蒋介石在沪宁立足未稳的时机，迅速出兵东征讨蒋。电报指出：“为全局计，政治不宜再缓和妥协”，“再不前进，则彼进我退，我方亦将为所动摇，政权领导尽将归之右派，是不仅使左派灰心，整个革命必根本失败无疑”。②

这时，到武汉不久的汪精卫打着反蒋旗号，迅速取得对武汉国民党中央和国民政府的领导权。他同掌握武汉军权的唐生智结合在一起，力图控制以武汉为中心的局势。武汉国民党的许多上层人物，一面高喊反蒋，一面却企图联蒋讨奉。蒋介石则一面策动破坏武汉的种种阴谋，一面声称只反共不反武汉政府，要求宁汉双方共同北伐，力图缓和武汉的反蒋运动。因此，东征讨蒋的呼声在武汉虽然很高，但始终没有真正见诸行动。

冯玉祥所部国民军联军这时正开出潼关向河南进军。在此以前，冯玉祥曾一度倾向革命，但面对帝国主义者和地主买办阶级的强大压力，受到工农革命运动的冲击，又表现出很大的动摇性。1926 年底以来，冯玉祥所控制的陕甘地区农民运动兴起，多次发动抗粮抗捐和打击土豪劣绅的斗争。

---

① 《中国共产党为蒋介石屠杀革命民众宣言》,《中共中央文件选集》第 3 册，中共中央党校出版社 1989 年版，第 44 页。

② 《迅速出师讨伐蒋介石》,《周恩来选集》上卷，第 7 页。

冯玉祥认为农民运动妨碍税收，扰乱社会秩序，急忙加以限制和取缔。他虽然表示拥护武汉国民政府，要求武汉出师北伐。但又对武汉的反蒋运动保持沉默，并暗中派代表常驻南京同蒋介石联系。冯玉祥拥有的兵力号称13万人，实有约8万人，同宁汉双方各自拥有的兵力相差无几，在宁汉对立中处于举足轻重的地位。

在武汉的一些中国共产党人和共产国际代表，对冯玉祥的政治态度正在发生的变化缺乏分析，依然对他寄予很大希望。他们以为，武汉政府只要同冯玉祥联合讨奉，会师郑州，就可以背靠西北，打通同苏联的国际交通线，在西北建立军事基地，然后再回过头来东征讨蒋。他们担心如果先东征沪宁，会同集中在这个地区并享有巨大权益的帝国主义势力发生直接冲突，造成危险的局面。

鲍罗廷认为，国民军向东南挺进，也就是去占领上海是个错误的步骤。目前本着革命的精神去占领上海有很大的困难，因为上海是帝国主义者的主要据点，他们在那里集结了大量武装力量，其明确目标是无论如何要保住上海不受革命攻击。鲍罗廷提出三条无法占领上海的理由：（1）我们的军队无法对付上海帝国主义的高级军事技术和大量的军队。（2）我们还没有足够的武装力量，虽然上海本身有革命的社会基础——无产阶级。（3）上海资产阶级已经成长为自为的阶级。它被革命吓破了胆，它将为自己的领导权而斗争。中国其他地区的资产阶级还是自在的阶级，要成长壮大并认识自己还需要一定的时间。在国民政府势力范围内的地区，我们现在还可以领导这个阶级。所以，鲍罗廷得出结论："我们应当去西北地区，国民政府的势力范围应当向西北扩展，否则我们将始终处于主要集中在东南地区的帝国主义势力的打击之下。"这就是鲍罗廷的所谓"西北学说"。① 共产国际和斯大林也赞成北伐讨奉。

关于深入与广出的问题，鲍罗廷说：有一种理论说，应当使革命向深度发展，而不是向广度发展（中国革命的粗放和集约发展论）。这些同志说，在国民政府占领的地区，应当实行激进的社会改革，不要继续向前推进。

① 《共产国际、联共（布）与中国革命档案资料丛书》第4卷，第226—227页。

这样提出问题是根本不对的。总的形势足以说明，我们不能光靠自己的力量，由于受到帝国主义者的四面包围，我们应当给自己打开通往外部世界的出口。其次，可以在国民政府占领的地区内实行部分根本改革，而国民革命军则应继续向前推进，这两者并不矛盾。“革命应当集约和粗放式地发展，否则，在狭小的根据地，受到敌人包围的革命会被窒息，因为我们会由于帝国主义的局部封锁而脱离整个世界”。最后，鲍罗廷说：“我认为，我们已经摆脱了危急局面，若再坚持三四个月，我们就必将取得胜利。”①鲍罗廷5月初说此番话，事实正好相反。几个月后，中国共产党人得到的不是胜利，而是遭到屠杀和全面的失败。

罗易对鲍罗廷观点的批驳

罗易是印度孟加拉（今孟加拉国）人。1916年赴美国，先后在旧金山、纽约从事革命活动。1917年6月被捕，后经保释逃往墨西哥。1918年12月出席墨西哥社会党第一次代表大会，被选为中央总书记。1919年10月主持成立墨西哥共产党，加入共产国际。1920年参加共产国际二大，被选为共产国际执行委员，并为主席团成员。先后参加共产国际三大、四大和五大。1926年11月，共产国际执委会第七次扩大会议讨论中国革命问题，通过他起草的在中国开展以土地革命为主要内容的提纲，并决定派他为驻中国代表团首席代表。

罗易1927年2月16日到达广州，4月2日到达武汉。在1927年4月13日至15日的讨论中，罗易称，总的说来，他不反对北伐，但反对立即出兵。他警告“立即出兵北伐充满着严重的危险”。因为：

（1）立即北伐是军事冒险行动。如果我们真的要粉碎北洋军队，就必须认真对待。我们要把我们所有的军队集中于京汉路，这会使武汉处于毫无防卫的地位。如果我们向北进军，就会给蒋介石或北洋军阀从南京方面进攻我们以可乘之机。因此，在右翼我们受到十分强大的联合武装力量的威胁，我们的后方没有防守，我们没有基地，却还要向新区推进。在这种情况下进行北伐，只是军事冒险而已。

---

① 以上参见《共产国际、联共（布）与中国革命档案资料丛书》第4卷，第228—229页。

（2）北伐胜利的基础不可靠。北伐的计划是以冯玉祥和阎锡山将与我们联合的假设为基础的。但即使他们会跟我们联合，也不能消除危险。当我们到达北京时，军队的力量仍将是不平衡的，我们的军队将是少数，而阎锡山其人会成为另一个唐生智，甚至另一个蒋介石。冯玉祥会采取什么态度也很难预测。我们曾在南昌遇到的情况将在北京再次出现，国民革命军中的资产阶级和封建分子会跟革命同志发生冲突，从而发生另一次分裂。

（3）我们将丧失牢固的根据地。立即进行北伐意味着我们要离开这个地区，这里有我们控制下的国民党的强大组织，有共产党和工农的组织。而到一个陌生的地方去，那里除了冯玉祥和阎锡山的军队外，没有组织的力量，也不能保证这些军队会永远和我们友好。相反，有足够的理由推测，过一段时间就会发生危机，这些军队会采取行动反对我们，而我们将没有牢固的基础进行反对他们的斗争。

（4）北伐会加强军阀的地位。这是反对立即出兵北伐的根本理由，因为这次战争会加强军阀的地位，而对革命的基本力量即对工农群众是有害的。革命力量的均势将遭到破坏。革命将不再以有组织的群众的威力为基础，却以反动封建军官手里的不可靠的军队为基础。鲍罗廷承认，北伐的直接结果将建立一个不同成分的军事联合机构，这种情况确实会发生，其中，反动分子很可能将起支配作用。

（5）革命任务决定的。我们目前的革命面临着三项任务，即通过土地革命和实现无产阶级的最低要求以动员民主力量；在农村由农民夺取政权；革命军队的改编和集中领导，即建立一支革命的军队。这些任务只能依靠巩固我们在华中和东南各省的力量来实现，而不能靠立即北伐来实现。

罗易总结说：总之，目前的危机，迫使我们必须首先解决上述革命的根本问题。“立即北伐意味着回避这些问题，这是典型的小资产阶级政策。正因为革命的问题难以解决，无产阶级就不能一走了之。如果我们不能解决运动发展中提出的问题，革命的前途就岌岌可危了”。罗易警告说：“我们正在跳出油锅而又跌入火坑。现在我们只应当去对付蒋介石，可是我们却避开他而到陌生的地方去，在那里，我们很可能还会遇到许多像他这样的人。”

关于立即北伐与开展土地革命的关系问题，罗易用一个形象的比喻批评鲍罗廷，想在小资产阶级左翼的马车上套上中国共产党这匹马。罗易说：小资产阶级左翼既没有胆量，也完全没有这种愿望要开展土地革命。北伐仅仅是给这些小资产阶级分子提供拖延解决土地问题的一个借口而已。中国革命将通过开展土地革命而取得胜利，否则就不可能胜利。资产阶级反对土地革命；小资产阶级不敢发动这个革命；这个任务必须由无产阶级来完成。如果无产阶级不去完成，国民革命就不能胜利。小资产阶级正在背叛国民革命。如果中国共产党支持立即北伐的计划，无异于帮助小资产阶级背叛革命。

罗易还提出了“巩固我们的力量”的大致计划：（1）必须保卫武汉。（2）在完全由武汉政府统治的湖南、湖北开展土地革命。（3）对江西和广东进行政治渗透。（4）使江西、福建、广东和广西归属武汉政府，把武汉政府的影响扩大到西南各省。（5）在上海和整个浙江省开展强有力的组织、宣传和鼓动工作。（6）最大限度地运用劳工部、农业部和内务部的权力，武装工农。（7）改善同冯玉祥和阎锡山的关系。罗易说，这些条件实现后，我们才应当举行北伐。①

以陈独秀为首的中共中央的决策及第二次北伐的实施

在东征与北伐的争论中，陈独秀一改先前与鲍罗廷的争执，与中央委员会多数人都支持鲍罗廷的观点，认为“不扩大地盘革命就无法深入”。当时，维经斯基在上海，没有参与这场争论。据罗易讲，中共中央委员会“最终接受了我们的观点”，但由于鲍罗廷声称，“如果共产党反对立即北上，他就辞职”，“结果，共产党人又一次改变了自己的意见，主张北上”。②

对于罗易所称立即北上会切断革命同根据地联系的观点，陈独秀说：“不能为了削弱反动派的基础来加剧农村的阶段斗争。”③

在此期间，陈独秀在讨论东征和北伐问题时，完全是依武汉国民党的态度行事。先是认为必须进行北伐，但北伐的决定被武汉国民党否决后，又

---

① 以上参见《罗易赴华使命》，第163—169页。

②③ 《共产国际、联共（布）与中国革命档案资料丛书》第4卷，第203页。

马上改变主张，通过了支持国民党东征的决定。为此，罗易气愤地说："陈独秀在一天前还说，不向北扩展革命就不能发展，他未同中央委员会和共产国际代表团商量就同意突然改变计划。中央委员会也毫无抵制地同意了。这种情况证明，共产党已经丧失了政治独立性。它完全是国民党的附庸。"①这确实说明了以陈独秀为首的中共中央在发展战略问题上的摇摆不定。

共产国际驻中国代表罗易反对北伐，国民政府政治顾问鲍罗廷和军事顾问加伦都主张继续北伐。这样，以陈独秀为首的中共中央没有采纳东征讨蒋的建议，而是决定同武汉国民党一道继续北伐。当时称为第二次北伐。

4 月 19 日，武汉举行第二次北伐誓师大会。4 月下旬至 5 月上旬，北伐军沿京汉路及其两侧北上。一开始，战事的发展还比较顺利。但奉军急调主力投入豫南战场，双方发生异常激烈的战斗，一度形成僵持不下的苦战状态。北上的国民革命军经过浴血奋战，以伤亡 1.4 万人的巨大代价，击溃了奉军在河南的主力，使东出潼关的冯玉祥部得以在 5 月 31 日占领郑州。

6 月 10 日至 12 日，主持武汉国民政府的汪精卫等在郑州同冯玉祥开了两天会，决定将河南和西北的军政大权全部交给冯玉祥，武汉国民政府的北伐军全部回师武汉。这时，冯玉祥的政治态度已发生很大变化，提出停止南京和武汉之间的对立等主张。6 月 20 日，冯玉祥到徐州同蒋介石举行会谈，公开倒向蒋介石一边。随后，他致电武汉国民政府要求将鲍罗廷解职回国，并将国民军联军内部共产党员和大批政治工作人员解职。

这样，鲍罗廷的"西北学说"宣告完全破产。

三、陈独秀、共产国际与中共五大的召开

在大革命的危急时刻，根据共产国际的指示精神，中国共产党召开第五次全国代表大会。陈独秀在大会上作报告。大会通过并确定了一些基本方针。这些方针从理论上说，大体上是正确的。但在贯彻执行中又存在许多重大问题。其实，中共五大与共产国际关系密切：大会的筹备是在共产国际的直接组织下完成的；大会的实际主导者不是党的总书记陈独秀而是共

---

① 《共产国际、联共（布）与中国革命档案资料丛书》第 4 卷，第 204 页。

产国际及其代表罗易；大会的决议案都是根据共产国际精神制定的；陈独秀在中共五大上的连任是共产国际和中共合力作用的结果。

中共五大的筹备是在共产国际的直接组织下完成的

关于中共五大的筹备，已往论者多强调，蒋介石发动“四一二”反革命政变以后，中国大革命形势危急，中国共产党于是决定召开五大。事实上，从一年前提出到最终确定召开中共五大，以及何时何地召开，参加人数，议事日程，再到大会纲领的起草，政治决议和组织决议原则的确定，等等，无一不是共产国际的旨意。共产国际决定中共五大的召开并从始至终领导大会的筹备工作。而全党范围内讨论共产国际执委会第七次扩大全会决议又为中共五大的召开作了思想准备。

早在 1925 年 5 月 16 日共产国际执委会东方部给共产国际执委会主席团的报告中，就提出“必须在今年秋到 1926 年初冬期间在中国南部地区召开中共代表大会”①。近一年后的 1926 年 4 月 27 日，在莫斯科召开的共产国际执行委员会远东书记处会议上，蔡和森又提出“中共五大应该立即召开”②的建议。当时，维经斯基认为，现在不能召开代表大会，因为“找不到能集合代表一点二万名党员的二三百名代表的合适地点”③。他建议在 5 月中旬或 5 月底召开有五六十人参加的党的代表会议。6 月下旬，远东局俄国代表团决定：“国民党和中国共产党的整个问题在中共代表大会上加以解决。”④

9 月，远东局俄国代表团第一次对中共五大的召开正式作出决定：最近要筹备中共五大的召开，目的是“通过党代会筹备工作，集中精力加强对中共的总的政治领导，了解和帮助加强中央的整个机构”⑤。同时，确定中共五大不晚于 1927 年 1 月召开。远东局先决定了中共五大的事宜，而后才想到“要在最近几天向中央提出”⑥。会议还决定立即着手起草中共五大提纲，

---

①《共产国际、联共（布）与中国革命档案资料丛书》第 1 卷，第 621 页。
②《共产国际、联共（布）与中国革命档案资料丛书》第 3 卷，第 230 页。
③《共产国际、联共（布）与中国革命档案资料丛书》第 3 卷，第 231 页。
④《共产国际、联共（布）与中国革命档案资料丛书》第 3 卷，第 307 页。
⑤《共产国际、联共（布）与中国革命档案资料丛书》第 3 卷，第 536 页。
⑥《共产国际、联共（布）与中国革命档案资料丛书》第 3 卷，第 517 页。

并提名陈独秀起草总纲，瞿秋白起草关于资产阶级作用的提纲，托切尔尼亚克起草关于无产阶级运动的提纲。

到 11 月初共产国际执委会第七次扩大全会召开前，远东局向全会委员会呈交了土地纲领草案。该草案是共产国际代表维经斯基等“同中共中央一起为即将召开的党的五大制定的”。到 11 月 5 日，共产国际远东局正式向共产国际执委会提出于 1927 年 1 月召开中共五大的问题，并且首次明确了大会议程：“（1）中央的政治报告；（2）共产国际执委会代表的报告；（3）关于国民党的问题；（4）农民问题；（5）工人运动问题；（6）党的建设；（7）老头子（陈独秀——引者注）关于党纲起草问题的报告。”① 这时，维经斯基等已与中共中央共同起草了关于党纲的报告。

1926 年 11 月 22 日至 12 月 16 日，共产国际执行委员会第七次扩大全会召开。中国革命问题成为此次会议的中心议题。斯大林和布哈林的发言以及全会《关于中国形势问题的决议》指出，中国革命要向非资本主义发展轨道即社会主义发展轨道过渡，中国革命的现阶段是走向新的更高阶段的过渡时期，今后革命的动力是无产阶级领导下的工人、农民和小资产阶级的联盟，革命的中心任务是开展土地革命。

根据对中国革命的这一认识，共产国际给中国共产党提出了既温和又显然带有进攻性质的“过渡性”策略方针：参加国民党的国民政府，目的在于支持国民党的“革命左派”；向各级政府机构渗透，是为了推进土地改革的实施，立即满足工农的迫切要求；建立作为农村政权机构的农民委员会；武装农民基层群众和工人；向军队渗透以便逐步占据其中的领导岗位；把国民党变成“真正的人民政党”。②

共产国际的领导人当时也认为，在中国执行以上策略“是异常困难的”，用布哈林的话说，“因为我们已经有革命政府、革命军队和革命地区”，国民党客观上在其中起着组织作用，“我们不能瓦解他们”，“问题难就难在这里”。所以，在“具有紧迫的意义”的土地问题上，中国共产党应“按一定的指令”，“小心、巧妙、谨慎地”准备“国民党的重新组合”，以期“通过

---

①《共产国际、联共（布）与中国革命档案资料丛书》第 3 卷，第 607—608 页。
②《共产国际、联共（布）与中国革命档案资料丛书》第 4 卷，第 5 页。

和平的方法来实现土地改革”。①

维经斯基在1927年1月21日说：“共产国际执委会第七次全会的决议我们日前才收到。现在正在译成中文”，“力争使决议的分析部分真正成为党员骨干的财富”。②罗易也称此决议是在中共五大召开前三个月收到的。由此可以推断，共产国际执委会第七次扩大全会决议是1927年1月传到中国的。当时中央委员会进行了讨论。陈独秀的看法是：提纲为中国共产党展现了新的前景，提出了新的问题和崭新的政治方针。他不完全相信提纲的正确性，但是他还是准备看一下，如何在实践中贯彻执行。彭述之认为，在共产国际的提纲中没有任何新的东西，瞿秋白则完全同意提纲。③

中共中央接着作出《中央政治局对于〈共产国际执行委员会第七次扩大全体会议关于中国问题决议案〉的解释》，决定接受这个决议，“不必俟第五次全国大会之讨论，一切政策及工作计划，即须依据此提案的方针与战略而进行”。④

对于共产国际执委会第七次扩大全会《关于中国形势问题的决议》，陈独秀一再声明，“共产国际的提纲原则上是正确的，但实际运用却很难，需要时间”。⑤罗易曾说过，尽管中共表面上接受共产国际的提纲，但实质上，中央委员会的多数委员，“特别是陈独秀不同意这个提纲，并想避开讨论”。他建议共产国际执委会政治书记处在中共五大后，“立即将陈独秀作为党的代表召到莫斯科”。⑥

中共中央把共产国际的决议案和中央政治局关于接受共产国际决议的解释发至各区委、地委和特区讨论。以湖南区委为例，为此开过三次讨论会，一致赞同共产国际的决议和中央政治局的解释，也提出了自己的一些见解，认为国际决议指出中国革命的非资本主义前途的发展方向，是非常必要的。同时认为，现在是国民革命时期，不是社会革命工农专政时期；分配土地

---

① 《共产国际、联共（布）与中国革命档案资料丛书》第4卷，第21—23页。
② 《共产国际、联共（布）与中国革命档案资料丛书》第4卷，第99页。
③ 《共产国际、联共（布）与中国革命档案资料丛书》第4卷，第441—442页。
④ 《中共中央文件选集》第3册，第22页。
⑤ 《共产国际、联共（布）与中国革命档案资料丛书》第4卷，第202页。
⑥ 《共产国际、联共（布）与中国革命档案资料丛书》第4卷，第209—210页。

作为党的中心工作，完全符合湖南农村的实际需要，“农民运动绝不是超过国民革命的运动”；土地问题的解决，是推翻封建阶级的最后胜利，是民主革命的最后完成。

全党这次对共产国际决议的讨论，为中共五大的召开作了思想准备，对肃清党内存在的“二次革命论”的思想，增强全党在国民革命运动中与资产阶级争夺领导权斗争的自觉性，确有一定的帮助。但在批判“二次革命论”的同时，又出现了所谓“一次革命论”的偏差，助长了在工农运动中存在的某些“左”的情绪。①

12 月 14 日，共产国际执委会远东局书记拉菲斯提议：“中国党的代表大会拟于明年初召开，在此之前共产国际执委会应给中国共产党发去一封‘秘密信’，这封信和全会决议一起应成为代表大会的纲领。应派一位负责的领导同志作为共产国际执委会的代表出席代表大会。”②12 月底，共产国际执委会第七次扩大全会闭幕后不久，联共（布）中央政治局就即将举行中共五大的问题作出决定：“责成彼得罗夫同志（拉斯科尔尼科夫——引者注）将就中国共产党召开第五次代表大会给维经斯基同志的指示稿先提交政治局批准，然后提请共产国际执委会通过。”

到 1927 年 1 月初，共产国际执委会政治书记处正式任命了共产国际执委会出席中共五大代表团的成员，他们是维经斯基、多里奥和罗易（三人到达汉口后又增补鲍罗廷为共产国际执委会参加中共五大的代表团成员）。1 月 18 日，共产国际执委会远东书记处会议听取“关于中共第五次代表大会的准备工作”，决定“责成共产国际执委会代表主持党代表大会。代表共产国际执委会草拟指示信，为此选举彼得罗夫同志（可由赖特同志取代）、谭平山和瓦西里耶夫组成委员会”。③

1 月 19 日，共产国际执委会为举行中共五大给维经斯基、罗易和多里奥发出指示，正式确定了代表大会的日程、遵循的原则和需要讨论的问题。其中，特别明确了两条原则性的指令：一是中共五大的“一切政治决议都

---

① 以上参见李维汉：《回忆与研究》（上），中共党史资料出版社 1986 年版，第 110 页。
② 《共产国际、联共（布）与中国革命档案资料丛书》第 4 卷，第 51 页。
③ 《共产国际、联共（布）与中国革命档案资料丛书》第 4 卷，第 69 页。

完全应以共产国际执委会第七次扩大全会关于中国问题的决议为依据”；二是中共五大的组织决定则以共产国际执委会政治书记处当日通过的《关于中国共产党的组织任务》的决议为依据。①

1月21日，维经斯基致电共产国际，提出“拟于3月15日在汉口或长沙举行党的第五次代表大会”，代表大会“将半公开举行”，“每300名党员选出一名代表”，大会将通过中央政治报告、关于组织问题的报告、关于党章问题的报告等七个文件。②

联共（布）中央政治局决定为派遣共产国际执委会参加中共五大的代表团拨款9000卢布③（联共（布）中央政治局中国委员会1926年至1927年度下半年预算总额为94547卢布和183819美元④）。责成苏联商船队派“因季吉尔卡”号去广州参加中共五大。

4月4日，中共中央执行委员会、中共湖北省委员会和共产国际代表团在汉口召开联席会议，最终确定了中共五大的召开日期（4月25日）⑤和大会议程：共产国际代表关于国际形势和共产国际执委会第七次扩大全会对中国的总结的报告、中央执委会的政治报告、中央执委会的组织报告、关于中共土地纲领的报告、中共的工人政策、关于青年的报告⑥。后经过协商，为了使参加五大的同志“能迅速回到省里工作”，共产国际代表同意“将代表大会议程缩减为中央委员会政治报告、关于共产国际执委会全会及其提纲的报告、土地问题分组讨论和工会问题”。⑦

可见，中共五大的召开是在蒋介石发动“四一二”反革命政变之前就确定下来的。从1926年4月蔡和森在共产国际会议上提出召开中共五大，进而实际开始中共五大的准备工作，到1927年4月正式召开，中共五大的酝酿工作持续了一年时间，从中可以清楚地看出共产国际的主导作用。特别是共产国际执委会第七次扩大全会决议精神传到中国后，全党范围的讨论

① 《共产国际、联共（布）与中国革命档案资料丛书》第4卷，第92页。
② 《共产国际、联共（布）与中国革命档案资料丛书》第4卷，第97页。
③ 《共产国际、联共（布）与中国革命档案资料丛书》第4卷，第104页。
④ 《共产国际、联共（布）与中国革命档案资料丛书》第4卷，第151页。
⑤ 中共五大于1927年4月27日开幕。
⑥ 《共产国际、联共（布）与中国革命档案资料丛书》第4卷，第171页。
⑦ 《共产国际、联共（布）与中国革命档案资料丛书》第4卷，第209—210页。

为中共五大的召开作了思想准备。

中共五大的实际主导者不是陈独秀而是共产国际和罗易

作为共产国际执行委员会驻华首席代表，罗易在中共五大上起了主要的指导作用，我们姑且称之为“主导”作用。

罗易来中国的主要使命是贯彻1926年底共产国际执委会第七次扩大全会所作出的《关于中国形势问题的决议》。他到达中国后，很快就把中共中央总书记陈独秀当成批评和“改造”的对象。

中共五大召开前，在对一些问题的认识上，陈独秀与共产国际的指示和共产国际代表的意见表现出不尽一致的地方。正如罗易和多里奥给共产国际执行委员会政治书记处的电报中所称：“党的领导状况不佳。在陈独秀来到这里之前，中央委员会的多数委员主张立即召开代表大会，以便建立集体领导，并定在25日召开。陈独秀到来后，借口省里的工作需要，要求将代表大会无限期推迟。”“尽管中共表面上接受共产国际的提纲，但中央委员会的多数委员，特别是陈独秀不同意这个提纲，并想避开讨论。”①

由此，罗易认为，虽然共产国际执委会第七次扩大全会的决议早就传到中国，中共中央在1927年1月作出接受国际决议的决定，国民党二届三中全会也在中国共产党人的推动下通过体现共产国际关于中国土地问题决议的决议案，但是，在实际工作中，无论国民党还是共产党所执行的政策，与共产国际的决议精神都相去甚远。

经过考察，罗易认为，造成上述现象的主要原因，是“中国共产党及其领导没有很好理解共产国际执行委员会的新提纲”，“仍旧受到自己的旧政策的束缚，无法执行时局所要求的新政策”。②“共产国际执委会在中国执行了唯一正确的路线，但反对派的中国信徒们破坏这条路线”，以陈独秀为首的中共中央“经过战斗”才最终“理解了决议”。③在这种“极度困难的情况下”，罗易认定自己的使命便是“说服中国共产党第五次代表大会，通过

---

① 《共产国际、联共（布）与中国革命档案资料丛书》第4卷，第209页。

② 〔苏〕A. B. 巴库林：《中国大革命武汉时期见闻录》，中国社会科学出版社1985年版，第334—335页。

③ 《共产国际、联共（布）与中国革命档案资料丛书》第4卷，第271页。

符合共产国际提出的新路线的决议”。①

果然，罗易通过中共五大，基本实现了共产国际和他自己的主张。相反，陈独秀在大会上的表现却直接受制于共产国际及其代表。

陈独秀在中共五大作的报告是根据罗易规定的大纲写成的。蔡和森说：“独秀在五次大会中的政治报告，其大纲是鲁易（罗易——引者注）规定的。”②罗易本人也说：“共产国际执行委员会代表团就代表大会的主要议题，同中共中央进行了磋商，力求使代表大会不发生长时间的争论，力求使代表大会就革命前途及党的领导等问题通过明确具体的决议。共产国际执行委员会代表团与中共中央联席会议经过长时间的反复磋商决定，中共中央的总结报告应当说明以下问题：（一）大资产阶级在中国过去、现在和将来的革命运动中的作用；（二）小资产阶级的作用；（三）无产阶级的作用；（四）土地改革；（五）国民党；（六）军事因素和社会因素的关系；（七）改编国民革命军，成立新军；（八）建立革命民主政权。”③

4 月 29 日，陈独秀代表第四届中共中央执行委员会向大会作的报告中涉及了所有上述问题。但从具体内容看，加进了自己的东西，总体上还是陈独秀真实思想的反映。这是陈独秀最后一次在党的全国代表大会上正式作报告。

陈独秀的报告共分政治部分和党的部分两大方面。政治部分共讲十一个问题。第一“革命的形势及其发展和党的策略”，把从中共四大以来中国革命的发展分为四个时期，逐一分析了每个时期的重大历史事件，对诸如五卅运动和省港大罢工、“三二〇事件”、退出国民党、北伐等几个有争议的问题讲了自己的意见，承认党在一些问题上犯有一定的错误，并作了简单的自我批评。但他没有分析犯错误的原因，特别是关于退出国民党的问题，并没有详细讲明自己的思想，进行深入的分析和中肯的自我批评，更没有说明当前国共两党关系的现状，以及可能发生的变化。可以看出，他对这

---

① 《罗易对大革命失败的回忆》，《国外中国近代史研究》第 7 辑，中国社会科学出版社 1985 年版，第 60 页。

② 蔡和森：《党的机会主义史》，《中共党史报告选编》，第 102 页。

③ 〔苏〕A. B. 巴库林：《中国大革命武汉时期见闻录》，第 336—337 页。

个问题的检讨自始至终是在一定压力之下的被迫表态，因为共产国际执委会第七次扩大会议决议再次指责退出国民党的主张是错误的。第二“关于无产阶级的作用”，指出：我们不能确切地肯定说，是否整个资产阶级都脱离了革命，但有一点是清楚的，在 4 月 12 日以后，大部分资产阶级叛变了革命。第三“对小资产阶级的态度”，提出：在城市里，只有小资产阶级是我们的同盟者。如果大资产阶级把小资产阶级拉到他们那方面去，无产阶级就会陷于孤立。更重要的是，如果小资产阶级转向大资产阶级，革命就会失败。第四“土地问题”，提出：目前就没收一切地主的土地，毕竟是太激进了。第五“无产阶级的领导权”，讲到：说无产阶级根本没有取得领导权，是不对的，不过无产阶级还没有取得政权。第六“军事力量和革命的社会力量”及第九“改组军队问题”，强调：目前军队的动摇是他们的社会成分的反映，因此，今后我们需要大大加强用无产阶级分子来补充军队的工作，让大多数工农加入军队。第七“革命基地和西北理论”，开诚布公地批评共产国际代表在这个问题上的意见是不正确的。第八“国民党问题”，肯定地指明，现在的“国民党是无产阶级、农民和小资产阶级的革命联盟”，所以“我们应当作为这个联盟的成员之一加入国民党”。第十“建立革命民主政权”，指出：民主专政将是最有威望的政权。“这种政权，只有在我们的力量大到足以镇压反革命的时候才能产生，只有在工农群众中也能实行内部民主的时候才会产生”。第十一“财政经济政策”，批评党在领导革命的整个时期，都没有自己的财政计划和经济政策，并尤为难能可贵地指明：“如果不能正确地解决经济政策问题，我们就会失掉一切革命中心。”

在接下来关于党的部分中，陈独秀批评了中央委员会的工作和组织工作。他说：九个中央委员不能经常在一起工作。在中央一起工作的只有两三个委员，有时只有一个委员，“党中央不很健全”，“这样一来，中央自然而然就产生了独裁”。“中央的工作做得最好的是宣传工作，做得最差的是组织工作”。①

陈独秀作报告后的第二天，罗易代表共产国际驻中国代表团在会上作了

① 以上参见《陈独秀在中国共产党第五次全国代表大会上的报告》，《共产国际、联共（布）与中国革命档案资料丛书》第 5 卷，北京图书馆出版社 1998 年版，第 338—364 页。

题为《中国革命问题和无产阶级的作用》的长篇讲话。他对陈独秀报告中提到的所有重大问题重新进行了阐述。因为在他看来，“陈独秀主要是报告过去的工作，对于未来既不分析，也不指明前途。对于共产国际执行委员会代表团与中共中央联席会议就党的新路线提出的一些问题，陈独秀根本没有答复。陈独秀在报告结尾部分说这些问题还有待讨论，从而回避解决问题”。① 而罗易的讲话则弥补了陈独秀报告中的不足之处，明确指出党应当遵循的纲领、路线和政策。罗易根据共产国际决议为中国共产党规定的基本纲领是：“首先，也是最根本的，是进行土地革命；第二，武装农民，保卫土地革命的胜利果实；第三，组织农村自治政府，摧毁农村封建地主的政权；第四，建立国家机构，进而实现民主专政；第五，建立一支革命军队，不采取把军阀军队变成革命军队的办法，而是在巩固的社会基础上组成一支革命的军队。”② 这样，中共五大实际上不是围绕陈独秀的报告，而是围绕罗易的讲话进行讨论和作出决议的。

5 月 4 日，罗易在中共五大上作了关于共产国际执行委员会第七次扩大全会决议案的报告，并发表题为《国民革命和社会主义》的演说。次日，罗易作了题为《非资本主义发展和社会主义，民主专政和无产阶级专政》的长篇结论性发言。随后几天，大会集中讨论通过各项有关决议。5 月 9 日，大会结束。罗易又在新选出的中共中央委员会全体会议上发表题为《布尔什维克的党》的讲话。这样，罗易在中共五大上先后发表了五次讲话。

上述事实表明，虽不能说罗易包办了中共五大，但他在中共五大所起的重大作用是显而易见的，可以说是中共五大的实际主导者。共产国际和罗易的主张在中共五大上得到了彻底的贯彻。罗易在 5 月 5 日的结论性发言中也说：“我对于共产国际的决议案在这里既没有遭到反对也没有引起严重怀疑表示满意。这意味着中国共产党第五次代表大会已经同意共产国际决议案，并由于以这个决议案为基础开始工作，中国革命史开始了新篇章。”③

事实确实如此，中共五大的一切决议案都是根据共产国际决议精神制定

① 〔苏〕A. B. 巴库林：《中国大革命武汉时期见闻录》，第 337 页。

② 《罗易赴华使命》，第 205 页。

③ 《共产国际、联共（布）与中国革命档案资料丛书》第 4 卷，第 235—236 页。

的。中国共产党第五次全国代表大会通过的《组织问题决议案》就开宗明义地指明："完全接受共产国际第七次大会关于中国问题的决议"，因为国际决议案中对于中国革命前途的指示，及革命策略的规定，"都适合于现在革命阶段中之客观的环境"。①

共产国际向来强调党内组织问题的重要性，所以在中共五大召开前专门作出《关于中国共产党的组织任务》的决议，提出中共在组织建设方面面临的十项"极其重要的具体任务"。中共五大《组织问题议决案》明确指出："第五次大会认定共产国际第七次扩大会议关于组织问题之指示是完全正确的，特训令新的中央须将党的一切组织工作，建立在共产国际此种指示之上。"②

如果我们将共产国际执行委员会政治书记处《关于中国共产党的组织任务》的决议（简称《国际决议》）与五大通过的《组织问题议决案》(简称《五大议决案》）和其他议决案作一简单比较，可以看出后者基本上全盘吸收了前者的观点：

《国际决议》第一项为"增加党员数量"。《五大议决案》第一项为"努力扩大党的数量"。

《国际决议》第二项为"巩固支部"。这里所说的支部"具体说是工厂支部是党的基本组织"③。《五大决议案》第二项规定"中央应该尽力使党的基础建立在产业支部上面，并使所有大工厂铁路码头等都有我们的以支部为基础的组织"。

《国际决议》第三项为"培养骨干"，强调"最重要的基本的一点是应该在党的领导工作中吸收集体的思想，而要具体做到这一点，就要提拔……首先是工人出身的人"。《五大议决案》规定"中央应该强毅地实行集体的指导"，"重要的先决条件，就是吸引工人到所有党部的指导机关来"。

《国际决议》第四项为"巩固和改进党的机关"。《五大议决案》没有涉

---

① 《中共中央文件选集》第3卷，第47页。

② 《中共中央文件选集》第3卷，第87页。以下有关《五大议决案》的内容均引自该书第87—88页。

③ 《共产国际、联共（布）与中国革命档案资料丛书》第4卷，第78页。以下有关《国际决议》的内容均引自该书第76—88页。

及这一内容。

《国际决议》第五、六、七项分别为国民党、工会、农民工作。《五大议决案》相应的是第四项，要求"集中各方面的指导，在工会，在农会，在国民党及其他团体"。

《国际决议》第八项为"军队工作"，指出"在目前形势下，中国共产党的军事工作具有重大意义"，批评中国共产党"至今对这项工作未给予应有的重视"。但"军队工作"这一项，中共五大未予采纳和重视。

《国际决议》第九项为"工农青年工作"。中共五大专门作出了《对于共产主义青年团工作决议案》，其中第三条专门讲到"影响""青年工农"的问题。

《国际决议》第十项为"国际联络"。中共五大专门发表了《中国共产党第五次全国代表大会为"五一"节纪念告世界无产阶级书》。

诸如此类，中共五大通过的《政治形势与党的任务议决案》、《土地问题议决案》、《职工运动议决案》等其他议决案，无一不是共产国际精神的体现。这里就不逐一而论了。

与之相反，陈独秀的任何主张都与共产国际代表直接见面，且直接受制于共产国际代表。鲍罗廷、罗易等对同一问题看法不同，又都以国际路线为依据，这种情况使陈独秀左右为难，无所适从。陈独秀并不是大会的实际主导者，也没有心悦诚服地接受共产国际的决议和罗易的主张。

陈独秀在中共五大的连任是共产国际和中共合力作用的结果

尽管很长一段时间以来，对大革命后期在武汉召开的中共五大的评价各异，但争论中却有一个相同的论点，即陈独秀在中共五大上继续连任是历史的错误，是革命的憾事。似乎如果陈独秀在五大上不当选为中共中央总书记，右倾机会主义就不会统治中央，大革命也不会失败，至少不会失败得那么快。

问题在于，中共五大召开以前，"在中央委员会和全党"已经形成"反对机会主义领导的反对派"，即"针对陈独秀的反对派"①。为什么中共五大上反对派没有取代陈独秀？是否像传统说法那样："陈独秀是中共发起人之

---

① 《维经斯基在中国的有关资料》，第163、186页。

一，而且在这次大会上又表示赞成大会关于斥责他的机会主义错误的决议，于是大会又继续选举他担任最负责的工作。"①事实上，陈独秀在中共五大的连任有着深刻的内外因素，可以说是历史的必然。

首先，陈独秀的连任是共产国际的意愿。

中共五大召开时，中国大革命面临相当危急的局面。实际上，共产国际早已对中共领导人陈独秀颇为不满。正如中共五大刚结束后罗易给共产国际执委会和斯大林的书面报告中所指出的：近两年中国共产党有了巨大发展，党员从900多人增加到5万多人，但"领导未能同党的成长壮大齐头并进，它是软弱的和机会主义的。一些老的领导人（陈独秀、谭平山）与其说是共产党人，不如说是国民党人。集体领导实际上从来没有过。五大以前实际上没有中央委员会。在上海领导党的是陈独秀、在广州是鲍罗廷"②。罗易甚至斥责陈独秀是"国民党在共产党内的代理人"③。共产国际不是没有考虑过撤换中共领导人的问题。据参加中共五大的郑超麟回忆，中共五大召开期间，私下里曾听一位刚从莫斯科回来的人说，"莫斯科有个决议，要撤换陈独秀，找一个与国民党接近的人做领袖"。④

但是，中共五大召开前，共产国际执行委员会代表团通过会议讨论和同个别同志私下谈话，确信：中共上海中心和汉口中心之间"不存在任何原则分歧或政治分歧"；关于中共党内"存在领导危机的一切论断现在都是危险的，议论撤换领导就更危险了"。⑤结果众所周知，陈独秀在中共五大上还是连任党的总书记。对此，最合理的解释是：除了陈独秀，当时共产国际还没有找出更合适的人选。正如罗易指出的："现已查明，不存在渴望充当新领导的成熟的新核心。"⑥他认为，中共五大"选出了在目前情况下尽可能好的领导"。⑦维经斯基对陈独秀的当选也有个表白，说："让他（指陈独秀——引者注）留在领导机关，是共产国际执委会代表团的一个很大错

① 张闻天编著：《中国现代革命运动史》，中国人民大学出版社1987年版，第300页。
② 《共产国际、联共（布）与中国革命档案资料丛书》第4卷，第289—290页。
③ 《共产国际、联共（布）与中国革命档案资料丛书》第4卷，第303页。
④ 《郑超麟回忆录》，第137页。
⑤ 〔苏〕A. B. 巴库林：《中国大革命武汉时期见闻录》，第333页。
⑥ 〔苏〕A. B. 巴库林：《中国大革命武汉时期见闻录》，第335页。
⑦ 《罗易赴华使命》，第266页。

误。"①可以说，中共五大选举陈独秀连任总书记，仅仅是共产国际代表间寻找的一个缓冲人物，其去留并不取决于其人威望或是否同意中共五大决议，如同后来鲍罗廷要陈独秀"不视事"②，八七会议时罗明纳兹坚决不让陈独秀参加一样，都取决于共产国际及其代表的旨意。

其次，陈独秀的继续当选是由中国共产党的现状决定的。

对于这个问题，我们可以从三个方面来分析。一是瞿秋白等同志虽然批评了陈独秀的右倾错误，但在全体代表中，对右倾错误的严重危害性还认识不足。据李立三回忆，由于鲍罗廷和罗易的动摇，"党内反机会主义的重心更薄弱了，所以五次大会中反机会主义的坚决分子，就是秋白也稍稍动摇。五次大会中，国际代表的报告主要是反对'西北学说'，对于中国党的机会主义则说中国党从斗争中生长起来的，他不会发生机会主义，因此在会议中更把反彭述之主义的力量减轻"。③二是陈独秀是中国共产党的主要创始人之一，在社会上仍有较大影响。正是这个原因，会前和会上带头同陈独秀、彭述之斗争的瞿秋白，尽管眼见着主持会议的陈独秀不让代表们讨论他的意见，但"还是维护陈独秀的领袖地位，没有点他的名，只是批判彭述之"。④瞿秋白在中共五大上对陈独秀的态度在中共内部具有很大的代表性。三是当时党内确实还没有各方面综合实力超出陈独秀的领袖人物脱颖而出。正如陆定一后来回忆的那样："当时党内还没有更孚众望的人物，只好由他（指陈独秀——引者注）继续领导全党。"⑤

辩证地评价陈独秀与中共五大的得失

中共五大是一次盛况空前的大会，共有 82 名代表参加，创下了建党以来的最高纪录。国民党领导人徐谦、谭延闿、孙科亲自出席大会的开幕式，这在党的历史上是第一次。罗易、多里奥、维经斯基、洛佐夫斯基、米夫等出席大会指导。同时，这又是一次肩负重托的大会。蒋介石发动"四一二"反革命政变，中国革命面临着极端危急的局面。中国共产党究竟何去何从?

---

① 《维经斯基在中国的有关资料》，第 187 页。
② 蔡和森：《党的机会主义史》，《中共党史报告选编》，第 137 页。
③ 李立三：《党史报告》，《中共党史报告选编》，第 248—249 页。
④⑤ 《回忆大革命前后——陆定一谈中共党史（之一）》，《中共党史研究》2000 年第 2 期。

中共五大能否承担起挽救中国革命的重任？这些问题摆在了全党面前。

实际结果如何呢？对此的说法向来各不相同。充分肯定的如蔡和森。他认为："五次大会的主要任务便是接受国际决议，改正过去一切机会主义的政策，及根本的错误观念。所有五次大会一切决议案的精神都是根据国际决议的，所以五次大会的本身是正确的。"①"五次大会后的错误主要的是未实行五次大会的决议。"②蔡和森的评论有一定道理，从中共五大召开主要是为了接受共产国际执委会第七次扩大全会决议精神这一点来说，中共五大确实做到了。从这个意义上讲，中共五大本身是没有错误的。更何况，幼年的党，又有谁敢冒天下之大不韪，敢于对国际决议说个"不"字呢？蔡和森便称："如不承认五次大会的本身是正确的，便是不承认国际决议是正确。"③这语气，多么具有威慑力呀！同时，蔡和森也承认中共五大"有缺点"，即"没有执行政治纪律，没有解决党的组织问题，没有征服机会主义首领的基本观念和思想。因此让机会主义继续其生命与发展"。④

共产国际代表罗易更是给予中共五大以极高的评价："第五次大会的使命，就是指示革命的前途，供给一个观察明敏的，坚决勇敢的领袖组织，以领导在这严重时期中的革命运动。此次大会已经完成这个使命，并指出无产阶级是革命的骨干。"罗易甚至盛赞："中国共产党之第五次大会是世界社会主义斗争史上的一个新标界。"⑤

对中共五大持否定态度的也不在少数。如李立三就认为："五次大会依然是机会主义的"；"五次大会组织上是调和主义的胜利"；五次大会的决议案"都是一个革命的尾巴"，"虽然表面上接受国际决议，但在实际策略上完全是尾巴"。⑥

对中共五大的评价，也是几十年来史学界最有争议的问题之一。

随着大批苏联秘密档案的公布，随着研究的不断深入，许多材料说明，

---

①③　蔡和森：《党的机会主义史》，《中共党史报告选编》，第 96 页。

②《蔡和森关于共产国际代表报告的发言》，载中共中央党史资料征集委员会、中央档案馆编：《八七会议》，中共党史资料出版社 1986 年版，第 61 页。

④　蔡和森：《党的机会主义史》，《中共党史报告选编》，第 98 页。

⑤《罗易赴华使命》，第 271、273 页。

⑥　李立三：《党史报告》，《中共党史报告选编》，第 248—251 页。

要想正确评价中共五大的历史作用，不能不同共产国际在其中的作用联系起来考察。

首先，应该充分肯定中共五大的历史作用。

中共五大提出了争取无产阶级对革命的领导权、建立革命民主政权和实行土地革命等一系列正确的战略性原则。总的来说，共产国际执委会第七次扩大全会的决议为制定中国革命的理论和战略作出了贡献，为中国共产党确定了一个长时间的明确方针。这些方针和原则被以后中国革命的实践证明是正确和可行的，是符合中国国情的，在后来历次党的全国代表大会和一些重要会议上也多次被肯定。单从这一点讲，作为一次党的全国代表大会，它至少完成了一部分的历史使命。所以，全盘否定中共五大的论点是站不住脚的。

其次，应该看到共产国际指导下的中共五大的缺陷也是十分明显的，其中陈独秀负有一定责任。

一是共产国际关于中国革命的指示本身存在着矛盾。一方面要求中国共产党立即进行土地革命，另一方面又要求中国共产党千方百计维护与国民党的统一战线。而这两项政策在执行过程中必然发生不可调和的矛盾。因为土地革命的开展，必然导致国民党和国民革命军上层领导人物的反对，进而导致反对极力推行革命的中国共产党，国共合作的统一战线也就不可能保持。理论上的缺陷注定了实践中的缺陷。那么，以贯彻斯大林指示和共产国际执委会决议为主要内容的中共五大自然也就不可能解决这一矛盾。

二是缺少具体有效的措施。无论是陈独秀在中共五大上作的报告，还是中共五大根据共产国际决议精神制定的指导中国革命的战略原则，无一例外地都没有辅以相应的可行性手段。比如，中共五大着重强调土地革命，通过了《土地问题议决案》，肯定“将耕地无条件的转给耕田的农民”的土地革命原则。但实践中如何贯彻这一原则呢？根据共产国际和罗易的方针，土地革命是要依靠武汉国民政府自上而下进行，即“通过国民党带领农民前进”①。而武汉国民党领袖是靠军队支持的，军队的核心又是地主阶级出身

① 《共产国际、联共（布）与中国革命档案资料丛书》第4卷，第229页。

的军官，他们对土地革命的态度可想而知。这时武汉国民党土地委员会已提出一个《解决土地问题的决议案》，规定要没收大地主的土地，却又规定肥田不超过50亩、瘦田不超过100亩的都算小地主。按照这个标准，在武汉政府管辖的湖南、湖北、江西等省，很少有可以没收的土地。但就连这样一个纲领也受到汪精卫等人的反对而被搁置起来。汪精卫等在中共五大上表示："虽然土地改革是必要的，但是只能在占领北京之后实行。"① 一直被共产国际和陈独秀寄予厚望的国民党左派领袖汪精卫尚且如此，其他人对土地革命的态度便一目了然。所以中共五大通过的土地问题决议成为一纸空文就不足为怪了。又比如，中共五大提出要加强无产阶级在资产阶级民主革命中的领导权的观点。但怎样加强无产阶级的领导权呢？没有可操作性的政策。一接触到实际问题，无论是共产国际代表、陈独秀，还是中共五大通过的决议，无一例外地过分强调国民党的作用，强调武汉政府的作用。当时武汉国民党掌握在汪精卫、孙科、宋子文等人手中，通过国民党这个工具去实现无产阶级的领导权，说起来容易，做起来却很难。中国共产党不可能越过汪精卫等国民党当权派去直接指挥国民党，在这样的情况下，共产党怎么通过国民党去实现领导权呢？这样，中共五大提出的加强无产阶级领导权的问题事实上便成了一句空话。

三是盲目乐观的情绪。无论共产国际还是陈独秀，都没能认识到在蒋介石叛变革命后，中国革命实际上已开始走向低潮。1927年4月20日，蒋介石发动反革命政变刚刚过去一星期，在中共中央执行委员会中央局会议上，陈独秀竟然还说："国民政府和苏俄之间的关系变得越来越密切。共产党人变得更强大了，工农运动在日益发展。"② 陈独秀在中共五大的政治报告中进一步判断：蒋介石叛变革命后，"尽管革命队伍的数量减少了，但革命群众的质量却提高了。工农和小资产阶级的联合战线得到极大的巩固"③。中共五大以目前革命局势是"严重的革命进攻"这一估计为出发点，确信"中国国民革命发展到了最高的决战时期，客观的环境，无论国内国际，都对于

① 〔苏〕A. B. 巴库林：《中国大革命武汉时期见闻录》，第341页。
② 《共产国际、联共（布）与中国革命档案资料丛书》第4卷，第205页。
③ 《共产国际、联共（布）与中国革命档案资料丛书》第5卷，第341页。

革命是有利的”，中国革命在继续高涨。① 由此而制定的一系列进攻策略必然会遭受挫折，而不能达到挽救中国革命的目的。

四是没有充分认识党掌握武装问题的重要性。斯大林在共产国际执委会第七次扩大全会上指明：“中国的革命军队是中国工农争取自身解放的极重要的因素”，“在中国，是武装的革命反对武装的反革命。这是中国革命的特点之一和优点之一。中国革命军队的特殊意义正在这里”。② 中共五大召开前，共产国际执委会《关于中国共产党的组织任务》的决议对斯大林的观点作了更加明确的解释：“在中国共产党的条件下军事工作对于开展农村工作具有重大意义，因为广州政府军队中的政治工作人员有很多机会接触广大农民群众。”“党应该十分重视在广州军队中开展政治工作，”“应十分重视瓦解敌军的工作和组织工农纠察队的工作。”决议还强调：党还应争取“由党员来掌握指挥岗位”。陈独秀在中共五大报告中有两处专门讲到了军队问题，他的主张是：“让大多数工农加入军队”，改变军队的“社会成分”，这样军队就自然而然地“实现革命化，军官也不会从地主阶级中选择”。③ 可这显然是远水不解近渴的办法。在现有的状况下，不可能在一个比较短的时期内以此种方式达到掌握军队的目的。在大革命的危急时刻，最紧迫的问题是组织和发展党直接领导的革命军队。但是，大会并没有认真讨论军事问题，更没有在这方面制定有力的措施。陈独秀等中共领导人认为，目前情况下只要依靠以唐生智等武装力量为支柱的武汉国民政府和冯玉祥的国民军，就能够实现大会规定的任务。

最后应当说明的是，中共五大尽管有上述种种缺陷，陈独秀在其中也有着不可推卸的责任，但陈独秀在中共五大的连任并不是大革命最终失败的决定因素。

综上所述，从中共五大的筹备、召开到一系列结果，无一不体现了共产国际及其代表的精神和意旨。而作为当时中共主要领导人的陈独秀，只有被动接受的义务——接受共产国际决议精神，接受共产国际的批评，接受总

---

① 《中共中央文件选集》第 3 册，第 106 页。
② 《共产国际有关中国革命的文献资料（1919—1928）》第 1 辑，第 267 页。
③ 《共产国际、联共（布）与中国革命档案资料丛书》第 5 卷，第 357—358 页。

书记的职位。从这个意义上讲，中共五大的得失，共产国际都是起决定和主导作用，而陈独秀至多起了执行和辅助作用。

四、陈独秀、共产国际与大革命的失败

陈独秀动摇于鲍罗廷、罗易等人的不同主张之间

中共五大之后，根据共产国际决议，应该实行土地革命。可是鲍罗廷和罗易之间的争论越来越激烈。鲍罗廷着重强调共产国际执委会第七次扩大全会关于中国问题决议的一个侧面，即同国民党保持团结，维护统一战线。与鲍罗廷相反的是，罗易高度重视共产国际执委会第七次扩大全会关于中国问题的另一个侧面，即实行土地革命，为此不惜用工农武装力量反击一切阻碍土地革命的反动势力。

1927 年 5 月 13 日，联共（布）中央政治局致电鲍罗廷、罗易和陈独秀，再次强调“在各省，特别是在广东省有步骤地开展土地革命，口号是‘一切权力归农会和村委会’”，并称“这是革命和国民党成功的基础”。电报指示他们要“在共产党的积极参与下由农民实际没收土地”。指示还专门强调，“关于保护指挥人员财产和分给士兵土地的法令是必要的”。①

蒋介石发动“四一二”反革命政变以后，关于土地问题与国民政府的政策，鲍罗廷作了苦口婆心的解释：

许多同志认为，国民政府即国民党左派反对彻底解决土地问题。这种论断是没有任何根据的，是完全错误的。

目前国民政府反对以政府名义用法令规定有关土地问题的激进措施。这是出于以下考虑：一方面目前国民政府同蒋介石处于对立状态，而另一方面军队在向北京方向推进。军队的指挥人员多数是土地所有者。

指挥人员担心，他们在前线同敌人作战，而后方却在抢占土地，甚至不给他们（即军官们）留下一小块“葬身”之地。

国民政府反对在土地问题上立即采取激进措施，并不是从实质上反对，而是出于策略上的考虑。需要保持指挥人员和国民革命军的战斗力。应当

---

① 《共产国际、联共（布）与中国革命档案资料丛书》第 4 卷，第 252 页。

在实施这些措施时不触及国民革命军指挥人员的利益。

……目前不应以政府和国民党的名义发表宣言和在土地问题上采取激进措施，以避免指挥人员和军队发生分化。①

在1927年5月12日至13日召开的中共中央政治局和共产国际执行委员会代表联席会议上，讨论了与国民党左派的关系以及小资产阶级、农民和土地问题。通过会议记录，可以发现，夹在共产国际代表不同意见之间的陈独秀，是多么地难以决断。

会上，陈独秀通报了同汪精卫谈话的情况。他说，汪精卫抱怨："国际关系和军队状况的恶化无论过去还是现在都是共产党人的过错"。

为了改善同国民党左派的关系，鲍罗廷提出三点意见：（1）两党密切合作，共同解决所有问题。（2）制定对小资产阶级的总的政策，没有这种政策，灾难就不可避免。（3）制定对农民的总的政策。

维经斯基说：这里讨论的问题并不是新问题。国民党左派会在一定的方面摇摆不定，因为现在坐而论道的时候已经过去，需要解决的问题非解决不可了。对于农民，问题可以通过局部没收土地的办法来解决，国民党左派也赞成这样做，但湖南的农民运动使他们感到害怕。我们对小资产阶级的态度是明确的：国民政府应当帮助小资产阶级反对大资产阶级，它自己也要同大资产阶级作斗争，并且支持这种斗争。另一方面，我们应当帮助小资产阶级劳动群众为改善他们的生存条件而斗争，但这种斗争应当通过工会加以协调。国民党内的派别问题也很重要。

陈独秀说：比如在土地问题上我们有没有共同的方针呢？原则上说，我们同国民党左派对这个问题的态度似乎是一致的。但是，今天有人告诉我，国民党关于没收大地主土地的决定由于河南的形势而不会公布。

鲍罗廷说：小资产阶级处境不妙有两个主要原因，一个原因是看不见的，这就是帝国主义者的金融封锁和其他封锁，另一个原因是看得见的，也是小资产阶级明显感觉到的，这就是在手工业部门做工的工人争取自身经济需要的斗争。唯一的出路是向小资产阶级作出让步。但主要问题是，

① 以上参见《共产国际、联共（布）与中国革命档案资料丛书》第4卷，第225页。

共产党能否控制工人群众和自己的省级组织。可以商定一定的方针，但条件是共产党能够执行这个方针。我本人对此表示怀疑。如果共产党自己不能做到这一点，也许它同国民党一起能够做到。这就是我为什么讲共同解决的原因。国民党相信，你们能领导群众，但实际上却不能。出路只有一条：或者同国民党决裂，或者一起作出决定，一起执行。

陈独秀提出六条意见供参考：(1)小地主和革命军官的土地不没收。(2)成立解决小资产阶级与工人之间纠纷的仲裁委员会。(3)商人有权参加各种自治机构，反革命分子除外。(4)不禁止、不妨碍帝国主义的贸易。(5)邀请国民党积极参加工农组织。(6)支持国民党政府增加和征收捐税，条件是不剥夺贫困居民阶层。

罗易不同意陈独秀提出的"向小资产阶级作出让步"的见解，认为：如果我们增加对小资产阶级的让步，工人和农民的利益就会丧失更多。罗易还提出，在策略上不宜提捐税一条。① 根据讨论结果，中共中央政治局于5月13日通过《关于共产党与国民党在小资产阶级问题上的关系的决议》。

中共五大闭幕后不久的5月21日，长沙发生了针对工农的马日事变。在这个问题上，鲍罗廷与罗易再度发生争执，陈独秀同意鲍罗廷的观点，认为"长沙的政变不只是反对土地革命，而且也是由过火行为引起的"。他和鲍罗廷不顾罗易的反对，主张派谭平山等人到湖南"去纠正过火行为"。陈独秀承认："在去湖南的问题上我与罗易有分歧。"他进一步解释说："去是必要的。农民运动引起的过火行为［破坏了］同地主、绅士和军官的统一战线，过火行为妨碍了土地问题的解决。"②

总之，"四一二"反革命政变以后，在莫斯科的联共(布)中央多数派与少数派之间，在共产国际驻中国代表之间，首先是鲍罗廷与罗易之间，一直在不断就基本政策问题进行争论，这种争论不可避免地加剧了陈独秀等中共领导人的困惑和分歧。

罗易在1927年5月28日给共产国际执行委员会政治书记处和斯大林的书面报告中指出：国民党打着纠正过火行为的幌子，策划消灭湖南农民

---

① 以上参见《共产国际、联共(布)与中国革命档案资料丛书》第4卷，第248—251页。
② 《共产国际、联共(布)与中国革命档案资料丛书》第4卷，第308—309页。

运动。鲍罗廷支持国民党的这种政策，陈独秀和共产党“不敢反对鲍罗廷的政策，因为他的政策被认为是莫斯科的政策，只好不情愿地采取违心的行动”。① 罗易在给莫斯科的许多电报中都提出了撤换鲍罗廷和把陈独秀召到莫斯科的问题。

陈独秀、罗易与共产国际五月紧急指示

1927 年 5 月 18 日至 30 日，共产国际执委会第八次全会召开，斯大林在全会上作了《关于中国革命和共产国际的任务》的讲话。斯大林在讲话中批评托洛茨基对中国革命运动的错误立场。会议通过的《共产国际执行委员会第八次全会关于中国问题的决议》，分析了“四一二”反革命政变的原因及后果，指出这是“中国革命的局部失败和反革命集团势力一定程度的增长”。面对中国革命的危急局面，斯大林等人仍认为武汉是中国革命运动的中心，汪精卫仍是左派，“武汉政府和国民党左派的上层分子，就其阶级成分而论，不仅代表着农民、工人和手工业者，而且也代表着一部分中产阶级”。会议号召中国共产党应当十分积极地参加武汉“临时革命政府”的工作，并称“拒不参加或者对它持怀疑不定的态度，在形式上看似乎是‘激进革命’的，而实际上是重蹈了俄国孟什维克 1905 年的错误”。② 会议还提出开展农村土地革命、武装工农群众、发展国民党而坚决反对退出国民党等项任务与政策，并且不指名地批评了陈独秀对上述问题的动摇。

根据共产国际执委会第八次全会精神，联共（布）中央政治局会议于 5 月 30 日征询政治局委员意见后，作出关于中国问题的决定，并就此给在中国的鲍罗廷、罗易和苏联驻汉口总领事柳克斯三人发出电报，即五月紧急指示。该指示的主要内容如下：

1. 不进行土地革命，就不可能取得胜利。不进行土地革命，国民党中央就会变成不可靠将领手中的可怜的玩物。必须同过火行为作斗争，但不能动用军队，而要通过农会。我们坚决主张从下面实际占领土地，罗易对谭平山之行的担心是有一定道理的。不应脱离工农运动，而应千方百计对其加以促进，否则就会葬送事业。

---

① 《共产国际、联共（布）与中国革命档案资料丛书》第 4 卷，第 282 页。
② 《共产国际有关中国革命的文献资料（1919—1928）》第 1 辑，第 323、329 页。

2. 对手工业者、商人和小地主作出让步是必要的，同这些阶层联合是必要的。只应没收大、中地主的土地，不要触及军官和士兵的土地。如果形势需要，暂时可以不没收中地主的土地。

3. 国民党中央的一些老领导人害怕发生事件，他们会动摇和妥协。应从下面多吸收一些新的工农领导人加入国民党中央。他们的大胆意见会使老头们变得坚决起来，或者使他们变成无用之人。应该改变国民党目前的构成。务必要更新国民党上层人士，充实在土地革命中脱颖而出的新领导人，而地方机关应当依靠工农组织中的数百万人加以扩大。不这样做国民党恐怕会有脱离生活和丧失一切威信的危险。

4. 应当消除对不可靠将领的依赖性。要动员两万共产党员，再加上来自湖南、湖北的五万革命工农，组建几个新军。要利用军校学员做指挥人员，要组建自己可靠的军队，现在还不晚。不这样做就不能保证不失败。这是很困难的事情，但没有别的路可走。……

5. 要成立以著名国民党人和非共产党人为首的革命军事法庭，惩办和蒋介石保持联系或唆使士兵迫害人民、迫害工农的军官。不能只是说服教育，到采取行动的时候了。要惩治坏蛋。如果国民党人不学会做革命的雅各宾派，他们就要为人民、为革命去捐躯。①

6月1日，鲍罗廷等人收到该指示。6月7日，陈独秀在中共中央政治局会议上谈了对五月紧急指示的看法。陈独秀说：五月指示表明，“莫斯科不了解中国的实际情况”。然后，他逐条说明了无法执行紧急指示的理由：

（1）共产国际建议开展土地革命的问题。自成立农民部以来，局势非常严重。多数国民党领导人摇摆不定，他们不想听有关土地革命的任何意见。“最好是非常巧妙地、小心谨慎地谈及这个问题”。应当先纠正过火行为，然后采取解决土地问题的进攻性措施。共产国际可能不知道，没有过火行为，反动派的统一战线不会这么容易形成。在这种情况下，我们不能谈及土地问题。

（2）共产国际建议由工农领导人来加强国民党的领导的问题。国民党的

---

①《共产国际、联共（布）与中国革命档案资料丛书》第4卷，第298—299页。

领导是在党的代表大会上选举产生的。现在我们怎么能改变它呢？如果像莫斯科希望的那样撤换老领导人，那么国民党就会变成工农党。由工农组成新的军队当然很好，但存在一些困难。现在我们应当进行谈判，同军阀进行接触。我们不能同这些将领断绝往来，因为在这种情况下我们没有可能建立自己的武装力量。

（3）组建革命法庭的问题。这“实际上是不可行的”。

最后，陈独秀总结说：“我们衷心赞同指示，但问题是我们党未必能够贯彻执行。”①

6月15日，陈独秀以个人名义致电共产国际，大致重复了6月7日在中央政治局会议上的观点，解释暂时不能执行紧急指示的原因。他说：“你们的指示是正确而重要的，我们表示完全同意；中国共产党设法要建立民主专政，但在短时期内不可能实现。”关于不能立刻进行土地革命，陈独秀解释说：“大多数军官来自中小地主阶级，因而反对土地革命。但是，军队用来作为借口的，不是没收土地，而是农民运动的‘过火’行为。”在这种情况下，“不仅是国民党，就是共产党也必须采取让步政策，必须纠正过火行为，节制没收土地的行动”。②

关于陈独秀对共产国际五月紧急指示的态度和给共产国际的答复，罗易逐条进行了批驳。他说：

（1）国民党土地委员会只是原则上作出没收土地的决定，但把没收的具体时间作了无限期的推迟。

（2）湖南的将领多数不是中小地主，而是大地主。

（3）关于过火行为的说法基本上是虚假的，是为宣传目的伪造出来的。

（4）国民党在夏斗寅政变前就反对土地改革。

（5）湖南多数农民协会不是由流氓组成，而是由佃农和贫农组成，当然，无地农民更为革命。

（6）平分土地的要求不具有普遍性，而只是一些例外。③

---

① 《共产国际、联共（布）与中国革命档案资料丛书》第4卷，第308—309页。
② 《罗易赴华使命》，第324—325页。
③ 以上参见《共产国际、联共（布）与中国革命档案资料丛书》第4卷，第318—319页。

虽然罗易主张坚决执行共产国际五月紧急指示，但他也提不出什么切实可行的措施。对于陈独秀拒绝执行共产国际五月紧急指示，罗易表现出极大的愤怒，要求联共（布）中央“采取果断的组织措施”，“实行坚强的领导”，“应当把陈独秀清除出共产党领导机构”。① 显然，罗易的言外之意是要撤换陈独秀。6 月 16 日，联共（布）中央政治局果然决定，批准由罗易、鲍罗廷和加伦组成共产国际驻中国代表机构，“认为有必要召陈独秀到莫斯科来商议”，并“建议陈独秀动身”。②

6 月 23 日，联共（布）中央政治局答复陈独秀 6 月 15 日电报：“重申我们的指示，即推迟土地革命是极为有害的。”同时寄去共产国际代表“和陈独秀一起组建可靠的革命军部队是特别需要”的经费。③

关于共产国际五月紧急指示，陈独秀在《告全党同志书》中有如下评价：

企图在国民党内执行这些政策，仍然是幻想的口头上左倾的机会主义，根本政策一点也没有改变，等于想在粪缸中洗澡。当时要执行左倾的革命政策，根本政策必须转变，即是共产党退出国民党，真正独立起来，尽可能的武装工农，建立工农兵苏维埃，推倒国民党的领导。否则任何较左的政策，都是没有办法的办法。当时中央政治局回答国际的电报说接受国际的训令，并且依照方针进行，惟声明不能即时都能实现；因为中央全体同志都认为国际这些训令都是一时没有办法的办法，就是列席中央会议的樊克（听说他是斯大林的特别使者），也以为没有即时执行的可能，他同意中央致国际的电报，说：“只好这样回答。”“八七”会议后，中央极力宣传，说中国革命失败的原因，是机会主义者不接受国际训令（当然即指上述这些训令，此外别无什么训令）即时转变，不知他们以为在国民党圈内能够如何转变，所谓机会主义者是指谁？④

当然，公正地说，共产国际五月紧急指示的精神是正确的，较之以前的政策是一个大的进步，对于后来的中国革命斗争有着重要的指导意义。无

① 《共产国际、联共（布）与中国革命档案资料丛书》第 4 卷，第 303、311、322 页。
② 《共产国际、联共（布）与中国革命档案资料丛书》第 4 卷，第 316—317 页。
③ 《共产国际、联共（布）与中国革命档案资料丛书》第 4 卷，第 349 页。
④ 《陈独秀著作选》第 3 卷，第 92—93 页。

论是在国共合作初期，还是北伐出师以后，共产国际都没有提出建立共产党领导的革命武装的问题，五月紧急指示提出“要组建自己可靠的军队”。但是，这种组建是有先决条件的，这个先决条件就是要在保持同汪精卫、唐生智的联合战线的情况下进行。这样，就使得五月紧急指示在中国的贯彻成为不可能的事情。更何况共产国际五月紧急指示到中国时已到了6月，第一次国共合作已经危在旦夕。一个五月紧急指示如何能成为特效的灵丹妙药，使中国大革命转败为胜？

6月5日，罗易把五月紧急指示拿给汪精卫看，幻想依靠汪精卫来挽救革命。汪精卫看过以后，“觉得严重时期已到了”。① 但他看后没有立即表态。在7月15日召开的国民党中执委会议上，汪精卫说：该电报指示中有五层意思，“都是很厉害的”，“随便实行那一条，国民党就完了”。② 汪精卫即以紧急指示根本危害国民党的生命为借口，煽动分共。

鲍罗廷认为，汪精卫是看了罗易给他的共产国际五月紧急指示后叛变的。罗易为此多次向斯大林和联共（布）中央政治局解释说：这份电报指示中“没有什么不可以向国民党左派说的话”，“我们应当赢得他们的信任，并应明确地给他们指出革命的道路”。指示“没有造成任何损害”，而多数国民党领导人在汪精卫看到指示以前早就决定采取反革命行动了。他指责鲍罗廷从此事中“捞取了巨大的政治资本，以便在共产党面前败坏我的名誉”。他还向斯大林和布哈林控诉，由于鲍罗廷的原因，他目前在中国“什么也不能做”，而“现在的危机是鲍罗廷过去实行的政策造成的”。③

无论罗易如何为自己的行为开脱，莫斯科绝不原谅他。6月22日，共产国际执行委员会政治书记处决定将罗易从共产国际执委会代表职位上召回，理由是“他给国民党中央的一些委员看了只发给鲍、罗、柳三同志而无论如何不能给其他人看的电报”。④

罗易对共产国际的决定非常不满，称“以违反纪律为由把我召回使我感

① 汪精卫：《武汉分共之经过》，《汪精卫集》第3卷，《民国丛书》第四编（97），第231页。
② 《共产国际与中国革命资料选辑（1925—1927）》，第537—538页。
③ 《共产国际、联共（布）与中国革命档案资料丛书》第4卷，第321—323页。
④ 《共产国际、联共（布）与中国革命档案资料丛书》第4卷，第344页。

到惊讶”，“虽然我严格按照共产国际决议和你们的指示行事，共产国际却否定我的看法”。他说：“不是我，而是另一些人违反了纪律，无视和否定共产国际的决议。”① 无疑，罗易指的“另一些人”是鲍罗廷和陈独秀。

召回了罗易，莫斯科在中国的三驾马车就只剩下鲍罗廷和加伦两驾。6 月 23 日，联共（布）中央政治局会议决定：“责成鲍罗廷同志和加伦同志就所有政治问题进行协商，发给莫斯科的所有电报需共同签署。”同时，立即派罗米纳兹去武汉。②

此后，罗易又多次为自己的行为申辩。8 月 19 日，共产国际执委会政治书记处会议决定成立“罗易事件调查委员会”。8 月 30 日，该委员会向书记处提出的建议首先重申：罗易将共产国际紧急指示告诉汪精卫，“是犯了错误，因此政治书记处决定把罗易同志召回是正确的”。调查委员会同时向共产国际执委会政治书记处提出，应当向中共中央通报以下内容：“罗易同志被召回不是因为他犯有什么政治错误，相反，在关于土地革命和镇压湖南反革命分子的基本问题上，罗易同志的方针是完全正确的。罗易同志被召回只是因为他犯了一个组织性错误。”③

在大革命后期鲍罗廷与罗易的冲突中，如上一次与维经斯基的冲突一样，鲍罗廷再一次胜出。而“忠实地根据共产国际的指示行事”的罗易，终于还是被共产国际抛弃。其中的原因恐怕不仅仅是罗易把“不能给其他人看的”指示拿给了汪精卫，这充其量只是一个借口。在整个大革命时期，联共（布）和共产国际领导人给予鲍罗廷比其他驻中国代表更多的信任，他们认为鲍罗廷在中国的时间长，对中国的情况了解得多。可能这才是其中的一个重要原因。另外，鲍罗廷长期以来是较忠实地执行联共（布）和共产国际指示的，否定了鲍罗廷，其实也就从根本上否定了苏联对于中国革命的长期指导。

第一次国共合作的最终破裂和陈独秀离开中共中央最高领导职位

从共产国际发出五月紧急指示，到 6 月底，联共（布）、共产国际向鲍

---

① 《共产国际、联共（布）与中国革命档案资料丛书》第 4 卷，第 371 页。
② 《共产国际、联共（布）与中国革命档案资料丛书》第 4 卷，第 346 页。
③ 《共产国际、联共（布）与中国革命档案资料丛书》第 4 卷，第 435 页。

罗廷和陈独秀等发出一系列指示，坚持五月紧急指示的观点，指望“从下面”和“从上面”来实现他们的意图。“从下面”来实现，就是通过开展土地革命，开展群众运动和共产党人及国民党左派在当地的国民党组织、工会和农会中的活动来实现；“从上面”来实现，则希望武汉政府领导人支持这些措施，哪怕是部分领导人支持也好。可见，莫斯科方面对许多武汉的领导人特别是对汪精卫抱有幻想，对他们对苏联物质援助的依赖程度估计过高。斯大林在6月27日给莫洛托夫和布哈林的信中甚至说：“给武汉追加300万到500万是值得的，只要有所依靠，武汉就不会向南京无条件投降，钱就不会白花。”①

6月26日，中共中央政治局与共产国际执委会代表联席会议专门讨论了“政治形势”和“我们的任务”两个问题。

陈独秀开篇就说：“我们面前有两条路：右的道路与左的道路。右的道路意味着放弃一切，左的道路意味着采取激进行动。在这两条道路上等待我们的都是灭亡。此外还有一条中间道路，即继续目前的局面，这也是不可能的。怎么办？也许应该寻找第四条道路？在我们这次会议上需要讨论这个问题。”

鲍罗廷说，他不同意莫斯科最近六周内给他发来的这些电报的方针，因此给莫斯科回发了电报。莫斯科非常明确地回答说，坚持自己的指示，任务是寻求新的、与莫斯科一致的行动纲领。鲍罗廷分析说，莫斯科希望我们进行以下四项任务：（1）进行土地革命。（2）使国民党民主化（无产阶级化，吸收农民参加）。（3）建立革命军。（4）不退出政府和国民党（这被看作是冒险）。

对于以上四项任务，鲍罗廷逐一说明了莫斯科与他的不同理解。

（1）土地革命。莫斯科要求立即没收土地。鲍罗廷提出解决土地问题的五个步骤，即自治问题、减租、与无地农民进行更密切的接触、武装农民、培训我们的同志做农村工作。

（2）国民党民主化。第一种办法是吸收工人和农民，在各省举行代表会

① 《共产国际、联共（布）与中国革命档案资料丛书》第4卷，第366页。

议，提出自下而上更新国民党的要求。第二种办法是劝国民党从群众中选新的领袖参加领导。我们应当告诉共产国际，第一种办法是可行的，第二种办法必然导致同国民党的决裂。

（3）武装工农。“现在武装工农的口号没有实际意义，它实际上是不可能的。”

（4）退出政府。莫斯科称这是冒险。鲍罗廷认为，在这一点上“可以取得一致”，因为“退出的时间还没有到来”。他认为：“作为政治行为，我们应该留在政府内，可以说是象征性的。”

陈独秀虽然也称，“莫斯科的指示我弄不明白，我不能同意”。但听了鲍罗廷的发言，则认为“鲍罗廷的整个纲领是无稽之谈”。尤其鲍罗廷提出的关于土地纲领的五个步骤，“不是莫斯科所希望的”，因为“莫斯科要求没收土地”，所以，“我们不能这样做”。谭平山、张国焘、周恩来等人发言后，陈独秀最后又同意了鲍罗廷关于土地问题的纲领。他说：“我们同意鲍罗廷的意见。我现在完全同意鲍罗廷的五点纲领，但这并不是莫斯科所希望的。”

下面是关于党的政治独立这一问题的讨论。

陈独秀说：“罗易、维经斯基和青年代表都主张党的政治独立。他们认为，党在政治上应当是独立的。但我们认为，这是不可能的，因为我们在国民党内供职。我们应当服从。群众运动也应当服从国民党。”

鲍罗廷接着陈独秀的问题说：国民党想控制群众运动。如果我们认为有必要采取什么行动，那么我们就向国民党递交请愿书，一百次，一千次。国民党看到这些请愿书，无法拒绝采取行动，因为群众这样坚决要求。于是国民党不得不采取行动。

布林斯基问：若国民党不顾请愿仍拒绝采取行动呢？

鲍罗廷回答：那我们就聚集在这里并决定该怎么办。

希塔罗夫：那里是否会发生我们自己采取行动，就是说我们率领群众的情况呢？

鲍罗廷回答：有可能，但不能事先预言。

陈独秀说：我不能同意这种看法。“如果我们想取得政治独立，那么我们就应退出国民党”。①

从以上这段简要的会议记录中，我们可以看出：（1）陈独秀在许多问题上有自己的独立思考，他在会议上经常与鲍罗廷意见相左，但争论的结果往往又是惊人的相似，即陈独秀最后十有八九会同意鲍罗廷的观点。也就是说，陈独秀在担任党的最高领导期间，对共产国际是敬仰和力图服从的，尽管他有一些自己的想法。（2）到1927年6月底，陈独秀已经在政治局会议上坚定地、公开地提出不同意和不执行共产国际指示，这在先前是没有的。

在6月底的危急局势中，罗易曾建议武汉以汪精卫和邓演达为首的最可靠的部队向南推进，以便在苏联的直接支持下收复广东，并试图说服汪精卫，“这是摆脱业已形成的局面的唯一出路”。② 而汪精卫回答说，他们的首要任务是同自己辖区内的反革命作斗争。鲍罗廷和陈独秀认为，接受武汉政府关于限制工农运动的一系列要求，是阻止国民党与中共关系即将破裂的最后机会，他们指望武汉部队预定对南京的讨伐能减轻对中共的压力。

联共（布）中央政治局在6月30日的指示中表示反对这个计划，但没有提出具体建议。它一方面要求鲍罗廷和陈独秀“自己决定退却方向的问题”，另一方面又重申了以前的方针，即“可以通过开展群众运动和土地革命、武装工农和使国民党民主化来挽救革命”。③ 同日，中共中央通过《国共两党关系决议案》，提出了与鲍罗廷协商好的种种退让策略，企图以此拉住汪精卫。

7月8日，联共（布）中央政治局紧急会议通过给中国共产党的指示，改变了以前要求共产党人一定要留在政府里的命令，提出：共产党人必须示威性地退出国民政府，并要发表声明，说明国民政府对待土地革命和工人运动的反革命的态度是采取这一步骤的原因。在已经看到武汉政府一系列“反革命的公开表演”的情况下，指示仍旧强调：“退出国民政府并不意味着退出国民党。共产党人必须留在国民党内。”在同日斯大林给莫洛托夫

---

① 以上参见《共产国际、联共（布）与中国革命档案资料丛书》第4卷，第357—363页。
② 以上参见《共产国际、联共（布）与中国革命档案资料丛书》第4卷，第370页。
③《共产国际、联共（布）与中国革命档案资料丛书》第4卷，第375页。

的信中也说："暂时不把退出国民政府（现在这样做是必要的）与退出国民党（最近的将来这样做可能是必要的）联系起来。"①

7 月 12 日，根据共产国际执行委员会的指示，中共中央进行改组，由张国焘、李维汉、周恩来、李立三、张太雷组成中央临时常务委员会。陈独秀从此离开了中共最高领导岗位。

7 月 15 日，汪精卫等控制的武汉国民党中央召开分共会议，决定同共产党决裂，彻底背叛了孙中山制定的国共合作政策和反帝反封建纲领。随后，汪精卫集团同蒋介石集团一样，对共产党员和革命群众实行大逮捕、大屠杀。至此，由共产国际倡议的国共两党的第一次国共合作正式破裂，轰轰烈烈的大革命宣告失败。

联共（布）、共产国际、斯大林试图把大革命失败的责任推到陈独秀身上

蒋介石发动"四一二"反革命政变后，苏联的对华政策是在联共（布）和共产国际领导人内部的激烈斗争中制定的。反对派领导人托洛茨基、季诺维也夫等把"四一二"反革命政变的责任问题，以及联共（布）和共产国际的整个对华政策问题，作为他们所开展的反对斯大林–布哈林多数派的新一轮斗争的中心问题。斯大林试图把大革命失败的责任推到陈独秀身上的一个不可忽视的原因，是为了表明自己在同反对派斗争中的一贯正确。

正如 7 月 2 日陈独秀在鲍罗廷住宅召开的会议中所说："以前季诺维也夫一向教我们帮助资产阶级，现在斯大林教我们二十四点钟内实行土地革命！"②

其实，早在汪精卫在武汉真正动手的前几日，联共（布）和共产国际就在试图转嫁中国革命失败的责任了。7 月 8 日，共产国际执委会政治书记处秘密会议决定："鉴于中国最近发生的事件，为共产国际执委会起草一份公开声明，批评中共中央的错误。责成常设中国委员会起草这个文件。期限 3 天。通过征询主席团委员们意见的方式批准该文件。"③最后，此文件以《共产国际执委会关于中国革命目前形势的决定》在 1927 年 7 月 14 日《真理

---

① 《共产国际、联共（布）与中国革命档案资料丛书》第 4 卷，第 398、400 页。
② 蔡和森：《党的机会主义史》，《中共党史报告选编》第 136 页。
③ 《共产国际、联共（布）与中国革命档案资料丛书》第 4 卷，第 401 页。

报》上刊发。该决定把中国大革命失败的原因归结为“中国共产党的现今的领导机关，近来曾犯了一连串的重大的政治错误”，没有执行共产国际关于开展土地革命等一系列指示，却执行“逼迫群众后退的路线”。共产国际执委会在此决定中公开号召全体中国共产党党员起来反对“党的领导之机会主义”。① 显而易见，此决定的矛头直指陈独秀。共产国际只字不提自己应负的责任，不提长期以来陈独秀对共产国际指示的拥护和执行。事实上，中国大革命的失败不是一朝一夕的，而是以陈独秀为首的中共中央长期执行共产国际指示积累的结果。共产国际惟独批评陈独秀在大革命后期拒不执行在实际中根本已无法实施的指示，好像只要陈独秀接受了共产国际的指示，就能挽救中国大革命的失败。

对于这个问题，斯大林在 7 月 11 日给莫洛托夫信中的一段话最能说明问题。他说：“我将努力证明，我们的政策无论过去还是现在都是唯一正确的政策。” ② 既然自己是一贯正确的，那么根据自己的政策进行的中国革命又遭到了失败，总得找个罪魁祸首吧！那就只有让中国共产党的最高领导人陈独秀来承担了。斯大林说：“我不想苛求中共中央。我知道，不能对中共中央要求过高。但是，有一个简单的要求，那就是执行共产国际执委会的指示。”在斯大林眼里，执行共产国际的指示，对一个独立的中国共产党来讲是“一个简单的要求”。斯大林还为曾同样不执行共产国际紧急指示并对陈独秀施以影响的鲍罗廷开脱，说：“罗易为此怪罪鲍罗廷，这是愚蠢的。鲍罗廷不可能在中共那里或者在中共中央那里享有比共产国际更高的威望。” ③

不可否认，鲍罗廷确实在共产国际之下。但是，鲍罗廷从来都在中国共产党、中共中央和陈独秀之上，斯大林恐怕不会不知底里吧？事实上，除了鲍罗廷，维经斯基、罗易等其他共产国际驻华代表，也都是凌驾于中共中央和陈独秀之上的。

7 月 13 日，拉斯科尔尼科夫在《关于对中国共产党采取组织措施的建议》中，指示中共中央政治局立即召开中共中央全会，选出“能保证无条

① 《共产国际与中国革命资料选辑（1925—1927）》，第 534、536 页。
② 《共产国际、联共（布）与中国革命档案资料丛书》第 4 卷，第 410 页。
③ 《共产国际、联共（布）与中国革命档案资料丛书》第 4 卷，第 407 页。

件执行共产国际方针的新一届政治局”，同时指示：“在中共所有地方组织中广泛开展一场揭露前领导机会主义错误和说明共产国际执委会方针正确性的运动。”①

索洛维约夫在9月5日给联共（布）中央政治局中国委员会的信中说：如果在1926年共产国际执委会第七次扩大全会前和1927年春天中国共产党第五次全国代表大会前，同意让陈独秀来莫斯科的话，“就可以和他一起制定中国党较为正确的路线”。②

对陈独秀在大革命时期所犯错误的定性

对陈独秀在大革命时期所犯错误的定性，经历了一个长期的发展变化的过程。“机会主义”、“陈独秀主义”、“陈独秀右倾机会主义”、“陈独秀右倾投降主义”等提法，作为一个政治的和历史的概念，有一个逐步演变的过程。

早在1927年2月，纳索诺夫给青年国际执委会的信中就提出了关于中国共产党“党内的机会主义倾向”问题。他说：中国共产党“已成长为一支巨大的力量，就其作用而言它已不再是小组”，“而现在一批有明显机会主义倾向的同志在党的领导机构中影响十分强大”，并称“这种倾向暂时还没有形成完整的思想体系，也没有固定在某个具体人身上，但这种倾向的表现可以在许多组织的活动中看出”。③

3月5日，阿尔布列赫特在给皮亚特尼茨基的信中再次指出“共产党内的机会主义倾向”，并第一次明确地提出“进行反对右倾机会主义路线”的斗争问题。④

7月，共产国际执委会作出关于中国革命当前形势的决议，第一次以正式文件的形式对中共领导人在大革命时期所犯错误界定为“机会主义”。决议指出：“最近时期，中国共产党的现领导犯了一系列重大的政治性错误。”“党的个别领导人还提出了明显的机会主义口号。”“共产国际执委会认

---

① 《共产国际、联共（布）与中国革命档案资料丛书》第4卷，第412页。
② 《共产国际、联共（布）与中国革命档案资料丛书》第7卷，中央文献出版社2002年版，第33页。
③ 《共产国际、联共（布）与中国革命档案资料丛书》第4卷，第106—107页。
④ 《共产国际、联共（布）与中国革命档案资料丛书》第4卷，第148页。

为，公开号召中国共产党党员同中央委员会的机会主义作斗争是自己的革命职责。”共产国际还提出了“党的领导的机会主义倾向”这一概念。①

中共党内最初在党的会议和文件中正式提出“机会主义的错误”，是1927年的八七会议。这次会议的《告全党党员书》指出：“共产国际执行委员会的最近决议，指出我们党的指导犯了极大的机会主义的错误……这些错误并不是指各个的偶然的错误而说的，而是说党的指导执行了很深的机会主义的错误方针。”② 一年后，中共六大的《政治议决案》明确指出：“革命失败的主要原因，就是当时无产阶级的先锋——共产党指导机关的机会主义政策。”③

在大革命失败后的一段时期内，“机会主义”一词不断见之于党的报刊和领导人的著文中。显而易见，这个矛头是直接指向党成立以来一直担任主要领导人的陈独秀的。但是，也许是鉴于陈独秀尚在党内，不论是共产国际还是党的其他领导人，在谈到这个问题的时候，或者说中国共产党的现领导，或者是说党的指导机关，或者指中央委员会，都比较隐晦地没有点出陈独秀的名字。

直到1929年10月5日《中央关于反对党内机会主义与托洛斯基主义反对派的决议》，才在党的文件中明确点明陈独秀本人犯了机会主义错误。11月15日的《中共中央关于开除陈独秀党籍并批准江苏省委开除彭述之、汪泽楷、马玉夫、蔡振德四人党籍的决议案》，批评陈独秀“仍然固执自己过去的机会主义路线”。④ 此后，在提到党在大革命时期所犯错误时，人们便毫不客气地直呼陈独秀其名了。如，李立三在1930年2月指出：“第三次大会中陈独秀完全是极右的机会主义的主张。”⑤ 蔡和森在1931年9月发表了《论陈独秀主义》一文，指出：“陈独秀主义是什么？是中国革命运动和工人运动中之机会主义和孟塞维克路线之典型的代表。”⑥ 此后，“极右的

① 《共产国际有关中国革命的文献资料（1919—1928）》第1辑，第338—339页。
② 《八七会议》，第7页。
③ 《中共中央文件选集》第4册，中共中央党校出版社1989年版，第305页。
④ 《中共中央文件选集》第5册，中共中央党校出版社1990年版，第551页。
⑤ 李立三：《党史报告》，《中共党史报告选编》，第220页。
⑥ 《论陈独秀主义》，《蔡和森文集》，人民出版社1980年版，第804页。

机会主义”、“陈独秀主义”这两个概念便被党内大多数人接受下来。1935年12月，中共中央在瓦窑堡召开政治局会议，通过由张闻天起草的《中共中央关于目前政治形势与党的任务决议》，第一次把大革命时期的“陈独秀主义”概括为“右倾机会主义”。

正式提出“陈独秀右倾机会主义”概念的是毛泽东。他在1936年12月《中国革命战争的战略问题》的著名讲演中，在论及党在中国革命进程中所犯的错误时指出：“中国共产党在革命战争中，除了犯过陈独秀右倾机会主义和李立三‘左’倾机会主义两个错误之外，还犯过了下述的两个错误。”①

其后，在谈到大革命失败原因的时候，就称为陈独秀右倾机会主义了，但有时也简称为“陈独秀机会主义”(如1938年出版的张闻天编著的《中国现代革命运动史》)。至于什么时候“陈独秀右倾机会主义”变成了“陈独秀右倾投降主义”，有据可查的最早出处是1937年11月毛泽东在延安中国共产党的活动分子会议上所作的《上海太原失陷以后抗日战争的形势和任务》的报告。毛泽东在报告中第一次使用了“1927年陈独秀的投降主义”说法。至于“右倾机会主义”与“右倾投降主义”的关系，《毛泽东选集》的注释是这样讲的：“陈独秀右倾机会主义指一九二七年上半年以陈独秀为代表的右倾投降主义错误。”② 两者似乎是同一的概念。在毛泽东的著作中，好像也不曾区别这两个概念，经常将“陈独秀右倾机会主义”和“陈独秀投降主义”混用。而周恩来、刘少奇、张闻天、李立三等党的其他领导人，在提到陈独秀在大革命时期的错误时，更多的是使用“陈独秀右倾机会主义”或“陈独秀机会主义”的提法。

直到1945年，中共六届七中全会通过《关于若干历史问题的决议》，指出：大革命的失败原因是“党内以陈独秀为代表的右倾思想，发展为投降主义路线”，并第一次在党的文件中正式使用了“陈独秀的投降主义”的提法。此后，“陈独秀投降主义”较之于“陈独秀右倾机会主义”更多地被使用。1981年中共十一届六中全会通过党的第二个历史决议，将陈独秀在大革命时期的错误完整地界定为“陈独秀右倾投降主义”，这个提法便一直

① 《毛泽东选集》第1卷，人民出版社1991年版，第185页。
② 《毛泽东选集》第1卷，第238页。

沿用下来。

不可否认，陈独秀在大革命时期确实犯了退让的错误，但当时党毕竟处于幼年时期，陈独秀的错误可以算作探索中的错误，其主观愿望是好的，根本不具备投降的动机。所以，称其为“投降主义”是不恰当的。

那么“右倾机会主义”呢？我认为也有些夸大其词。把陈独秀在大革命时期所犯错误定性为“右倾退让错误”比较适合。

（1）从陈独秀对中国革命的贡献看

陈独秀是五四新文化运动的旗手，是近代中国高扬“民主”和“科学”旗帜的第一人。陈独秀是中国共产党的主要创建者，他尤其在建立具有中国共产党发起组作用的上海的共产党早期组织过程中，发挥了重大作用。大革命时期，他在推动国共合作、领导五卅运动和上海工人三次武装起义、反对国民党新老右派的斗争，以及探索中国革命基本问题等方面，都有着自己独特的贡献。从中共一大到五大，陈独秀一直是党的最高领导者，中共二大民主革命纲领的制定，中共三大国共合作方针的最终确立，中共四大关于无产阶级在民主革命中领导权问题的提出，等等，陈独秀都起了无可替代的作用。陈独秀在党内的地位和威望是同时期其他人无法相比的。直到中共五大他仍然当选为党的总书记，就说明了这一点。可以说，从建党直到大革命运动的前期，陈独秀是有巨大功劳的。

（2）从陈独秀所犯错误与共产国际的关系看

“走俄国人的路”，使中国共产党的创立和发展，使中国新民主主义革命的历史，印上了深深的苏俄革命的痕迹。中国革命与苏俄、共产国际有着不解之缘，这一历史特征在陈独秀身上表现得格外突出。

中共创立和大革命时期，是陈独秀与共产国际发生直接联系的“共事”阶段。随着中共二大宣布加入共产国际，中国共产党遂成为共产国际的一个支部，这决定了年幼的党对共产国际的指示，在组织上有服从的义务，同时又缺乏独立判断的能力。共产国际及其驻华代表对中国共产党和党的领导人陈独秀有过许多正确的指导。同时，我们也不能不看到，共产国际及其代表对中国大革命的失败负有不可推卸的责任，这表现在所谓的“三次大退让”，对北伐的反对，不重视党直接掌握武装的思想，以及大革命后期“汪蒋合作”方针的确立、汉口会议的召开、汪陈宣言的发表、有关“西北学说”的争论等方面，造成右倾退让错误的日益严重，最终导致大革命的失败。可以说，陈独秀所犯错误大部分为执行共产国际指示的结果。

（3）从词义上看

1999年新版《辞海》，对“主义”的解释是：“有系统的理论学说或思想体系。如马克思列宁主义、弗洛伊德主义。”对“机会主义”的解释是：源出法文，“意为应付或妥协，最早用来形容19世纪法国政治舞台上的一些没有固定政治见解、随机应变的政党和政客。后指工人运动或无产阶级政党内部出现的背离马克思主义基本原则的思潮、路线。是资产阶级或小资产阶级思想的反映。有两种表现形式：右倾机会主义，其特点是为了眼前暂时的利益而忘记根本大计，企图引导无产阶级去适合资产阶级一群一党的私利”。对“错误”的解释是：“过错。”① 从词义上理解，虽然“右倾机会主义”和“右倾错误”基本是一个意思，但在一般人眼里，“主义”还是比“错误”严重。

事实上，大革命时期陈独秀的主导思想并没有形成“系统的理论学说或思想体系”，更多的是认识和政策方法上的失误，所以也就构不成“主义”。同时，他没有一刻忘记实现社会主义和共产主义的“根本大计”，主观上更没有引导无产阶级去适合资产阶级私利的“企图”，因而也称不上“机会主义”。

（4）从与土地革命战争时期三次“左”倾错误定性的横向比较看

土地革命战争是我们党在民主革命时期探索适合中国情况的革命道路异常艰辛和曲折的时期，期间发生了三次大的“左”倾错误。新版《中国共产党历史》第一卷在指出“左”倾错误及其危害的同时，也把这个时期党的领导人犯的错误看作是探索过程中的错误，指出这些错误的发生有着深刻、复杂的主客观原因和不可避免性。为此，根据三次“左”倾错误的不同情况和不同危害程度，新版《中国共产党历史》第一卷相比于旧版上卷作了比较大的改动：对第一次，只称“‘左’倾盲动错误”，不出瞿秋白的

---

① 《辞海》1999年版缩印本（音序），上海辞书出版社2002年版，第2254、744、259页。

名字；对第二次，称“李立三‘左’倾冒险错误”，不出“主义”二字；对第三次，继续称“王明‘左’倾教条主义错误”。

陈独秀在大革命时期所犯错误，受到时代环境、革命阶段、实践基础等一系列历史局限，也是中国共产党人探索适合中国国情社会主义道路这一认识链条中不可缺少的一环。也就是说，陈独秀所犯错误同样是探索过程中的错误，这与土地革命时期瞿秋白的“左”倾盲动错误和李立三的“左”倾冒险错误应是相似的。

总之，任何事情都不会无缘无故发生的，正如陈独秀所说：“人间世，凡一事发生，无论善恶，必有其发生之理由；况为数见不鲜之事，其理由必更充足，无论善恶，均不当谓其不应该发生也。”① 用这种观点来评判陈独秀在大革命时期的功过是非，再适合不过了。那么，陈独秀到底犯了什么错误呢？我认为，是犯了右倾退让错误。在共产国际的错误指导下，陈独秀在敌我力量对比十分悬殊的情况下，缺乏对复杂多变形势的明确判断，不去掌握政权和武装，不善于处理同国民党的关系，幻想以妥协退让维持同盟。结果，当国民党右派彻底叛变之时，共产党措手不及，吃了大亏，致使革命失败。

还有一点需要提及的是，由于对陈独秀右倾错误的批判，在党内斗争中开了一个不好的头。在谈到八七会议在党内斗争问题上造成的不良倾向时，周恩来说：“没有让陈独秀参加会议，而把反对机会主义看成是对机会主义错误的负责者的人身攻击。所以发展到后来，各地反对机会主义都找一两个负责者当做机会主义，斗争一番，工作撤换一下，就认为机会主义没有了，万事大吉了，犯了惩办主义的错误。”② 而且，尽管瞿秋白等人批评和纠正陈独秀的右倾退让错误是正确的，然而由于形而上学的思想方法，不同程度地忽略了对中国实际的调查研究，很大程度上把理论的讨论与争论停留在书本范围内，导致在批评陈独秀右倾退让错误的同时，又为“左”的错误的长期泛滥开辟了道路。

---

① 《〈碎簪记〉后叙》，《陈独秀文章选编》上册，第 150 页。

② 《关于党的“六大”的研究》，《周恩来选集》上卷，第 172 页。

第五章

陈独秀对共产国际（苏联）经验的反思

1927年大革命失败以后，陈独秀对个人进行了反省，同时对共产国际经验进行了初步反思。反省和反思的结果是：虽然承认自己对大革命的失败"负有重要责任"，但认为"这种失败是过去整个的政治路线之必然应有的结果"，其中共产国际负有重要的领导责任。陈独秀对共产国际委过于人的表现极其不满，继而接受托洛茨基的观点，加入托派。在随后的中东路事件中，他反对中共中央提出的"保卫苏联"的口号，与中共中央进行了反复的辩论，引起共产国际和中共中央的极大不满，最后被开除出党。他多次拒绝共产国际和中共中央的赴苏邀请。晚年又对共产国际（苏联）经验进行了再反思，彻底否定了共产国际（苏联）经验，反映了其认识问题的片面性。

一、陈独秀对共产国际经验的最初反思及转向托派

对共产国际的满腹怨气

陈独秀认为，共产国际应对大革命的失败负主要责任。对于大革命失败前后的这段历史，陈独秀在1929年12月的《告全党同志书》中有以下较详细的描述：

我于四月初到汉口，第一次会见汪精卫，即听到他一些有反动倾向的言论，和在上海谈话时大两样。我告之鲍罗廷，他也说是如此，并说汪精卫一到武汉，即受了徐谦、顾孟余、陈公博、谭延闿等的包围，渐渐和他疏远了。蒋介石李济深相继屠杀工农后，国民党日益看轻了无产阶级的力量，汪精卫及国民党全体中央委员的反动态度与政策日益发展。我在本党的政治局会议上报告两党联席会议时说："我们和国民党的合作日益入于危险，他们和我们所争的，表面上好像是这样或那样的各个小问题，实际上他们所要的

是整个的领导权。现在只有两条路摆在我们的面前：放弃领导权或是和他们决裂。”会议上以沉默的态度答复了我的报告。马日事变后，我两次在政治局会议上提议退出国民党，最后一次，我说：“武汉国民党已跟着蒋介石走，我们若不改变政策，也同样是走上蒋介石的道路了”。当时只有任弼时说一声：“是的呀！”和周恩来说：“退出国民党后工农运动是方便得多，可是军事运动大受损失了。”其余的人仍是以沉默的态度答复了我的提议。同时我和秋白谈论此事，秋白说“宁可让国民党开除我们，不可由自己退出。”我又和鲍罗廷商量，他说：“你这个意见我很赞成，但是我知道莫斯科必不容许”。那时我又以尊重国际纪律和中央多数意见，而未能坚持下去。我自始至终都未能积极的坚持我的提议，一直到此时实在隐忍不下去了，才消极的向中央提出辞职书，其主要的理由是说：“国际一面要我们执行自己的政策，一面又不许我们退出国民党，实在没有出路，我实在不能继续工作。”

国际始终承认国民党是中国民族民主革命的主体，“国民党的领导”这句话，在斯大林口中叫得异常响亮（见中国革命问题中反对派的错误）所以始终要我们屈服在国民党组织之内，用国民党的名义，国民党的旗帜领导群众。一直到冯玉祥、汪精卫、唐生智、何健等全体国民党公开的反动，公开的取消了联俄容共（他们老早就说：“只承认容共而不承认联共”）及帮助工农运动等所谓三大政策。国际还电令我们“退出国民政府而不退出国民党”。所以“八七”会议以后，自从南昌暴动一直到占领汕头，共产党仍旧是隐藏在左派国民党的青天白日旗帜之下，在群众中只看做是国民党的内讧，并没别的什么。中国幼稚的无产阶级所产生之幼稚的共产党，本来就没有相当时期的马克思主义和阶级斗争的锻炼，一开始便遇着大革命的斗争，只有在国际正确的无产阶级政策指导之下，才可望不至发生很大的根本错误。不幸在以上这样始终一贯的机会主义政策指导之下的中国无产阶级及其政党，怎么会看清自己的前途，怎么会有自己的独立政策，只有步步投降于资产阶级，附属于资产阶级，以至一旦资产阶级的大屠杀到来而我们没有一点办法。①

---

①《陈独秀著作选》第3卷，第90—91页。

1930年2月17日，在答复国际的信中，陈独秀再次回顾了大革命失败后这一段时间自己的心路历程，承认自己对失败负有责任，但坚决不同意共产国际把失败的责任全部推在他一个人的身上。他说：

自一九二七年中国革命遭受了悲惨的可耻的失败后，我固亲身负过重要责任，一时实感觉无以自处，故经过一年之久，我差不多完全在个人的反省期间。我虽未能及时彻底认清这个失败的教训在找出新的出路，但我本着我亲历的经验，深深知道这种失败是过去整个的政治路线之必然应有的结果。然而国际的领导机关却轻轻地把这个失败几乎简单的归过我个人。如果这样便解决了问题，关于我个人当然用不着说什么；但若以个人的责任问题掩盖了全部政治问题，掩盖了失败之真实教训，因而断送革命之前途，其罪实不可恕！

……

我的问题不是简单的个人问题，而是关于整个的政治问题，我从中国革命失败的教训中已完全证实五、六年来国际的领导是站在官僚机会主义的路线上，尤其重要的就是你们滥用国际的威信及凭藉官僚机关的权力，继续维持这种路线，不惜破坏一切布尔什维克党组织的原则，不惜恶劣地修改马克思主义的基石，十月革命的根本方法，列宁主义的战术主要教训。①

在大革命失败后这段自我反省的日子里，性情直率的陈独秀似乎又找到了从前笑骂自如的感觉，“到了辩论真理的时候”，“宁肯旁人骂我们是暴徒是流氓，却不愿意装出那绅士的腔调，出言吞吐，至使是非不明于天下”。②但我们从中也明显地看到，与揭示共产国际指导路线错误的大胆性形成对照的是，曾经担任党的总书记的陈独秀，从自己身上寻找革命失败原因的勇气和魄力还是略显不足。

转向托派

陈独秀与托派有着复杂的关系。因为托洛茨基曾长期担任联共（布）和共产国际领导人，托洛茨基主义又是对苏联革命经验的另外一种理论总结，所以，可以说，托派时期是陈独秀与共产国际关系的另外一种形式的延续。

---

① 《陈独秀著作选》第3卷，第159—160、162页。
② 《答爱真（五毒）》，《陈独秀著作选》第1卷，第426页。

1927年大革命失败后，陈独秀受到共产国际和党内的广泛指责，作为右倾退让错误的领导人，几乎承担了全部责任，被停职而离开了中共中央的领导岗位。为此，他陷入困惑迷茫之中不能自拔。对大革命的失败，陈独秀并不认为自己没有责任，但他认为在许多问题上共产国际的指导是错误的，自己是被迫执行，共产国际应负主要的责任。为此，他拒绝赴苏商议问题和参加在莫斯科召开的中国共产党第六次全国代表大会。恰逢此时，他获悉，托洛茨基认为斯大林应对中国大革命的失败负责，这一看法，得到陈独秀的认同。1929年春，当陈独秀看到托洛茨基论述中国革命的文章时，引起思想上的共鸣。

关于陈独秀转向托派的这段历史，据郑超麟回忆，大约在1929年5月中旬或下旬，陈独秀通过他和尹宽等人接触到一些托派文件。于是，他们便一起讨论托洛茨基的政治观点。郑超麟说："我们并非一下就接受托洛茨基主张的。就我个人说，我经过了多次考虑，多次讨论，然后同意这个主张。问题牵涉得如此之多，如此之复杂！抵抗最久的是陈独秀本人。他每次同尹宽谈话，都提出不同意见，经过尹宽解答后，还是不同意，但下次谈话，他不提上次的不同意见了，反而以尹宽的意见（即托洛茨基的意见）为基础，而提出新的不同意见。如此一层又一层讨论下去。到了我们其余的人百分之百接受了时，他个人还有不同意见。最后一次，他写了一篇文章，说中国只能行工农专政，而不能行无产阶级专政。"①不管怎么说，陈独秀最终还是基本上接受了托洛茨基主义。对此，他在1930年2月17日《答国际的信》中说明："直到半年前，我们才得到托洛斯基同志关于中国革命问题及一切苏联问题的文件。从此以后，我们才彻底的系统的了解在中国革命中所犯的机会主义盲动主义是真正的根源所在。"②

经过一段时间的思考，他接受托派关于中国革命的理论和策略，并开始在中国共产党内部组织"左派反对派"。

1929年9月30日，共产国际执委会远东局秘书雷利斯基在从上海给共产国际执委会东方书记处的信中汇报说："据同志们说，陈独秀同托派结成

① 《郑超麟回忆录》，第219页。
② 《陈独秀著作选》第3卷，第162页。

了联盟，他们一起建立了自己的中心并将自己的活动纳入到这个组织里。”陈独秀给中央的信“无疑是机会主义的，甚至是反苏的”。①

1929年10月5日，《中央关于反对党内机会主义与托洛斯基主义反对派的决议》点名批评陈独秀：“完全推翻共产国际指导中国革命的一贯的列宁主义的路线；完全推翻六次大会与中央对于目前革命的根本策略而走到了极可耻的取消主义！”②

1929年11月，青年共产国际驻华代表、共产国际执委会远东局委员马西在共产国际执委会东方书记处会议上承认：“托派本身的力量很小，没有陈独秀和机会主义分子的支持，还不能在党内进行什么危险活动，不能充分表现出其反党和反共青团的积极性。”③

然而，当后来托洛茨基提出以苏联为轴心、保卫苏联等损害中华民族利益的口号时，陈独秀开始与托洛茨基格格不入，发展到后来终于与之分道扬镳，成为一个不隶属任何党派的自由人。

这个时期的陈独秀，对苏联仍保持敬仰之情。他1933年在狱中撰写的《辩诉状》，在讲到共产主义的生产制度时，还以苏联为例：“经济落后的俄国，已有初步尝试；而获得初步成功。全世界所有资本主义生产制的国家无不陷于经济恐慌的深渊，独苏联日即繁荣。此新的生产制之明效大验，众人之所周知也。”④

在中东路事件中坚决反对中共中央提出的“保卫苏联”的口号

1929年7月10日，南京国民政府以武力收回中东铁路局管理权。13日，苏联政府照会中国政府，指责中方行为是非法行为，17日，又宣布断绝对华外交关系，中苏冲突不断升级直至发生武装冲突。这便是中东路事件。

中东路事件发生后，苏联认为这是美、英、法和其他帝国主义国家利用中国军阀进行的反苏行动。为此，共产国际给中央“一个短电的指示”，要

① 《共产国际、联共（布）与中国革命档案资料丛书》第8卷，中央文献出版社2002年版，第171页。

② 《中共中央文件选集》第5册，第495—496页。

③ 《共产国际、联共（布）与中国革命档案资料丛书》第8卷，第230页。

④ 《陈独秀著作选》第3卷，第316页。

求中共中央“加紧中小［心］城市工作特别是哈尔滨工作及拥护苏联的宣传”，同时，中共中央“得到国际代表团的帮助”。①

当时在李立三实际主持下的中共中央，在对中东路事件的宣传和行动方针上，盲目地接受苏联和共产国际的指示，提出“抗议帝国主义及中国豪绅资产阶级对苏联的进攻”、“拥护社会主义的苏联”、“反对帝国主义向苏联进攻”，直至“武装保卫苏联”等口号。

面对中央提出的一系列不顾及中国民族利益的口号，陈独秀改变了自大革命失败后在政治上长期沉默的态度，在 7 月末和 8 月初连续给中央写了三封信，主要就中东路事件的性质及中共中央对事件的宣传提出不同的看法。

关于中东路事件的性质，陈独秀说：中东路事件不是简单的中俄两国间的纠纷，而是国际纠纷问题的导火线，除了恢复中东路原有状态即中俄共管形式，国际纠纷是要继续发展的。这种发展有两种可能的趋势，一是苏俄始终取强硬政策，帝国主义者必然在援助中国名义下，共同向苏联进攻；二是苏联若取退让政策，帝国主义者之间必然因对中东路的争夺迟早爆发第二次世界大战。但是，无论是哪一种，都要在中国做战场，战争中直接受蹂躏的自然是中国人民。

对于中共中央在中东路问题上的宣传，陈独秀进行了严厉的批评。他说：这种宣传“太说教式了，太超群众了，也太单调了”。具体讲，（1）未曾用群众所能了解的事实而不仅是我们主观上的理论，对于中东路问题的本身，加以正确的、详细的解释及打碎国民党的假面具，从而使群众减少民族偏见，不至为国民党所欺骗而接受我们的宣传。（2）只是“保卫苏联”这一口号与宣传，“在事实上只能动员无产阶级最觉悟分子，而未能在实际利害上激动无产阶级以外广大的群众，尤其是比较意识落后的群众，把这些广大群众放在斗争战线之外了”。

究竟应当如何宣传中东路事件？陈独秀指出，针对南京国民政府以民族利益相号召的蒙蔽宣传，中共中央应该向普通民众解释清楚，在当前国际

① 《中共中央文件选集》第 5 册，第 412 页。

形势下，蛮横地收回中东路，看似是维护民族利益的爱国之举，实则导致以中国东北为世界战场，对中国有百害而无一利；应该向群众宣传国民党政府对于中东路的误国政策；应该向群众宣传苏俄与帝国主义的不同，苏俄是反帝国主义的大本营，是被压迫民族联合战线的领导者。①

11 月 14 日，马西在共产国际执委会东方书记处会议上，汇报了陈独秀与中东路事件的问题。他说：

如今在中俄问题出现之后，陈独秀给党中央写了一封信，信中以批评党在这个问题上的宣传方法作掩饰，就这个问题对党的方针展开了机会主义的进攻。陈独秀断言，不能把中苏之间的战争危险看作是直接危险，并让人相信，已开始进行的斗争在一定时间内会有发展，但实际上不是苏中之间发生战争的直接危险。由此可见，陈独秀完全歪曲了这个问题，他不仅掩盖了这种局势的真正危险，掩盖了帝国主义和中国反动派对苏联联合进行干涉和发动战争的主要危险，而且他实际上把整个问题简化为：不存在任何危险，不存在进攻苏联的危险，这场危机的结果将是通过争夺中东路的斗争而发生的帝国主义战争。

关于陈独秀提出的反对“保卫苏联”的口号，马西斥责说：陈独秀“不注意战争的性质，看不到我们对待帝国主义战争的态度与我们对待对苏战争的态度的不同”。

关于对中国总的形势的分析，马西称：“陈独秀持左派观点。此外，他实际上是根据托洛茨基的分析对中国形势作出了托洛茨基主义的评价，他把这种评价作为自己的评价，同时他与中国存在的托派划清了界限。”最后，马西作出结论：“可见陈独秀是个十分明显的机会主义者”。“陈独秀现在正在成为聚集党内所有对立的机会主义分子的中心”。②

如今，当我们回过头来再看中东路事件时，我们不得不承认，陈独秀当初在此问题上的意见，是符合当时的客观实际的，是站在中华民族立场上的，是有着极强的预见性的。

---

① 以上参见《致中共中央常委同志信——对中东路问题的意见》、《复中共中央的信》，《陈独秀著作选》第 3 卷，第 33—36、58—66 页。

② 以上参见《共产国际、联共（布）与中国革命档案资料丛书》第 8 卷，第 228—230 页。

二、陈独秀被开除出党及晚年对共产国际（苏联）经验的再反思

被开除出党及拒绝赴苏

早在大革命失败后的1927年底，联共（布）中央政治局就多次召陈独秀到莫斯科，并称关于开除陈独秀的报告“是恶毒的谣言”①。1928年7月，米夫再次邀请陈独秀来莫斯科，并“保证他能够从事理论工作和返回中国”。②

1929年9月7日，米夫和库丘莫夫在给重新在上海成立的共产国际执行委员会远东局的信中指出：“建议（以中央决定的形式）陈独秀立即就党的策略问题作出表态。继续不明确态度的做法是不能允许的。必须要么争取使他在彻底承认错误和接受党的路线的基础上实际参加党的工作，要么决定他的党籍问题。”③

10月26日，《共产国际执行委员会给中国共产党中央委员会的信》中指示：中国共产党“应当同陈独秀的取消主义纲领进行无情的斗争”，“必须继续加紧揭露托洛茨基主义的反革命本质”，“应当把自己队伍中的那些隐蔽的托洛茨基分子和取消主义分子清洗掉”。④

10月，《共产国际执行委员会远东局关于共产国际执行委员会第十次全会决议的决议》用四分之一的篇幅专门谈到陈独秀与中东路事件的问题，吸收了9月7日米夫和库丘莫夫对待陈独秀问题的观点，罗列了陈独秀的主张后，决议指出：

陈独秀同志表达了最右倾机会主义的，而且常常也是反革命的观点。关于中东路问题，他给中央写了几封信，还散发到党的基层组织。在这些信中，陈独秀反对提出保卫苏联的口号和就此问题由党组织群众大会和示威游行。陈独秀以所谓中国工人在政治上不成熟和不理解这样的口号的这种机会主义理由来掩饰他的机会主义的左翼国民党观点。取代保卫苏联口号，

---

①《共产国际、联共（布）与中国革命档案资料丛书》第7卷，第121页。

②《共产国际、联共（布）与中国革命档案资料丛书》第7卷，第513页。

③《共产国际、联共（布）与中国革命档案资料丛书》第8卷，第162页。

④《共产国际有关中国革命的文献资料（1929—1936）》第2辑，中国社会科学出版社1982年版，第87—88页。

陈独秀提出了苏联和现中国政府共同同帝国主义作斗争的口号。陈同所有机会主义者一样，反对布尔什维克党的组织原则，拒绝承认党的机构的决议，拒绝参加党的工作。陈独秀和他的拥护者的错误不是暂时性的，相反，它们还在沿着反共、反党方向发展。因此，陈和他的拥护者只有在承认和纠正他们的倾向、承认党和共产国际的路线的正确性并接受和执行党和共产国际的一切决议的情况下，才能继续留在党和共产国际的队伍内。①

从上述引文的最后一句话可以看出，这个时候共产国际还是有将陈独秀挽留在党内的意向，仍认为陈独秀并非"已经没有希望"②，还有可能回到党内。对于这一点，当时许多中共中央领导人表示出强烈的不满。他们在12月6日的中共中央政治局会议上讨论共产国际的上述决议。李立三说："决议涉及陈独秀的最后一节，证明远东局还是对他抱有幻想。陈独秀及其一伙不仅实行了取消主义路线，而且成立了叛徒集团。""但是现在远东局寄希望于陈独秀回到党的正确路线上来。这只是证明远东局一贯坚持'右倾'方针。"罗登贤同意李立三的观点："远东局不明白，陈独秀及其追随者不仅反对中央，而且也反对共产国际执行委员会，陈独秀不仅离开了党，而且还组织了另一个（党的）系统。忽视这个情况很不好。"温裕成也批评远东局"始终对陈独秀没有坚定的立场"。③

11月15日，中共中央作出《关于开除陈独秀党籍并批准江苏省委开除彭述之、汪泽楷、马玉夫、蔡振德四人党籍的决议案》，指明开除陈独秀党籍的重要理由是：陈独秀"不仅不服从国际决定，且于同志间谈话，表露其不满意共产国际的意见"。决议称，陈独秀"反国际，反六次大会，反中央，反整个的党之一贯路线的旗帜，公开地承认已为共产国际及联共党所开除的脱洛斯基（指托洛茨基——引者注）为同志；这充分证明陈独秀彭述之等已经决心离开革命，离开无产阶级，客观上就是已经开始转变他们的历史行程走向反革命方面去了"。④

---

① 《共产国际、联共（布）与中国革命档案资料丛书》第8卷，第195页。
② 《共产国际、联共（布）与中国革命档案资料丛书》第8卷，第258页。
③ 《共产国际、联共（布）与中国革命档案资料丛书》第8卷，第245—247页。
④ 《中共中央文件选集》第5册，第549、553页。

由于陈独秀在党内的特殊地位，中共中央关于开除陈独秀党籍的决定，还需申报共产国际审核批准。

11 月 21 日，共产国际执委会远东局在给共产国际执委会的信中汇报：中共中央政治局决定把陈独秀开除出党，“我们认为这是正确的，并请求给以批准”。①

12 月 14 日，中共中央政治局在给共产国际执委会远东局成员并送斯大林、莫洛托夫等人的信中，再次批评《共产国际执行委员会远东局关于共产国际执行委员会第十次全会决议的决议》精神，称“这不过是在减轻陈独秀及其追随者的右倾错误”，对陈独秀仍然抱有幻想，是“在客观上否定中央把他们开除出党的决定”，“只能是调和主义”。②

12 月 17 日，在上海举行的远东局与中共中央政治局第三次联席会议上，远东局成员对李立三等中共领导人的指责给予反击。罗伯特称：“说我们对陈独秀抱有幻想”，是李立三“开了个轻浮的玩笑”。③

12 月 30 日，共产国际执委会政治委员会召开会议，听取斯特拉霍夫所作的关于开除陈独秀的报告。会议决定：“共产国际执委会主席团同意中国共产党中央委员会关于开除陈独秀的决议。”④1930 年 1 月 13 日，共产国际执委会政治书记处听取了皮亚特尼茨基关于陈独秀问题的报告。

1930 年 1 月 18 日，通过斯大林、莫洛托夫、洛佐夫斯基等主席团委员 16 人的“飞行表决”⑤，共产国际执委会书记处批准中共中央转陈独秀的电报，该电报全文如下：

共产国际执委会决定给您机会参加主席团审议是否批准中共中央关于将

---

① 《共产国际、联共（布）与中国革命档案资料丛书》第 8 卷，第 221 页。

② 《共产国际、联共（布）与中国革命档案资料丛书》第 8 卷，第 271 页。

③ 《共产国际、联共（布）与中国革命档案资料丛书》第 8 卷，第 301 页。

④ 《из протокола № 30 заседания Политкомиссии ИККИ от 30. Ⅻ. 29 г.》Архивы из Российского Государственного Архива социально-политической истории. 俄罗斯国家社会政治历史档案馆馆藏档案，全宗 495，目录 225，卷宗 1171，第 4 页。俄文打字稿。

⑤ 皮亚特尼茨基曾致信莫洛托夫：“给您寄去关于开除陈独秀中国共产党党籍的决议草案。如果您同意该草案，那么我将把该决议草案以我们代表团的名义提请主席团表决。”《тов. МОЛОТОВ》, Архивы из Российского Государственного Архива социально-политической истории. 见俄罗斯国家社会政治历史档案馆馆藏档案，全宗 495，目录 2，卷宗 162，第 44 页。俄文打字稿，皮亚特尼茨基亲笔签名。

您开除出党的决定问题的会议。主席团讨论这一问题的会议应不晚于两个月举行。

共产国际执委会书记处在通知您关于主席团这一决定的同时，建议您尽快通过中共中央给予答复，您是否打算参加审议关于开除您出党问题的会议。

如您拒绝参加或两个月内未收到您的答复，这一问题将列入共产国际执委会主席团的议程。①

1月30日，共产国际执委会远东局在给共产国际执委会东方书记处的信中解释说：陈独秀就中东路问题给中央写了几封信后，在中央给他答复和我们跟他谈话后可以看出，他不会改变自己的立场了。于是才提出把他开除出党的问题。“我们建议作最后一次努力。在报刊上和在组织中开展对陈独秀反党反共产国际立场的无情斗争，要求他作出声明，承认错误，改正错误，承认中央路线是正确的并加以贯彻执行，我们说否则就把他开除出党”。②

2月8日，中共中央政治局将共产国际书记处1月18日电报转交给陈独秀，希望陈独秀“于一星期内给以书面答复，好使我们有所准备，并对国际有所回答”。③

2月17日，陈独秀对此信作出书面答复（该答复发表于1930年7月1日的《无产者》第2期）。他开篇便说：中国的向忠发、李立三等人早已紧急宣布我为“托洛茨基主义者”、“取消派”、“反革命”、“新工贼”……企图这样一次决定我的前途。同时，你们在去年10月26日给他们的指示

---

① 《共产国际、联共（布）与中国革命档案资料丛书》第9卷，中央文献出版社2002年版，第31—32页。在此封信的初稿中，最后一句话是：“如果您未在两个月的期限内到达莫斯科，此问题将在您缺席的情况下审议。”——《ЦК китайской компартии для Чен-Ду-Сю》, Архивы из Российского Государственного Архива социально-политической истории. 俄罗斯国家社会政治历史档案馆馆藏档案，全宗495，目录2，卷宗162，第39页。俄文打字稿。

② 《共产国际、联共（布）与中国革命档案资料丛书》第9卷，第39页。半年后的7月29日，共产国际执委会政治书记处政治委员会在《关于中共中央政治局与共产国际执行委员会远东局之间分歧问题的决议》中批评远东局：“在陈独秀问题上完全正确地要求加强同陈独秀的思想斗争，但未能在应有的程度上强调作组织结论的必要性。”（见《共产国际、联共（布）与中国革命档案资料丛书》第9卷，第233—234页）

③ 《陈独秀著作选》第3卷，第159页注释①。

中教导他们肃清自己队伍里暗藏的陈独秀托洛茨基派。"然而现在你们突又来电给我，要我到莫斯科参加你们的会议，专门讨论我们的开除党籍问题，你们这种思想，我很不容易了解！"

陈独秀反问：你们把托洛茨基逐放到苏联以外，把其他和你们政治意见不同的大批同志监禁和流放，"现在又要从中国调我到莫斯科，说是专门解决我的问题，我实不知你们又打算干什么"。陈独秀进一步声明自己不去莫斯科的理由：在关于中国的一系列根本问题上，"我和你们实有不可调和的不同意见"，"这些根本问题不能解决，便没有别的问题可解决。但这些根本问题决不是调我个人到莫斯科便可解决的，而且这是官僚的办法"。陈独秀在答复的最后说："你们如果有诚意解决问题，你们备有一切权力与方法，否则一切问题都只有凭世界无产阶级的命运一道去解决。"①

关于陈独秀拒绝赴苏的原因，他在与秘书的谈话中表达了相似的意思。他说："我坚决不去！中国的问题，中国同志最了解，不能跑到外国去同外国人研究中国问题。研究中国，材料都在中国，让我到外国去，材料都没有，我怎么去研究呢？"陈独秀还说："他们要我去苏联，并非真的让我去研究讨论问题，而是排挤我！"②

这样，陈独秀断然拒绝了共产国际的邀请，也就是彻底放弃了几乎是最后一次的申辩机会。

看到陈独秀对共产国际的答复后，远东局于3月3日致信共产国际执委会，请求"共产国际应尽快发表批判他（指陈独秀——引者注）的正式声明"。③

3月23日，共产国际执委会政治书记处政治委员会会议听取共产国际东方书记处请求，批准关于将陈独秀开除出共产国际的决定并在报刊上予以公布。④

由此，宣告了陈独秀与中国共产党、与共产国际直接联系的结束。

---

① 以上参见《陈独秀著作选》第3卷，第162—163页。
② 辛平：《陈独秀秘书黄玠然谈大革命前夜的陈独秀》，《炎黄春秋》1997年第1期。
③《共产国际、联共（布）与中国革命档案资料丛书》第9卷，第74页。
④《共产国际、联共（布）与中国革命档案资料丛书》第9卷，第83页。

晚年对共产国际（苏联）经验的再反思和以民主为核心的“最后见解”的形成

对共产国际（苏联）经验沉思了十几年的陈独秀，从1940年3月开始，写了6封信和3篇文章，在对托洛茨基主义以至列宁主义和整个苏联革命经验进行总结的基础上，对共产国际（苏联）经验进行了晚年的再反思，也是他生命中的最后反思。他公开批判苏联经验和斯大林，在苏联与世界大战、民主问题和未来世界大势等几个方面，详细阐述了自己的观点，形成了以民主为核心的“最后见解”。

陈独秀提出：“应该毫无成见的领悟苏俄廿余年来的教训，科学的而非宗教的重新估计布尔雪维克的理论及其领袖之价值，不能一切归罪于史大林（指斯大林——引者注），例如无产阶级政权之下民主制的问题。”①他在1940年9月给西流的信中，“根据苏俄二十年来的经验，深思熟虑了六七年”，详细阐述了对于其“最后见解”的核心部分民主问题的意见，主要有以下几层含义：

（1）民主与大众政权的关系。陈独秀认为：非大众政权固然不能实现大众民主；如果不实现大众民主，则所谓大众政权或无产阶级独裁，必然流为斯大林式的极少数人的格柏乌政制，这是事势所必然，并非斯大林等人的心术特别坏些。

（2）大众民主的进步性。陈独秀认为：以大众民主代替资产阶级的民主是进步的，以德、俄的独裁代替英、法、美的民主，是退步的。

（3）民主包含具体的内容。陈独秀说：民主不仅仅是一个抽象名词，有它的具体内容。资产阶级的民主和无产阶级的民主，其内容大致相同，只是实施的范围有广狭而已。

（4）民主与议会制度的关系。陈独秀认为：民主的内容固然包含议会制度，而议会制度并不等于民主的全部内容。许多年来，许多人把民主和议会制度“当做一件东西”，排斥议会制度，同时便排斥民主，这正是苏俄堕落的最大原因；议会制度会成为过去，会成为历史残影，民主则不然，“苏

① 《我的根本意见》，《陈独秀著作选》第3卷，第560页。

维埃制若没有民主内容，仍旧是一种形式民主的代议制，甚至像俄国的苏维埃，比资产阶级的形式民主议会还不如”。

（5）民主的生命力。陈独秀说：民主是从古代希腊罗马以至今天、明天、后天，每个时代被压迫的大众反抗少数特权阶层的旗帜，并非仅仅是某一特殊时代历史现象。

（6）民主制与独裁制的关系。陈独秀将苏联的制度称为无产阶级独裁制。他将苏联独裁制形成的根源归结到十月革命。他说：“不幸十月以来轻率的把民主制和资产阶级统治一同推翻，以独裁代替了民主，民主的基本内容被推翻，所谓‘无产阶级民主’‘大众民主’只是一些无实际内容的空洞名词，一种抵制资产阶级民主的门面语而已。”他进一步解释说：“苏联二十年的经验，尤其是后十年的苦经验，应该使我们反省。我们若不从制度上寻出缺点，得到教训，只是闭起眼睛反对史大林，将永远没有觉悟，一个史大林倒了，会有无数史大林在俄国及别国产生出来。在十月后的苏俄，明明是独裁制产生了史大林，而不是有了史大林才产生独裁制。”“试问史大林一切罪恶，那一样不是凭藉着苏联自十月以来秘密的政治警察大权，党外无党，党内无派，不容许思想、出版、罢工、选举之自由，这一大串反民主的独裁制而发生的呢？若不恢复这些民主制，继史大林而起的，谁也不免是一个‘专制魔王’。所以把苏联的一切坏事，都归罪于史大林，而不推源于苏联独裁制之不良，仿佛只要去掉史大林，苏联样样都是好的，这种迷信个人轻视制度的偏见，公平的政治家是不应该有的。”①

陈独秀晚年写的论述苏联的信和文章很多，其中有的观点是正确的。比如，他认为：“政治上民主主义和经济上的社会主义，是相成而非相反的东西。民主主义并非和资本主义及资产阶级是不可分离的。无产政党若因反对资产阶级及资本主义，遂并民主主义而亦反对之”，必然出现官僚政权。②陈独秀的这种说法是对的，因为民主并不是资产阶级的专有物，无产阶级也应该有自己的民主制度。如果无产阶级排斥了民主，它的政权只能是官僚机构。

---

① 《陈独秀著作选》第 3 卷，第 553—555 页。
② 《陈独秀著作选》第 3 卷，第 560 页。

但是，陈独秀对苏联共产党和斯大林领导的苏维埃政权的评价，也有不妥之处。诚然，斯大林在处理国际事务、处理国内矛盾中确有不少错误，如大国沙文主义、肃反扩大化，等等；诚然，苏联共产党领导的苏维埃政权，在政治民主化方面，有许多缺陷。可是，如果把苏联共产党说成是法西斯党，把斯大林说成是专制魔王，把希特勒、墨索里尼的罪恶都归之源于苏联共产党和斯大林，就完全错误了。陈独秀是这样说的："一班无知的布尔什维克党人，更加把独裁制抬到天上，把民主骂得比狗屎不如，这种荒谬的观点，随着十月革命的权威，征服了全世界，第一个采用这个观点的便是墨索里尼，第二个便是希特勒，首倡独裁制本土——苏联，更是变本加厉，无恶不为，从此崇拜独［裁］的徒子徒孙普遍了全世界，特别是欧洲，五大强国就有三个是独裁。""第一个是莫斯科，第二个是柏林，第三个是罗马，这三个反动堡垒，把现代变成了新的中世纪，他们企图把有思想的人类变成无思想的机器牛马，随着独裁者的鞭子转动，人类若无力推翻这三大反动堡垒，只能变成机器牛马的命运。所以目前全世界的一切斗争，必须与推翻这三大反动堡垒连系起来，才有意义。"① 他列表对比英、美、法民主制与俄、德、意法西斯制的不同，强调必须承认英、美、法不彻底的民主制的价值，谴责斯大林向英、美、法放冷箭，保护法西斯制。

陈独秀赞同西方民主是个人的信仰自由，无可非议，但是他把苏联共产党和斯大林"骂得比狗屎都不如"，则表明他晚年的政治立场发生了根本的变化。陈独秀自己说过："予生平言论行动，无不光明磊落，无不可以公告国人。"② 有什么说什么，毫不隐晦，这当然很好，但在形成自己想法的时候，应该对问题的分析有个实事求是的态度，否则随心所欲，说些带有情绪的话，就不好了。

---

① 《陈独秀著作选》第3卷，第556页。

② 《辩诉状》，《陈独秀著作选》第3卷，第320页。

第六章 陈独秀与共产国际关系的思考

纵观陈独秀与共产国际关系的全过程，大致可以将其分为两个大阶段：第一大阶段，大革命失败前，陈独秀与共产国际发生直接联系的“共事”阶段；第二大阶段，陈独秀被开除出党之后（包括转向托派），陈独秀与共产国际之间是一种间接的联系，两者之间的关系更多地体现在陈独秀对共产国际（苏联）经验的反思和评价上。考察陈独秀与共产国际关系的发展进程，我们可以发现一些隐藏在事件背后的深层次的东西，并从中得到某些启示。

一、共产国际对中国革命和陈独秀的支持与帮助功不可没

共产国际给予中国革命的指导和支援，是中国人民永远不能忘怀的，陈独秀也曾多次对苏俄的援助表达衷心的感激之情。同时，共产国际在中共创立和大革命时期，对陈独秀是支持和帮助的。

共产国际（苏俄）对中国人民解放事业的真诚帮助

很多苏俄共产党员，怀着世界革命的志向，毅然来到中国，无私地投入中国人民的解放事业。1922 年 4 月，俄罗斯联邦驻中国外交使团成员维连斯基–西比里亚科夫在从北京写给拉狄克信的最后，说过这样一句话：“转达在华工作人员的一句话：‘让莫斯科记着中国并给以帮助。’”① 至今，每读到这里，许多中国革命者的心情都不能平静。“让莫斯科记着中国并给以帮助”——多么真诚朴实的话语，多么伟大无私的情愫！这是大部分 20 世纪 20 年代初来到中国工作的俄共党员从心底发出的呼唤。他们对积贫积弱的中国人民奉献了真心的同情，给予了巨大的精神支持和物质帮助。中国人民永远感谢和铭记他们！

---

① 《共产国际、联共（布）与中国革命档案资料丛书》第 1 卷，第 81 页。

1923年1月26日，俄罗斯联邦驻华全权代表越飞在从上海发给俄共（布）、苏联政府和共产国际领导人的信中，对中国的局势和中国在俄罗斯对外战略中的重要作用作了深刻的分析：

不管欧洲发生什么事件，远东毕竟是帝国主义的致命弱点。不管现在在近东和欧洲发生什么事件，将来解决世界历史问题终究在这里，在太平洋，在中国。我们可以而且应该对近东和欧洲的事务表现出最大的关注和积极性，但是我们决不应因此而忽视远东的事务。

目前，中国正处在历史上最具有决定性意义的时期。

行将灭亡的帝国主义不得不在这里接受北美合众国的构想，即目前暂时只需要经济上的成果，而不是政治上的成果，因此它会对中国作出政治上的让步，甚至将已经占据的领土归还给它。

另一方面，中国的国家统一和民族解放运动还从来没有这样强烈，也从来没有这样临近胜利。如果中国的国民革命现在只是由于我们的帮助而取得胜利，那么这正意味着，是我们把世界帝国主义摔倒而使其双肩着地的，我们在全世界将是民族解放斗争和民族殖民地革命的卫士。如果中国国民革命的胜利只是因为我们拒绝帮助而不能取得，那么这将意味着，帝国主义要比我们强大得多，是它战胜我们，而不是我们战胜它，因此民族殖民地革命将不能指望任何人。

我不认为，这种情况会提高我们的世界威望，会减轻我们在近东和欧洲的斗争。

要知道，假如我们有集中的真正统一的对外政策，那么我们在这里取得的外交胜利就能够在洛桑、在伦敦大大加以利用。

……向我们的英国对手作出微妙的暗示，英国在近东和欧洲事务方面的行为迫使我们在远东进行报复，并指出在一定情况下，在他们采取行动时，我们会在东方走得更远。

不管我们的红军多么出色和多么强大，不管它是我们多么坚强的支柱，我们的主要力量毕竟在于，我们是世界革命的先锋队，如果没有革命或者离开革命，我们就会像没有头发的软弱婴儿一样，失去自己的全部力量。①

---

①《共产国际、联共（布）与中国革命档案资料丛书》第1卷，第215—216页。

尤其是中共创立和大革命时期，共产国际为支持中国革命，投入了大量的经费。除共产国际的直接拨款外，中国共产党还得到了共产国际的其他有关组织——青年共产国际、红色工会国际和农民国际等组织拨给的经费。由于中国共产党和国民党的资金来源有很多渠道，要得到一个确切的数字实属不易。“据大致统计，苏联资助中国20年代国民革命运动的总开支有几千万金卢布。”① 虽然从前苏联档案看，其中对中国共产党的资助要比为国民党支出的少得多。但我们应该注意到这样一个情况，即在国共合作时期，国民党的部分费用也用到了加入国民党并在国民党的中央及地方组织中工作的共产党人身上。

关于苏联援助的问题，陈独秀在1926年11月发表的《十月革命与东方》一文中，已完全改变了建党初期在与马林争论中坚持的拒绝苏俄经济援助的观点，心存感激地为维护苏俄进行辩护。

……革命应该用自己的力量，不一定要依赖外援，这个意见并不错，并且我们应该尽可能的这样做，这是毫无疑义的事。不过若因有苏俄援助可以增加我们革命发展之速度，似乎也没有理由应该拒绝，更无理由因此而反对苏俄。

反对苏俄的人，硬说苏俄援助中国革命是有他的野心，而非善意的援助。说这样话的人，他完全不懂十月革命之世界的意义。试问苏俄因援助中国国民革命军曾经得到些什么没有？苏俄援助中国，若是由于他的野心而不是立脚在十月革命之世界的意义上面，他尽可继续旧俄政策，援助奉天或直系以达到他的野心，又何必援助中国的国民革命呢？……奉、直军阀并不是不要苏俄帮助，正因为得不着苏俄的帮助才反赤。苏俄为什么不帮助奉、直军阀而帮助国民革命军，这便可以充分证明苏俄是立脚在十月革命之世界的意义上援助中国，而非由于侵略野心。②

上面这段话，充分反映了陈独秀对苏联援助的感激之情。他在次年3月发表的《中国国民革命的武器是些什么？》的短文中，更是把“苏俄的援助”和“共产党与工农群众的力量”并列为“中国国民革命之最有力的

① 《共产国际、联共（布）与中国革命档案资料丛书》第1卷，第14页。
② 《陈独秀著作选》第2卷，第1137—1138页。

武器”。①

陈独秀在任期间共产国际总体上对其是支持和维护的

考察陈独秀与共产国际关系的全过程，实事求是地讲，在中共创立和大革命时期，虽然诸如在早期的国共合作方式，中期的关于北伐的争论等一系列问题上，陈独秀都曾提出过与共产国际不同的意见，并与共产国际驻华代表进行了不同程度的争论。但是，联共（布）中央政治局和共产国际执行委员会从来没有点名批评过陈独秀，更未产生过撤换陈独秀的念头，未进行过“倒陈运动”。甚至到了大革命后期，中国革命面临相当危急的局面，在党内已形成针对陈独秀的反对派，共产国际也已对陈独秀产生不满的情况下，联共（布）、共产国际仍旧支持陈独秀在中共五大上继续当选党的总书记。而 1929 年，当中共中央已经作出开除陈独秀的决议后，共产国际仍旧希望能继续挽救陈独秀，并采取了一些实际的行动。

所以，公平地说，在陈独秀与共产国际发生直接联系的“共事”阶段，共产国际对其总体上是支持和维护的。陈独秀能连任党的五届最高领导人，其中主要是他自身在党内的地位决定的，但共产国际对他的支持也是一个不可忽视的原因。共产国际如果想撤换中共领导人，并不是一件太难的事情。陈独秀之后的瞿秋白、李立三等人的起落就是一个明证。

正是在共产国际支持下，陈独秀确立了领袖地位，在中共创立和大革命时期，才避免了新生的中国共产党由频繁更换领导人所可能带来的内部纷争，保持了多年的内部比较团结的局面，使党的领导层能够比较团结一致地开展革命运动及发展壮大党的组织。更何况，在那种大环境下，中共即便更换了领导人，情况也不会发生大的改变。

二、共产国际在对中国革命的指导和对陈独秀的态度上存在严重失误

共产国际（苏俄）从事东方工作的各个组织在目标上的不一致和行动上的不协调

这个弊端，其实由来已久，很多从事中国工作的苏联人自己早有觉察。

① 《陈独秀文章选编》下册，第 407 页。

早在中国共产党成立之前的1920年底，俄共（布）中央西伯利亚局东方民族处副主席布龙斯泰因和中国科科长阿布拉姆松在给共产国际执委会的报告中就说到："共产国际、中央、外交人民委员部、远东局派出自己的工作人员（这些人不是都胜任其使命的）执行独立的任务，没有总的计划，不了解当地情况。"①

执行苏联外交战略和策略的两个不同渠道——外交人民委员部和共产国际的实际目标一直互不相容，这是造成苏联外交政策、包括对中国的政策遭到失败的根源之一。

对此，在华工作的苏联代表发出感慨："应当彻底消除党是为外交人民委员部服务的观点"，"不要把党牵连到"外交人民委员部的"需要"中。②"不应该把外交人民委员部和共产国际执委会混为一谈"。③

苏联从事东方工作的各个组织的不协调性在中国表现得非常突出，这样的例子数不胜数。

任命鲍罗廷为孙中山的政治顾问的决定，是由斯大林建议、俄共（布）中央政治局会议通过的。关于鲍罗廷与苏联驻中国其他代表的关系，决定指出："责成鲍罗廷同志与苏联驻北京的全权代表协调自己的工作，并通过后者同莫斯科进行书信往来。"④1923年11月25日，原共产国际远东书记处情报部主任、共产国际执委会东方部副部长、俄罗斯通讯社驻华记者斯列帕克在写给维经斯基的信中，介绍了刚刚来到中国的鲍罗廷的情况："看来，他完全是在为自己机关（指苏联外交人民委员部——原文注释）的利益工作，自然，他也在使党的工作适应这项工作。"⑤真是搞不懂，鲍罗廷到底属于何部门，直接向谁负责，为谁工作？

1925年4月17日，俄共（布）中央政治局中国委员会召开会议，"为了领导中国的整个军事工作"，决定"在北京成立由苏联全权代表加拉罕同志（主席）、军事领导者格克尔同志和军政工作领导者沃罗宁同志（成员）

---

①《共产国际、联共（布）与中国革命档案资料丛书》第1卷，第56页。
②《共产国际、联共（布）与中国革命档案资料丛书》第1卷，第267页。
③《共产国际、联共（布）与中国革命档案资料丛书》第1卷，第319页。
④《共产国际、联共（布）与中国革命档案资料丛书》第1卷，第266页。
⑤《共产国际、联共（布）与中国革命档案资料丛书》第1卷，第327页。

组成的中心”。[①] 从字面上理解，新成立的北京中心是负责在华军事工作的，可无论从以后苏俄在华工作人员的报告中，还是从其组成人员上看，北京中心不只是负责军事工作，还有政治工作。[②]

事实上，北京中心的设立并没有对整个对华工作产生积极的作用，苏联各方派往中国各处的工作人员仍旧各自为战，该机构没有起到中心和领导的作用。鲍罗廷对此也颇有异议，称自己“逐步让出了一个又一个的职权”。[③]1926年5月，布勃诺夫使团在总结报告中对北京中心的工作效果给予严厉的批评：“北京中心没有固定的组织形式，同教官组和政治领导机构（全权代表处和鲍罗廷）没有明确的业务关系，几乎始终处于不固定的中间地位，没有明确的职责和同全权代表处的职能分工，这对工作的组织方面有很大的影响，在很大程度上妨碍工作的开展。”[④] 另外，报告还特别提到：在组织方面，“争取使我们在中国的各项工作（共产国际的工作、军事工作、商务代表处工作、领事工作等）更加协调一致”，其中，要“消除全权代表处工作的无计划性和手工作业方式”。关于商务代表处的工作，使团提出，要充分估计其“在华工作的政治意义”，“为了实行我们的对华政策可以利用这项工作（同商界的联系，同农民的直接关系等）”。[⑤]

共产国际（苏俄）从事东方工作的各个组织这种在目标上的不一致和行动上的不协调，严重妨碍了共产国际及其代表对中国革命的指导。

共产国际对中共及其早期领导人的蔑视和蛮横的瞎指挥及对中国实际状况的不了解

联共（布）和共产国际对中国革命总是持一种领导者的心理和姿态。正如加拉罕所说的，莫斯科“要为中国的工作负责”。[⑥] 鲍罗廷在1926年初也

---

① 《共产国际、联共（布）与中国革命档案资料丛书》第1卷，第604页。

② 我曾以为上文的翻译有错，误把“军政工作”错译为“军事工作”。为此，我又重新查对了俄文原档。结果，翻译是正确的。俄文原文确实是称：“为了领导中国的整个军事工作”，在北京成立这个由三人组成的中心，但也未具体指明中心的确切名字。《共产国际、联共（布）与中国革命档案资料丛书》第3卷第205页注释2称此机构是“设在北京的领导苏联驻华代表整个军政工作的中心”。

③ 《共产国际、联共（布）与中国革命档案资料丛书》第3卷，第142页。

④ 《共产国际、联共（布）与中国革命档案资料丛书》第3卷，第260页。

⑤ 《共产国际、联共（布）与中国革命档案资料丛书》第3卷，第258—260页。

⑥ 《共产国际、联共（布）与中国革命档案资料丛书》第1卷，第504页。

承认："过去我们不知怎么把共产党人看作是私生子，避而不谈某某工作人员是共产党员。"①

1923年底，加拉罕曾在一封信中"教导"刚刚到达中国的"新人"鲍罗廷："中国人非常乐于讨论和制订各种计划，但是，实行这些计划却极其缓慢。因此必须经常地监督每一个步骤，使他们保持高度紧张状态，而不要指望他们自己去理解和去完成所有应该做的事情。所有这些都很简单，但我一天比一天越来越相信有必要经常把他们掌握在手中，否则什么事情都会被束之高阁。"②在他看来，中国人没有能力"自己去理解和去完成所有应该做的事情"，只有在他们"监督"和"掌握"下，才能去执行"每一个步骤"。

关于鲍罗廷对中共的不屑一顾，同为苏联在华工作人员的维尔德有过表述。他在1925年5月给维经斯基的信中说，鲍罗廷前往广州途中在上海停留几天，同中央委员会开了几次会议。"会议进程、交换意见情况和相互关系都给人留下了不好的印象：感觉到互相不信任、不真诚、要外交手腕。"③身为共产国际执委会主席团主席的季诺维也夫也承认："广州其实是中国的小莫斯科，到过那里的同志都证实了这一点。在那里发号施令的首先是共产国际的同志，即鲍罗廷同志。这是事实。"④

对于自己独裁的工作方法，鲍罗廷在1926年2月的布勃诺夫使团会议上公开辩护说："中国军阀、中国局势和一般中国人的特点之一是玩弄权术，特殊类型的权术，他们习惯于唆使一个反对另一个。""应该迫使中国人违背他们的意志沿着国民革命运动发展的正确道路前进。"但怎样才能"迫使"中国人沿着他们指引的道路前进呢？鲍罗廷说："我们不可能光凭宣传鼓动来达到这个目的，也从来没有达到过。需要玩弄权术，需要随机应变，需要利用一个反对另一个，也就是采用他们的方法，但同时自己要坚定和坚强，不给他们提供利用我们的机会。"他最后声明："这就是为了取得我

① 《共产国际、联共（布）与中国革命档案资料丛书》第3卷，第137页。
② 《共产国际、联共（布）与中国革命档案资料丛书》第1卷，第294页。
③ 《共产国际、联共（布）与中国革命档案资料丛书》第1卷，第612页。
④ 《共产国际、联共（布）与中国革命档案资料丛书》第3卷，第60页。

们在这两年半时间所取得的巨大成就需要采取独裁方法的原因。”①

1926年初，加拉罕在布勃诺夫使团会议的报告中自傲地宣称：“如果说广州相当强大，那只是因为有俄国人在那里做工作。”②

正如1924年10月初的一次中共中央会议上指出的：“中共（中央）执委会非常不满的是，鲍罗廷同志作为共产国际代表同党的执委会联系很少，也不同它讨论决议和对国民党的态度的改变，而是单独行事。即便在这种情况下他不犯什么错误，那么这种状况也会破坏统一，破坏工作制度，这对国民革命运动来说是有害的。”③

与共产国际及其代表对中国共产党的轻视态度相比，他们不了解中国的实际情况，危害更大。因为这是决定方针政策正确与否的根源所在。

鲍罗廷曾真实地回忆了自己刚刚到中国时的情形：“在1923年年中以前，关于中国，我基本上只知道可以从某个书本中和一些文章中读到的东西，以及从一些东方同志向我讲述的情况中了解到的东西。我带着这点儿知识来到这里，可以说我对中国一无所知。”④可以想象，这样一位对中国几尽“一无所知”的外国人，虽然有着马列主义理论功底和在其他国家的革命斗争经验，但要真正了解中国国情、制定真正符合中国实际的斗争策略，担当起领导中国革命的重任，其难度是可想而知的。再加上根深蒂固的大国沙文主义思想，对复杂的局势只“根据自己的经验来作出判断”⑤，要想不犯错误是很难的。

维经斯基也承认，他在中国“不可避免地要替中央或通过中央来实行领导”，他同时知道，“这当然是有害的，对于年轻的党来说尤其如此”。⑥

结果，由于对中国情况的不了解，很难对形势作出真实、准确的判断。共产国际、红色工会国际、青年共产国际代表和其他苏联驻华工作人员向苏联发回大量书信，其中包含着对中国形势、国民党内部状况、中共内部

---

① 《共产国际、联共（布）与中国革命档案资料丛书》第3卷，第135页。
② 《共产国际、联共（布）与中国革命档案资料丛书》第3卷，第79页。
③ 《共产国际、联共（布）与中国革命档案资料丛书》第1卷，第534页。
④ 《共产国际、联共（布）与中国革命档案资料丛书》第3卷，第97页。
⑤ 《共产国际、联共（布）与中国革命档案资料丛书》第3卷，第134页。
⑥ 《共产国际、联共（布）与中国革命档案资料丛书》第1卷，第736页。

状况，以及对一些重大事件发展的转折时期的情况通报和对中国发展形势的预测。但是，我们可以清楚地看到，这些同样来自中国的情况汇报是多么地复杂，有时甚至相互矛盾，而联共（布）、共产国际最高领导成员们就是根据这些情况通报，作出这样或那样的决定。其中的难度又是可想而知的。

对此，早在1923年初托洛茨基就承认："我毫不怀疑，在中央我们犯有不少错误，这是由于对局势的某些特点不够了解所致，特别是在东方。"但他又补充说："但总的来说，采取另一种政策未必可能。"①

1926年初，布勃诺夫使团通过对中国的考察也得出这样的结论：苏联"全权代表处的政策和我们的军政工作往往是以一些时断时续偶然得到的、未经核实的材料为依据的"。②

共产国际对中国实际状况的不了解还表现在总是试图把俄国革命的经验和其国内战争时期俄共（布）的经验照搬到中国来。蒋介石发动"四一二"反革命政变后，联共（布）、共产国际发往中国的一系列指示中强调的开展土地革命并在此基础上建立自己的武装力量的打算，就明显地反映了这一意图。但无论是当时还是很久以后，共产国际领导人都没有认识到，中国农村社会结构的特点和土地占有与使用的特点，都使得在这个东方大国中不可能按照俄国的模式进行土地革命。根据布尔什维克的经验提出的关于可以在短期内建立"由革命的工人和农民"组成的武装力量的设想，也没有考虑到将会在中国遇到的实际困难。为了建立可靠的、强大的部队，需要有经验丰富的指挥员、充足的资金和武器，以及足够的时间准备，而这些却是被封锁在武汉的中国共产党所没有的。

共产国际的"苏俄利益中心论"和高度集中的领导体制影响了陈独秀对中国革命问题的独立思考

共产国际二大宣言公开宣布："苏维埃俄国的事业就是共产国际的事业。"③这就明文规定了苏俄利益至上的原则。共产国际在与中国的实际交往

---

① 《共产国际、联共（布）与中国革命档案资料丛书》第1卷，第202页。
② 《共产国际、联共（布）与中国革命档案资料丛书》第3卷，第258—259页。
③ 《共产国际第二次代表大会文件》，第785页。

中更是强调和遵循了这一原则。这表现在20世纪20年代前后共产国际从吴佩孚到陈炯明，再到孙中山的寻找同盟者的过程（对这个同盟者的要求是既对苏俄友好又具有一定军事实力）；表现在他们同时与中国的南北方政府保持联系的工作方式上；表现在中东路事件中提出的“保卫苏联”的口号上，等等，这种思想和做法对陈独秀和中国共产党也产生了重要影响。

此外，共产国际是“一个高度集中的组织”，是“一个真正统一的世界性的共产党”。① 在组织形式上，共产国际以布尔什维克党为榜样，是一个高度集中的革命司令部。共产国际领导人季诺维也夫等人多次强调，“共产国际应该成为行动的国际，活动的国际，应该成为集中的、国际的、共产主义的世界性政党”。② 共产国际高度的组织制度体现在：坚持各国党在思想上、政治上的高度统一性；共产国际的领导方式具有高度的集中性；各国共产党对共产国际的绝对服从性。共产国际用这种高度集中和集权的组织制度取代了各国党的独立自主性。在这种高度集中的领导体制和非常强硬的领导方式下，中国共产党的早期领导人陈独秀很难有自己的独立思考，即使有不同意见，也只好服从共产国际的指示。

共产国际派驻中国的代表们之间长期的意见分歧严重干扰了陈独秀在一系列问题上的决策

在共产国际与中国革命关系中，共产国际驻华代表起着非常重要的作用。一方面，联共（布）、共产国际制定关于中国的政策需要其派驻中国的代表送回的情报，另一方面，联共（布）、共产国际制定的有关中国革命的政策，又全靠其驻华代表来传递和实施。所以，用鲍罗廷的话来说，中国“同苏俄的关系体现在顾问身上”。③ 共产国际派驻中国的代表和顾问，是联共（布）、共产国际与中国共产党、中国国民党及中国革命之间不可或缺的重要联系纽带，莫斯科靠他们传达和执行指示，指导中国革命的实践活动。由此可以看出，共产国际代表的作用非同一般。

在共产国际指导中国大革命的过程中，其内部机构尤其是其驻华代表之

---

① 《共产国际第二次代表大会文件》，第760页。
② 《共产国际第四次代表大会文件》第1卷，第49页。
③ 《共产国际、联共（布）与中国革命档案资料丛书》第4卷，第206页。

间，经常出现意见分歧。

事例一，对于大革命高潮时期的军事运动，共产国际内部就有不同看法。1925 年 8 月 21 日，共产国际执委会东方部作出关于中国共产党军事工作的指示草案，指出：在军队内部“必须广泛运用俄国的全部经验，从组织上和思想上做巩固工作”，“在任何情况下组建中国革命武装力量时”，都应“小心谨慎地但又坚定不移地争取使实际领导权一定掌握在我们党的手里”，都要“使党的委员会成为整个军事工作的实际领导者”。① 而一个月后，瓦西里耶夫却向季诺维也夫阐明自己对此问题的不同看法，说：“共产党不应当要求一定由自己的党员担任国家和军队的一切领导职位，相反，它应当竭力广泛吸引不是共产党员的国民党员参加负责工作”，否则，“有产生左倾的危险”。②

事例二，关于中共中央所在地的问题，共产国际代表产生了意见分歧。早在 1922 年，马林就倡议中共中央迁往广州，其理由是，中国共产党在华中和华北没有适当的基地，因为中国根本没有真正像样的工人运动，因此中国共产党应该把自己的活动重心转移到南方，那里有民族革命运动的土壤。当年 7 月 18 日，共产国际执委会主席团同意马林的建议，向中国共产党中央执行委员会发出关于迁往广州的指示。对此，维经斯基提出不同意见，他在次年 3 月 8 日写给共产国际执委会东方部主任的信中陈述道：经过最近一些罢工以后，在中央委员会驻地问题上，“不可能有两种意见了”。“我不能想象，中央将如何从广州领导运动”，“这不仅仅是中央在地理位置上脱离华中和华北的工人运动。依我看，离国民党的中心很近也同样会对中央产生有害的影响；在广州可能造成我们党对孙逸仙党的过多依赖性，而最令人担心的是，年轻的中国共产党通过自己的中央将深深陷入军阀的派系斗争之中”。所以，“中央委员会不应在广州孙逸仙的鼻子底下，而至少应在上海的某个地方”。③

事例三，“四一二”反革命政变前的 3 月 31 日，联共（布）中央给上海

① 《共产国际、联共（布）与中国革命档案资料丛书》第 1 卷，第 658—660 页。
② 《共产国际、联共（布）与中国革命档案资料丛书》第 1 卷，第 678 页。
③ 《共产国际、联共（布）与中国革命档案资料丛书》第 1 卷，第 228 页。

的陈独秀等发出“日前不得进行公开战斗，不要交出武器，万不得已时要把武器藏起来”的指示，曼达良等远东局成员将这个指示交给了中共中央执行委员会，并建议加以执行。可此时，又从汉口发来维经斯基签署的指示，其中谈到：“汉口认为，如果蒋介石企图以武力解散上海政府，那么也应以武力对他进行反击。”① 陈独秀经常遇到这样的情况：在同一时期，不同的苏联人给他发出不同的建议和指示。

事例四，北京三人小组之间的冲突。加拉罕在北京布勃诺夫使团会议上说，北京的三人小组“不仅研究军事问题而且也研究政治问题。这样一来，对在华其他系统的整个政治领导工作也要由这个集体来承担。于是我问，假如我们在某些政治问题上发生了意见分歧，你们两个人是多数，我一个人是少数，当然，少数要服从多数，这怎么办？我说，这是不能接受的领导方式”。加拉罕认为自己对中国情况了解较多，而武官叶戈罗夫及其助理特里福诺夫对情况了解较少，所以他不同意以简单的多数票来决定问题。加拉罕是这样阐述他与三人小组其他两位成员之间的分歧的：“我要为整个对华政策负责，鉴于军事工作与整个政治工作有很密切的联系，我应当领导这项工作，当然要同你们商量，但在主要问题上，不管大小由我作决定。这是很重要的一点。如果你们制定战场上的作战计划，是什么计划我不管，但如何实施这个计划，如何使中国人接受这个计划，我有决定权。由此我们发生了意见分歧，有大的分歧，有小的分歧。”最后，加拉罕向布勃诺夫使团提议：应在北京设立“统一的指挥部”，该指挥部“应掌握在一个人手里，此人要将党、共产国际、军事、外交等方面工作集于一身”。显而易见，加拉罕就是掌握着该指挥部的那个人，而且长期以来他确实也是联共（布）、共产国际在华工作的最高负责人。加拉罕反问道：“迄今为止的这种做法不好吗？依我看，这种做法是好的，是正确的，在这种情况下有统一的领导。”②

事例五，联共（布）中央政治局曾专门讨论了鲍罗廷与加伦之间的矛盾问题，并给鲍罗廷发出指示电报：“我们获悉加伦与您之间产生了误解和磨

---

① 《共产国际、联共（布）与中国革命档案资料丛书》第4卷，第266页。
② 《共产国际、联共（布）与中国革命档案资料丛书》第3卷，第87—88页。

擦。中央认为你们绝对有必要共同工作，希望你们考虑身负的责任，达成谅解并合作共事。”①

总之，联共（布）、共产国际指导中国革命的机构和人员，几乎在三个层次上全部存在着分歧。第一个层次是莫斯科的联共（布）、共产国际内部，多数派与少数派的分歧。第二个层次是联共（布）、共产国际派往中国不同地区的不同机构和人员之间的分歧，如上海的远东局与广东的顾问处之间的分歧（维经斯基与鲍罗廷）；北京代表处与上海远东局的分歧（加拉罕与维经斯基）；大革命后期共产国际执委会驻中国代表团与鲍罗廷之间的分歧（罗易与鲍罗廷），等等。第三个层次是在中国同一地点和同一机构工作的共产国际代表之间的内部分歧，如在北方军事顾问之间的分歧；北京的加拉罕大使和武官叶戈罗夫及其助理特里福诺夫之间（即北京三人小组）的分歧；上海的远东局主席维经斯基与拉菲斯、福京等其他成员之间的分歧；广州鲍罗廷与加伦、古比雪夫之间的分歧，等等。也就是说，无论在苏联最高领导层内部，还是在中国贯彻莫斯科路线的实际工作人员中间，分歧和摩擦几乎是人人、时时、处处存在。并且，这些联共（布）和共产国际驻华工作人员之间总是不停地争执，向上级机关互相“告状”。

比如，阿尔布列赫特就向共产国际执行委员会书记皮亚特尼茨基痛斥维经斯基：

他的全部工作是玩弄手腕、抹平棱角和调和妥协。不是给党提出明确的指示，而是以卑劣的外交手腕把他们搞得糊里糊涂。据党中央委员们说，俄国同志的威信大大下降。这是因为，第一，共产国际执委会的代表在耍阴谋，这在中国是最糟糕不过的了；第二，共产国际执委会的代表没有方针，他应对中央至今的工作和决议不明确负全部责任；第三，他凭印象办事，把党中央的工作搞得混乱不堪。②

对于另一位举足轻重的人物鲍罗廷，阿尔布列赫特是这样评价的：鲍罗廷“则更糟糕。他纵容最坏的机会主义，散布不信任，只是为蒋介石的胜

① 《共产国际、联共（布）与中国革命档案资料丛书》第4卷，第100页。

② 《共产国际、联共（布）与中国革命档案资料丛书》第4卷，第127—128页。

利张目”。①

罗易在1927年5月连续给斯大林的电报中称，他与鲍罗廷“在革命的根本问题（即土地问题、工人运动问题、军事行动方向问题、西北方针问题、共产党与国民党的关系问题、共产国际代表机构问题）上”有分歧。②也就是说，两人在几乎所有关于中国革命的重大问题上都存在分歧。罗易严厉斥责说：“鲍罗廷实行的是葬送革命的彻头彻尾的社会民主主义的政策。他处事独断专行，不同许多负责人商量，无视他们的意见。他向共产党发号施令。他的权力不是建立在政治影响的基础上，而是建立在对同莫斯科的关系的垄断的基础上。说明整个情况、但不符合他的政策的报告不能发出。他拒绝发我的电报。这里的多数俄国同志都反对他的政策，不满意他的工作方法。”罗易请求莫斯科“应赶紧进行干预”。③

这种无所不在的意见纷争，带来两方面致命的不良后果：一方面是影响联共（布）和共产国际的领导人对中国实际局势的了解及制定出更加符合中国实际的战略策略；另一方面则是不可避免地严重干扰了中共最高领导人陈独秀在一些重大问题上的决策。比如关于北伐问题、“汪蒋合作”问题、对待国民党右派问题、北伐中后期的进军方向问题，等等，不同的苏联顾问在不同时期甚至同一时期的不同意见，都以上级指示的方式压制他接受。听谁的？不听谁的？究竟哪一个意见对，哪一个意见错？处于夹缝中的陈独秀处处受到掣肘，难以游刃其间。他所作出的决定也难免朝令夕改，前后不一。陈独秀毕竟是一个年轻政党的经验不足的“年轻”领导人。另外，这种分歧也造成中国共产党内部意见不一致。并且，“中国共产党历来的争论都同国际代表有关系”。——对此，郑超麟解释说：陈独秀“在党内有绝对的威权，自然而然建立起来的威权。我想，如果没有第三国际外来的干涉，中国共产党在他的领导底下决不会有大争论以至分裂的”。④

① 《共产国际、联共（布）与中国革命档案资料丛书》第4卷，第130页。
② 《共产国际、联共（布）与中国革命档案资料丛书》第4卷，第242页。
③ 《共产国际、联共（布）与中国革命档案资料丛书》第4卷，第274页。
④ 《郑超麟回忆录》，第125页。

共产国际把大革命失败的责任全部推卸到陈独秀身上是一种非马克思主义的态度

陈独秀始终认为自己“忠实地执行了国际机会主义政策，不自觉的做了斯大林小组织的工具，未能自拔，未能救革命，这是我及我们都应该负责任的”。他承认自己在大革命时期犯了右倾退让的错误，但他认为，错误来源于共产国际，所以，他坚决不同意共产国际和中共中央将大革命失败的全部责任推到他一个人身上。为此，他在《告全党同志书》中说：

现在的中央说我们企图把中国革命失败的责任推到国际好躲避自己的责任，这简直是笑话。任何人都不能因为他犯过机会主义而永远取消他批评上级机关的机会主义及他自己回到马克思列宁主义之权利，同时任何人也不能因为机会主义政策之来源出于上级机关而有躲避自己执行机会主义政策的责任之自由。机会主义政策固然来源于国际，然而中国党的领导者为什么不向国际抗议而忠实地执行，这个责任又推到谁呢？我们应该很坦白的很客观的认识过去以至现在的机会主义政策，都是来自国际，国际是应该负责任的。幼稚的中国党还没有自己发明理论决定政策的能力，至于盲目的执行国际机会主义政策，而没有丝毫认识与抗议，这是中国党领导机关应该负责任的。若是互相推诿，大家都各自以为没有什么错误，难道是群众的错误吗？这不是太滑稽，简直对革命不负责任。我坚决的相信，我或别的负责同志，如果当时能够像托洛茨基同志对于国际机会主义政策之错误有那样深刻的认识，有那样坚决的争辩，不但自己争辩，并发起全党党员群众的热烈讨论争辩，其结果即或走到被国际开除和党的分裂，也于党于革命都大有补救，也不致使革命这样可耻的失败，使党这样政治破产。

……

国际及中央一向是反对算旧账的，一直到现在看见我批评了他们的错误，他们才忽然想起来说我：“无诚意去认识自己在中国大革命时代之机会主义领导的错误，没有决心去认识过去的真正错误所在，便必然不可免的要继续过去的错误路线”。这几句话正是他们自己的真实写照。①

① 《陈独秀著作选》第3卷，第93—94、101页。

许多共产国际驻华代表也认为，共产国际应为大革命的失败承担重要责任。阿尔布列赫特就称：大革命失败的“直接原因是我们党和武汉政府在如何对待蒋介石的问题上采取的政策不坚定，是共产国际执委会代表（维经斯基——原文注释）和鲍罗廷没有方针可循”。①

罗易曾说：“党始终处在既成事实面前”，“共产党必须服从国民党作出的任何决定。这样，就把对一些关系到革命前途的重大政治问题的决定（同蒋介石决裂、北伐）强加给了共产党”。造成这种状况的原因，“除了共产党领导软弱之外，鲍罗廷要为这种令人难以忍受的局面承担很大的责任。他认为，不可能让共产党就每个问题向国民党提出明确的意见，因为这会使合作无法进行”。关于鲍罗廷与共产党的关系，罗易说：鲍罗廷“对共产党影响最大，因为他是莫斯科的代表，对同莫斯科的联系手段拥有垄断权。共产党人经常在正式会议上驳斥他的观点，但最终他总是能把他们置于自己的控制之下，不管他们对局势评价如何”。②

远东局成员福京、纳索诺夫和曼达良说：“对中共中央的投降主义和机会主义策略应承担责任的不仅是中国的工作人员，而且是作为原共产国际代表的维经斯基”，并且作为联共（布）和共产国际“承上启下的附属机关”的共产国际执委会远东书记处也应承担一定的责任。③

维经斯基后来承认：“对中国共产党所犯错误我要承担很大的责任，要承担比中国共产党领导更大的责任。”④鲍罗廷也认为，在“四一二”反革命政变后未能集中力量打击蒋介石，“酿成了当时我们在中国所犯的最致命的一个大错误”。⑤

联共（布）、共产国际常常是向中国发出一系列指示，陈独秀基本照此执行，可反过来，他们又把执行他们指示造成的失败推到了执行者的身上。关于这一点，周恩来在1927年6月26日中共中央政治局与共产国际执委会代表联席会议上曾说过：“在上海我们收到了莫斯科关于建立民主政府的

① 《共产国际、联共（布）与中国革命档案资料丛书》第4卷，第268页。
② 《共产国际、联共（布）与中国革命档案资料丛书》第4卷，第291—292页。
③ 《共产国际、联共（布）与中国革命档案资料丛书》第4卷，第417、419页。
④ 《维经斯基在中国的有关资料》，第159页。
⑤ 《共产国际、联共（布）与中国革命档案资料丛书》第4卷，第501页。

指示。后来当我们这样做了时，他们却对我们说，这是不对的。莫斯科经常这样做。”① 周恩来说的没有错，莫斯科真的是经常这样出尔反尔。

联共（布）、共产国际认为：共产国际执委会第七次扩大全会决议提出了一条很正确的路线，“机会主义的和极左的错误根本不是来源于共产国际执委会的决议，而是来源于俄国反对派在中国的思想上追随者”，即“右倾的”彭述之和罗亦农、“机会主义者陈独秀”，“以及庇护他们这些人的”维经斯基对决议的否定和抵制。②

事实上，大革命失败的原因，不是陈独秀对共产国际执委会第七次扩大全会决议的疑问，也不是在中共五大上连任和拒绝执行共产国际五月紧急指示的结果。大革命的失败正如陈独秀所称：“是过去整个的政治路线之必然应有的结果。”③ 几十年以后，胡乔木对大革命失败原因的分析与当年陈独秀的结论惊人的相似。胡乔木说：“整个政治形势下党将失败，是没有办法挽救的。”中共五大可以做而且也能够做的，是制定一些应变对策，“这种对策不能挽救革命失败，但能使失败后我们有所准备”，“可以在失败中，使我们减少损失”。④ 在大革命后期，尽管陈独秀仍是总书记，但无力驾驭迷途中的航船是可想而知的。应该说，中共最高领导人的陈独秀与中共的最高上级共产国际，对危急时刻的中国革命都没有、也不可能起到力挽狂澜的作用。所以，共产国际把大革命失败的责任全部推到陈独秀一个人身上，是一种不符合事实的非马克思主义的态度。

三、陈独秀在任期间对共产国际总体上是服从的

陈独秀基本上忠实地执行了共产国际的各项指示

1919 年共产国际成立。1920 年 3 月，维经斯基首次赴华与陈独秀首次会晤，标志着俄共（布）、共产国际与中国革命直接交往的开始，也成为陈独秀与共产国际关系的起点。在苏俄革命的影响下，陈独秀完成了由民主

① 《共产国际、联共（布）与中国革命档案资料丛书》第 4 卷，第 361 页。
② 《共产国际、联共（布）与中国革命档案资料丛书》第 4 卷，第 271 页。
③ 《陈独秀著作选》第 3 卷，第 160 页。
④ 《胡乔木谈中共党史》，人民出版社 1999 年版，第 291 页。

主义者向马克思主义者的转变，从此开始了革命生涯，也开始了与共产国际的密切关系。

综观陈独秀与共产国际关系发展的全过程，应该说，在其第一个大阶段，也就是党的创立和大革命时期，联共（布）、共产国际及其驻华代表对中国革命和中国共产党有过许多正确的指导，陈独秀也基本忠实地执行了他们的各项指示，如帮助中国共产党的创建，提出以党内合作方式建立共产党与国民党的第一次合作关系，指导国民党实现改组，要求中共加强党的自身建设，帮助中共认识无产阶级领导权和工农联盟的重要性，大力声援五卅运动和省港大罢工并及时提出收缩策略，为北伐确定正确的进攻方向和制定切实的战略战术，领导和推动上海工人三次武装起义，等等。

陈独秀所犯错误主要来自共产国际

关于这个问题，本书第四章第四节第五目已有论述，不再重复。

四、陈独秀在处理与共产国际关系中暴露出自身的某些弱点

在与共产国际关系早期缺少作为一名党的领袖应当具有的独立思考和决策能力

陈独秀在充满激情的《敬告青年》一文中，提出了勉励青年的“六义”，其中第一条便是“自主的而非奴隶的”。他说：“我有手足，自谋温饱；我有口舌，自陈好恶；我有心思，自崇所信；绝不认他人之越俎，亦不应主我而奴他人；盖自认为独立自主之人格以上，一切操行，一切权利，一切信仰，唯有听命各自固有之智能，断无盲从隶属他人之理。”① 一位不盲从、崇尚独立自主品性的现代青年风貌，跃然纸上。

可陈独秀为何会在与共产国际关系的早期，从五四新文化运动中一位不畏一切旧势力的勇敢斗士，变成了一位几乎对共产国际指令唯唯诺诺的顺臣？尽管他也有不同意见，也进行过一定的抗争，但大多数情况下，最终的结果仍旧是服从。这太不符合他一贯不屈的性格了。其中，有以下一些原因：

---

① 《陈独秀著作选》第 1 卷，第 130—131 页。

（1）对苏俄十月革命和苏俄经验发自内心的敬仰和效仿之情

关于这一点，在陈独秀向马克思主义者转变过程中表现得尤其突出，对于苏俄十月革命和苏俄经验的崇拜之情也是起始于那个时候，对此，他有过大量的论述。前面已经说到，这里不再赘述。

（2）服从组织纪律的意识

中共诞生后第二年，中共二大决定加入共产国际，成为共产国际的一个支部。作为中共的主要创建者和负责人，陈独秀一直在共产国际的直接领导下工作。期间的五卅运动、所谓“三次大退让”、北伐战争、上海工人三次武装起义、右倾退让错误的日益严重，等等，几乎所有重大事件都有共产国际的参与，陈独秀或完全执行，或部分反对共产国际的指示，情况不尽相同。对于共产国际指令的态度，陈独秀在1924年9月曾经有过明确的表白：“我是一个共产主义者，当然应该服从墨司哥（莫斯科——引者注）共产国际之训令，这件事可以公开的告诉普天下人而毫无惭愧与隐痛。”①

（3）历史条件的限制

中国共产党是由马克思主义的学术研究团体转变而来的。然而，这种转变不是一朝一夕就能完全实现的，它需要一个渐进的过程。新生的中国共产党的这种历史状况，决定了建党初期其领袖人物的特点，那就是：他们是一批具有浓厚书生气的学者型领袖；他们是从书斋走向工农大众的先行者；他们是出色的理论家和鼓动家。但是，面对远比书本理论复杂得多的现实的政治斗争，却不可避免地带有书生气。陈独秀即是如此。

由于时代环境的限制，陈独秀作为新生的中国共产党的领导人，不可能迅速、正确地解决一系列面临的复杂的理论和实践问题，在探索适合中国国情的革命和建设道路过程中，不可避免地要犯错误。

（4）对人民群众的力量认识不足

虽然陈独秀发表的许多文章中，大力推崇人民群众的创造力。如他1920年就宣扬“只有做工的人最有用最贵重”的观点。但事实上，虽然陈独秀总是口头上说，下层的工人农民等“有用”，要动员全党“到民间去”，

---

① 《答张君劢及梁任公》,《陈独秀著作选》第2卷，第691页。

“在一切民众中做广大的政治宣传，组织工人、农民、兵士的大民众”。① 但真正制定革命的策略方针和开展革命活动时，他又往往把注意力集中在所谓的上层，即共产国际代表、国民党领袖、军阀的上层人士，等等，大部分精力都用在与他们开会、协商、争论上了。而相应地对下层群众的重视不够。罗易就说：“陈独秀、谭平山等人同群众没有联系。他们很少参加群众集会或出席全党会议。”“共产党领导人在反革命气焰嚣张时表现得非常消极。他们主要是同汪精卫一起开会，考虑这个或那个将领下一步要干什么。没有做任何群众工作。”②

（5）性格上的原因

虽然在大多数人的眼里，陈独秀非常傲气，固执己见。但是，也有人认为陈独秀“很容易受他周围人的影响”③，这是在党的六大上被选为总书记的工人向忠发说的。向忠发的话有一定道理，反映了陈独秀性格的双重性：既特立独行，不易受他人左右；又容易盲从，尤其容易受到与自己产生共鸣或者自己比较敬重的人的思想的影响。他在与共产国际代表维经斯基和鲍罗廷的相处中，就更多地表现了后一种特性，即服从或是随从性。

关于陈独秀的个人性格，他晚年曾自我剖析说：“其实我性情暴躁则有之，嫉恶如仇则不尽然，在这方面，我和我的母亲同样缺乏严肃坚决的态度，有时简直是优容奸恶，因此误过多少大事，上过多少恶当，至今虽然深知之，还未必痛改之。”他解释说：“其主要原因固然由于政治上之不严肃，不坚决，而母亲的性格之遗传，也有影响罢。”④

离开党的领导职务后迅速转向托派反映了政治思想的不成熟

虽然由于共产国际推卸大革命失败的责任，年轻的中国共产党又不能正确对待党内犯错误或有错误的同志，再加上大革命失败后陈独秀发现其与托洛茨基关于中国革命方面的观点有着惊人的相似之处，所有这些，是导致陈独秀转向托派的客观原因。但是，主观上，也暴露出陈独秀政治思想

---

① 《国民党的一个根本问题》,《陈独秀著作选》第 2 卷，第 789 页。
② 《共产国际、联共（布）与中国革命档案资料丛书》第 4 卷，第 290、294 页。
③ 《共产国际、联共（布）与中国革命档案资料丛书》第 7 卷，第 314 页。
④ 《实庵自传》,《陈独秀著作选》第 3 卷，第 418 页。

的不成熟性。

陈独秀比较自负，缺少批评与自我批评意识。章士钊曾评价陈独秀："不羁之马，奋力驰去，回头之草弗啮，不峻之坂弗上，气尽途绝，行与凡马同踣。"① 这种桀骜不驯、誓不回头的个性，发展到极端，便是决不承认错误的固执甚至偏执。

在大革命失败问题上，不真正从自己身上找些原因，却把失败的责任全部推到共产国际身上，正是在这一点上，陈独秀与托洛茨基相见恨晚，在思想上产生共鸣，由此视为知己——这是陈独秀倒向托派的一个最重要的主观原因。同时，恐怕这也是陈独秀其他托派思想的起源。

在与共产国际关系晚期对共产国际（苏联）经验的全盘否定有失公允

陈独秀为何会在与共产国际关系的晚期对共产国际（苏联）的态度发生一百八十度的大转弯？这是一个令人难解的问题。

陈独秀晚年以民主为核心的"最后见解"，囿于特定的历史背景及其自身处境，既有其科学合理的内容，也有其粗糙谬误之处；既有深刻的理性思考，形成超前的思想意识，又有简单的感情用事，妄下断言，尤其是对苏联模式和苏联经验的全盘否定，更缺少科学性和有失公允。可以说，陈独秀晚年的"最后见解"，是他既理性又偏激的认识问题方式的综合反映。

陈独秀在认识问题上有一个特点：比较固执和偏激，爱憎分明，思维方式是非此即彼、非好即坏。他的秘书黄玠然也称："准确地说，陈独秀是一个政治宣传家和革命鼓动家，但不是一个成熟的政治家，在他身上学者气太浓。"②

最后，在对陈独秀的认识上，我还想说的是，要求一个年轻的党和其年轻的领袖在复杂的国际国内环境中不犯错误，确实是一种苛求。关于这一点，鲍罗廷也曾反思说：

在中国工业化进程中，也就是在租界地工业化进程中诞生的无产阶级，必然会感受到双重的压迫：第一，它是被剥削的阶级；第二，它遭受外国资本及其在华国家机关的压迫。所以，中国无产阶级的斗争带有无产者和

① 《吴敬恒——梁启超——陈独秀》，《甲寅周刊》第1卷第30号，1926年2月6日。
② 辛平：《陈独秀秘书黄玠然谈大革命前夜的陈独秀》，《炎黄春秋》1997年第1期。

被压迫的中国人的斗争性质。

……

领导着这样一个无产阶级的政党，必然要率领无产阶级去同外国压迫和本国民族资产阶级进行斗争。这样的队伍不能不与所有关心自己国家能否摆脱外国压迫的其他集团和居民阶层联合起来。

在这种情况下，党很难做到随机应变，既要保持自己的阶级纯洁性，又要与非无产阶级人士一起反对外国压迫。为了能这样随机应变，党应该是一个有经验的党，也就是成熟的、经过无数次战斗锻炼的党。事实上，由于进行这种随机应变，任何一个理论家都会摔跤的，任何一个党都会犯许多错误的。这种经验要经过多年的实际工作，要付出犯许多令人极不愉快的错误的代价才能取得。①

正如共产国际东方部所称："年轻的中国共产党肩负了一个强大的、人数众多的、经受过战斗考验的共产党才能肩负的任务。"② 这句话中的两个"共产党"全部改成"共产党的领袖"后，仍旧成立。

五、从陈独秀与共产国际关系中得出的几点启示

如今，我们再回过头来考察和分析陈独秀与共产国际关系的全过程，其中的一些经验教训，对于我们今天处理党际关系问题有极大的启示和借鉴作用。

（1）党际关系的原则性

独立自主，这应当是处理党际关系的基本原则。我想，对此无需多加论证。我只把早年与陈独秀有过较密切交往，在一生的革命活动中又见证了共产国际与中国革命关系全过程的周恩来的话摘录如下：

各国的革命和建设，要靠各国人民自己的实践。只有把马克思列宁主义的普遍真理和本国革命的具体实践相结合，才能使马克思列宁主义得到补充和发展。

各国的革命和建设，要靠各国党自己独立思考。只有独立思考，才有可

① 《共产国际、联共（布）与中国革命档案资料丛书》第4卷，第466—467页。
② 《共产国际、联共（布）与中国革命档案资料丛书》第1卷，第619页。

能避免国际的坏的经验在本国重犯，使国际的好的经验在本国得以发展。

各国的革命和建设，要靠各国自己独立自主和自力更生。毛泽东同志说，两个大国的革命胜利，即俄国十月革命的胜利和中国革命的胜利，都是在没有共产国际的时候取得的。①

（2）党的领袖性格的特殊性

如果是一名普通人，他的性格对社会的影响不大。可是，如果作为一个政党的领袖，领袖的负面性格有时就能影响到一个党的大政方针的制定，进而影响到该党与他党的关系；如果这个党是所在国家的执政党，则会波及国家的前途、命运。

（3）党的领袖处理与他党关系的艺术性

作为无产阶级政党的领导人，在错综复杂的革命斗争中，既要把握好独立自主的原则性，又要在坚持大原则、大方向的前提下，艺术地、灵活地处理一些具体问题，这是一门极其复杂的学问。毛泽东在这方面就作出了很好的示范。抗日战争时期，在同党内错误倾向作斗争过程中，毛泽东尽管也受到来自苏联和共产国际的干扰，但他一方面尊重共产国际的领导，肯定共产国际指导中的正确方面，同共产国际保持团结；另一方面抵制共产国际指示中错误的东西，同时向共产国际汇报国内和党内的实际情况，以期取得相互理解。在巧妙和艺术地处理同共产国际关系的过程中，使独立自主原则得到进一步的运用和发展，并最终为全党所接受，成为全党共同遵守的基本原则。

陈独秀 1942 年去世，共产国际 1943 年解散，至今都有 70 余年的时间了。回顾过去，展望未来，让我们铭记前人在探索中国社会发展道路上的贡献及失误，汲取中国革命和国际共产主义运动的经验教训，在困难中坚持斗争，在摸索中继续前行，把马列主义基本原埋同本国实际和时代特征相结合，加快改革开放和社会主义现代化步伐，力争使中国成为世界社会主义和国际共产主义运动振兴的中坚，为人类作出更大的贡献。

---

① 《共产国际和中国共产党》，《周恩来选集》下卷，人民出版社 1984 年版，第 301—302 页。

附录

共产国际负责中国问题的组织机构的历史演变（1920—1935）

共产国际与中国革命关系问题，是国际共运史、中共党史和中苏（俄）关系史研究中的一个重要课题。但是，关于共产国际负责中国问题的组织机构的历史演变这样一个基础性问题，中苏（俄）学界长期以来没有弄清楚。这既有共产国际组织机构本身的繁杂性和多变性的原因，也有档案资料严重缺乏的原因。由俄罗斯科学院远东所和俄罗斯国家社会政治历史档案馆等单位联合编辑的《联共（布）、共产国际与中国》① 大型档案文件集陆续出版，首次披露了相关资料。本文主要以这部文件集公布的档案和俄罗斯国家社会政治历史档案馆馆藏档案为基础，同时参考俄罗斯科学院远东所 И. Н. 索特尼科娃教授 2004 年撰写的《负责中国问题的共产国际组织机构（1920—1931）》一文 ② 和其他相关资料，试对这一问题作进一步探讨，以求教于学界同仁。

---

① 中共中央党史研究室第一研究部编译：《共产国际、联共（布）与中国革命档案资料丛书》第 1 ～ 17 卷，北京图书馆出版社、中央文献出版社和中共党史出版社分别于 1997 年、2002 年和 2007 年出版。

② И. Н. Сотникова：*Организационные структуры Коминтерна, занимавшиеся проблемами Китая（1920—1931гг）*，〔俄〕И. Н. 索特尼科娃：《负责中国问题的共产国际组织机构（1920—1931）》，该文入选 2004 年 9 月由中共中央党史研究室组织的“共产国际、联共（布）与中国革命”国际学术研讨会。尽管该文作者对负责中国问题的共产国际组织机构历史演变的梳理还有些杂乱（且只讲到了 1931 年），一些问题或有遗漏或有待商榷，却是中苏（俄）学者中首位尝试对这一问题作比较全面和深入研究的人。

一、中国共产党创立时期

1919 年 3 月，共产国际第一次代表大会在莫斯科召开，宣布共产国际的成立。1920 年 4 月，俄共（布）远东局派遣维经斯基来华。其后，共产国际正式设立指导中国革命的下属机构，即 1920 年 5 月在上海成立的共产国际东亚书记处和 1921 年初在伊尔库茨克成立的共产国际执行委员会远东书记处。这两个机构在中国共产党创建过程中起了重要的指导作用。

（一）共产国际东亚书记处（Восточноа зиа—тский секретариат коминтерна）（上海，1920.5—1920.8）

共产国际实行民主集中制，其各种组织机构是按照共产国际的性质和组织原则陆续建立起来的。其中，共产国际执行委员会是共产国际代表大会在休会期间的领导机关。共产国际成立时，由于条件不成熟，没有选举执行委员会。共产国际初期的全部活动，实际上是由俄共（布）代表负责主持。1920 年 8 月共产国际第二次代表大会通过《共产国际章程》，并按照这个章程的规定选出了共产国际第一届执行委员会。

共产国际对各国共产党实行高度集中的领导体制。1920 年 5 月，为在东亚（中国、朝鲜和日本）直接进行活动，“领导业已展开的工作”，在上海成立了“临时的集体中心机构”——共产国际东亚书记处。该处下设中国、朝鲜和日本三个科。书记处全会选出三人临时执行局，维连斯基-西比里亚科夫任东亚书记处临时执行局主席。中国科的工作任务是：进行党的建设、工会建设，开展共产主义宣传、组织出版工作等。

1920 年 9 月 1 日，维连斯基-西比里亚科夫向共产国际执委会汇报了东亚书记处在中国的工作情况：在组织共产主义组织方面，中国科在北京、上海、天津、广州、汉口、南京等地为共产党组织打下了基础，“最近要为最终成立中国共产党举行代表大会”。在学生运动方面，整个中国被学生组织网覆盖，共有学生组织 193 个。在宣传工作方面，出版中心有海参崴、哈尔滨、北京和上海，主要出版莫斯科原版书籍的中文、朝文和日文版，已出版了《俄国共产党纲领》、《俄罗斯苏维埃联邦社会主义共和国宪法》等书籍，还进行了报道活动。维连斯基-西比里亚科夫还汇报说：他于 1920 年 7 月 4 日和几名助手来到北京，并于 7 月 5 日至 7 日，召开了在华工作的俄国共产党员第一次代表会议，就“即将举行的中国共产主义组织代表大会和中国共产党的成立”等问题交换了意见。①

在维连斯基-西比里亚科夫向共产国际汇报前的8月，也就是俄共（布）中央西伯利亚局东方民族处在伊尔库茨克成立前后，共产国际东亚书记处即自行解散。

（二）共产国际执行委员会远东书记处（ДВСК-Дальневосточный секретариат ИККИ）（伊尔库茨克，1921.1—1922.2）

为了便于开展工作和不受远东共和国政府的干预，1921年1月共产国际执委会决定，在设立于伊尔库茨克的俄共（布）中央西伯利亚局东方民族处基础上，成立“机动的和临时性的机构——共产国际远东书记处”②，东方民族处遂被取消。

共产国际二大通过的《共产国际章程》第九条规定：“在必要的情况下，执行委员会应在各国设立专门的或其他辅助性的机构，此类机构完全隶属于执行委员会。”③共产国际远东书记处便是此类机构，其任务为：第一，向共产国际汇报远东各国工人运动和革命运动的状况及性质，向这些国家的工人和革命组织介绍共产国际的方针任务。第二，帮助这些国家的工人和劳动群众寻找建立阶级组织的最佳形式和进行革命斗争的有效方法。④

远东书记处同俄共（布）中央西伯利亚局东方民族处一样，下设地区科，还成立了远东书记处主席团，其主要领导成员有：共产国际驻远东全权代表舒米亚茨基、副代表明斯克尔、责任书记维经斯基和鲍得里茨基等。10月初，“根据共产国际执委会远东书记处的决定，或更确切地说，根据舒米亚茨基同志的安排”，利金作为“在华工作全权代表”被派往中国。关于

---

① 以上参见《共产国际、联共（布）与中国革命档案资料丛书》第1卷，北京图书馆出版社1997年版，第36—41页。

② *Итоги исполненнойработы/март 1921 года-март 1922 года/*, Архивыиз Российского Государственн-ого Архивасоциалъно-политической истории. 俄罗斯国家社会政治历史档案馆馆藏档案，全宗495，目录154，卷宗135，第13页。

③ 《共产国际与中国革命资料选辑（1919—1924）》，人民出版社1985年版，第56页。

④ *Итоги исполненнойработы/март 1921 года-март 1922 года/*, Архивыиз Российского Государственн-ого Архивасоциалъно-политической истории. 俄罗斯国家社会政治历史档案馆馆藏档案，全宗495，目录154，卷宗135，第13—14页。俄文打字稿。

联络问题，据利金讲，按照远东书记处的方案，建立联系要集中在一个特别的联络站。但这仅仅是方案，而实际上不是这样，因为远东书记处指派的联络员，由于种种情况根本无法完成这项任务。结果联络站的全部工作被简化为把电报译成密码和有时到电报局去发密电。实际上，同俄国的联系是通过全俄合作社中央联社驻上海办事处主任会计维尔德进行的，同朝鲜和中国的联系是由朝共中央和中共中央负责的，同日本的联系在利金在华期间中断了。①

远东书记处在1921年3月至1922年3月的工作总结中指出："远东书记处在远东国家开展这些工作完全依靠当地的人力和组织，而在那里根本没有建立相应的执行机构。"远东书记处存在的一年中，对中国工作的最大成果是："将中国各个分散的共产主义组织组合成统一的共产党，以及建立了大量同从前落后的行会组织不同的中国无产阶级（新型工人阶级）的工会。"②

共产国际远东书记处存在一年，到1922年2月，即远东各国共产党及民族革命团体第一次代表大会结束之后，它作为已经完成在东方国家建立共产党和筹备、召开远东各民族代表大会任务的辅助机构被取消。

二、大革命时期

大革命时期是共产国际与中国革命关系最密切的阶段。1922年7月，中共二大作出加入共产国际的决议，中国共产党从此成为共产国际的一个支部，这标志着共产国际与中国共产党领导与被领导的关系正式确立。20世纪20年代初，共产国际开始实行世界革命的"东方战略"。1922年初远东各国共产党及民族革命团体第一次代表大会后，东方工作的领导中心从伊尔库茨克转到莫斯科和共产国际执行委员会。1922年底，共产国际执委会成立东方部（后下设海参崴远东局），而后改组为远东（地区）书记处。

---

① 《共产国际、联共（布）与中国革命档案资料丛书》第1卷，第82—83页。

② *Итоги исполненнойработы/март 1921 года-март 1922 года/*, Архивыиз Российского Государственн-ого Архивасоциалъно-политической истории. 俄罗斯国家社会政治历史档案馆馆藏档案，全宗495，目录154，卷宗135，第14、16—17页。俄文打字稿。

1926 年 4 月又在上海成立共产国际执委会远东局，就近直接领导中国革命。

（一）共产国际执行委员会东方部（Восто-тдел-Восточный отдел ИККИ）（莫斯科，1922.12—1926.3）

从 1922 年 1 月起，共产国际执委会远东书记处领导人处于待分配状态，只有舒米亚茨基、维经斯基几个人奉命去莫斯科参加远东各国共产党及民族革命团体第一次代表大会。原共产国际远东书记处中国科的工作人员，由于群龙无首和缺少经费不得不中止工作。远东各国共产党及民族革命团体第一次代表大会结束后，共产国际代表利金来到上海，但到 1922 年 6 月也不得不中止工作。东方工作的领导中心从伊尔库茨克转到莫斯科和共产国际执委会以后，实际上在共产国际四大以前没有固定的组织机构。①1922 年 12 月共产国际四大后，共产国际执委会决定成立东方部，萨法罗夫、拉狄克、拉斯科尔尼科夫等先后任东方部主任②，维经斯基任副主任。东方部又被分成 3 个部分，即近东部、中东部和远东部。其中，远东部由 3 人组成：部长维经斯基、副部长斯列帕克和中国问题顾问考夫曼。该部的工作集中在两个方面：一是编辑《远东通讯》，按名单寄给各国党的最高领导人；二是成立外文图书出版社，建立编辑室，出版科教刊物，开办“共产党人马克思主义者图书室”。

1923 年 1 月，根据维经斯基的建议，共产国际执委会主席团决定，“为在日本、朝鲜和中国开展运动的需要”，在海参崴成立共产国际执委会东方部远东局（又称共产国际海参崴局）。该局的任务是：“1. 向这三个国家的共产党和工会提出建议；2. 向共产国际执行委员会提供关于这些国家的运动

① 需要说明的是，在 1922 年 2 月共产国际执委会远东书记处撤销后，直到 12 月共产国际四大后正式成立东方部，共产国际没有明确和固定负责中国问题的组织机构。但少量档案文献中有“远东部”的字样，只是其名称很乱，有时叫东方部，有时又叫局或书记处，其领导有时叫部长，也有时叫主任，但大部分情况下还是称远东部。例如，1922 年 1 月 30 日共产国际执委会出具的证明中，称维经斯基为“共产国际执委会远东部部长”，*МАНДАТ*, Архивыиз Российского Госу-дарственного Архивасоциалъно-политической истории，见俄罗斯国家社会政治历史档案馆馆藏档案，全宗 495，目录 154，卷宗 142，第 6 页；利金 1922 年 5 月发往莫斯科的电报写给“共产国际执委会远东部”（ВОТДЕЛДАЛЪНЕГО ВОСТОКАИККИ），但其在文中又称“无论东方部针对本报告作出什么决定”，见俄罗斯国家社会政治历史档案馆馆藏档案，全宗 495，目录 154，卷宗 135，第 86 页。

② 《共产国际、联共（布）与中国革命档案资料丛书》第 1 卷，第 233、253、560 页。

形势和总的政治形势的情报；3. 针对这些国家发生的重要政治事件为共产国际执行委员会制定决议；4. 就出版工作和政治运动给予指示；5. 建立日本与中国的紧密联系；6. 把革命工会置于工会国际的旗帜之下；7. 监督这些国家的青年运动与妇女运动。”①

1923 年 1 月 11 日，共产国际执委会颁发委任状：“根据共产国际执委会主席团决定，任命维经斯基同志为共产国际执委会东方部海参崴远东局成员。”② 为了把远东各共产主义组织的活动联合起来，并协调各地共产党、工会和共产主义青年团组织的工作，维经斯基建议让红色工会国际和青年共产国际的代表参加海参崴局的工作，进而在远东建立一个有威望有工作能力的共产主义工作机构，并计划设立一个三人委员会来领导该局工作（共产国际、红色工会国际和青年共产国际各出一名代表），而全盘工作要由共产国际的代表来领导。除维经斯基之外，共产国际执委会主席团决定任命马林和片山潜为该局成员。③ 但实际上不管片山潜还是马林，都从未在该局工作过。

远东部及设在海参崴的远东局的工作重点在中国。1923 年 6 月中共三大召开前后，共产国际驻华代表马林不断地将有关中国的情况汇报给共产国际执委会、东方部和远东局。④ 然而，海参崴远东局虽被寄予厚望，却只存在了半年。7 月，海参崴局被取消，仅保留一个收集情报和进行联络的共产国际代表机构。

1926 年 2 月 3 日，东方部部长拉斯科尔尼科夫写信给季诺维也夫，报怨东方部“由于不能及时得知联共（布）中央（政治局等）就与该部工作有关的问题作出的决定而一直处于不正常的工作条件下”，提议“有必要让

① 《共产国际有关中国革命的文献资料》第 3 辑，中国社会科学出版社，1990 年，第 78 页。

② *МАНДАТ*，Архивыиз Российского Государственн-ого Архивасоциалъно-политической истории. 俄罗斯国家社会政治历史档案馆馆藏档案，全宗 495，目录 154，卷宗 142，第 4 页。俄文打字稿。

③ *МАНДАТ*，Архивыиз Российского Государственн-ого Архивасоциалъно-политической истории. 马林的委任状见俄罗斯国家社会政治历史档案馆馆藏档案，全宗 495，目录 154，卷宗 209，第 1 页。俄文打字稿。

④ 《共产国际、联共（布）与中国革命档案资料丛书》第 2 卷，北京图书馆出版社 1997 年版，第 450、492 页。

该部主任（或主任不在时让他的副手）出席中央（政治局等）相应机关讨论与东方部工作有关的问题的会议”。① 但是，拉斯科尔尼科夫没有等到相应的改变，一个多月后，东方部被改组为近东（地区）书记处和远东（地区）书记处。

（二）共产国际执行委员会远东（地区）书记处（ДВ секретариат-Дальневосточный секре-тариат ИККИ）（莫斯科，1926.3—1927 年底）

1926 年 3 月 24 日，共产国际执委会主席团作出改组共产国际机构的决定，把所属各支部所在国家按地理位置划分为 11 个地区，每个地区设立一个书记处，由共产国际派一位主管书记和该地区支部的代表组成，故称为“地区书记处”。“这些地区书记处都是共产国际执行委员会书记处的机构，在它的领导和监督下开展工作。每个书记处有责任系统地研究和分析该地区的国情和共产党的情况，为共产国际所有执行机关准备问题，执行这些机关的决议，并且监督共产国际所属各支部执行这些决议的情况”。② 实际上，每个地区书记处等同于共产国际书记处的一个分部。

这样，共产国际执委会东方部被撤销，取而代之成立两个书记处，即近东（地区）书记处和远东（地区）书记处。③ 维经斯基被指定负责远东书记处的工作。书记处的领导成员有：维经斯基、别达赫特、谢马温、蔡和森等。

1926 年 4 月 9 日，远东书记处举行第一次会议，专门讨论了维经斯基关于中国局势的报告。4 月 27 日，维经斯基、罗易、片山潜、金成树、蔡和森、谢马温、福京、太洪、袁庆云和多比索夫参加远东书记处会议，听取蔡和森关于中国目前形势的通报，建议共产国际应当加强在中国的领导工作，并提出“尽快成立远东局”，以加强这种领导④。其后，拉斯科尔尼科夫任远东书记处主席（又称主任）。1927 年 1 月 18 日，共产国际执委会远

① 《共产国际、联共（布）与中国革命档案资料丛书》第 3 卷，北京图书馆出版社 1998 年版，第 35 页。

② 《真理报》1926 年 4 月 4 日，转引自黄修荣：《共产国际与中国革命关系史》（上），中共中央党校出版社 1989 年版，第 37 页。

③ 《共产国际、联共（布）与中国革命档案资料丛书》第 3 卷，第 222 页。

④ 《共产国际、联共（布）与中国革命档案资料丛书》第 3 卷，第 227 页。

东书记处举行会议，讨论决定关于中共五大的准备工作和关于国民党向共产国际执委会派驻代表等问题，并批准瓦格纳为远东书记处书记。①

（三）共产国际执行委员会远东局（Дальбю-ро-Дальневосточное бюро ИККИ）（上海，1926.6—1927.4）

为了加强共产国际在中国的影响，共产国际执委会远东书记处 1926 年 4 月 27 日决定，紧急成立共产国际执委会远东局（设在上海）。4 月 29 日，联共（布）中央政治局会议决定："批准远东局以下组成人员在华工作：维经斯基（主席）、拉菲斯、格列尔、福京和中朝日三国共产党代表同志。"

共产国际执委会远东局应当隶属于远东书记处，但事实上，远东局及其俄国代表团的最高领导机构，通常不是远东书记处，而是联共（布）驻共产国际执委会代表团、共产国际执委会小委员会，还有联共（布）中央政治局中国委员会。

维经斯基、格列尔、拉菲斯和福京等远东局成员于 1926 年 6 月 18 日"在上海聚集并立即着手工作"。他们组成的"俄国代表团"是共产国际执委会远东局的领导核心。远东局很快又吸收青年共产国际执委会派到中国工作已近一年的纳索诺夫参加工作。在 19 日的远东局俄国代表团会议上，主要讨论并确定以下问题：（1）远东局的组建："中共中央应当选派一名常任代表和一名常任副代表参加远东局工作。"（2）远东局总的工作性质："以共产国际执委会驻中国、日本和朝鲜代表团的身份作为集体机构领导这些国家共产党的政治、工会和组织活动。"（3）远东局的基本工作准则：吸收各国党的代表参加讨论党的问题，对于中国，"只限于根据中央向远东局所作的报告进行总的领导"。（4）远东局与中共中央的联系：维经斯基作为共产国际执委会代表参加中共中央政治局的工作；中共中央的代表同志应定期报告中央的工作，必要时还应就主要的政治问题同远东局预先进行协商。②

由于中国事态的发展和其他一些原因，"解决中国运动的问题自然占据

---

① 《共产国际、联共（布）与中国革命档案资料丛书》第 4 卷，北京图书馆出版社 1998 年版，第 68—70 页。

② 《共产国际、联共（布）与中国革命档案资料丛书》第 3 卷，第 298、350、304—306 页。

着远东局整个工作的中心地位”。陈独秀代表中共中央执委会正式参加远东局，远东局主席维经斯基则参加中共中央执委会的工作，实际上是共产国际驻中共中央执委会的代表。

远东局下设地区科，除同各国党进行联系外，还从事党建工作和帮助解决工会和青年问题。中国科的工作还有确定国共关系范围、收集和整理中共中央资料、帮助解决各种问题等任务。远东局的核心是其中的俄国代表团，其工作同远东局的活动是同时并行的。在远东局同中共中央举行的吸收党的地方代表和工会领导人参加的联席会议上，俄国代表团成员讨论党的所有政策问题，听取党的领导人的报告和通报，对重要文件作出修改，并为中共的会议起草决议。代表团成员还考察了广州、汉口、长沙等地的党组织。

1927 年 3 月 10 日，联共（布）中央政治局会议听取《关于共产国际执委会远东局人员组成问题》的报告，批准远东局新的组成人员：鲍罗廷、罗森贝格、罗易和中国共产党、朝鲜共产党及日本共产党各派 1 名代表，并拟由列普赛任远东局书记。

4 月 9 日，共产国际执委会驻中国代表团作出了解散远东局的决定。①

虽然远东局与另一位共产国际驻华代表鲍罗廷之间、远东局与陈独秀之间、远东局内部始终存在着种种矛盾，但是，远东局在存在的一年时间里，还是取得了一些比较明显的成效，如对“三二〇事件”进行新的分析、对广东局势进行全面的政治考察、就中共与国民党的关系问题作出比较正确的判断、指出“资产阶级倾向”有在中国得逞的危险，等等。而且，远东局同中共的联系是非常密切的，其间，中共的许多重大决策是在远东局与中共中央执委会代表团的联席会议上讨论和最终决定的。正如远东局在其报告中总结的：“可以说，在党的政治生活和活动中没有一个问题不是在远东局俄国同志的参与下解决的。”②

---

① 《共产国际、联共（布）与中国革命档案资料丛书》第 4 卷，第 151、180 页。
② 《共产国际、联共（布）与中国革命档案资料丛书》第 3 卷，第 532 页。

三、土地革命战争时期

土地革命战争初期，共产国际再次改组机构，执委会下属的地区书记处由原来的11个减为8个，并成立了东方（地区）书记处。1929年3月至1931年夏和1932年底至1934年10月，共产国际执委会在上海恢复了远东局。在共产国际执委会领导下，东方书记处和远东局共同领导中国的革命运动。

（一）共产国际执行委员会东方（地区）书记处（Восточныйсекретариат ИККИ）（莫斯科，1927年底—1935.8）

1927年底，共产国际执委会成立东方（地区）书记处①，领导人是库西宁。1928年3月，为了指导中共中央军事部的工作，共产国际执委会东方书记处成立军事委员会，选举别尔津为主席，米夫、布留赫尔、赫梅廖夫、马马耶夫、苏兆征、向忠发曾在该委员会工作。②

6月12日，共产国际执委会小委员会会议决定，建立共产国际执委会东方书记处常设中国委员会。11月12日，米夫在中国委员会第一次会议上指明，该委员会的任务是："预先仔细研究与中国工作有关的材料，以便于共产国际对中国共产党进行经常性的、定期的和系统的指导。"③

在不同时期参加中国委员会工作的人员有：米夫、阿尔诺特、瞿秋白、张国焘、黄平、邓中夏、罗登贤、王若飞、余飞等。

有关中国的一些问题，也在东方书记处处务委员会会议上讨论决定。如1930年11月10日，东方书记处处务委员会召开会议研究中共中央关于召回张国焘和任命黄平为中共驻共产国际执委会代表的报告等事项。11月15日处务委员会会议又决定，批准黄平为中共驻东方书记处代表。④

---

① 关于东方书记处成立的确切时间目前还不能确定。索特尼科娃教授认为，东方书记处是1928年7、8月共产国际六大后成立的。但根据共产国际档案，1927年底至1928年6、7月中共六大召开前，已有东方书记处的称谓。见《罗易在共产国际执行委员会东方书记处会议上所作的关于中国形势的报告》（1927年9月17日），《共产国际、联共（布）与中国革命档案资料丛书》第4卷，第440页。

② 《共产国际、联共（布）与中国革命档案资料丛书》第7卷，中央文献出版社2002年版，第387页。

③ 《共产国际、联共（布）与中国革命档案资料丛书》第8卷，中央文献出版社2002年版，第38页。

④ 《共产国际、联共（布）与中国革命档案资料丛书》第9卷，中央文献出版社2002年版，第449、454页。

1931年10月3日和7日，共产国际执委会政治书记处政治委员会会议两次讨论关于东方书记处领导工作的问题，决定：由东方书记处三位副主任米夫、马季亚尔和萨法罗夫组成东方书记处领导委员会，集体决定一切重大问题。在日常工作中，米夫负责对东方书记处机关日常工作的总的领导，萨法罗夫负责中东和非洲黑人国家的问题，马季亚尔负责近东和所有阿拉伯国家的问题，米夫负责远东的问题。而东方书记处扩大处务委员会“只作为咨询机构保留下来”①。1932年2月，政治书记处政治委员会会议再次讨论东方书记处的领导问题，决定：东方书记处处务委员会应由米夫、萨法罗夫和处务委员会候补委员弗赖耶尔组成，批准弗赖耶尔在马季亚尔不在时为正式委员。“库西宁同志应像以前一样对东方地区书记处的工作实行总的领导。”②

中共六大后，共产国际执委会及其东方书记处在实施恢复中共组织的计划方面，在组织苏联为中共培养干部方面，在分析党的领导层、中共驻共产国际执委会代表团以及东方劳动者共产主义大学和中国劳动者共产主义大学的状况方面，做了大量工作。关于东方书记处的工作，1933年12月，共产国际执委会政治书记处候补委员康生作了较高评价。他说：“共产国际执行委员会东方地区书记处在红军的斗争中、在反帝斗争中和在伪满洲的工作中帮助了中国党。东方地区书记处很少给中国党发长篇的决议，但经常发简短的指示，在实际工作中给以帮助。”同时，他还指出东方书记处的一个“不足”，即：“中国党很少收入到关于国际问题的材料。这里有国际性质的困难，但东方地区书记处提供不够”。③

共产国际执委会东方书记处的工作到1935年7、8月共产国际七大召开时结束。《共产国际第七次代表大会关于共产国际执行委员会活动的决议》要求，共产国际执委会要“把活动重心移向世界工人运动基本政策和策略方针的制定”，同时“避免直接干预各共产党的内部组织事宜”④。会后，共

① 《共产国际、联共（布）与中国革命档案资料丛书》第13卷，中共党史出版社2007年版，第40、42页。

② 《共产国际、联共（布）与中国革命档案资料丛书》第13卷，第122页。

③ 《共产国际、联共（布）与中国革命档案资料丛书》第13卷，第645页。

④ 《共产国际有关中国革命的文献资料》第3辑，第313页。

产国际采取具体措施，改变过去那种过分集中的领导方式，停止召开共产国际执委会或执委扩大会，解散各区域书记处和区域局。共产国际执委会东方书记处随之取消。

10 月 2 日，共产国际执委会书记处会议通过《关于共产国际执行委员会书记处机关结构的决议》，并于 10 月 13 日在共产国际执委会主席团会议上获得批准。从该决议中可以看出，共产国际执委会书记处不再分成多个地区书记处，而改成由共产国际执委会书记处统一“研究单个国家共产党和工人运动的问题”。为此，书记处重新进行了分工。其中，季米特洛夫任总书记，同时“还负责处理中国问题”。该决议还列出“共产国际执委会书记处机关的组成人员”名单，其中的“季米特洛夫同志书记处”共 12 名工作人员，米夫任中国问题政治助理，杨松和郭绍棠任中国问题顾问，康生任秘书，“季米特洛夫同志直接与中共代表（康生同志）联系”。①

（二）共产国际执行委员会远东局（Дальбю-ро-Дальневосточноебюро ИККИ)(上海，1929.3—1931.8）

从 1928 年春到 1929 年春，几乎有一年的时间，共产国际执委会没有向中共中央委员会派驻正式代表。共产国际执委会国际联络部驻上海的代表阿尔布列赫特，以及太平洋工会书记处书记兼红色工会国际代表乔治·哈迪实际担当这一角色。1929 年初，共产国际执委会向联共（布）中央领导机构汇报了已选定的共产国际代表人选，随后决定在上海建立共产国际执委会远东局。该局包括共产国际驻中共中央委员会代表（代表团），以及红色工会国际和青年共产国际代表。远东局在与中国共产党、工会和共青团保持联系的同时，也关注朝鲜、日本、印度支那和菲律宾共产党的问题。

1929 年 3 月，上海远东局开始工作，成员有：雷利斯基（领导人）、共产国际执行委员会驻中共中央代表团代表埃斯勒、红色工会国际代表乔治·哈迪、青年共产国际代表马西。1930 年 3 月至 8 月，雷利斯基去莫斯科期间，远东局的工作由埃斯勒主持。1930 年 7 月 29 日，共产国际执委会政治书记处政治委员会决定：任命米夫为远东局书记，雷利斯基、罗伯特

① 《共产国际、联共（布）与中国革命档案资料丛书》第 15 卷，中共党史出版社 2007 年版，第 45—46 页。

斯（埃斯勒）、斯托利亚尔、别斯帕洛夫和米林（盖利斯）为远东局成员。①

从共产国际执委会远东局和中共中央二者关系的性质以及远东局对中共立场影响的角度来看，远东局从1929年到1931年的活动可以分为三个时期：第一个时期是1929年3月至12月。这一时期，远东局在恢复党、工会和共青团组织的工作中曾给予中共领导层一定的帮助，还积极参与中共中央各项决议，特别是1929年6月中共六届二中全会决议的起草工作。第二个时期是1929年12月至1930年8月末。这一时期，远东局最大的贡献是向共产国际执委会汇报和肯定了毛泽东及其领导的红军。第三个时期是1930年8月末至1931年8月。这一时期，远东局对中共的影响大为加强，尤其在1931年初中共六届四中全会上，王明等人在米夫支持下进入中央领导层，中共中央同远东局的关系更为密切。

1931年1月，共产国际执委会政治书记处政治委员会会议决定："建议远东局承担对中国共产党活动的实际领导工作，与中国共产党领导机关建立密切联系并按照不同方向分配远东局一些成员的工作。"同时强调："这些想法应该以东方书记处建议的形式转告远东局。"②但由于苏区、红军部队与上海的中共中央严重隔绝，中共中央政治局和远东局得到的消息有限，而且时断时续，在上海的中共中央和共产国际执委会远东局只能监督苏区在政治上和干部问题上比较重大的决定，谈不上从上海对地方党组织的活动和红军的军事行动进行有效的领导。

远东局1931年工作的最活跃时期持续到5、6月。1931年1月，由于面临暴露的危险，埃斯勒被迫返回苏联。4月，也由于同样的原因，米夫、盖利斯和别斯帕洛夫相继返回莫斯科。同月，中共中央特科负责人顾顺章被捕叛变。6月，接替阿尔布列赫特任上海国际联络部代表一职的鲁德尼克和中共中央主席向忠发相继被捕。这样，共产国际执委会远东局在华活动几乎陷入瘫痪状态。6月和8月，斯托利亚尔和雷利斯基相继离开上海。至此，远东局实际停止了工作。③

---

① 《共产国际、联共（布）与中国革命档案资料丛书》第9卷，第231—232页。

② 《共产国际、联共（布）与中国革命档案资料丛书》第9卷，第583页。

③ 本节内容参考了〔俄〕A.M.格里戈里耶夫：《共产国际远东局在中国的活动（1929—1931）》，范晓春译、王福曾校，《中共党史研究》1999年第6期。

（三）共产国际执行委员会远东局（Дальбю-ро-Дальневосто-чноебюроИККИ）（上海，1932 年底—1934.10）

在 1931 年 6 月鲁德尼克被捕和 8 月雷利斯基离任赴莫斯科以后，直到 1932 年夏，只有青年共产国际代表茨维伊奇 1 人在上海。1932 年春，新的国际联络部代表格伯特来到上海，在中国一直呆到 1935 年 5 月，恢复了国际联络部的机构。1932 年 9 月，新任共产国际代表、德国共产党员阿图尔·埃韦特开始在上海工作。

1932 年 11 月，德国共产党员奥托·布劳恩（李德）被从满洲调到上海工作，成为中共中央的军事顾问，1933 年 10 月初到中央苏区。1933 年 4 月，美国共产党员曼弗雷德·施特恩到上海，被任命为总军事顾问。1933 年 10 月，根据共产国际执委会东方书记处的建议，美国共产党员赖安来到中国，奉命在中国和东南亚国家为共产国际的学校招募学生，并帮助中华全国总工会、中共上海中央局组织工会和反帝工作。1933 年 12 月 27 日，共产国际执委会政治书记处政治委员会会议决定，派遣美国的贝克作为红色工会国际代表"到上海从事工会工作"。他于 1934 年 5 月到达上海，直到 1935 年 4 月离开。

目前还不能确定远东局重新开始工作的具体日期。1932 年 9 月"业已到任的共产国际执委会代表"埃韦特来到上海后，不知是否立即恢复远东局的名义。但两个月后的 11 月 29 日《共产国际执行委员会远东局给中共苏区中央局第一号军事指令》，表明远东局机构的正式恢复。在这项指令中，远东局要求苏区中央局："请每周不得少于一次向我们提供有关我方部队和地方部队的准确信息。只有这样你们才能指望得到具体的指示。"①1933 年底至 1934 年初，埃韦特、施特恩和赖安成为共产国际执委会远东局的核心。

共产国际执委会远东局在上海活动的将近两年时间里，其成员向共产国际发回大量电报，但他们对中国事态发展的描述、分析和预测，并没有超出莫斯科的相应评价和其对华方针政策的范围。从远东局的文件看，很少

① 《共产国际、联共（布）与中国革命档案资料丛书》第 13 卷，第 204、251—252 页。

提出修改既定策略的问题。甚至 1934 年 9 月 3 日，当中央红军已经决定要转移时，赖安在给共产国际执委会东方书记处的信中竟然还说："现在的局势对中央苏区和红军是更为有利的"。①

在远东局和中共中央领导人的来往电报中，讨论最多的是军事问题，很少涉及中央苏区的内部政策问题。例外的只有中共六届五中全会的政治决议草案。该草案是 1933 年 10 月远东局起草后寄给中共中央的，尔后埃韦特又给中央写了一封信，对草案进行了个别补充修改。这个决议草案中笼统地探讨了有关中央苏区的内部政策问题。需要说明的是，这个时期的共产国际执委会及其远东局，与大革命后期共产国际执委会及远东局相比，有一个明显的变化，就是在对待中共及其领导层的态度上日渐变得平和，对中共中央发布的更多的是"建议"，而非"指示"。中共六届五中全会前共产国际执委会在讨论中国问题时特别强调：关于给全会的指示草案，其实"不是指示，而只是建议，最后决定应由［中共］中央自己作出"。②

1934 年 3 月，施特恩返回莫斯科，被安排在共产国际执委会东方书记处负责军事工作。6 月，鉴于有遭到破坏的危险，远东局领导人埃韦特不得不返回莫斯科。8 月，中共中央上海局代理书记盛忠亮（化名米茨凯维奇、盛岳）致电共产国际执委会书记皮亚特尼茨基，对埃韦特（其实也可看成是对远东局）在上海期间的工作进行了总体评价。他说："总的说来，尽管他在自己的留驻期间遵循了共产国际的路线，［然而］他常常犯了一些很严重的错误"，"低估了苏维埃运动对于中国革命取得胜利的重要性"，"在大多数关于军事问题的指示中，他都没有向中央苏区作出政治性的指示"③。10 月，赖安也回到苏联。至此，远东局实际上停止工作。

综上所述，在中共创立、大革命和土地革命战争时期（1920—1935），共产国际负责中国问题的组织机构经历了共产国际东亚书记处（上海）、共产国际执委会远东书记处（伊尔库茨克）、共产国际执委会东方部、共产国

---

① 《共产国际、联共（布）与中国革命档案资料丛书》第 14 卷，中共党史出版社 2007 年版，第 225—226 页。

② 《共产国际、联共（布）与中国革命档案资料丛书》第 13 卷，第 496 页。

③ 以上参见《共产国际、联共（布）与中国革命档案资料丛书》第 14 卷，第 173—174 页。

际执委会远东（地区）书记处和共产国际执委会东方（地区）书记处五个大的发展阶段。期间，共产国际执委会还间断性地在上海设立了远东局。

共产国际和其负责中国问题的组织机构及其代表们对中国革命进行了许多正确的指导和帮助，起了积极的作用。但由于他们并不真正了解中国的情况，也作出过许多错误的指示，出了一些错误的主意。幼年的中国共产党，还难以摆脱共产国际的错误指导，这对党内历次“左”、右倾错误的形成有直接影响。

1935 年共产国际第七次代表大会召开后，共产国际执委会各地区书记处取消，直到 1943 年共产国际解散，共产国际执委会没有再专门设立领导东方和中国革命的组织机构，也没有再向中国派常驻代表。此间，由于各国共产党的抵制，共产国际高度集中的领导体制逐渐松动，各国党在一定程度上得到了独立发展的机会。

（作者李颖，原文发表于《中共党史研究》2008 年第 6 期）

文中主要涉及的苏联等外国人员名单及简介（按英文字母顺序排列）①

阿布拉姆松（1898—1941）：1920年8月至1921年3月任俄共（布）中央西伯利亚局东方民族处中国科科长、东方民族处主席团委员。1921年春任共产国际远东书记处中国科书记兼联络组组长。1925年至1927年在远东共和国外交部和苏联驻华全权代表处从事外交工作，曾任加伦的翻译。其后在东方劳动者共产主义大学、中国劳动者共产主义大学、世界经济与世界政治研究所和东方学研究所从事教学科研工作。

阿尔布列赫特（1888—？）：1926年至1930年，断续任共产国际执委会国际联络部驻中国代表。

巴库林（1899—1940）：1925年在中国北方任顾问。1926年至1927年任苏联驻汉口总领事馆副领事。

鲍罗廷（1884—1951）：曾用名格鲁森贝格，化名英国人、银行家、布朗、尼基福罗夫。1919年和1920年分别出席共产国际第一和第二次代表大会。1923年至1927年任国民党中央执行委员会总政治顾问和共产国际执行委员会驻中国代表。

布勃诺夫（1884—1938）：在华化名伊万诺夫斯基。1917年俄国十月社会主义革命时，为彼得格勒苏维埃革命军事委员会五人领导小组的成员。1919年后为俄共（布）中央候补委员、俄共（布）中央宣传鼓动部部长。1924年起为俄共（布）[联共（布）]中央委员，担任苏联工农红军政治部

① 本附录材料主要来源于《共产国际、联共（布）与中国革命档案资料丛书》第4卷和第10卷的“人名索引”部分。

主任、苏联革命军事委员会委员、联共（布）中央组织局委员。1925 年起兼任联共（布）中央书记。1929 年至 1937 年调任俄罗斯联邦教育人民委员，多次当选为联共（布）中央委员和中央候补委员。

布哈林（1888—1938）： 1917 年至 1934 年为俄共（布）[联共（布）] 中央委员，1924 年至 1929 年为中央政治局委员。1919 年至 1929 年为共产国际执行委员会委员。

布留赫尔（1890—1938）： 化名加伦、乌拉尔斯基。1921 年至 1922 年任远东共和国军事部长、人民革命军总司令。1925 年至 1927 年在中国华南任苏联军事顾问团团长。1929 年至 1938 年任特别远东军司令。

布龙施泰因（？—1921）： 1920 年为俄共（布）中央西伯利亚局东方民族处主席团委员、副主席，俄共（布）中央远东局秘书。

达林（1902—1985）： 1921 年至 1924 年为青年共产国际工作人员。1921 年至 1922 年为共产国际远东书记处主席团委员。1922 年至 1924 年任青年共产国际驻中国代表。1926 年至 1927 年任莫斯科中山大学驻中国代表。后从事新闻和科研教学工作。

伏龙芝（1885—1925）： 1921 年起为俄共（布）中央委员。1924 年至 1925 年为中央政治局候补委员。1924 年至 1925 年任苏联革命军事委员会副主席、主席、副陆海军人民委员、陆海军人民委员、工农红军参谋长、苏联劳动与国防委员会委员。1925 年任俄共（布）中央政治局中国委员会主席。

伏罗希洛夫（1881—1969）： 1921 年至 1961 年为俄共（布）[联共（布）、苏共] 中央委员。1926 年至 1960 年为中央政治局（主席团）委员。1925 年起任苏联陆海军人民委员、革命军事委员会主席。1926 年至 1928 年任联共（布）中央政治局中国委员会主席。

福京（1899—？）： 化名年轻人、济梅廖夫。1924 年至 1926 年为青年共产国际执行委员会机关工作人员。1926 年至 1927 年任青年共产国际驻中国代表、共产国际执行委员会（上海）远东局委员。1927 年至 1930 年任青年共产国际执行委员会东方部部长。1930 年至 1933 年任红色工会国际东方部副部长。

戈列夫（1900—1938）：化名尼基京。1925年至1927年任苏联驻华军事顾问，后在中国工农红军中任职。

格克尔：（1888—1938）：1922年任中国工农红军军事学院院长。1922年至1925年任苏联驻中国全权代表处武官。后从事军事、外交工作。

格列尔（1875—？）：1922年至1930年任红色工会国际东方部部长。1926年6月到7月底任共产国际执行委员会（上海）远东局委员、红色工会国际驻（上海）远东局代表。1930年起在国际列宁学校从事教学工作。

古比雪夫（1893—1938）：化名季山嘉。1925年至1926年任华南苏联军事顾问团团长。后来在中国工农红军中担任指挥职务。

季诺维也夫（1883—1936）：1907年至1927为俄共（布）[联共（布）]中央委员。1921年至1926年为中央政治局委员。1919年至1926年任共产国际执行委员会主席。

加拉罕（1889—1937）：化名米哈伊洛夫。1917年十月革命时，任革命委员会委员。1918年任副外交人民委员，协助成立共产国际。1918年至1920年，1927年至1934年任副外交人民委员。1923年至1926年任苏联驻华全权代表。

加蓬（1891—1982）：1919年至1921年先后任俄罗斯联邦驻西伯利亚和远东外交事务副全权代表和全权代表、俄罗斯联邦外交人民委员部西伯利亚委员会东方局局长，从1920年起先后任俄共（布）中央西伯利亚局东方民族处主席团委员、主席助理、主席。1921年任共产国际驻远东副全权代表。1921年至1924年在斯维尔德洛夫共产主义大学学习。1924年起从事党的工作和科研教学工作。

拉狄克（1885—1939）：1919年至1924年为俄共（布）中央委员。1920年至1924年为共产国际执行委员会委员。1920年任共产国际执行委员会书记。1923年至1924年任共产国际执行委员会东方部部长。1925年至1927年任莫斯科中山大学校长。

拉菲斯（1883—1942）：化名马克斯。1920年起为共产国际执行委员会宣传鼓动部工作人员。1926年6月任共产国际执行委员会（上海）远东局成员。

拉兹贡（？—？）：1925 年至 1926 年任华南苏联军事顾问团负责政治工作的副团长。后来在中国工农红军中任职。

利金（1895—？）：1921 年至 1922 年任共产国际远东书记处驻中国代表。1923 年起从事外交工作。

罗米纳兹（1897—1935）：1925 年至 1926 年任青年共产国际执行委员会书记。1926 年 4 月至 1926 年 12 月为共产国际执行委员会主席团委员。1927 年 7 月至 11 月任共产国际驻中国代表。1930 年被联共（布）开除。

罗易（1892—1948）：印度人。1920 年起为共产国际执行委员会负责工作人员。1927 年至 1928 年为共产国际执行委员会委员。1927 年任共产国际执行委员会驻中国代表。1928 年被开除出印度共产党和共产国际执行委员会。

罗加乔夫（？—？）：1925 年至 1926 年任华南苏联军事顾问团副团长。1926 年至 1927 年任苏联驻华大使馆武官助理。后来在中国工农红军中任职。

马林（1883—1942）：荷兰人，在华化名孙铎。马林是其俄文译名的中译名。1902 年参加荷兰社会民主党。1920 年参加共产国际第二次代表大会，被选为共产国际执行委员会成员。1921 年至 1923 年任共产国际执行委员会驻中国代表。1928 年被开除出共产国际执行委员会。

马马耶夫（1894—1937）：1920 年至 1921 年任俄共（布）中央西伯利亚局东方民族处驻中国代表。1921 年 6 月任共产国际远东书记处朝鲜科俄籍书记，后任中国科书记。1922 年至 1924 年在东方劳动者共产主义大学、中国工农红军参谋部军事学院从事教学工作。1924 年至 1927 年任驻华军事顾问。

马西（1905—1947）：化名贝伦斯、伯恩斯。1926 年起为英国共产党中央委员。1928 年为青年共产国际执行委员会委员，在东方书记处工作。1929 年任青年共产国际驻华代表、共产国际执行委员会远东局委员。1929 年至 1932 年任英国共青团中央书记。1932 年至 1938 年任青年共产国际执行委员会书记。1937 年起为青年共产国际执行委员会主席团委员。

曼达良（1901—？）：1923 年起在红色工会国际工作。1926 年至 1927

年任红色工会国际驻中国代表。

米夫（1901—1939）：1921 年至 1923 年为东方劳动者共产主义大学教员、科研工作人员。1926 年任该校副校长。1927 年至 1929 年任莫斯科中山大学（1928 年起为中国劳动者共产主义大学）校长。1928 年起任共产国际执行委员会东方书记处副主任。1930 年 7 月至 1931 年夏任共产国际执行委员会（上海）远东局书记。

穆辛（1894—1927）：1920 年至 1922 年任外交人民委员契切林的秘书、驻雷瓦尔使团秘书和远东共和国驻华使团工作人员。1922 年至 1925 年任共产国际执行委员会东方部政治顾问和秘书。1925 年至 1927 年任苏联塔斯社驻华记者。

纳索诺夫（1902—？）：1922 年至 1923 年为俄国共青团中央远东局委员。1923 年至 1924 年任俄国共青团海参崴省委书记。1924 年至 1925 年任共青团中央中亚局书记。1925 年至 1927 年任青年共产国际驻中国代表。1927 年为青年共产国际执行委员会委员。1932 年至 1933 年任共产国际执行委员会东方书记处黑人部部长。

尼克尔斯基（1898—1943）：原名贝尔格，化名瓦西里、瓦西里耶夫。1920 年至 1921 年为共产国际行政部工作人员。1921 年任共产国际远东书记处驻中国代表。1921 年至 1925 年在中国东北从事外交工作。

皮亚特尼茨基（1882—1938）：1920 年至 1921 年为俄共（布）中央候补委员。1924 年至 1927 年为中央监察委员会委员。1927 年起为中央委员。1921 年至 1935 年在共产国际执行委员会机关工作。1923 年起任共产国际执行委员会书记。

普里马科夫（1897—1937）：化名林。1925 年至 1926 年任苏联驻中国华北军事顾问。1927 年至 1930 年任苏联驻阿富汗和日本大使馆武官。

契切林（1872—1936）：化名瓦西里耶。1925 年至 1930 年为联共（布）中央委员。1918 年至 1930 年任苏联外交人民委员。1925 年至 1928 年为联共（布）中央政治局中国委员会委员。

切列潘诺夫（1895—1984）：1923 年至 1927 年任驻华军事顾问。后来在中国工农红军和苏军中任职。

萨法罗夫（1891—1936）：1921 年至 1922 年任共产国际执行委员会书记、主席团委员、共产国际执行委员会东方部部长。1926 年至 1927 年任苏联驻华全权代表处一等秘书。1929 年至 1934 年任共产国际执行委员会东方书记处副主任。

舒米亚茨基（1886—1938）：1921 年任共产国际驻远东全权代表。1922 年起从事外交工作。1926 年至 1928 年任东方劳动者共产主义大学校长。

斯大林（1875—1953）：1921 年起为俄共（布）中央委员。1922 年起任党中央总书记。1920 年至 1921 年为共产国际执行委员会候补委员、委员。

斯列帕克（1892—？）：1921 年任共产国际远东书记处情报部主任。1922 年任共产国际执行委员会东方部副部长。1923 年任俄罗斯通讯社驻华记者。

索洛维约夫（？—？）：1926 年至 1928 年任共产国际执行委员会东方部副部长。

特里福诺夫（1888—1938）：1923 年至 1925 年任苏联最高法院军事委员会主席。1925 年至 1926 年任苏联驻华大使馆武官助理。

托洛茨基（1879—1940）：1917 年至 1927 年为俄共（布）[联共（布）]中央委员。1919 年至 1926 年为中央政治局委员。1918 年至 1924 年任陆海军人民委员、苏联革命军事委员会主席。1925 年至 1926 年为苏联最高国民经济委员会主席团委员。1917 年至 1927 年为共产国际执行委员会候补委员。1929 年被驱逐出苏联。后来遇刺身亡。

瓦西里耶夫（1889—？）：1924 年至 1926 年任共产国际执行委员会东方部政治书记。1926 年任东方部副部长。1929 年任共产国际执行委员会组织部部长。

维经斯基（1893—1953）：在华期间化名吴廷康，绰号谢尔盖、谢廖金。1920 年 4 月率俄共（布）党员小组来华，1921 年春回国。1920 年至 1921 年任俄共（布）中央远东局外国处和俄共（布）中央西伯利亚局东方民族处驻中国代表、共产国际远东书记处主席团委员。1922 年至 1926 年任共产国际执行委员会东方部副部长。1923 年再次来华，任共产国际驻华代表。1926 年至 1927 年担任共产国际执行委员会（上海）远东局主席。大革命失败后回国。1927 年至 1929 年从事经济工作。1932 年至 1934 年任红色工会国际太平洋书记处书记。1934 年起从事科学研究和教育工作。

维连斯基—西比里亚科夫（1888—1942）：1920 年任俄罗斯联邦驻远东全权代表、中国工农红军总参谋部学院政治委员。1921 年参加了同日本在大连的谈判。1922 年为俄罗斯联邦驻中国外交使团成员。1922 年秋天起从事新闻工作。1927 年被开除出联共（布）。

维尔德（1892—1967）：1918 年至 1921 年任全俄消费合作社中央联社哈尔滨办事处助理会计。1921 年 3 月至 9 月任共产国际远东书记处办公室主任。1921 年 9 月至 1924 年 3 月任全俄消费合作社中央联社上海办事处主任会计。1924 年至 1927 年任苏联驻上海总领事馆副领事。1927 年至 1928 年为苏联驻汉口外交代表处工作人员。

温施利赫特（1879—1938）：1925 年为联共（布）中央候补委员。1921 年至 1930 年历任国家政治保安局副主席、苏联内务人民委员、苏联革命军事委员会委员、苏联副陆海军人民委员。1925 年至 1926 年任联共（布）中央政治局中国委员会主席。

叶戈罗夫（1883—1939）：1924 年至 1925 年为苏联驻华大使馆武官处工作人员。1925 年至 1926 年任苏联驻华大使馆武官。

越飞（1883—1927）：1917 年起从事外交工作。1922 年至 1923 年任苏联驻华全权代表。

散论陈独秀

张静如　李　颖

所谓散论，就是不系统，不连贯的论述。想说什么就说什么，不求全面，每题之间也无逻辑联系。为什么要散论，因为对陈独秀的研究，或一生，或一阶段，或一专题，已经相当不少了，要想在一篇文章中整体论陈独秀是很难的。本文只是抓几个自感兴趣的问题，说一点我们的想法。

“道与世更”

这是新文化运动中，陈独秀倡导的一种观点。1916 年 12 月，他在《孔子之道与现代生活》中说：“若夫文明进化之社会，其学说之兴废，恒时时视其社会之生活状态为变迁。”“宇宙间精神物质，无时不在变迁即进化之途。”“一种学说，一种生活状态，用之既久，其精力低行至于水平，非举其机械改善而更新之，未有不失其效力也。此‘道与世更’之原理，非稽之古今中外而莫能破者乎？”① 陈独秀这一番话，确是真知灼见。它明确告诉人们下面的道理：第一，物质世界是不断变化的，社会生活也是不断变化的，因此，进化是必然的、绝对的。第二，任何学说都要随着这种变化而兴衰。第三，有的学说可能被别的学说所代替，有的学说则要自我更新。

陈独秀在新文化运动中之所以倡导“道与世更”，是为了说明一个道理，即孔子的学说，虽然在封建时代起过重要作用，但已不适应共和时代的需要，“学尚一尊”的局面必须改变，要以新的学说代替，否则社会发展就会

---

① 《陈独秀著作选》第 1 卷，上海人民出版社 1993 年版，第 231 页。

受阻，学术也不能进步。陈独秀说：孔子的学说，“虽不可行之今世，而在宗法社会封建时代，诚属名产。吾人所不满意者，以其为不适于现代社会之伦理学说，然犹支配今日之人心，以为文明改进之大阻力耳”①。“今欲学术兴，真理明，归纳论理之术，科学实证之法，其必代圣教而兴欤。”②

做到“道与世更”，是一件很不容易的事。陈独秀认为，无论客观上，还是主观上，都有阻力。不冲破这种阻力，要做到“道与世更”是不可能的。为此：

第一，要思想解放，不尊圣，不尊古，不崇拜偶像。陈独秀强调，尊圣、尊古、崇拜偶像，都是没有道理的。有人认为，圣人是全知全能的，这怎么可能呢？世界如此之大，如此之复杂，从古至今多少代人还有许多事情弄不清楚，古代的圣人又怎么能够什么都知道，什么都懂，这只是后人硬给圣人加上去的不实之词。偶像也是后人要崇拜，就把它神圣化了，其实本来就不是有用的东西。陈独秀说：“吾人信仰，当以真实的合理的为标准；宗教上、政治上、道德上、自古相传的虚荣，欺人不合理的信仰，都算是偶像，都应该破坏！”③思想不解放，被旧的东西捆绑起来，新的东西就进不去。结果，社会无法发展，学术不能进步。

第二，要有“创造的精神”④，要敢于“革故更新”⑤。陈独秀认为：“创造就是进化，世界上不断的进化只是不断的创造，离开创造便没有进化了。”⑥这话说得很到位，因为自古以来，人类社会的发展，每前进一步，都是由创新开始的。有时社会处于停滞状态，就是由于人们保守而无创新所致。社会上各行各业都要有创造，学术界更要有创造，问题是“我们富于模仿力，缺乏创造力”⑦。有了大舞台，便有新舞台，更有新新舞台。有了王麻子，就有汪麻子、旺麻子。有了稻香村，又有了稻香春、桂香村。这样下去，只有模仿，没有创造，社会怎能进步。所以，倡导创新，是非常必

---

① 《再答俞颂华（孔教）》，《陈独秀著作选》第 1 卷，第 309 页。
② 《圣言与学术》，《陈独秀著作选》第 1 卷，第 397 页。
③ 《偶像破坏论》，《陈独秀著作选》第 1 卷，第 393 页。
④⑥ 《新文化运动是什么？》，《陈独秀著作选》第 2 卷，第 128 页。
⑤ 《答卓鲁（革命问题）》，《陈独秀著作选》第 1 卷，第 333 页。
⑦ 《告新文化运动的诸同志》，《陈独秀著作选》第 2 卷，第 77 页。

要的。

第三，要不畏强暴，冲破一切阻力。一切旧的恶势力，为了保存自己，总是要用强力打击、压制新的东西。因此，新的东西就要努力冲破一切阻力，否则就无法站住脚。陈独秀指出："欲谋改革，乃畏阻力而迁就之，此东方人之思想，此改革数十年而毫无进步之最大原因也。"① 其实，"反动时代之黑暗，不久必然消灭，胜利之冠，终加诸改革者之头上；此中外古今一切革新历史经过之惯例"。② 所以，没有什么可怕的，应该旗帜鲜明地倡导革新。陈独秀公开宣称："西洋人因为拥护德、赛两先生，闹了多少事，流了多少血，德、赛两先生才渐渐从黑暗中把他们救出，引到光明世界。我们现在认定只有这两位先生，可以救治中国政治上道德上学术上思想上一切的黑暗。若因为拥护这两位先生，一切政府的压迫，社会的攻击笑骂，就是断头流血，都不推辞。"③

陈独秀不仅是"道与世更"的倡导者，而且是积极的实践者。他自幼受封建圣贤之书的教育，尽管对四书五经之类的东西很不感兴趣，但终究跳不出这个圈子，不得不被迫作八股文。自从接触了西方资产阶级学说以后，陈独秀如获至宝。他大力宣传资产阶级民主主义，并用它指导实践，创办《新青年》，发动新文化运动，猛烈抨击封建主义思想体系，在解放人们思想方面做出了极大的贡献。但是，陈独秀在实践中，也逐渐感觉到资产阶级民主主义的缺陷，不能完全解决中国社会改造的问题，只能另谋出路。俄国十月革命之后，马克思主义在中国的传播出现了新的局面。在这种形势下，陈独秀经过学习和思考，毅然抛弃资产阶级民主主义，接受了马克思主义。他认真地宣传马克思主义，创立中国共产党，为推动中国革命的发展立下了大功。

右倾退让

对陈独秀在大革命时期所犯错误的定性，经历了一个长期的发展变化的

① 《答易宗夔（论新青年主张）》，《陈独秀著作选》第1卷，第408页。
② 《驳康有为〈共和平议〉》，《陈独秀著作选》第1卷，第353页。
③ 《〈新青年〉罪案之答辩书》，《陈独秀著作选》第1卷，第443页。

过程。“机会主义”、“陈独秀主义”、“陈独秀右倾机会主义”、“陈独秀右倾投降主义”，等等，这些提法，作为一个政治的和历史的概念，有一个逐步演变的过程。

1927 年 7 月，共产国际执委会作出关于中国革命当前形势的决议，第一次以正式文件的形式对中共领导人在大革命时期所犯错误界定为“机会主义”。决议指出：“最近时期，中国共产党的现领导犯了一系列重大的政治性错误……党的个别领导人还提出了明显的机会主义口号。”“共产国际执委会认为，公开号召中国共产党党员同中央委员会的机会主义作斗争是自己的革命职责。”共产国际还提出了“党的领导的机会主义倾向”这一概念。①

中共党内最初在党的会议和文件中正式提出“机会主义的错误”，是 1927 年的八七会议。这次会议的《告全党党员书》指出：“共产国际执行委员会的最近决议，指出我们党的指导做了极大的机会主义的错误……这些错误并不是指各个的偶然的错误而说的，而是说党的指导执行了很深的机会主义的错误方针。”② 一年后，中共六大的《政治议决案》明确指出：“革命失败的主要原因，就是当时无产阶级的先锋——共产党指导机关的机会主义政策”③。

总之，在大革命失败后的一段时期内，“机会主义”、“取消主义”不断见诸于党的报刊和领导人的著文中。显而易见，这个矛头是直接指向党成立以来一直担任主要领导人的陈独秀的。但是，也许是鉴于陈独秀尚在党内，不论是共产国际还是党的其他领导人，在谈到这个问题的时候，或者说中国共产党的现领导，或者是说党的指导机关，或者直指中央委员会，都比较隐晦地没有点出陈独秀的名字。

直到 1929 年 10 月 5 日《中央关于反对党内机会主义与托洛斯基主义反对派的决议》，才在党的文件中明确点明陈独秀本人犯了机会主义错误。

---

① 《共产国际执行委员会关于中国革命当前形势的决议》(1927 年 7 月)，《共产国际有关中国革命的文献资料》第 1 辑，中国社会科学出版社 1981 年版，第 338—339 页。

② 《八七会议》，中共中央党史资料征集委员会、中央档案馆编，中共党史资料出版社 1986 年版，第 7 页。

③ 《中共中央文件选集》第 4 册，第 305 页。

一个月后的《中共中央关于开除陈独秀党籍并批准江苏省委开除彭述之、汪泽楷、马玉夫、蔡振德四人党籍的决议案》，称陈独秀的“这种见解，完全表现他仍然固执自己过去的机会主义路线”。① 此后，在提到党在大革命时期所犯错误时，人们便毫不客气地直呼陈独秀其名了。如，李立三在1930 年 2 月指出：“第三次大会中陈独秀完全是极右的机会主义的主张。”② 蔡和森在 1931 年 9 月发表了《论陈独秀主义》一文，指出：“陈独秀主义是什么？是中国革命运动和工人运动中之机会主义和孟塞维克路线之典型的代表。”③ 此后，“极右的机会主义”、“陈独秀主义”这两个概念便被党内大多数同志接受下来。1935 年 12 月，中共中央在瓦窑堡召开政治局会议，通过由张闻天起草的《关于目前政治形势与党的任务决议》，第一次把大革命时期的“陈独秀主义”概括为“右倾机会主义”。

正式提出“陈独秀右倾机会主义”概念的是毛泽东。他在 1936 年 12 月《中国革命战争的战略问题》的著名讲演中，在论及党在中国革命进程中所犯的错误时指出：“中国共产党在革命战争中，除了犯过陈独秀右倾机会主义和李立三‘左’倾机会主义两个错误之外，还犯过了下述的两个错误……”④

其后，在谈到大革命失败原因的时候，就称为陈独秀右倾机会主义了，但有时也简称为“陈独秀机会主义”(如 1938 年出版的张闻天编著的《中国现代革命运动史》)。至于什么时候“陈独秀右倾机会主义”变成了“陈独秀右倾投降主义”，有据可查的最早出处是 1937 年 11 月毛泽东在延安中国共产党的活动分子会议上所作的《上海太原失陷以后抗日战争的形势和任务》的报告。毛泽东在报告中第一次使用了“1927 年陈独秀的投降主义”说法。至于“右倾机会主义”与“右倾投降主义”的关系，《毛泽东选集》的注释是这样讲的：“陈独秀右倾机会主义指一九二七年上半年以陈独秀为代表的右倾投降主义错误。”⑤ 二者似乎是同一的概念。在毛泽东的著作中，

① 《中共中央文件选集》第 5 册，第 551 页。
② 《党史报告》，《中共党史报告选编》，第 220 页。
③ 《论陈独秀主义》，《蔡和森文集》，人民出版社 1980 年版，第 804 页。
④ 《毛泽东选集》第 1 卷，第 185 页。
⑤ 《毛泽东选集》第 1 卷，第 238 页。

好像也不曾区别这两个概念，经常将“陈独秀右倾机会主义”和“陈独秀投降主义”混用。而周恩来、刘少奇、张闻天、李立三等其他领导人在提到陈独秀在大革命时期的错误时，更多的是使用“陈独秀右倾机会主义”或“陈独秀机会主义”的提法。

直到 1945 年，中共六届七中全会通过《关于若干历史问题的决议》，指出：大革命的失败原因是“党内以陈独秀为代表的右倾思想，发展为投降主义路线”，并第一次在党的文件中正式使用了“陈独秀的投降主义”的提法。此后，“陈独秀投降主义”较之于“陈独秀右倾机会主义”更多的被使用。1981 年中共十一届六中全会通过党的第二个历史决议，将陈独秀在大革命时期的错误完整地界定为“陈独秀右倾投降主义”，这个提法便一直沿用了下来。

不可否认，陈独秀在大革命时期确实犯了错误，但当时党毕竟处于幼年时期，陈独秀的错误可以算作探索中的错误，其主观愿望是好的，根本不具备投降的动机。所以，不宜称为“投降主义”。那么，陈独秀到底犯了什么错误呢？我认为，是犯了右倾退让错误。在共产国际的错误指导下，陈独秀在敌我力量对比十分悬殊的情况下，缺乏对复杂多变形势的明确判断，不懂得掌握政权和武装的重要性，不善于处理同国民党的关系，幻想以妥协退让维持同盟。结果，当国民党右派彻底叛变之时，共产党措手不及，吃了大亏，致使革命失败。

不解之缘

中国革命与俄国革命、与共产国际有着不解之缘。这一历史特征在陈独秀身上表现得格外突出。仔细研究陈独秀一生的经历就会发现，从始至终他几乎全部的思想和活动都与苏联（共产国际）的影响有着千丝万缕的联系。

可以大致把陈独秀与苏联（共产国际）关系，分为以下四个历史时期来考察。

第一是马克思主义观的确立时期。俄国十月革命的影响促使陈独秀由激进民主主义者迅速转变为马克思主义者。

事实上，陈独秀在新文化运动早期，是对法国文明推崇备至的。他在《法兰西与近世文明》一文中，把人权说、生物进化论和社会主义称为“近世三大文明”，而这三大文明“皆法兰西人之赐”。他甚至说：“世界而无法兰西，今日之黑暗不识仍居何等。”① 在当时陈独秀的眼中，法国人不仅是文明成就的最高体现者，而且是平等博爱自由以及正义和真理的化身。在第一次世界大战结束之际，陈独秀真诚地欢迎协约国的胜利，因为在他看来，协约国的胜利意味着“公理战胜强权”。可是，在战后巴黎和会上，中国的主权和利益被包括他一向推崇至上的法国在内的列强所出卖，这深深地刺痛了他，严重地破坏了他心目中完美的法兰西形象。由此，他逐渐地开始由推崇法兰西文明转向了推崇俄罗斯模式。他在 1918 年 3 月就确信：“二十世纪俄罗斯之共和，前途远大，其影响于人类之幸福与文明，将在十八世纪法兰西革命之上，未可以目前政象薄之。”② 次年 4 月，陈独秀进一步指出：“十八世纪法兰西的政治革命，二十世纪俄罗斯的社会革命，当时的人都对着他们极口痛骂；但是后来的历史家，都要把他们当做人类社会变动和进化的大关键。”③

第二是中国共产党创立和大革命时期。共产国际所给予的帮助，大大加快了陈独秀等人的建党过程。同样在联共（布）、共产国际的错误指导下，陈独秀犯了右倾退让错误，导致了大革命的失败。

为了加速中国革命运动的发展，1920 年 4 月，共产国际向中国派出了第一位代表维经斯基。他在李大钊的介绍下与陈独秀会面，介绍了俄共（布）、共产国际的情况，并建议陈独秀在中国尽快建立共产党。无疑，维经斯基的到来，加快了陈独秀和李大钊的建党步伐，并使中共从创建伊始，无论在形式还是内容上，都能以俄国布尔什维克党为榜样，以马克思列宁主义为指导。中国革命的迫切需要，马克思列宁主义建党理论和俄国十月革命的影响，这两种力量相互结合，最终汇成了陈独秀的建党思想，诞生了伟大的中国共产党。

---

① 《法兰西人与近世文明》，《陈独秀著作选》第 1 卷，第 138 页。
② 《驳康有为〈共和平议〉》，《陈独秀著作选》第 1 卷，第 364 页。
③ 《二十世纪俄罗斯的革命》，《陈独秀著作选》第 1 卷，第 525 页。

中共诞生后第二年，中共二大决定加入共产国际，成为共产国际的一个支部。作为中共的主要创建者和负责人，陈独秀一直是在共产国际的直接领导下工作的，期间的五卅运动、北伐战争、上海工人三次武装起义、右倾退让错误在全党的统治，等等，几乎所有重大事件都有共产国际的参与，陈独秀或完全执行、或部分反对共产国际的指示，情况不尽相同。对于共产国际指令的态度，陈独秀在 1924 年 9 月曾经有过明确的表白："我是一个共产主义者，当然应该服从墨司哥共产国际之训令，这件事可以公开的告诉普天下人而毫无惭愧与隐痛。"①

第三是托派时期。陈独秀与托派有着复杂的关系。

1927 年大革命失败后，陈独秀受到共产国际和党内的广泛指责，作为右倾退让错误的代表者，被停职而离开了中共中央的领导岗位。大革命失败的责任，几乎全部推到了他的身上。为此，他陷入困惑迷茫之中不能自拔。对大革命的失败，陈独秀并不认为自己没有责任，但他认为在许多问题上共产国际的指导是错误的，自己是被迫执行，共产国际应负主要的责任。恰逢此时，他获悉，托洛茨基认为斯大林应对中国大革命的失败负责，这一看法，得到陈独秀的认同。1929 年春，当陈独秀看到托洛茨基论述中国革命的文章时，引起思想上的共鸣。经过一段时间的思考，他接受托派关于中国革命的理论和策略，并开始在中国共产党内部组织"左派反对派"。然而，当托洛茨基提出以苏联为轴心、保卫苏联等损害中华民族利益的口号时，他开始与托洛茨基格格不入，发展到后来终于与之分道扬镳，成为一个"不隶属任何党派"的自由人。

这个时期的陈独秀，对苏联仍保持敬仰之情。他 1933 年在狱中撰写的《辨诉状》，在讲到共产主义的生产制度时，还以苏联为例："经济落后的俄国，已有初步尝试；而获得初步成功。全世界所有资本主义生产制的国家无不陷于经济恐慌的深渊，独苏联日即繁荣。此新的生产制之明效大验，众人之所周知也。"②

第四是晚年最后见解的形成时期。陈独秀晚年在对托洛茨基主义以至列

---

① 《答张君劢及梁任公》,《陈独秀著作选》第 2 卷，第 691 页。
② 《辨诉状》,《陈独秀著作选》第 3 卷，第 316 页。

宁主义和整个苏联革命经验进行反思的基础上，提出了自己的见解。

这一时期，陈独秀写的论述苏联的信和文章很多，其中有的观点是正确的。比如，他认为："政治上民主主义和经济上的社会主义，是相成而非相反的东西。民主主义并非和资本主义及资产阶级是不可分离的。无产政党若因反对资产阶级及资本主义，逐并民主主义而亦反对之"，必然出现"官僚政权"。① 陈独秀的这种说法是对的，因为民主并不是资产阶级的专有物，无产阶级也应该有自己的民主制度。如果无产阶级排斥了民主，它的政权只能是官僚机构。

但是，陈独秀对苏联共产党和斯大林领导的苏维埃政权的评价，也有不妥之处。诚然，斯大林在处理国际事务，在处理国内矛盾中确有不少错误，如大国沙文主义、肃反扩大化，等等；诚然，苏联共产党领导的苏维埃政权，在政治民主化方面，有许多缺陷。可是，如果把苏联共产党说成是法西斯党，把斯大林说成是专制魔王，把希特勒、墨索里尼的罪恶都归之或源于苏联共产党和斯大林，就完全错误了。陈独秀是这样说的："一班无知的布尔什维克党人，更加把独裁制抬到天上，把民主骂得比狗屎不如，这种荒谬的观点，随着十月革命的权威，征服了全世界，第一个采用这个观点的便是墨索里尼，第二个便是希特勒，首倡独裁制本土——苏联，更是变本加厉，无恶不为，从此崇拜独［裁］的徒子徒孙普遍了全世界，特别是欧洲，五大强国就有三个是独裁。""第一个是莫斯科，第二个是柏林，第三个是罗马，这三个反动堡垒，把现代变成了新的中世纪，他们企图把有思想的人类变成无思想的机器牛马，随着独裁者的鞭子转动，人类若无力推翻这三大反动堡垒，只能变成机器牛马的命运。所以目前全世界的一切斗争，必须与推翻这三大反动堡垒连系起来，才有意义。"② 他列表对比英、美、法民主制与俄、德、意法西斯制的不同，强调必须承认英、美、法不彻底的民主制的价值，谴责斯大林向英、美、法放冷箭，保护法西斯制。陈独秀赞同西方民主是个人的信仰自由，无可非议，但是他把苏联共产党和斯大林"骂得比狗屎都不如"则显得太无涵养。陈独秀自己说过："予生

① 《我的根本意见》,《陈独秀著作选》第 3 卷，第 560 页。
② 《给西流的信》,《陈独秀著作选》第 3 卷，第 556 页。

平言论行动，无不光明磊落，无不可以公告国人。”[①] 有什么说什么，毫不隐晦，这当然很好，但在形成自己想法的时候，应该对问题的分析有个实事求是的态度，否则随心所欲，说些带有情绪的话，就不好了。

（原文发表于《党史研究与教学》2004 年第 2 期，有删节）

① 《辩诉状》,《陈独秀著作选》第 3 卷，第 320 页。

代人受过的陈独秀

——《陈独秀与共产国际》书后

陈铁健

1927 年 7 月 2 日，风雨飘摇的武汉三镇，鲍罗廷公馆，莫斯科驻华代表与中共中央领导人举行会议，研究当前的应对策略。陈独秀不无幽默地说："以前季诺维也夫一向教我们帮助资产阶级，现在斯大林教我们二十四点钟实行土地革命！"[1](p136) 此刻，上距蒋介石在上海大杀共产党人的四一二反共"清党"事件 80 天，下距汪精卫在武汉"分共"仅有 13 天；10 天之后，即 7 月 12 日，根据莫斯科指令，中共中央进行改组，陈独秀从此离开自中共建党后长达六年五届的中共中央最高领导职位。六年里，中国革命的进退行止，一直在莫斯科导演之下。中共及其领袖陈独秀，不得不充当莫斯科世界革命"东方战线"棋局中一粒棋子，听凭斯大林、季诺维也夫、布哈林以及他们的驻华代表马林、加拉罕、维经斯基、鲍罗廷、罗易等人的任意摆布。先天不足的中国大革命由盛而衰的全过程，无不与陈独秀和莫斯科的指挥者密切相关。

《陈独秀与共产国际》一书作者李颖统计，在目前已经翻译出版的七卷（1920 ～ 1931）联共（布）、共产国际与中国革命档案集中，陈独秀名字出现 382 次，其中在陈独秀创建中共、执掌中共中央领导权、指导中国大革命的 1920 ～ 1927 年间，则出现 198 次，而在同期李大钊仅出现 14 次，毛泽东仅出现 9 次。共产国际存在的 24 年，与陈独秀从事中国共产主义运动的过程，几近重合。两者的矛盾纠葛，曾经左右陈独秀的后半生。在中共早期历史研究中，抓住陈独秀与共产国际这一环节，就找到了解读许多难题的锁钥。

近年，由中共中央党史研究室主持翻译的《共产国际、联共（布）与中国革命档案资料丛书》(以下简称《丛书》）多卷本以及由此引发的“共产国际与中国革命”的研究热，不少学者投入其中，写出一些颇有新视角、新资料、新观点的专题和人物研究著作。诸如，姚金果、苏杭的《共产国际、联共（布）与中国大革命》、姚金果的《陈独秀与莫斯科的恩恩怨怨》、张秋实的《瞿秋白与共产国际》，以及最近看到的李颖所著《陈独秀与共产国际》(湖南人民出版社 2005 年版)，等等。这些书各具特色，少有雷同。姚书叙事详密，脉络清晰；张书注入情感，引人入胜；李书理性分析，突出重点。作者多是新人，又以女性为主，尤其值得称道。

李颖精通俄文，多次赴俄罗斯查阅共产国际、联共（布）和中国革命关系的原始档案，并参加《中国共产党历史》上卷的修订工作，研究陈独秀与中国大革命史多年。这些优越条件，使她对陈独秀与共产国际这一课题的研究，多有新义，不同凡响。

一　莫斯科主导的国共合作

俄国十月革命，是列宁承袭已被马克思、恩格斯放弃了的“不断革命论”指导下的无产阶级社会主义革命。它与第二国际的“右倾路线”或“改良主义”势同水火。为了消除对“资产阶级民主”的幻想，为建立无产阶级专政而斗争，列宁及其领导的俄（联）共（布）积极筹划建立共产国际（第三国际)。1919 年初召开的第三国际第一次代表大会通过一系列决议，制定了通过暴力建立无产阶级专政的世界革命的战略方针。号召全世界无产者“在工人苏维埃的旗帜下，在夺取政权和实行无产阶级专政的旗帜下，在第三国际的旗帜下联合起来！”[2](p23)

共产国际既然由俄共（布）倡议建立，总部设在莫斯科，由苏俄政府提供财政保障，俄共（布）自然在其中起主导和核心作用。它表面上似乎是独立的、集体的国际共产党人的组织，而实际上完全受命于俄共（布）和苏俄政权。俄共（布）中央负责人季诺维也夫、布哈林先后担任共产国际领导人，而其最后决策权掌握在列宁、斯大林手中。关于俄共（布)、苏俄政府和共产国际三者关系，鲍罗廷讲过一句话：中国人“有时讲苏联，有时讲俄共，有时讲共产国际，但通常都是一回事。”[3](p23) 用“莫斯科”涵盖这三者，无疑是准确的。

共产国际奉行“不断革命论”，推行世界革命，前后在欧洲各国发动革命，很快遭到失败，于是又把目光投向东方。它的“东方战线”的最初目标是在东方国家寻找伙伴和盟友，组织能够在俄共（布）支持并与其联合的反帝斗争力量。1920 年，中国成为莫斯科关注的中心。季诺维也夫说，共产国际“确实对中国的解放运动和解放斗争有极大的兴趣并特别的关注”[4](p335)。它竭力在中国寻求同盟者，培植亲苏政权。同盟者的条件是：必须对苏俄保持友好，并且具有一定的军事实力。先是吴佩孚，后是陈炯明，都被莫斯科视为这样的同盟者加以联络，而孙中山则被说成是“巧妙的外交家，谨小慎微的政治家，根本不是什么革命家”，“在中国舆论界尤其革命知识分子中和劳动人民中威望正在消失”。[5](p428) 只是在吴佩孚挥刀砍向京汉铁路罢工工人、陈炯明所部叛象渐露的过程中，莫斯科才将目光转向孙中山领导的中国国民党。经过达林、马林、越飞和鲍罗廷轮番对孙中山的说服和诱导，孙终于在革命事业受挫之际，企盼从莫斯科获得道义上、军事上和财政上的援助，同意联俄、容共。联俄之义，在于中俄平等联合；容共之义，则以大容小，容纳共产党人而已。在拥有二十多年党龄、二十万党员的国民党党魁和中华民国缔造者孙中山眼里，建党仅三年、人不过数百的中共党人只不过是些“政治上没有修养的年轻人，不值得重视。”是一班“自以为是”的“中国少年学生”，“北京一班新青年”。孙中山轻视中共作为一个政党的存在，所谓两党“合作”，在最初两年多的时间里，只是莫斯科和中共单方面的说法。改组前后孙中山授予部分中共党员以相当职务和权力，更多的是看重其个人才干。[6](p50 ~ 51) 而在自视甚高的中共党人如李大钊看来，中国共产党员是一个一个加入国民党的，不是把一个党都加入的；可以说是“跨党”，不能说成“党中有党”。国民党只能容纳我们这些个人，不能容纳我们所曾加入的国际团体，我们是世界性政党共产国际的支部。中共作为共产国际的一员，无形中感觉比仅为国内政党的国民党要高出一筹！至少国共两党应该对等合作，平起平坐。中共党人眼中的国民党是落伍者，是老朽不堪，是争权夺利的党，中共加入国民党简直是“退化”。这是何等居高临下的骄矜姿态。1924年改组前的国民党和共产党，大体上分别代表了辛亥一代和“五四”一代革命精英，后之来者大有超前居上之势，是来“扶持”、“诱导”和“掖进”前者去迎接新的革命事业的。[6](p51、61)

陈独秀对于莫斯科推动下的国共合作，抱持的正是这样一种骄矜心态。1922年4月，针对马林所议中共加入国民党事，陈即致函维经斯基，提出六条理由反对中共加入国民党。(1)两党宗旨、基础不同；(2)国民党联美、联张作霖、段祺瑞，与中共政策大不相容；(3)国民党无党纲，人们视其为一争权夺利之政党，中共如加入，将在社会上尤其在青年中信仰全无，永无发展机会；(4)孙中山一派绝不容纳新分子的意见及假以权柄；(5)陈炯明派敌视中共，使我们无法在粤活动；(6)中共广东、北京、上海、长沙、武昌同志均对加入国民党绝对反对。[7](p31～32) 1922年冬，陈独秀在莫斯科出席共产国际第四次代表大会之际，两次发表讲话（两篇讲话稿，是本书作者李颖在莫斯科原共产国际档案馆的新发现），重申对国民党的批评。他说，国民党除工人外，大部分为官僚和政客，只有孙中山一人是真正的革命者。这个党没有党纲、党章，没有宣传，甚至没有确定的组织，没有自己的政治路线。多数党员不相信人民大众的力量，而是依赖于武力，在中国北方影响甚微。孙中山如果能够超越眼前利益，依靠人民大众，断绝与张作霖的联盟，致力于反对国际帝国主义和国内军阀的斗争，他将能够完成祖国的革命的统一，否则，他将同张作霖一起灭亡。中国共产党将致力于组织人民大众打击帝国主义和封建势力，依靠人民大众的力量建立独立的人民共和国。中共在反帝统一战线中，首先组织工人阶级，并吸收农民甚至小资产阶级的革命成分参加反帝反军阀的斗争。参加共产国际第四次代表大会的另一位中共代表刘仁静也发表讲话，宣布中共可以在组织和宣传群众方面同国民党竞争，通过加入国民党以分化国民党。陈、刘讲话不无弦外之音，明显含有促动国民党进行民主改造，中共将在国共合作中“分化”国民党，并在“竞争”中取得革命领导权的意图。

对于刚刚建党一年的中共领导人充满自信的宣示，以老大自居的莫斯科方面颇为不满，于是俄共中央委员兼共产国际执行委员拉狄克出面批评陈独秀和刘仁静。拉狄克逐条驳斥陈、刘的讲话，认为中国同志过高估计了自己的力量。这实际是说，共产党要从事工人运动，必须在国民党的旗帜下进行。共产国际第四次代表大会通过关于东方问题的总提纲和中国共产党任务的决议中，对于转变中共领导人对国民党的态度、推动国共党内合作有其重要意义。但是，莫斯科领导人贬低中国共产党而抬高国民党的心态，使陈独秀面对既要实现统一战线，又能掌握统一战线领导权这一难以解决的问题，始终处于矛盾和不解之中。

从苏俄回国不久，陈独秀于 1923 年 3 月到广州筹备中共第三次代表大会。4 月 10 日，孙中山以大元帅名义任命陈独秀为大本营宣传委员会委员，委员会随即推举陈独秀为委员长。孙中山此举表明他与陈独秀是上下级关系，陈应服从调遣和遵守党纪。然而，陈独秀对孙中山联合直、奉、皖及西南四派军阀，先裁兵、后统一的主张，仍持批评立场。陈独秀与李大钊、蔡和森、谭平山、毛泽东联名致信孙中山，表示对孙中山的崇敬，企盼孙离粤赴沪，召开国民会议，建立革命的军队，不再沿袭封建军阀用武力夺取政权攻占地盘的方针。7 月，陈独秀发表文章，再次批评国民党"徘徊军阀之间，鼓吹什么四派势力的裁兵会议与和平统一政策"，"除了损害人民的生命财产和阻碍工商业发展外，别无丝毫民主革命的意义"。[8] 随后，中共中央发表第二次时局主张，重申此意，并主张依靠人民群众，团结民主势力，召开国民会议，推翻军阀统治，求得国家统一。

孙中山被陈独秀的批评惹恼，竟对马林说：陈独秀在《向导》上对国民党的批评，是无法接受的。如果陈独秀不放弃这种批评，一定要把他开除出党。[9](p423) 陈独秀不为孙中山的震怒所屈，继续他对国民党的批评。1924 年九十月间，他在《向导》著文批评孙中山和西南军阀的联手行动，与建立在人民团结基础上的国民革命，"相差何止十万八千里"！随后，在镇压广州商团叛乱、反击国民党右派进攻和孙中山北上等事件中，陈独秀对孙中山和国民党都有所批评和建议。在孙中山北上问题上，陈独秀起初不赞成，他认为孙中山此举是军事投机，与段祺瑞妥协，孙应留在广东巩固革命阵地。在加拉罕和鲍罗廷坚持主张孙中山北上的情况下，陈独秀和中共中央转而支持北上。孙中山这时采纳中共主张，决定召集国民会议，谋中国统一与建设，并抛弃了对军阀武力的幻想。孙中山逝世后，以“五卅”运动为起点，国共合作步入了高潮时期。

二 走向“有利于革命”的反面

大革命时期中国共产党的意识形态思想理论宣传，影响很大，国民党方面没有一个刊物可以与《向导》相抗衡。这个时期的许多口号，都是中共首先提出来的，如“国民革命”这个名词虽然早在1906年孙中山、黄兴、章太炎等起草的《军政府宣言》中就出现过，但此后的16年间不见再用。1922年陈独秀在《向导》第2期发表《造国论》中提出“国民革命”口号，代替先前提出的“民主革命”口号。此后，这一口号亦为国民党人采用，很快风靡全国。“打倒军阀”、“打倒帝国主义”，亦为中共首先提出。中共还引入“左派”、“右派”、“左倾”、“右倾”等新词语，人们争相使用，一时成为革命营垒中激进与温和两派论辩争斗时的口头禅。孙中山向来反对在国民党内划分左派右派，但一些国民党员却在中共强势宣导下认为“左比右好，宁左勿右”，并逐渐形成一种较为普遍的社会认知。[6](p68～70)一些国民党左派比共产党人还左，汪精卫当时的一句名言是：革命的反帝国主义的向左去；不革命的不反帝国主义的向右去。在时人心目中，右与卑劣、腐化同义。确如蒋介石1927年4月《谨告全国国民党同志书》所云：“年来共产党分化我党政策，无所不用其极，造作‘左派’、‘右派’、‘西山会议派’、‘新右派’等等名词，任意加于本党同志之上，受之者如被符魇，立即瘫痪而退。”[10](p258)所谓符魇者，当为不可小视的声威和重大的影响。国民党内青年激进分子，日渐左倾，纷纷以无产阶级自许，先加入C. Y.（共青团），继而加入C. P.（共产党），投入中共营垒。[6](p83)国共合作之初，中共党员不过四五百人，几乎全部加入国民党。但一年之后，1925年1月中共第四次代表大会决议今后必须有工作上的需要才加入国民党，非必要时新同志不再加入国民党。在1924年5月中共中央执行委员会扩大会议后，中共开始注意在国民党内发展组织力量。陈独秀在回答国民党部分官员对中共弹劾案时，理直气壮地说：“为什么只许共产党员加入国民党，而不许国民党员加入共产党呢？”[11]中共党员到1927年“五大”时增至5.7万多人，大部未入国民党。从国民党改组伊始，中共在国民党内即设有秘密党团。此事令国民党人深感不安，担心共产党将反客为主，变“容共”为“容国”了。

1926年2月，维经斯基向莫斯科报告说：共产党实际上领导着国民党，几乎所有领导权都掌握在共产党人手里。稍前，谭平山称，在国民党“二大”召开前后，已有大约90%的国民党地方组织处于共产党员和国民党左派的领导之下。即使在蒋介石发动“三二〇”事件和提出“整理党务案”以后，中共的发展势头仍未停止，反而深入到基层群众中去。据陈独秀1926年11月关于国民党问题的报告称，广东、上海、北京、湖南等地国民党组织都在中共“包办”之下。[6](79~80)应该说，直到北伐战争前期，中共在国民党一些地方组织、群众运动和军队政治工作中曾经取得主导和支配地位。连一向小视中共并担心中共在国民党内会遭受“虐待”而丧失自主独立性的斯大林，对此佳绩也感到惊讶。但是，好景不长。在莫斯科错误路线指导下，中共的局部优势地位，日渐减弱、萎缩，以致前功尽弃。

1926年1月到5月，连续发生的中共在国民党“二大”、“三二〇”事件和“五一五”整理党务案等三大事件上的退让，随着历史档案的揭密，已经真相大白。加在陈独秀头上的罪名，也已抹掉。本书在已有研究成果的基础上，选择几个易于误读的关键性问题，进行了有力的辨析。姑举三例：

例之一，周恩来对于国民党“二大”的回忆。

周恩来说，国民党“二大”前夕，他从汕头回到广州，与鲍罗廷、陈延年商量对策。“我们本来确定的政策是打击右派，孤立中派，扩大左派。我们计划在大会上公开开除戴季陶、孙科等人的党籍，在中央执委中我们党员占三分之一，少选中派，多选左派，使左派占绝对的优势。”可是，“中央来电不同意”。“结果成了右派势力大，中派壮胆，左派孤立的形势”。[12](p118~119)不少论著以此为据，认为这是陈独秀右倾机会主义对国民党右派的第一次大让步。事实并非如此。

1925年3月20日，针对孙中山逝世后的形势，陈独秀在向共产国际的报告中说，中共准备迎接国民党“二大”，以“使右派在会上没有影响”[4](p590)。4月4日，陈独秀签发《中央通告第十九号》，指示在孙中山去世后，我们要“借追悼会做广大的宣传”，“在国民党各级党部主张即下全体党员动员令，公开的征求党员”，大力扩充左派数量，“必要时，亦可在工人区域发起国民党的组织”。如此，“我们在第二次国民党全国代表大会中才有和右派竞争选举的可能”[13](p126)。5月初，鲍罗廷电告加拉罕，说与中共中央讨论国民党“二大”中央委员中共产党员人数时，曾发生争论。陈独秀提议7人，鲍罗廷反对，主张不超过3人，“为的是不吓跑中派和不无谓地刺激右派”。最后，双方商定为4人。[4](p613)1926年1月1日，苏俄外交人民委员契切林致信加拉罕，对“中国共产党有步骤地取代国民党……让共产党人补上国民党领导职位的空缺，甚至解除像胡汉民这样的左翼国民党人的职务”非常担忧。“无论如何要防止国民党分裂”，“在中国只能有一个国民党”。[14](p141～142)可见，在国民党“二大”退让的不是陈独秀，而是莫斯科和它的驻华代表。

例之二，陈独秀致蒋介石公开信。

1926年3月20日，蒋介石发动中山舰事件，成功地打击了苏俄顾问和中共党人以及汪精卫、国民党左派力量。莫斯科对此采取让步策略。4月初，莫斯科连续通过《我们对中国和日本的政策问题》、《在华军政工作和近期对它的必要改组》两个文件，确定了苏联对华政策总方针。认定中国工农革命的胜利直接取决于世界革命的成功，而世界革命前途很渺茫。迫于国际形势，必须向帝国主义作出让步，以便为中国革命和苏联国家争取和延长喘息时间。鲍罗廷忠实贯彻莫斯科对华政策总方针，公然说“现在是共产党应当为国民党当苦力的时代”，实际“是无产阶级自己正式宣告投降资产阶级，服从资产阶级，甘心当它的附属品之时期”[15](p88)。蒋介石为全面控制国民党党权制定的“整理党务案”，正是在这种让步推动下出笼的。先是由共产国际和鲍罗廷决定，再由鲍罗廷与蒋介石、张静江具体协商，然后由在国民党二届二中全会指导中共党团的张国焘根据鲍罗廷的意见，用非常的手段逼迫中共代表接受，会后把既成事实强加给中共中央。陈独秀从始至终都不是事件的参与者和决定者。

1926年6月4日，陈独秀针对蒋介石关于“三二〇”事件的一篇训话，撰写了《给蒋介石的一封信》，署名“独秀”在《向导》刊出。历来认为此信是公开妥协，摇尾乞怜之作。

本书作者指出，陈独秀正话反说的文风由来已久。“五四”前后的《南北一致》、《冤哉洪述祖》、《二十世纪俄罗斯的革命》等文，都是反意讽刺的佳作。在莫斯科对蒋介石的进攻步步退让的氛围中，陈独秀《给蒋介石的一封信》以守为攻，含蓄婉曲，充分展示了这别一种文风。信中对于蒋介石所云“讲也不能讲”的虚玄伎俩，明确揭示：蒋先生不忍说出的事，如果是共产党的事，请尽管痛快说出，社会自有公评，共产党决不应该是一个文过护短的党。先生训话中充满指责共产党的字句，使读者容易推论中共为此次事变的阴谋者。我们共产党和党中个人，都没有这样反革命的阴谋。陈独秀言外之意，是你蒋介石阴谋策划主动向中共发起进攻，是你蒋介石由此开始了反革命行动。陈独秀严正宣告：“凭空受这反革命的栽诬，这是我们不能够再守沉默的了！”这就是信中长期备受诟病的“一直到三月二十日，都找不到蒋有一件反革命的行动”这句话的真意。对于蒋介石鼓吹的“两个领袖”论，信中指出：国民党的惟一领袖仍旧是孙中山，即使将来会有名义上、工作上的总理，而理论上、精神上的领袖仍旧是孙中山。所谓有与孙总理同样的“两个领袖”，“实是无人配如此”。对于三民主义信仰问题，信中指出：国民党员只要信仰三民主义并为之工作，便够了；若一定禁止他不兼信别种主义，于共信外不许别信，不许有两个主义，似乎不可能，而且也不必要。信中引用蒋介石说过的话，肯定共产主义和三民主义并不冲突。

6 月 28 日，蒋介石在黄埔军校讲话中谈到陈独秀的信，说“三月二十日的事件，完全与共产党团体是没有关系的！”但又声称对陈信“不必多事答复”。本书作者指出：蒋介石的辩解证明，陈独秀的信在某种程度上击中了他的软肋。

例之三，莫斯科的“喘息”策略，也表现在它对待国民革命军北伐问题上的错误决策。

1925 年 12 月 3 日，联共（布）中央政治局会议“加强了对北伐的谴责”，决定接受斯大林的指示，即“认为广州人拟议中的北伐在目前时刻是不能容许的”。[4](p742 ~ 743) 随后，4 月 1 日、4 月 15 日、5 月 6 日、5 月 20 日举行的联共（布）中央政治局会议和 4 月 27 日举行的共产国际执委会远东书记处会议，都一再重申对北伐战争的反对态度。

中共中央于1926年2月在北京召开特别会议积极支持北伐战争，陈独秀在此后也一再表示赞成北伐。直到6月底，陈独秀还打算以他个人名义电告共产国际，“中共中央内部一致主张进行北伐”[3](p317)的态度未变。可是，7月7日陈独秀发表《论国民政府之北伐》一文，突然公开改变了支持北伐的立场。尽管陈独秀对蒋介石可能利用北伐战争进行军事投机不利于革命前途的担忧是有道理的，但是，他的文章发表在广东国民政府誓师北伐之际，使中共在政治上顿时陷于被动局面。何以如此？这里有一个鲜为人知的隐情。维经斯基后来承认，陈独秀这篇文章，“是在与我们的长时间交谈后写成的”，“文章的基调是由远东局和中共中央共同拟定的”，“所表述的中央的方针在政治上是完全正确的”，“这个方针阐述了党对北伐的唯一正确的立场”。[3](p472 ~ 473、288 ~ 393)

本书指出，国民革命军出师北伐后突飞猛进的形势，迫使联共（布）和共产国际容忍违背其旨意进行北伐战争这一既成事实，并关注北伐战争的发展。但是，不论是莫斯科还是中共中央，总是保守地估计北伐军的实力，多次提议北伐军保持现状，停止继续向北推进，其策略方针明显地落后于北伐形势的发展。

鲍罗廷曾经在中共广东区委会议上放言做好充分的准备，保证北伐战争的结局有利于革命。极具讽刺意味的是，历史正是从这里开始，走向了“有利于革命”的反面。

三　陈独秀“主义”的定性

莫斯科的斗争哲学和世界革命理论所导致的“外斗”与“内斗”，连绵不断，纠葛不休。蒋介石“四一二”“清党”反共政变后，苏联的对华政策问题成为联共党内斯大林—布哈林多数派与托洛茨基—季诺维也夫少数派派别斗争的中心问题。本书指出，斯大林为了表明其对华政策的一贯正确，便寻找替罪羊，把由其遥控指挥的中国大革命失败责任推到中共中央总书记陈独秀身上。早在1927年7月8日，共产国际执委会政治书记处秘密会议即奉命起草批评中共“错误”的决议，并于7月14日在《真理报》刊发，把中国大革命失败原因归结为中共“现今的领导机关”，“犯了一连串的重大的政治错误”，并号召全体中共党员起来反对“党的领导之机会主义”。[16](p534、536)陈独秀的“机会主义”罪名盖源于此，而真正的机会主义制造者却逃之夭夭。

中共党内最初批评党内有机会主义的，是中共第五次代表大会上瞿秋白散发的小册子《中国革命之争论问题》中对“孟什塞维克主义”或“彭述之主义”的批评。表面上指着彭述之，实际上批评陈独秀。“八七会议”文件中批评“党的指导执行了很深的机会主义的错误方针”。中共第六次全国代表大会决议，也说大革命失败主要原因是“共产党指导机关的机会主义政策”。鉴于陈独秀尚在党内，无论是莫斯科或中共中央，都对陈留有余地，没有直指其名。1929年，陈独秀逐渐接受托洛茨基政治主张，并在中东路事件后多次写信批评中共不顾及中国民族利益，一味宣扬“武装保卫苏联”的错误口号，招致莫斯科极度不满，中共中央作出《关于反对党内机会主义与托洛茨基主义反对派的决议》(1929年10月5日)，进而于11月15日决定开除陈独秀等五人党籍，开始指名批评陈独秀的“机会主义路线”。李立三、瞿秋白、蔡和森等人相继著文，公开批评陈独秀机会主义或取消主义。1935年12月，中共中央总书记张闻天为中共中央政治局瓦窑堡会议起草政治形势与党的任务决议，第一次用“右倾机会主义”代替“机会主义”、“取消主义”。1936年12月，毛泽东在《中国革命战争的战略问题》讲演中，首次提出“陈独秀右倾机会主义”概念。1937年11月，毛泽东在《上海太原失陷以后抗日战争的形势和任务》报告中，又加码提出“1927年陈独秀的投降主义”。

1945年中共六届七中全会通过《关于若干历史问题的决议》，敲定大革命失败的原因是“党内以陈独秀为代表的右倾思想，发展为投降主义路线”。从此，“陈独秀右倾投降主义”一直沿用下来。本书作者明确表示不赞成这种定性。她说：“不可否认，陈独秀在大革命时期确实犯了退让的错误，但当时党毕竟处于幼年时期，陈独秀的错误可以算作是探索中的错误，其主观愿望是好的，根本不具备投降的动机。所以，称其为‘投降主义’是不恰当的。”[14](p277)作者认为，即使“右倾机会主义”也有些夸大其词，充其量，陈独秀的错误不过是“右倾退让错误”。“主义”者，乃指有系统的理论学说或思想体系。右倾机会主义的特点，是指为了眼前暂时利益而忘记根本大计，企图引导无产阶级去适应资产阶级一群一党的私利。陈独秀在大革命时期的主导思想没有形成系统理论和思想体系，没有忘记社会主义共产主义前途，主观上更没有引导无产阶级去适应资产阶级的意图，与“机会主义”不相干。

由于陈独秀的特殊地位，开除陈独秀党籍需经共产国际批准。1930 年 1 月 18 日，共产国际电令陈独秀在两个月内去莫斯科参加审议开除其党籍的会议。2 月 17 日，陈独秀经慎重考虑答复说，中国的向忠发、李立三等人早已紧急宣布我为“托洛茨基主义者”、“取消派”、“反革命”、“新工贼”，“你们把托洛茨基放逐到国外，把其他人监禁和流放，现在又要从中国调我到莫斯科，不知又打算干什么？”“你们如有诚意解决问题，一切主动权都在你们这里，否则一切问题都只有凭世界无产阶级的命运一道去解决”。[15](p162 ~ 163) 何等义正词严！陈独秀似乎已经预见到苏联共产主义运动的未来命运。他断然表示：“我坚决不去！中国的问题，中国同志最了解，不能跑到国外去同外国人研究中国问题。”[17] 陈独秀幸而没有应召赴莫斯科，否则，他的命运不会比托洛茨基们的悲惨结局更好。3 月 23 日，共产国际批准开除陈独秀党籍，并在报刊公布。至此，陈独秀与莫斯科的关系即宣告彻底结束。

造成陈独秀和中共中央执行错误路线的始作俑者，那些莫斯科决策人以其极左的“不断革命论”和“世界革命论”，构筑了影响深远、贻害无穷的思想理论体系和完备的战略策略，酿成中国大革命失败，并最终导致其自身的解体。如果需要追究这一切失败的法定责任者，那么，莫斯科决策人无疑是最合适的人选。

“右倾机会主义”罪案，严重危害了当代陈独秀研究以及相关问题的研究。上世纪 60 年代，陈独秀研究日益萎缩，“文革”前夕已成禁区。最早研究五四时期马克思主义传播的丁守和，因其所著《从五四启蒙运动到马克思主义的传播》一书涉及陈独秀，被康生诬为“利用党史进行反党”，而将其书毁版禁发。众多研究陈独秀的学者，从此拒谈陈独秀。新时期以来，众多学者积十余年之功，以“正名”（有人视之为“翻案”）为中心，为陈独秀摘掉九顶政治帽子中的八顶（机会主义的二次革命论、右倾投降主义路线、托陈取消派、反共产国际、反党、反革命、汉奸、叛徒）。仅有的“右倾机会主义”这一顶，尽管还写在官方史书上，但并不为学术界所赞同。在资深学者中，胡绳是一位清醒而深刻的反省者。他晚年在《从五四运动到人民共和国成立》的十次谈话中，对陈独秀蒙冤一事说：“在这个问题上，我觉得，把责任都归在陈独秀身上确实有点冤枉。”“那时候要中国共产党去帮资产阶级的忙，这主意的确是从共产国际来的。所以说那时候的右倾，实在是从共产国际来的。”[18](p80) 2004 年 4 月 30 日，胡锦涛在中共中央纪念任弼时诞辰一百周年大会上的讲话，放弃“右倾机会主义”旧说，而改用“共产国际和陈独秀右倾错误”。可以说，这是自 1927 年“机会主义”这顶帽子问世后七十多年来令人欣慰的一件事。

“陈独秀右倾机会主义”，可以休矣。

四 重创剧痛后的沉重思考

经过长时间的思考，1930 年 2 月 17 日，陈独秀在答复共产国际的信中，承认自己“不自觉的做了斯大林小组织的工具”，应该对大革命失败负有责任，但他拒绝莫斯科把失败的责任全部推到他一个人头上。他痛切地写道：

> 我的问题不是简单的个人问题，而是关于整个的政治问题，我从中国革命失败的教训中已完全证实五、六年来国际的领导是站在官僚机会主义的路线上，尤其重要的就是你们滥用国际的威信及凭藉官僚机关的权力，继续维持这种路线……
>
> 我本着我亲历的经验，深深知道这种失败是过去整个的政治路线之必然应有的结果。然而国际的领导机关却轻轻地把这个失败几乎简单的归过我个人。如果这样便解决了问题，关于个人当然用不着说什么；但若以个人的责任问题掩盖了全部政治问题，掩盖了失败之真实教训，因而断送革命之前途，其罪实不可恕！[15](p159 ~ 162)

本书对陈独秀冤案秉持严肃的反思精神，力求深刻地总结历史教训，正是当年陈独秀重创剧痛后反思精神的延续和深化，是非常可贵的。以下所列数端，对于认识中国大革命，认识陈独秀，都有重要意义。

第一，莫斯科的“苏俄国家利益至上论”。共产国际既然在政治、思想、组织和财政都处于联共（布）中央政治局的严密控制下，那么，它必须为苏俄国家利益服务。1920年，共产国际第二次代表大会宣言公开宣称：“苏维埃俄国的事业就是共产国际的事业。”[19](p785)共产国际在与中国的实际交往中更是强调和遵循了这一原则。这表现在20世纪20年代前后共产国际从吴佩孚到陈炯明，再到孙中山的寻找同盟者，建立亲苏政权的过程；表现在它同时与中国的南北政府保持联系，又扶植南方政府推翻北方政府的两面手法；表现在中东路事件中提出的“保卫苏联”的沙文主义口号等等。陈独秀不是没有深刻思考、没有独立精神的人。恰恰相反，他的独立思考和独立精神常常在共产国际及其驻华代表无所不在的“苏俄国家利益至上论”的阴影中被压抑、被否定了。

第二，莫斯科对中共的蔑视和专横。莫斯科是列宁主义的发源地，联共（布）和共产国际的领导者自视高明，往往蔑视中共领导人。1923年底，宣称莫斯科要为中国工作负责的驻华大使加拉罕，写信告诫刚到中国的鲍罗廷：对中国人必须经常地监督每一个步骤，使他们保持高度紧张状态，而不要指望他们自己去理解和完成所有应该做的事情。应当经常地把他们掌握在手中，否则什么事情都会被束之高阁。[4](p612)而那位“把共产党人看作私生子”[3](p137)的鲍罗廷，更加对中共不屑一顾，他对付中国人的办法是“需要玩弄权术，需要随机应变，需要利用一个反对另一个”，“需要采取独裁方法”[3](p135)。无怪加拉罕不无自傲地宣称：“如果说广州相当强大，那只是因为有俄国人在那里做工作。”[3](p79)远在莫斯科的共产国际主席团主席季诺维也夫也说：“广州其实是中国的小莫斯科……在那里发号施令的首先是共产国际的同志，即鲍罗廷同志。”[3](p60)这些高傲独裁，不了解中国实际情况，又怀抱大国沙文主义心态的指导者们，很难对形势作出准确的判断。莫斯科依据这些人的汇报，对中国革命作出的决策，其荒谬之甚，其危害之钜，是不言自明的。

第三，人人、时时、处处存在的分歧和摩擦。大量事实证明，联共（布）、共产国际及其派驻中国的机构和人员，几乎从上到下全部存在分歧和摩擦。第一层次是莫斯科的联共（布）、共产国际内部，多数派与少数派的纷争。第二层次是莫斯科派驻中国不同地区不同机构和人员之间的纷争。如维经斯基的上海远东局与鲍罗廷的广东顾问处的纷争；大革命后期罗易的共产国际执委会驻中国代表团与鲍罗廷之间的纷争等等。第三层次是在中国同一地点和同一机构工作的莫斯科驻华代表之间的纷争，如在北方军事顾问之间的纷争；北京三人小组中加拉罕大使和叶戈罗夫武官及其副手特里福诺夫之间的纷争；上海远东局主席维经斯基与拉菲斯、福京等其他成员之间的纷争；广州鲍罗廷与加伦、古比雪夫之间的纷争等等。处于夹缝中的陈独秀和中共中央领导成员，处处受到掣肘，难以游刃其间，统一步调，他们作出的决定，也难免朝令夕改，忽左忽右，前后不一。确如郑超麟所说：陈独秀“在党内有绝对的威权，自然而然建立起来的威权。我想，如果没有第三国际外来的干涉，中国共产党在他的领导底下决不会有大争论以至分裂的。”[20](p125)

第四，领导人物的性格气质至关重要。陈独秀对于他盲目地执行莫斯科机会主义政策而没有坚决地抗辩，表示十分悔恨。1927年6月，他在答复莫斯科五月紧急指示时，清醒而明白地写道：“我们衷心赞同指示，但问题是我们党未必能够贯彻执行。”[21](p309)理由十分清楚，五月紧急指示不过是斯大林和托洛茨基相互斗法的产物，并不符合当时中国革命的实际情况。陈独秀后来在《告全党同志书》中不无调侃地指出：企图在国民党内执行这些政策，仍然“是幻想的口头上左倾的机会主义，根本政策一点也没有改变，等于想在粪缸中洗澡”[15](p92)。

陈独秀实在看透了莫斯科指导者们把中国革命当作儿戏、不断玩弄花样的真面目。他曾几次提出中共从国民党中退出，独立进行革命的主张，但每一次都被压服而无可奈何。这种临事退让的软弱性格，陈独秀晚年有这样的解析：“其实我性情暴躁则有之，嫉恶如仇则不尽然，在这方面，我和我的母亲同样缺乏严肃坚决的态度，有时简直是优容奸恶，因此误过多少大事，上过多少恶当，至今虽然深知之，还未必痛改之。”“其主要原因固然由于政治上之不严肃，不坚决，而母亲的性格之遗传，也有影响罢。”[15](p418)书生出身的陈独秀，有着执着的耿介的正直的学者气质，不具备某些政治家身上那种左右逢源、纵横捭阖、翻云覆雨、文过饰非、诿过于人……甚至有些流氓色彩的官僚政客的气质，而他面对的大大小小的政治家们，恰恰就有那类人物。

本书作者指出：

如果是一名普通人，他的性格对社会的影响不大。可是，如果作为一个政党的领袖，领袖的负面性格有时就能影响到一个党的大政方针的制定，进而影响到该党与他党的关系；如果这个党是所在国家的执政党，则会波及到国家的前途、命运。[14](p326)

这的确是一个重要的启示和警示。

五　未了的话

陈独秀与共产国际的关系，共产国际与中国大革命的关系，国共两党与中国大革命的关系，不是一本几十万字的书就能全部回答的。有些问题，例如：陈独秀和中共中央对于工农运动的过火行为的批评和限制，是否都是“右倾错误”？国共两党各自不同的思想、理论、战略、策略的差异和矛盾如何协调？国共两党欲求合作而又互不让步，合作如何巩固持久？“走俄国人的路”这一历史选择，有其时代的合理性，但是中国人应该学习“苏联模式”的什么东西？“苏联模式”主要是正面的还是负面的，抑或是正负参半等等。本书对于这些问题，有的有所阐述，有的点到即止，都还需要深入探索，全面考察，准确论断，以推进中国大革命史和陈独秀研究向前发展。

参考文献：

[1]《中共党史报告选编》，中共中央党校出版社 1982 年版。

[2]《共产国际与中国革命资料选辑（1919 ～ 1924）》，人民出版社 1985 年版。

[3]《共产国际、联共（布）与中国革命档案资料丛书》（第三卷），北京图书馆出版社 1998 年版。

[4]《共产国际、联共（布）与中国革命档案资料丛书》（第一卷），北京图书馆出版社 1998 年版。

[5]《马林与第一次国共合作》，光明日报出版社 1989 年版。

[6] 王奇生:《党员、党权与党争——1924 ～ 1949 年中国国民党的组织形态》，上海书店出版社 2003 年版。

[7]《中共中央文件选集》(第二册)，中央党校出版社 1989 年版。

[8]《北京政变与国民党》,《向导》1923 年第 31、32 期。

[9]《共产国际、联共（布）与中国革命档案资料丛书》(第二卷)，北京图书馆出版社 1997 年版。

[10]《蒋介石言论集》(第四集)，中华书局 1965 年版。

[11]《我们的回答》,《向导》1924 年第 83 期。

[12]《周恩来选集》(上卷)，人民出版社 1980 年版。

[13] 解放军政治学院党史教研室:《中共党史教学参考资料》(第十三册)。

[14] 李颖:《陈独秀与共产国际》，湖南人民出版社 2005 年版。

[15]《陈独秀著作选》(第三卷)，上海人民出版社 1993 年版。

[16]《共产国际与中国革命资料选辑（1925 ～ 1927）》，人民出版社 1985 年版。

[17] 辛平:《陈独秀秘书黄玠然谈大革命前夜的陈独秀》,《炎黄春秋》1997 年第 1 期。

[18]《胡绳全书》(第七卷)，人民出版社 2003 年版。

[19]《共产国际第二次代表大会文件》，中国人民大学出版社 1988 年版。

[20]《郑超麟回忆录》，东方出版社 1996 年版。

[21]《共产国际、联共（布）与中国革命档案资料丛书》(第四卷)，北京图书馆出版社 1998 年版。

作者陈铁健，中国社会科学院近代史研究所研究员。

（原文发表于《史学月刊》2006 年第 8 期）

“桥的生命”

——浅析陈独秀的人格风范

李颖

“个人的生命最长不过百年，或长或短，不算什么大问题，因为他不是真生命。大问题是什么？真生命是什么？真生命是个人在社会上留下的永远生命，这种永远不朽的生命，乃是个人一生底大问题。社会上有没有这种长命的个人，也是社会底大问题。”

这是陈独秀在1920年1月发表的《欢迎湖南人底精神》中发出的感慨，他还为此举了Olive Schreiner夫人小说中的几句话：

你见过蝗虫他们怎样渡河么？第一个走下水边，被水冲去了，于是第二个又来，于是第三个，于是第四个；到后来，他们的死骸堆积起来，成了一座桥，其余的便过去了。

他接着写道：“那过去底人不是我们的真生命，那座桥才是我们的真生命，永远的生命！因为过去的人连脚迹也不曾留下，只有这桥留下了永远纪念底价值。”①

从这个意义上讲，陈独秀是位有过“真生命”的人，因为他的思想，他在诸多领域的贡献，他卓尔不群的特性，在社会上留下了“永远不朽的生命”；由他主要参与创建的中国共产党，走过80多年不平坦的历程，至今还是世界上人口最多的国家的执政党，领导着中国人民不断地从胜利走向胜利。应当说，陈独秀——这是一个在中国历史上让人不能轻易忘怀的

① 《欢迎湖南人底精神》，《陈独秀文章选编》上册，河南人民出版社1982年版，第480页。

名字。

陈独秀早年出生于书香之家，过继给的嗣叔又是当地拥有大家产的官僚豪门。以他的聪明和才智，走常人所走的世俗之路，考科举，中进士，“混”得几层功名，好吃好喝好活，光宗耀祖，决非是件难事。但是，小小年龄的陈独秀，偏偏叛逆个性十足，就是厌恶那刻板无聊、束缚人性的八股文，极端蔑视科举制度。不愿做封建家庭孝子贤孙的陈独秀，自愿地背离了长辈为他选择的“康庄大道”，抛弃了多数人向往的功名前程，舍别了安逸舒适的生活，坚定地选择了一条荆棘满布的、坎坷不平的革命之路。他曾说道：“‘鞠躬尽瘁，死而后已！’一息尚存，予不忍眼见全国人民辗转悲号于外国帝国主义及本国专制者两重枪尖之下，而不为之挺身奋斗也。”①

从 1913 年离家，到 1942 年故去的 30 年间，陈独秀真的是踏上了一条颠沛流离之路。他抛家舍业，舍身取义，先后被北洋政府、法国租界和国民党当局五次抓捕，五度坐牢，始终不曾放弃为劳苦大众求解放的目标。每次入狱，他都泰然处之，从不向反动当局低头，绝不出卖同志，也没有以反对中共的革命路线而换取人身自由和政治上的飞黄腾达。他 1932 年最后一次被国民党当局逮捕，竟被以“危害民国”罪判处徒刑 13 年。在国民党的监狱里，对于国民党当局罗织的罪名，他大义凛然地回击说：“予固无罪，罪在拥护中国民族利益，拥护大多数劳苦人民之故而开罪于国民党已耳。”②这是陈独秀对自己最好的辩护，也是他一生忧国忧民之心最真实的表露。

1937 年 8 月，当陈独秀被提前释放出狱之时，已是年近六旬的老人。他生活窘迫，居无定所，无钱医病，除了一点点稿费外，主要靠亲友的接济过活。尽管如此，他还是关心时局的进展，为抗战宣传做些力所能及的事情，有政治背景和有损抗战大局的“捐助”，都一概严辞拒绝。生活再困苦，境遇再糟糕，他也不以自己的人格、自己的政见换取功名和钱财。尽管陈独秀的晚年穷困潦倒，政治上也无地位，但他以自己的铮铮铁骨和清高廉洁，在社会上赢得了尊重和声望。

---

① 《辩诉状》,《陈独秀著作选》第 3 卷，第 318 页。

② 同上书，第 320 页。

“行无愧怍心常坦，身处艰难气若虹”——陈独秀在狱中自写的这副对联，是其人格风范的最好写照。

陈独秀的一生十分复杂，他在大革命时期犯过右倾退让的错误，客观上成为大革命失败的原因之一；他的“二次革命论”的思想又存在着种种缺陷，对党在民主革命中的领导权问题认识不足；他又中途被党开除，算不上一个完整的共产主义者。但是，他在五四新文化运动中的杰出作用，他对创建中国共产党的贡献，他一生对民主与科学的不懈追求，他在社会文化领域诸多方面的建树等，都应该载入史册。

“予唯有为民族为民众忍受一切牺牲，以待天下后世之评判。”① 这是陈独秀在《辩诉状》中结尾的话。后世之人在评判陈独秀这种对革命有过贡献同时犯过错误的历史人物时，应该有一种更深远的历史眼光，根据历史主义的原则，进行实事求是的分析。这样，才能正确评价前人，深刻吸取历史的经验教训。

（原文发表于《党史文汇》2005 年第 10 期，有修改）

① 《陈独秀著作选》第 3 卷，第 321 页。

主要参考文献

一、经典著作

1.《马克思恩格斯选集》第1—4卷，人民出版社2012年版。

2.《列宁选集》第1—4卷，人民出版社2012年版。

3.《毛泽东选集》第1—4卷，人民出版社1991年版。

4.《周恩来选集》上卷，人民出版社1980年版。

5.《周恩来选集》下卷，人民出版社1984年版。

二、档案、资料汇编、个人文集

1. 中共中央党史研究室第一研究部编（译）:《共产国际、联共（布）与中国革命档案资料丛书（1920—1943）》第1—21卷，北京图书馆出版社、中央文献出版社、中共党史出版社1997年、1998年、2002年、2007年、2012年版。

2.《共产国际有关中国革命的文献资料》第1辑，中国社会科学出版社1981年版。

3.《共产国际有关中国革命的文献资料》第2辑，中国社会科学出版社1982年版。

4.《共产国际有关中国革命的文献资料》第3辑，中国社会科学出版社1990年版。

5.《共产国际与中国革命资料选辑（1919—1924）》，人民出版社1985年版。

6.《共产国际与中国革命资料选辑（1925—1927）》，人民出版社1985年版。

7.《苏联〈真理报〉有关中国革命的文献资料选编》第1辑，四川省社会科学院出版社 1985 年版。

8.《苏联〈真理报〉有关中国革命的文献资料选编》第 2 辑，四川省社会科学院出版社 1986 年版。

9.《苏联〈真理报〉有关中国革命的文献资料选编》第 3 辑，四川省社会科学院出版社 1988 年版。

10. 中国人民大学科学社会主义系编:《国际共产主义运动史文献史料选编》第 4 卷，中国人民大学出版社 1985 年版。

11. 中国人民大学科学社会主义系编:《国际共产主义运动史文献史料选编》第 5 卷，中国人民大学出版社 1986 年版。

12.《共产国际第一次代表大会文件》，中国人民大学出版社 1988 年版。

13.《共产国际第二次代表大会文件》，中国人民大学出版社 1988 年版。

14.《共产国际第三次代表大会文件》第 1、2 卷，中国人民大学出版社 1988 年版。

15.《共产国际第四次代表大会文件》第 1、2 卷，中国人民大学出版社 1990 年版。

16. 中央档案馆编:《中共中央文件选集》第 1—4 册，中共中央党校出版社 1989 年版。

17. 中央档案馆编:《中共中央文件选集》第 5 册，中共中央党校出版社 1990 年版。

18. 中央档案馆编:《中共中央政治报告选辑（1922—1926）》，中共中央党校出版社 1981 年版。

19. 中央档案馆编:《中共党史报告选编》，中共中央党校出版社 1982 年版。

20. 中共中央书记处编:《六大以前——党的历史材料》，人民出版社 1980 年版。

21. 薛衔天等编:《中苏国家关系史资料汇编（1917—1924）》，中国社会科学出版社 1993 年版。

22. 任建树、张统模、吴信忠编:《陈独秀著作选》第 1—3 卷，上海人民出版社 1993 年版。

23.《陈独秀文章选编》上、中、下册，生活·读书·新知三联书店1984年版。

24. 水如编:《陈独秀书信集》，新华出版社1987年版。

25.《独秀文存》，安徽人民出版社1987年版。

26. 张永通等编:《后期的陈独秀及其文章选编》，四川人民出版社1980年版。

27.《蔡和森的十二篇文章》，人民出版社1980年版。

28.《一大回忆录》，知识出版社1980年版。

29.《“一大”前后》第1、2册，人民出版社1980年版。

30.《“二大”和“三大”》，中国社会科学出版社1985年版。

31. 中央档案馆编:《北伐战争》(资料选辑)，中共中央党校出版社1981年版。

32. 上海市档案馆编:《上海工人三次武装起义》，上海人民出版社1983年版。

33. 中共上海市委党史资料征集委员会主编:《上海工人三次武装起义研究》，知识出版社1987年版。

34. 中共广东省委党史研究委员会办公室、广东省档案馆编:《中山舰事件》，1981年印。

35.《维经斯基在中国的有关资料》，中国社会科学出版社1982年版。

36.《马林在中国的有关资料》(增订本)，人民出版社1984年版。

37. 中国社会科学院马列所、近代史研究所编:《马林与第一次国共合作》，光明日报出版社1989年版。

38. [美]罗伯特·诺思、津尼亚·尤丁编著:《罗易赴华使命——1927年的国共分裂》，王淇等译，中国人民大学出版社1981年版。

39.《鲍罗廷在中国的有关资料》，中国社会科学出版社1983年版。

40. А. М. Григорьев: *Революционное движение в Китае 1927—1931 гг.*,《1927年至1931年的中国革命运动》，莫斯科1980年版。

41. А. И. Картунова: *Политика Москвы в национально-революционном движении в Китае: военный аспект (1923 г.-июль 1927 г.)*,

《莫斯科在国民党革命运动中的政策：军事角度（1923年至1927年7月）》，莫斯科2000年版。

42. А. И. Картунова：*В. К. Блюхер в Китае 1924—1927 гг.-новые документы главново военново советника*，《加伦在中国1924—1927——军事总顾问的新文献》，莫斯科2003年版。

三、传记、回忆录

1. ［苏］А. И. 卡尔图诺娃：《加伦在中国（1924—1927）》，中国社会科学院近代史研究所翻译室译，中国社会科学出版社1983年版。

2. ［苏］С. А. 达林：《中国回忆录（1921—1927）》，侯均初等译，李玉贞校，中国社会科学出版社1981年版。

3. ［苏］А. В. 巴库林：《中国大革命武汉时期见闻录》，郑厚安等译，中国社会科学出版社1985年版。

4. ［苏］А. В. 勃拉戈达托夫：《中国革命纪事（1925—1927）》，李辉译，生活·读书·新知三联书店1982年版。

5. ［苏］В. В. 维什尼亚科娃-阿基莫娃：《中国大革命见闻（1925—1927）——苏联驻华顾问团译员的回忆》，王驰译，李玉贞校，中国社会科学出版社1985年版。

6. 中国社会科学院近代史研究所翻译室译：《苏联顾问在中国（1923—1927）》，中国社会科学出版社1980年版。

7. ［苏］В. И. 崔可夫：《在华使命——一个军事顾问的笔记》，万成才译，陈启民校，新华出版社1983年版。

8. ［苏］亚·伊·切列潘诺夫：《中国国民革命军的北伐——一个驻华军事顾问的札记》，中国社会科学院近代史研究所翻译室译，中国社会科学出版社1981年版。

9.《郑超麟回忆录》，东方出版社1996年版。

10. 郑超麟：《怀旧集》，东方出版社1995年版。

11. 罗章龙：《椿园载记》，生活·读书·新知三联书店1984年版。

12.《包惠僧回忆录》，人民出版社1983年版。

13. 陈公博：《苦笑录（1925年至1936年）》，现代史料编刊社1981年版。

14. 陈公博著，韦慕庭编：《共产主义运动在中国》，中国社会科学院近代史研究所翻译室译：中国社会科学出版社1982年版。

15. 王凡西：《双山回忆录》，现代史料编刊社1980年出版，供内部参考。

16. 蒋中正：《苏俄在中国——中国与俄共三十年经历纪要》，台湾中央文物供应社1981年版。

17. 张国焘：《我的回忆》第1—3册，东方出版社1991年版。

18. 李维汉：《回忆与研究》上册，中共党史资料出版社1986年版。

19. 蒋永敬：《鲍罗廷与武汉政权》，台湾传记文学出版社1972年版。

20. 宋美龄：《与鲍罗廷谈话的回忆》，台湾黎明文化事业股份有限公司1976年版。

四、论文集、专著

1. 唐宝林主编：《陈独秀与共产国际》，新苗出版社2000年版。

2. 中共江津市委党史研究室编：《陈独秀在江津》，中国文联出版社2002年版。

3. 王树棣等编：《陈独秀评论选编》上、下册，河南人民出版社1982年版。

4. 沈寂主编：《陈独秀研究》第1辑，东方出版社1999年版。

5. 沈寂主编：《陈独秀研究》第2辑，安徽大学出版社2003年版。

6. 安庆市历史学会、安庆市图书馆编：《陈独秀研究参考资料》，1981年印。

7. 安庆市陈独秀学术研究会、安庆市政协文史资料委员会编：《陈独秀研究论文集》，1999年印。

8. 中国现代文化学会陈独秀研究会、安庆市陈独秀学术研究会编：《陈独秀研究动态》、《简报》，第1—39期。

9. 任建树：《陈独秀大传》，上海人民出版社1999年版。

10. 唐宝林、林茂生:《陈独秀年谱》,上海人民出版社 1988 年版。

11. 王学勤:《陈独秀与中国共产党》,东南大学出版社 1991 年版。

12. 阿明布和:《晚年陈独秀与苏联经验》,人民出版社 2002 年版。

13. 朱洪:《陈独秀与第三国际人物论》,中国档案出版社 2003 年版。

14. 孙武霞编著:《共产国际和中国革命关系史纲》,河南人民出版社 1988 年版。

15. 向青:《共产国际和中国革命关系史稿》,北京大学出版社 1988 年版。

16. 杨云若、杨奎松:《共产国际和中国革命》,上海人民出版社 1988 年版。

17. 黄修荣:《共产国际与中国革命关系史》上、下册,中共中央党校出版社 1989 年版。

18. [联邦德国] 郭恒钰:《共产国际与中国革命(一九二四——九二七年中国共产党和国民党统一战线)》,李逵六译,生活·读书·新知三联书店 1985 年版。

19. 郭恒钰:《共产国际与中国革命(第一次国共合作)》,台湾东大图书公司 1989 年版。

20. 郭恒钰:《俄共中国革命秘档(一九二〇———九二五)》,台湾东大图书公司 1996 年版。

21. 郭成棠:《陈独秀与中国共产主义运动》,台湾联经出版事业公司 1992 年版。

22. *История Коммунистического Интернацианала 1919—1943. Документальные очерки*,《共产国际历史(1919—1943)》(文件集),莫斯科 2002 年版。

23. Н. Л. Мамаева:*Коминтерн и гоминьдан 1911—1929*,《共产国际和中国国民党(1919—1929)》,莫斯科 1999 年版。

五、其他

1. 1980 年以来,《中共党史研究》、《党史研究资料》等全国各主要学术期刊上有关陈独秀、共产国际与中国革命关系的相关研究论文。

2. 中共中央党史研究室所著《中国共产党的七十年》(中共中央党校出版社 1991 年版)、《中国共产党简史》(中共党史出版社 2001 年版)、《中国共产党历史》第 1 卷（中共党史出版社 2002 年版）等书籍。

3. *Проблемы дальнего востока*、*Новая и новейшая история* 1990—2003гг. 俄罗斯《远东问题》、《近现代史研究》杂志 1990 年至 2003 年。

4. Архивы из Российского Государственного Архива социально-политической истории.

俄罗斯国家社会政治历史档案馆部分馆藏档案。

再版后记

《陈独秀与共产国际》一书，是在我的博士论文基础上修改补充而成的，2005 年由湖南人民出版社出版。今年是陈独秀诞辰 140 周年。上海人民出版社希望我能修订再版该书。开始我没敢一口应允，担心原书毕竟已出版十余年，会不会过时了？而自己承担的工作任务又非常繁重，不可能抽出大块时间对书稿进行大修大补。

我怀着忐忑的心情找出《陈独秀与共产国际》。没想到的是，穿越岁月时空，如今一页一页再翻看十几年前所撰书稿，仍可虽弱弱然却可无悔无愧地说：当初对历史过程的描述是客观公允的，对涉及事件的分析点评还是有自己一孔之见的，现在看来全书是立得住的。这毕竟是自己十几年跟踪研究的专题，又在读博前后四五年的时间里，付出极大的热情、心血和心智，扎扎实实地消化资料，认认真真地反复打磨，又先后经十余位资深专家修改审定而最终成书的。

这次再版，我没有对全书进行大的结构调整，主要做了如下几件事情：一是对个别章节个别内容进行了补充完善；二是对全书进行了逐字逐句的校订，尤其重新核对了所有引文和注释，特别是出自马列基本著作的引文，重新根据最新版本进行了核校；三是用自己新的研究成果《共产国际负责中国问题的组织机构的历史演变（1920—1935）》一文（发表于《中共党史研究》2008 年第 6 期），替换了原书的附录一“文中出现的联共（布）、共产国际与中国有关的下属机构简介”；四是将我与导师张静如先生合写的《散论陈独秀》、陈铁健老师为我的书撰写的书评《代人受过的陈独秀——〈陈独秀与共产国际〉书后》、我从前撰写发表的《“桥的生命”——浅析陈独秀的人格风范》三篇文章，作为附录收入书中；五是补充了一些图片。

感谢导师张静如先生。先生永远活在我心里。

感谢陈铁健老师一直以来的支持和帮助。

感谢上海人民出版社相关领导和同志为本书顺利出版付出的大量心血。

感谢我所有的领导、老师、同事和朋友们!

谨以此书纪念陈独秀诞辰140周年。

李颖

2019年4月